KB149704

선비와 지식인의 대화

장 진 호

대구사범학교를 졸업하고 계명대학교에서 문학박사 학위를 받았다.
대구대학교와 계명대학교 겸임 교수, 대구교육과학연구원 연구부장을 거쳐 달성
고등학교 교장을 역임했다.

저서로는 『신라 향가의 연구』, 『굽은 나무는 굽은 대로 곧은 나무는 곧은 대로』,
『손을 쥐면 아무것도 없고 손을 펴면 천하를 쥔다』, 『국어 선생님도 몰랐던 우리
말 이야기』, 『우리 문화 그 가슴에 담긴 말』(2015 세종도서 교양부문 선정도서),
『신라에 뜬 달 향가』, 『우리 문화 그 은은한 향기』, 『그러니까 우리말 이러니까 우
리글』 등이 있고, 논문으로는 「고려가요 동동고(動動攷)」, 「국어교육의 맥과 흐
름」 등 다수가 있다.

선비와 지식인의 대화

2024년 8월 30일 초판 1쇄 발행

지은이 장진호
펴낸이 권혁재
편   집 권순범 · 권이지
제   작 성광인쇄
펴낸곳 학연문화사
등   록 1988년 2월 26일 제2-501호
주   소 서울시 금천구 가산디지털1로 16 가산2차SKV1AP타워 1415호
전   화 02-6223-2301
팩   스 02-6223-2303
E-mail hak7891@chol.net

ISBN 978-89-5508-697-3 03010

선비와 지식인의 대화

장 진 호

학연문화사

● 머리말

고래로 선비가 지녀야 할 소양으로 문(文)·사(史)·철(哲)을 일컫는다.

문이란 무엇인가? 문이란 문자 그대로 글이다. 한 편의 시나 작은 수필도 글이요, 성현의 말씀인 논어, 불경, 성경도 다 글이다. 크고 작음의 차이는 있으나 그 속에는 다 사람이 가야 할 길이란 게 새겨져 있다. 어떻게 살아가야 바른 길인가를 말하는 길이 거기에 들어 있다. 즉 도(道)가 거기에 담겨 있다. 그래서 옛사람들은 문을 도를 담는 도구라고 하였다. 문은 재도지기(載道之器)라고 한 것이 그것이다. 도라 하면 우리는 하늘에서 떨어지는 커다란 그 무엇이라고 생각한다. 그러나 도란 그런 것이 아니고 우리가 걸어가야 할 바른길이다. 길을 잃으면 사람을 만날 수도 없고 집을 찾을 수도 없다. 그러니까 선비는 글을 읽고 그 속에 들어 있는 삶의 바른길을 배워야 한다는 것이다. 그래서 문(文)이 선비가 품어야 할 첫 번째 덕목으로 뽑힌 것이다.

그리고 사(史)란 무엇인가? 사란 역사다. 역사란 한 마디로 어지러움과 다스림의 발자취다. 다툼과 평정, 일어남과 멸망함, 다툼과 평화가 거기에 나타나 있다. 그것을 보고 선비는 시시비비(是是非非)를 가릴 줄 아는 눈을 가져야 한다. 어느 것이 옳고 어느 것이 그른가를 판단할 줄 아는 안목을 가지고, 옳은 것을 따라 살아야 하는 자세를 배워야 한다. 그래서 선비는 역사에서 삶에 대한 방식과 올바른 판단력을 얻는다.

철(哲)이란 철학이다. 왜 철학을 알고 지녀야 할까? 철학이란 지혜이기 때문이다. 철학이란 인간과 세상에 대한 탐구를 통해 지혜를 얻는 학문이다. 세상에는 표면적인 사상(事象) 그 아래에 그것을 떠받치고 있는 원리가 있다. 나무를 떠받치고 있는 뿌리와도 같다. 뿌리가 없는 나무는 살지 못한다. 세상의 원리를 탐구하는 이유는 그것을 알기 전보다 지혜롭게 살아갈 수 있기 때문이다. 아리스토텔레스는 인간을 사회적 동물이라고 했다. 이 말은 사람은 다른 사람과 같이 살아갈 때 사람답게 살 수 있다는 의미다. 사람이 어떤 존재인지를 알려주는 말이다. 세상이 움직이는 원리를 알 때 더 행복해질 수 있기 때문이다.

선비는 그 사회의 최상층에 존재하는 무리다. 자기도 바르게 살고 남도 바르게 깨우쳐야 하는 사람들이다. 그래서 선비는 문(文)·사(史)·철(哲)에 대한 깊은 소양을 가져야 하는 것이다.

선비는 오늘날 말로 하면 지식인이다. 지식인은 바른 지식을 갖고 바르게 행동할 줄 아는 사람이다. 선비와 지식인이란 말은 시대를 따라 다르게 표현된다. 그러나 그 근저에 있는 소양이야 어찌 다르겠는가? 오늘날의 지식인도 문(文)·사(史)·철(哲)에 대한 깊은 소양을 쌓아야 한다. 그러면 오늘날의 지식인은 누구인가? 학자는 말할 것도 없고 정치인, 기업가, 종교인 등 상위에 있는 사람은 물론이고, 자신의 삶을 위하여 책임감을 갖고 살아가는 사회 구성원 모두가 지식인이 되어야 한다. 현대는 지식이 평준화된 사회이기 때문이다. 누구나 정도의 차이는 있겠지만, 문(文)·사(史)·철(哲)에 대한 나름대로의 소양을 갖고 살아가야 하는 시대가 되었다.

나는 80여 생을 살았다. 그동안 기쁜 일도 겪고 수많은 고뇌도 겪었다. 그 속에서 틈틈이 선현들의 가르침을 배우고 또 나대로 생각하고 느낀 일들을 기록하였다. '선비'는 과거라면, '지식인'은 현재다. '선비'가 전통이라면, '지식인'은 현대다. 과거는 현재에 이어지고, 전통은 지금에 이어져야 한다. 그것이 온고지신이요, 법고창신(法古創新)이다. 옛것의 바탕 위에서 새것을 창조해야 한다. 옛것에 토대를 두되 그것을 변화시킬 줄 알고, 새것을 만들어 가되 근본을 잃지 않아야 한다는 뜻이다. 그것이 '선비와 지식인의 대화'다.

지난날을 되돌아보니, 때때로 생각한 것들 중 내 나름대로의 문(文)·사(史)·철(哲)이라 감히 생각되는 것도 있었다. 내 자신 스스로도 조금 거만한 말이라 생각된다. 그러나 용기를 내어 그러한 기록들을 이렇게 한 자리에 모았다. 혹시나 옆에서 누구 한 사람이라도 들여다보면 유익하겠다는 일말의 생각이 들었기 때문이다. 아무쪼록 선비와 지식인이 나긋나긋한 대화를 나누는 계기가 되었으면 한다.

2024년 8월
장 진 호 씀

제1부 문(文)

제2부 사(史)

제3부 철(哲)

제1부
문(文)

1 한글 자음 모음의 이름은 어떻게 정해졌나

세종대왕이 한글을 창제하지 않았다면 오늘 우리는 어떤 문자 생활을 할까? 생각만 해도 아찔하다. 이 한글 때문에 우리나라는 세계에서 가장 문해율이 높고, 또 현대 정보화 시대를 앞서가고 있다. 한글은 가장 과학적인 문자로서 세계에서 가장 우수한 문자임은 누구나 잘 안다.

그런데 우리는 이러한 한글이 가져다주는 커다란 복을 누리고 있으면서도 정작 한글에 대해 모르는 것이 너무 많다.

'낫 놓고 ㄱ 자도 모른다'는 속담이 있다. 이때의 'ㄱ' 자에 대해 '기역'이란 이름을 붙인 사람이 누구인가를 물어보았더니, 세종대왕이라고 스스럼없이 대답하는 걸 보았다. 또 오늘날 우리가 쓰고 있는 모음의 차례 즉 'ㅏ ㅑ ㅓ ㅕ ㅗ ㅛ ㅜ ㅠ ㅡ ㅣ'는 누가, 왜 그렇게 배열했느냐고 물어보니 이 또한 세종대왕이 아니냐고 반문하였다. 이와 같이 대부분의 사람들이 틀리는 답을 하고 있다. 한글을 편리하게 쓰고 있는 이 땅의 사람이라면, 그런 문제쯤은 누구나 상식으로 알고 있어야 할 것들이라 생각된다.

이에 한글의 자모(字母)에 대한 이름과 그 순서에 대하여 간략히 적어본다.

지금 우리는 한글의 자음 이름을 '기역, 니은, 디귿, 리을, 미음, 비읍, 시옷…' 등으로 부른다. 이러한 글자 이름은 세종이 훈민정음을 창제한 당시에도 그렇게 불렀을까? 그렇지 않다. 훈민정음의 창제 원리와 사용법을 설명한 훈민정음해례 어디에도 자모의 명칭에 대해 명시하거나 설명한 대목은 없다.

그러면 세종대왕이 훈민정음을 창제하면서 글자의 이름을 짓지 않았을까? 그건 아닐 것이다. 훈민정음해례에는, 자음은 발음기관을 본뜨고 모음은 천지인 삼재(三才)에 바탕하여 창제하였다 하고, 나아가 거기에 대한 철학적 의미까지 덧붙이는 치밀함을 보이고 있는데, 어찌 낱글자의 이름을 짓지 않았겠는가? 글자를 만들면서 그 현명한 세종대왕이 그것을 가리키는 이름을 짓지 않았을 리는 없을 것이다.

　그럼 이제 그 수수께끼를 풀어보기로 하자.

　훈민정음해례에는 'ㄱ'의 소리값을 설명하면서 'ㄱ如君字初發聲'이라 기록되어 있고, 이를 번역한 언해본에는 'ㄱ는 엄쏘리니 군(君)자 처섬 펴어나는 소리 ㄱᄐ니라'고 적혀 있을 뿐이다. 곧 'ㄱ'은 '군(君)' 자를 발음할 때 나는 첫소리와 같다는 말이다. ㄱ의 음가(소리값)를 알려줄 뿐 ㄱ의 이름 자체는 나타내지 않고 있다.

　그러면 당시에는 ㄱ을 무어라고 불렀을까? 정확한 이름은 알 수가 없으나, 훈민정음해례나 언해본에 나타난 창제 당시의 어법규정과 그 뒤에 나온 최세진의 『훈몽자회』에 의거하여 그 대강을 유추할 수 있다.

　창제 당시의 기록에 나타난 국어의 엄격한 법칙의 하나가 모음조화다. 즉 양성모음과 음성모음 그리고 중성모음에 따른 쓰임이 엄격하였는데, 당시 이들의 갈래는 다음과 같다.

　　양성모음 …　ㅏ ㅗ ·
　　음성모음 …　ㅓ ㅜ ㅡ
　　중성모음 …　ㅣ

　양성은 양성끼리 음성은 음성끼리 결합하고 중성은 양성, 음성 두 가지 소리와 결합할 수가 있었다. 이러한 모음조화 현상은 단어, 조사, 어미에도 적용되었다. 특히 조사는 더욱 엄격하였는데, 예를 들면 오늘날의 조사 '은'에 해당하는 'ᄋᆞᆫ, 은'과 '는'에 해당하는 'ᄂᆞᆫ, 는'의 쓰임은 다음과 같다.

① 사ᄅᆞᆷ(사람+ᄋᆞᆫ)⋯ ·[ᄅᆞ] + ·[ᄆᆞᆫ] → 양성+양성

　구루믄(구룸+은)⋯ ㅜ[루] + ㅡ[믄] → 음성+음성

② 고기ᄂᆞᆫ(고기+ᄂᆞᆫ)⋯ ㅣ[기] + ·[ᄂᆞᆫ] → 중성+양성

　집ᄋᆞᆫ(집+ᄋᆞᆫ) ⋯⋯ ㅣ[집] + ·[ᄋᆞᆫ] → 중성+양성

그런데 여기서 ②의 예를 자세히 볼 필요가 있다. '고기' 같이 받침 없는 말 밑에는 'ᄂᆞᆫ'이 쓰였고, '집' 같이 받침 있는 말 밑에는 'ᄋᆞᆫ'이 쓰였다. 이 규칙을 훈민정음언해에 씌어 있는 'ㄱᄂᆞᆫ 엄쏘리니 군(君) 자 처엄 펴어나는 소리 ㄱᄐᆞ니라'에 적용해 보자. 'ㄱᄂᆞᆫ'이라고 했으니 'ᄂᆞᆫ' 앞에는 받침 없는 말이 와야 함을 알 수 있다. 또 끝 글자가 양성이나 중성의 모음을 가진 글자가 와야 함도 알 수 있다. 이를 바탕으로 다시 정리하면 'ㄱ'의 이름은 다음의 두 가지 조건을 충족시켜야 한다.

첫째는 'ㄱ'의 음가를 나타낼 수 있는 글자가 되어야 하고, 둘째는 끝 글자가 양성이나 중성이고 받침이 없는 모음으로 끝나는 말이어야 한다. 그러면 이 조건을 충족시킬 수 있는 소리는 무엇일까? 그것은 '가, 고, 기, ㄱᆞ'가 된다. 곧 ㄱ의 이름은 이들 중의 어느 하나가 될 것임을 추단할 수가 있다.

이 조건에 맞추어 보면, '기역'이라는 이름은 결코 올 수가 없다. 왜냐하면 'ᄂᆞᆫ' 앞에는 '역'과 같이 음성모음인 'ㅕ'가 올 수가 없고, 또 '역'과

같이 종성(받침 ㄱ)으로 끝나는 말이 올 수 없기 때문이다.

그럼 이들 네 개의 소리 '가, 고, 기, ㄱ' 중에 어느 것이 ㄱ의 이름이 될까? 결론부터 말하면 답은 '기'다. 이에 대한 자세한 설명은 곧 이어질 것이다.

이에 답을 줄 수 있는 중요한 문헌이 『훈몽자회(訓蒙字會)』다. 『훈몽자회』는 1527년(중종 22)에 최세진이 한자 학습서로 편찬한 책이다. 그는 당시의 한자 학습서인 천자문이나 유합(類合) 등의 내용이 경험 세계와 직결되어 있지 않음을 비판하고, 새, 짐승, 풀, 나무의 이름을 나타내는 글자를 위주로 4자씩 종류별로 묶어 편찬하였는데, 상·중·하 3권에 총 3,360자의 한자가 수록되어 있다.

한자(漢字)의 글자마다 한글로 음과 뜻을 달았는데, 책머리에 한글에 대한 해설을 싣고 있다. 이것은 훈민정음과 그 시대의 국어를 연구하는 데 매우 소중한 자료가 되고 있다.

『훈몽자회』에는 언문자모(諺文字母)라는 제목 아래 '속소위반절이십칠자(俗所謂反切二十七字)'라는 구절이 있는데, 이는 훈민정음이 27자로 구성되어 있다는 뜻이다. 반절은 훈민정음의 자모를 가리키는 이름이다. 세종이 만들 때는 28자였는데 'ㆆ' 한 자가 없어진 것이다. 이어서 그는 훈민정음 자모의 이름을 한자(漢字)를 이용하여 나타내고 그 쓰임에 대하여 다음과 같이 설명하고 있다.

① 글자의 이름
ㄱ(其役) ㄴ(尼隱) ㄷ(池末) ㄹ(梨乙) ㅁ(眉音) ㅂ(非邑) ㅅ(時衣) ㆁ(異凝)

ㅋ(箕) ㅌ(治) ㅍ(皮) ㅈ(之) ㅊ(齒) ㅿ(而) ㅇ(伊) ㅎ(屎)

ㅏ(阿) ㅑ(也) ㅓ(於) ㅕ(余) ㅗ(吾) ㅛ(要) ㅜ(牛) ㅠ(由) ㅡ(應 不用終聲)

ㅣ(伊) ·(思 不用初聲)

※ ㄷ(池末)의 末 자와 ㅅ(時衣)의 衣 자는 글자의 뜻 '귿'과 '옷'을 취

  하여 적은 것이다.

② 글자의 쓰임

초성과 종성에 통용하여 쓰는 여덟 글자[初終聲通用八字]: ㄱ ㄴ ㄷ

ㄹ ㅁ ㅂ ㅅ ㆁ

초성에만 쓰이는 여덟 글자[初聲獨用八字]: ㅋ ㅌ ㅍ ㅈ ㅊ ㅿ ㅇ ㅎ

중성에만 홀로 쓰이는 열한 자[中聲獨用十一字]: ㅏ ㅑ ㅓ ㅕ ㅗ ㅛ ㅜ

ㅠ ㅡ ㅣ ·

  지금은 모든 자음을 초성과 종성에 다 사용하고 있으나, 당시에는 'ㅋ

ㅌ ㅍ ㅈ ㅊ ㅇ ㅎ' 등은 초성에서만 쓸 수 있다고 하고 있다.

  그런데 ①에서 보면 자음 중 'ㄱ ㄴ ㄷ ㄹ ㅁ ㅂ ㅅ ㆁ'은 其役(기역),

尼隱(니은) 등과 같이 두 개의 한자로 표기하고, 'ㅋ ㅌ ㅍ ㅈ ㅊ ㅿ ㅇ

ㅎ'은 箕[키], 治[티] 등과 같이 한 개의 한자로 표기하였다. 그 연유는 ②

에서 그 답을 찾을 수 있다. 즉 초성과 종성 두 군데에 통용하는 8자는

두 글자를 사용하여 이름을 표기하고, 초성 한 군데에만 쓰이는 8자의

이름은 하나의 글자로 표기하고 있다.

  그것은 초성에서만 쓰는 글자는 하나의 음가만 표시하면 되지만, 초

성과 종성에 함께 쓸 수 있는 글자는 초성에서 나는 음가와 종성에서 나

는 음가를 아울러 나타내야 했기 때문이다. 예를 들면 'ㄴ'의 글자 이름

尼隱(니은)의 경우, 尼는 ㄴ의 첫소리값을 나타내고, 隱은 ㄴ의 끝소리값을 나타내기 위한 것이다. 그리고 'ㅍ'의 글자 이름 皮(피)의 경우, 초성에 쓰이는 ㅍ 하나의 음가만 나타내면 되기 때문에 하나의 글자로만 표시한 것이다.

덧붙여 말하면, 초성에만 쓰이는 8개 글자는 하나의 글자로 소리값만 나타내고, 초성과 종성에 함께 쓰이는 8개 글자는 초성과 종성, 두 개의 소리값을 나타내기 위하여 두 개의 글자로 나타낸 것이다.

여기서 우리는 중요한 사실 한 가지를 밝혀낼 수가 있다. 그것은 최세진이 『훈몽자회』에서 붙인 '기역(其役)'과 같은 이름은 훈민정음을 만들었던 세종 당시에는 결코 사용하지 않았다는 사실이다. 왜냐하면, 앞에서 말한 바와 같이 'ㄱ는' 자리에 '기역+는'은 결코 대입될 수 없기 때문이다. '는' 앞에는 종성(받침)이 없는 양성이나 중성모음이 와야 당시의 어법 규칙에 맞기 때문이다. 위에서 말했듯이, 훈민정음언해의 'ㄱ는 엄쏘리니 군(君)자 처섬 펴어나는 소리 ㄱ.튼니라'에 적용해 보면, ㄱ의 이름은 모음조화에 바탕하여 '가, 고, 기, ㄱ.' 중의 어느 하나가 되어야 한다.

그러면 이 중에서 'ㄱ'의 이름은 어느 것이 될까? '기'가 될 것이다. 왜냐하면 초성에만 쓰이는 여덟 자인 'ㅋ ㅌ ㅍ ㅈ ㅊ ㅿ ㅇ ㅎ'의 명칭이 '키[箕] 티[治] 피(皮) 지(之) 치(齒) ᅀᅵ(而) 이(伊) 히(屎)'와 같이 'ㅣ'를 붙인 이름으로 되어 있음을 보아 알 수가 있다. 이를 보면 원래 자음의 이름은 모두 '키[箕]'와 같이 한 글자로 된 것인데, 뒷날 최세진이 초성과 종성에 함께 쓰이는 글자는 그 쓰임을 명확히 하기 위하여 '기역(其役)'과 같이 두 글자를 붙인 것이다. 덧붙여 말하면, 'ㄱ ㄴ ㄷ ㄹ ㅁ ㅂ ㅅ ㆁ' 등의 이름도 원래는 '기 니 디 리 미 비 시 이'였다.

그러나 최세진은 초성과 종성에 함께 쓸 수 있는 글자는 초성에서는 '기'의 첫소리 'ㄱ' 소리를 나타내고, 종성에서는 '역'의 끝소리 'ㄱ'을 소리값으로 나타내고자 한 것이다. 초성과 종성에 쓰이는 8자는 모두 이와 같이 두 음절로 그 소리값을 나타낸 것이다. 이러한 최세진의 조치는 세종 당시의 '기, 니, 디, 리……' 등으로 나타내는 단음절의 이름보다 한층 더 발전된 것이라 할 수 있다.

요약하면 'ㄱ'의 이름은 세종 당시에는 '기'로 이름하고, 'ㄱ눈'은 '기눈'으로 읽었다. 세종 당시의 한글 자음의 이름은 ㄱ은 '기' ㄴ은 '니' ㄷ은 '디' ㄹ은 '리' ㅁ은 '미' ㅂ은 '비' ㅅ은 '시' ㅇ은 '이'로 읽었다. 또한 ㅋ은 '키' ㅌ은 '티' ㅍ은 '피' ㅊ은 '치' 등과 같이 불렀다.

최세진의 『훈몽자회』는 훈민정음 반포로부터 81년 뒤에 나온 책이다. 『훈몽자회』에 나와 있는 한글 자모의 이름은 최세진이 독단적으로 어느 날 갑자기 만든 것이 아니라, 훈민정음 창제 이래 죽 내려온 그러한 명칭을 밑바탕으로 하여 자기의 생각을 약간 덧붙인 것이다. 효과적인 한자 학습서를 만드는데, 아무도 모르는 이름을 터무니없이 마구 갖다 붙일 수는 없는 것이기 때문이다.

이와 관련하여 우리가 생각해야 할 사항이 하나 있다. 지금 우리는 최세진이 기록한 이름 그대로 자모명을 삼고 있다. 여기에는 아무런 문제점이 없는 것인가를 살펴보지 않을 수 없다.

최세진이 한자로 붙인 이름을 보면 하나의 규칙성이 있다. 즉 'ㄴ(尼隱) ㄹ(梨乙) ㅁ(眉音) ㅂ(非邑) ㅇ(異凝)'과 같이 초성의 소리는 'ㅣ' 앞에 나타내고, 종성의 소리는 'ㅡ' 뒤에 나타냈다. 그런데 ㄱ(其役) ㄷ(池末) ㅅ(時衣)은 이 규칙에 어긋난다. 규칙대로라면 ㄱ은 '기역'이 아니라 '기

윽'으로, ㄷ은 '디귿'이 아니라 '디은'으로, ㅅ은 '시옷'이 아니라 '시읏'
으로 적어야 옳다. 그런데 최세진은 그렇게 하지 않고 이들 글자 이름을
'기역(其役), 디귿(池末), 시옷(時衣)으로 적어 놓았다. 무슨 이유일까? 그
것은 최세진이 일부러 그런 것이 아니라, '윽, 은, 웃'을 적을 수 있는 한
자가 없었기 때문이다. 그래서 부득이 그와 비슷한 글자를 빌려와 적을
수밖에 없었다. '윽'을 '역(役)' 자로 '은'을 '귿(末)' 자로 '웃'을 '옷(衣)'
자로 적을 수밖에 없었다. 최세진도 이들 글자를 '기윽, 디은, 시읏'으로
적고 싶었다. 그러나 그 음을 적을 수 있는 한자가 없었기 때문에 할 수
없이 그 비슷한 글자를 빌려 적었을 뿐이다.

　그런데 우리는 지금 ㄱ, ㄷ, ㅅ을 『훈몽자회』에 나와 있는 글자 그대로
독음하여 '기역, 디귿, 시옷'으로 읽도록 맞춤법 규정에 정해 놓았다. '기
윽, 디은, 시읏'으로 읽으면 틀린다고 시험 문제까지 내고 있다. 이것은
최세진의 뜻과도 맞지 않을 뿐만 아니라, 가장 과학적 문자라는 한글의
우수성 논리에도 어긋난다. ㄱ, ㄷ, ㅅ의 글자 이름은 '기윽, 디은, 시읏'
으로 하루빨리 바꾸어야 한다.

2 세종 대왕은 한글 전용을 주장했을까?

훈민정음 곧 한글은 세종대왕이 만든 위대한 문자다. 이제 그 누가 새로운 문자를 만든다 하더라도, 이보다 앞서는 문자는 만들 수 없을 것이다. 발음기관을 본뜬 자음과 천지인으로 요약되는, 철학을 바탕으로 한 모음의 아우름은 단순한 언어학적 이론을 훨씬 뛰어넘기 때문이다.

그런 깊은 사상적 배경을 가지고 있으면서도, 이보다 더 쉽고 편리한 글자가 또 있을 수 있을까? 정인지는 그것을 일러 슬기로운 사람은 하루아침에 깨우치고, 어리석은 자라도 열흘이면 배울 수 있으며, 그 쓰임 또한 무궁무진해서 바람 소리, 학 울음소리, 개 짖는 소리까지도 나타낼 수가 있다고 하였다.

우리가 지금 세계 속의 강국으로 힘찬 행진을 할 수 있는 저력도, 알고 보면 그 밑바탕에 한글이 떠받치고 있음을 알 수 있다. 외국인들이 우리나라를 방문하고 매우 놀라는 것 중 하나가 바로 우리만의 훌륭한 문자를 가지고 있다는 것이다. 그들은 지도상의 작디작은 코리아는, 아마도 중국이나 일본의 말과 문자를 쓰고 있을 것이라 생각하고 왔는데, 예상과는 달리 높은 문화적 자산을 갖고 있다는 사실에 크게 놀란다.

이 글자를 만들기 위해 세종대왕은 얼마나 힘들었을까? 또 세종대왕이 없었다면 오늘 우리는 어떻게 되었을까? 그 고마움은 이루 말로 다할 수 없다.

그런데 우리는 정작 훈민정음의 창제 정신과 그 이면에 담긴 뜻을 정확히 모르는 경우가 많다. 비근한 예로 세종을 한글 전용론자로 알고 있는 경우도 있고, 세종이 사대와는 거리가 먼 주체사상으로만 물들어 있는 사람으로 알고 있는 경우도 더러 있다. 또 훈민정음 창제를 반대한 최만리는 모화사대사상에만 찌든 못난이로 취급하기도 한다.

훈민정음 창제에 대한 대왕의 거룩한 뜻은 그 머리말에 잘 나타나 있다.

우리나라 말이 중국말과 달라서, 한자와는 그 뜻이 서로 통하지 아니하므로 제대로 나타낼 수가 없다. 그래서 어리석은 백성들이 말하고자 할 바가 있어도 자기의 뜻을 글로 써서 나타내지 못하는 이가 많다. 내가 이를 딱하게 여겨 새로 스물여덟 글자를 만들어 내놓으니, 모든 사람들이 이를 쉽게 익혀서, 날마다 쓰는 데 편안하게 하고자 할 따름이니라.

백성을 사랑하는 대왕의 마음이 절절이 녹아 있다. 어려운 한자를 알지 못하여 자기의 생각을 글로 표현할 수 없는 어리석은 백성들의 답답한 마음을 같이 아파하고 있는 성군의 모습이 눈앞에 선하다.

그런데 우리는 이 글에 나타난 표면적 사실은 잘 알지만, 그 뒤에 숨은 대왕의 고뇌는 잘 이해하지 못한다. 그것은 당시의 시대적 상황을 깊이 헤아리지 않고 지나친 데서 오는 결과다. 당시의 중국과 오늘 우리가 생각하는 중국은 그 위상이 전혀 다르다. 오늘의 중국은 우리와 대등한 하나의 국가이지만, 당시의 중국은 우리가 본받아야 할 지구상의 유일한 선진국이요 문화국이었다.

나아가 국가로서의 인정을 받을 수 있는 오늘날의 유엔과 같은 대상이기도 하였다. 그러기에 사대(事大)는 주변 국가들이 지향하는 최대의 이념이었다. 사대는 지금 우리가 생각하는 것처럼 단순히 큰 나라에 아부하는 개념이 아니라, 오늘날 우리가 외치는 선진화, 세계화, 민주화와 같은 가치를 지니는 용어였다. 그러니 사대는 아무나 거스를 수 있는 담론의 대상이 아니었다. 그래서 세종도 사대라는 말을 가장 많이 사용하였다. 그만큼 중국은 우리에게 중요한 나라였고 영향력 있는 나라였다.

한 나라가 문자를 만든다는 것은 보통 일이 아니다. 당시의 사정으로 보아 당연히 그 문제는 중국과의 정치적 관계를 생각하지 않을 수 없는 사안이었다. 천문기구 하나도 중국의 허가 없이는 마음대로 설치할 수 없는 것이 그 시대의 상황임을 생각한다면, 문자 창제가 지니는 사안의 중대성은 엄청나다 하겠다. 그래서 『훈민정음』 서문에는 그에 대한 세종의 고뇌가 군데군데 배어 있다.

서문의 첫머리에, '국어가 중국어와 달라서 한자로는 맞지 않다'는 점을 내세운 것도 그러한 고민의 일단을 조심스럽게 드러낸 것이다. 겉으로 보면 '한자 대신에 우리말을 적을 수 있는 글자를 만든다'는 의미지만, 실상 그것은 중국과의 문자 창제에 따른 마찰을 방지하기 위한 외교적 조치며 수사(修辭)라 할 수 있다. 중국의 뜻에 반하는 별다른 의도가 있어서 새로운 글자를 만드는 것이 아니라는 사실을 천명한 것이다.

이어서, 어리석은 하층 백성들의 어려움을 들어주기 위하여 글자를 만들 뿐, 상층의 선비들까지 이 글자를 쓰게 하기 위해 새 문자를 만드는 것은 아니라는 사실도 넌지시 나타내 보이고 있다. 그러한 의도는 서문 끝머리의 '따름이다'란 말에 단적으로 나타난다. 날마다 편리하게 쓰도록 한다고 하면 될 것을, 왜 하필이면 '편안하게 하고자 할 따름'이라 했을까? 이는 자신이 만든 글자를 나라 전체가 전용하려는 것이 아니라, 어리석은 백성들에게만 쓰도록 할 '따름'이라는 것이다. 치자의 고뇌가 서려 있는 대목이다.

세종은 실제로 훈민정음을 전용(專用)하고자 하지는 않았다. 왜냐하면 그것은 문화선진국으로 나아가는 데 도움이 되지 않는다고 생각했기 때문이고, 다른 말로 하면 사대에 맞지 않다고 생각됐기 때문이다. 그래서 훈민정음 반포를 전후하여 지은 용비어천가, 석보상절, 월인천강지곡, 언해본 훈민정음 등도 하나같이 국한문혼용으로 지어졌으며, 훈민정음을 전용한 것은 하나도 없다.

나아가 세종은 한글을 당시의 흐트러진 한자음을 정리하는 데 원용함으로써 문화의 수준을 높이고자 하였다. 훈민정음을 창제한 후 제일 먼저 시행한 작업은 혼란 상태에 있던 우리나라 한자음을 정리하고자 한 것이다. 세종은 1443년 12월에 훈민정음을 완성하고, 그 이듬해 2월 14일에 첫 사업으로 의사청(議事廳)에 물어 훈민정음으로써 한자음 정리 사업을 시작하였는데, 그 결과로 나온 것이 바로 『동국정운(東國正韻)』이라는 책이다. 훈민정음 창제 후 제일 먼저 한 일이 한자음 정리 사업이었다는 사실은 무엇을 말하는가? 이는 훈민정음을 한자의 용이한 학습에 활용하려는 의도였다.

이때까지의 한자음은 반절법(半切法)이란 것을 이용하여 적었다. 즉 한자음을 적을 때, 알기 쉬운 다른 한자의 음을 이용하여 적은 것이다. 예를 들면, '東(동)' 자를 '德紅切(덕홍절)'로 표기하는 따위다. 즉 덕(德) 자의 첫소리 'ㄷ'과 홍(紅) 자의 중성과 끝소리인 'ㅗ, ㅇ'을 합하여 '동'을 표기하는 방식이다. 조금은 불편한 방법이지만 그때는 이 방법밖에 없었으니 어쩔 수 없는 일이었다. 그런데 세종대왕은 한글을 발명하여 '東'을 '동'으로 바로 적어 내었다. 한자를 이용할 필요가 없어진 것이다. 그만큼 한자음을 쉽게 적을 수 있게 된 것이다. 다시 말하면, 세종 대왕은 한자를 쉽게 익힐 수 있는 발음기호를 창안해 낸 것이다. 그래서 어떤 이는 이것을 앞세워, 세종이 한글을 만든 주된 목적은 한자를 바로 익히고 쉽게 활용하기 위한 것이라는 주장을 하기도 한다.

어떻든 세종이 훈민정음 전용을 주장하지 않은 것은 명백하다. 선진
문화를 받아들이기 위한 사대에 어긋나서는 안 되기 때문이었다.

우리는 흔히 한글 창제를 반대했던 최만리를 사대에 찌들었던 주체성
없는 인물로 평가한다. 이것 또한 사대에 대한 정확한 개념 위에서 최만
리의 생각을 다시 살펴볼 필요가 있다.

최만리의 상소문은 6개 항으로 되어 있는데, 그 중 첫머리 부분의 3개
항을 보자.

1. 우리나라는 조종 이래로 지성껏 중국 문화를 섬기어, 오로지 중국
제도를 따라왔습니다. 그런데 이제 바야흐로 중국과 문물제도가 같
아지려고 하는 때를 맞이하여 언문을 창제하시면, 이를 보고 듣는 사
람들 가운데 이상히 여길 사람이 있을 것입니다. 중화를 섬김에 있어
어찌 부끄럽지 않다고 하겠습니까?

1. 예로부터 9개 지역으로 나뉜 중국 안에서 기후나 지리가 비록 다
르더라도 아직 방언으로 인해서 따로 글자를 만든 일이 없고, 오직
몽고, 서하, 여진, 일본, 서번과 같은 무리들만이 각각 제 글자를 가
지고 있는데, 이는 모두 오랑캐들만의 일이라 더 말할 가치도 없습니
다. 전해 오는 고전에 의하면, 중국의 영향을 입어서 오랑캐가 변했
다는 이야기는 있어도, 오랑캐의 영향을 입어 중국이 변했다는 이야
기는 듣지 못했습니다.

1. 만약에 언문만을 사용한다면 관리들은 오로지 언문만을 습득하려
할 것입니다. 진실로 관리들이 28자의 언문만으로도 족히 세상에 입

신할 수 있다면, 무엇 때문에 노심초사하여 성리의 학문을 궁리하려
하겠습니까?

이에서 보듯이 최만리는 당시의 시대정신인 사대에 입각하여 한글 창
제를 반대하고 있다. 한글 창제가 선진국인 중국의 문물제도를 받아들여
선진문명국이 되고자 하는 데 지장을 줄까 염려한 것이다. 한자 배우기
에 소홀함을 가져오는 것은, 지금 영어를 가르치지 말자는 것과는 비교
도 안 될 만큼, 당시로서는 중대한 국가적 문제였음을 고려한다면, 최만
리의 상소는 어쩌면 당연하다 하겠다.

그래서 세종도 신하들의 비판을 막기 위해 비록 그를 하옥시키긴 하
였지만, 하루 만에 그를 석방한 것이다. 이러한 최만리의 뜻을 간파한 세
종의 반박도, 훈민정음 자체가 아닌 한자의 음과 관련한 운서(韻書) 문제
에 치중하였음을 주목할 필요가 있다. 아래와 같이 말한 것이 그것이다.

그대가 운서를 아느냐? 사성(四聲)과 칠음(七音)을 알며, 자모(字
母)가 몇인지 아느냐? 만일에 내가 저 운서를 바로잡지 않는다면, 그
누가 이를 바로잡겠느냐?

훈민정음을 통한 한자음 정리가 시급하다는 자신의 생각을 내비친 것
이고, 그만큼 훈민정음이 한자음 정리를 위하여 긴요하다는 생각이다.

최만리는 1419년(세종 1) 증광문과(增廣文科)에 급제하여 그 이듬해
집현전 박사로 임명되고, 그 뒤 집현전 학사를 거쳐 부제학에까지 올랐
다. 대제학은 명예직이었고 부제학이 집현전의 사실상 책임자였다. 요즘
으로 치면 그는 학술원 원장이나 서울대학교 총장과 같은 최고의 지식인

이다. 그런 그가 어찌 매국노 같은 단순한 생각으로 훈민정음 창제를 반대했겠는가?

　이상에서 본 바와 같이 세종은 백성들의 문자 생활의 불편을 덜어주기 위하여 훈민정음을 창제하였다. 그러나 세종은 훈민정음을 전용하려는 목적은 없었으며, 나아가 훈민정음을, 운서를 통한 한자음 정리에 활용함으로써 선진문화를 받아들임에 힘을 쏟았다. 최만리도 단순히 훈민정음 창제를 반대한 것이 아니라, 문화선진국으로 나아가는 사대에 어긋날까를 두려워한 것이다. 시쳇말로 하면 세종도 최만리도 세계화를 염두에 둔 인물이라 하겠다.

3 아리랑은 무슨 뜻인가

아리랑은 우리 민족의 대표적인 민요로서, 유네스코 인류 무형문화유산으로 등재되어 있다. 학술적으로 채록된 곡만 20여 종이고, 지역명을 붙이거나 해외동포들이 부르는 곡을 합치면 60여 종이나 된다. 또 북한에서 불리는 것만 해도 30종이나 된다고 한다. 가사의 개변도 많아서 현재 그 수는 무려 8,000종이 넘는다. 그러니 아리랑은 그야말로 우리의 가슴마다에 살아서 숨 쉬는 정과 한의 절조다.

황현의 매천야록(梅泉野錄)에 고종이 궁중에서 아리랑을 즐겼다고 했고, 경복궁 중건 때 동원된 일꾼들이 불렀다는 이야기가 전해오니, 아리랑은 그야말로 임금으로부터 하층민까지 불러 온 우리의 민족노래다.

그럼 아리랑이란 말의 뜻은 무엇일까?

아리랑의 어원에 대해서는 여러 가지 설이 있다. 그 중에는 신라 혁거세의 비 알영(閼英)이나 밀양 아랑각 설화에 얽힌 아랑(阿娘)에서 왔다는 설이 있다. 또 대원군 때의 경복궁 공사와 관련된 아리랑(我離娘)이나 아이롱(我耳聾)에서 유래했다는 설도 있다. 전자는 경복궁 공사에 동원된 사람들이 오랜 기간 아내와 떨어져 있었기에, 아내를 그리워하는 마음을 아리랑(我離娘)으로 표현했다는 것이고, 후자는 경복궁 공사를 할 때 거둔 원납전에 진저리를 느낀 백성들이, 차라리 귀가 먹어서 원납전 소리를 안 들었으면 좋겠다는 뜻으로 쓴 아이롱(我耳聾)에서 왔다는 것이다.

그러나 이들은 다 견강부회한 민간 어원설(folk etymology)에 지나지 않는다. 민요란 원래 민중의 노래다. 더구나 경복궁 공사에 참여한 사람들은 일반 백성들이었다. 그것도 공사비용으로 납부해야 할 원납전을 내지 못하는 가난한 사람들이었다. 사정이 이러한데, 과연 그들이 쉬운 민중의 말을 제쳐두고 그와 같은 어려운 한자어로 노랫말을 지었을까 하는 의문을 떨칠 수 없기 때문이다.

그러면 아리랑은 어디에서 유래한 말일까?

거두절미하고, 아리랑의 '아리'는 우리말 '아리다'에서 왔다. 아리다는 '상처가 찌르는 듯이 아프다' 또는 '마음이 몹시 고통스럽다'의 뜻이다. '상처가 아리다', '그리움으로 가슴이 아리다'와 같이 쓰는 말이다.

'아리'가 이 말에서 유래했음은, '아리랑'의 상대가 되는 '쓰리랑'이란 말을 보면 더욱 확연해진다. '아리 아리랑 쓰리 쓰리랑'이란 노래 구절이 있다. 이 쓰리랑의 '쓰리'는 '쓰리다'란 말에서 온 것이다. 쓰리다 역시 '쑤시는 듯이 아프다'의 뜻이다. 이 노래가 지니는 이별의 아픔을 잘 나타내고 있는 말들이다.

그러면 아리다와 쓰리다의 뿌리 말은 무엇일까?

아리다는 '앓다'에서 온 말이고 쓰리다는 '쓿다'에서 온 말이다. 즉 아리다는 '앓다'에 피동의 뜻을 지닌 '-이-'가 붙어 '앓이다'가 되고 이 말이 앓이다 → 알이다 → 아리다로 변하여 된 말이다. 쓰리다도 아리다와 똑같은 과정을 거쳐 된 말로서, 쓿이다 → 쓸이다 → 쓰리다와 같이 변해서 된 말이다. '쓿다'는 '곡식의 껍질을 벗기어 깨끗이 하다'는 뜻을 지닌 말로서, '보리를 쓿다'와 같이 쓰인다. 쓿은쌀은 쓿어서 껍질을 벗긴 흰쌀을 가리킨다. 그러니 '쓰리다'는 껍질을 벗기는 듯이 심하게 아프다는 뜻이다.

그리고 아리랑의 '랑'은, '고개'를 뜻하는 '령(嶺)'에서 변해온 말이다. 추풍령, 조령, 죽령, 대관령 등에 쓰인 바로 그 '령'이다. '령'이 단독으로 쓰이거나, 첫머리에 오면 두음법칙에 의하여 '영'으로 된다. 고개는 원래 이별의 상징어다. 신세영의 '영 넘어 고갯길'이나 은방울 자매의 '대관령'도 다 슬픈 이별의 고개다.

영 넘어 고갯길 이백팔십 리
님 보고 싶은 맘에 달려왔더니
별 같은 두 눈이 너무도 차가워
말없이 떠나가네 아 서투른 바닷길

— 〈영 넘어 고갯길〉의 한 절

영 넘어 고개 넘어 구불구불 대관령
전나무 늙은 가지 석양 해가 걸렸는데
어느 곳 소식 없는 서울 가신 우리 님아

— 〈대관령〉의 한 절

지금은 기계문명의 발달로, 떨리는 가슴을 움켜잡고 눈물로 헤어지던
그 고개는 다 없어졌다. 횡횡 매정하게 내달리는 자동차의 매연 흔적만
그 자리에 가득하다. 그러나 그 고개는 언제나 우리 가슴에 살아, 이별의
아픈 정한을 품고 대대로 이어오고 있다.

아리랑 고개는 우리 민족의 '아리고 쓰리는' 이별의 고개다. 아리고
쓰려서, 십 리도 못가서 발병 나라고 울부짖던 그 오열은, 지금도 우리들
의 고개에 살아 있다. 박재홍의 '성황당 고갯길'에 깃든 정서가 바로 그
런 것이다.

성황당 고개에서 서로 울며 헤어진 밤아
소매 잡던 베적삼에 궂은비가 차갑구려

귀밑머리 매만지며 목이 메어 떠날 적에
한사코 십 리 길도 못 가도록 울었소

이처럼 아리랑의 정서는 꺼지지 않는 생명으로 이어 오고 또 새롭게
성장하고 있다.

아리랑의 종류는 수없이 많다. 그러나 그 아리랑에도 분명 뿌리가 있
다. 지붕을 떠받치고 있는 기둥이 있다. 크고 작은 물결의 일렁거림 아래
에는 움직이지 않는 심연이 있다. 진도 아리랑, 밀양 아리랑, 정선 아리
랑, 홀로 아리랑에는 그 '뿌리 아리랑'의 정조가 속에 숨어 있다. 우리 모
두가 다 같이 부르는 그 '보통 아리랑'의 정서가 배어 있다. 서럽고 아픈
숨결이 마디마디 묻어 있다.

그런데 근자에 이러한 아리랑의 정조를 잘 이해하지 못하고 있는 사
례를 종종 본다. 아리랑을 부를 때, 엉뚱한 가사로 고쳐 부르고 있는 것
이 그 하나다. 언제부터인가, 아리랑 2절 가사의 '청천 하늘엔 별도 많
고, 우리네 가슴에는 수심도 많다.'를 '청천 하늘엔 별도 많고 우리네 가
슴에는 희망도 많다.'로 고쳐 부르고 있다. 수심을 희망으로 바꾸어 부르
는 것은 아마도 새 시대에 맞추어, 시름겨움보다는 희망의 미래를 꿈꾸
며 나아가자는 의도로 개사하여 부르는 듯하다.

그러나 이것은 잘못된 생각이다. 아리랑이 지닌 전래의 근본적 정조를
훼손하고 있기 때문이다. 아리랑이 가진 '아리고 쓰리는' 정한을 잃어버
린다면, 그것은 이미 아리랑이 아니다. 아리랑의 정조는 한과 수심이 깃
든 울음의 정서이지, 희망과 흥겨움이 넘치는 웃음의 정서가 아니다. 아
리랑은 아리랑의 얼굴을 지닐 때 아리랑이다. 해어진 한복 치마가 거추장
스럽다 하여, 새로운 서양식 디자인을 한 스커트를 입힌다면, 그것은 이

미 우리 고유의 모습을 한 여인의 얼굴은 아닐 것이다. 아리랑은 '흙의 소리'요, '(신세)타령의 노래'다. 아리랑에 어설픈 분칠을 하지 말자.

또 아리랑의 곡을 전래의 곡과 동떨어지게 편곡하여 부르는 경우를 종종 보는데, 이것도 큰 문제이다. 물론 아리랑은 꾸준히 개작하고 폭을 키워서 그 음악성을 넓혀야 한다. 안익태가 작곡한 코리아 판타지나 모 민요 가수가 부르는 아리랑은 바로 그러한 예이다. 그러나 원래의 분위기를 깨뜨리면서, 시종일관 아리랑과 전혀 맞지 않은 분위기의 곡으로 부르는 것은, 창작의 범주에 속한다고 볼 수가 없다.

아리랑이 유네스코에 문화유산으로 등재될 때, 우리나라 가수가 그것을 기념하여 각국의 대표들이 모인 자리에서, 약간 편곡된 아리랑을 부르는 것을 보고 의아스럽게 생각한 적이 있다. 아리랑의 참모습을 보여줘야 하기 때문이다. '보통 아리랑', '뿌리 아리랑'을 불렀어야 했다. 또 모 가수가 찢어질 듯 목청을 돋우어 부르는 그런 아리랑은 이미 아리랑이 아니다. 소금이 짠맛을 잃으면 어찌 소금이라 하겠는가? 애달픈 정조를 벗어난 그러한 얄궂은 노래는 우리의 가슴에 담긴 아리랑이 아니다.

아리랑은 인류 무형문화유산으로 등재되어 우리 민족의 긍지를 크게 높였다. 우리 민족의 대표적인 민요 아리랑을 아끼고 사랑하는 일은 작은 데서 시작된다.

4 허균은 홍길동전을 왜 한글로 썼을까

우리는 학창 시절에 우리나라 최초의 소설은 김시습의 금오신화요, 최초의 한글 소설은 허균(許筠)의 '홍길동전(洪吉童傳)'이라 익히 배워 왔다. 그래서 허균 하면, 한글로만 소설을 쓴 사람으로 자칫 오해하기 쉽다. 그러나 허균은 한문으로 된 '남궁선생전', '엄처사전', '손곡산인전', '장산인전', '장생전' 등의 작품을 남긴바, 그 문학성이 매우 뛰어나다.

그뿐만 아니라, 한문으로 된 그의 문집인 『성소부부고(惺所覆瓿藁)』에 실려 전하는 '성수시화(惺叟詩話)'와 '학산초담(鶴山樵談)'은 그의 높은 문학적 식견을 보여주는 비평문이다. 그러므로 허균은 한글로만 소설을 쓴 작가는 아니다.

그러면 그는 왜 유독 홍길동전을 한글로 썼을까? 이에는 필연적인 연유가 숨어 있다. 그것은 바로 작품의 바탕에 깔려 있는 허균의 혁명사상이다. 그러면 그의 혁명사상은 어디에서 싹이 터서 어떻게 자랐을까?

허균은 조선 중기를 살다 간 문인으로서, 당시 학자요 문장가로 명망이 높았던 허엽(許曄)의 아들이며, 유명한 여류시인 난설헌의 동생이다. 어려서부터 총명하여 문장과 식견이 뛰어나 뭇사람의 칭찬을 받았다.

유몽인(柳夢寅)은 『어우야담(於于野談)』에서, "허균은 총명하고 재기가 뛰어났다."면서 어린 시절의 일화를 이렇게 적었다.

"9세에 능히 시를 지었는데, 작품이 아주 좋아서 여러 어른들의 칭찬을 받았으며, 이 아이는 나중에 마땅히 문장에 뛰어난 선비가 될 것이다라는 말을 들었다. 그러나 추연(秋淵)만은 그 시를 보고 후일 그가 비록 문장에 뛰어난 선비가 되더라도, 허씨 문중을 뒤엎을 자도 반드시 이 아이일 것이다라고 말했다."

그러면 그가 쓴 홍길동전의 첫머리를 한번 보자.

조선국 세종 때에 한 재상이 있었다. 성은 홍이요 이름은 모(某)라. 대대로 명문거족으로 어려서 과거에 급제하여 물망이 조야에 으뜸이고, 충효가 겸비하기로 이름이 일국에 떨쳤다.

일찍이 두 아들을 두었으니 맏아들의 이름은 인형(仁衡)으로 정실부인 유씨의 소생이요, 둘째 아들의 이름은 길동(吉童)으로 시비 춘섬(春纖)의 소생이었다. …… 공(公)이 그 말을 짐작하나, 짐짓 책망한다. '네 무슨 말인고?' 길동이 재배하고, '소인이 평생 설운 바는, 대감 정기로 태어나, 당당하온 남자 되었사오매 부생모육지은(父生母育之恩)이 깊거늘, 그 부친을 부친이라 못 하옵고 그 형을 형이라 못 하오니, 어찌 사람이라 하오리까?

이에서 보듯이, 길동은 계집종 춘섬을 어머니로 하여 태어난 까닭에, 그 아버지를 아버지라 부르지 못하고, 정실 태생인 형을 형이라 부르지 못하고 자란다. 또 그는 매우 총명하여 하나를 들으면 백을 통했지만, 서출이라는 신분의 차별 때문에 세상에 제대로 나서지 못하는 불운을 겪어야 했다.

허균은 이러한 차별과 불평등의 사회적 병폐를 반드시 개혁해야 한다고 생각하였다. 허균은 서자가 아니고 명문가의 자제였다. 그의 아버지 허엽은 동인을 대표하는 인물이었고, 그의 형 허성은 예조판서에 이어 이조판서를 거친 인물이었다. 그런 사대부가의 자제인 허균이 왜 첩의 자식인 서자들의 삶에 관심을 갖게 되었을까?

그것은 그의 스승인 손곡(蓀谷) 이달(李達)에게 영향을 받은 바가 컸다. 허균은 이달에게서 시의 묘체를 터득하였고, 나아가 인생관과 문학관에 많은 영향을 받았다. 이달은 허균의 형인 허봉의 친구였으며, 누나인 허난설헌의 스승이기도 한 사람으로, 양반 아버지와 관기 사이에서 태어난 서자였다. 어머니가 관청에 소속되어 있는 기생이니 이달이 출세를 하는 것은 아예 불가능하였다. 그는 당나라 시에 뛰어나 백광훈, 최경창과 삼당시인(三唐詩人)으로 이름을 나란히 할 만큼 뛰어난 재주를 지녔으나, 신분적 제약으로 인하여 세상에 나가 설 수 없는 비분을 삼킬 수밖에 없었다.

허균은 이러한 스승의 삶을 어릴 때부터 늘 안타깝게 생각했다. 저렇게 뛰어난 자질을 갖춘 자신의 스승이 그 능력을 발휘할 수 없다는 것은 너무나 잘못된 세상의 적폐라는 것을 뼈아프게 새겼다. 적서차별은 반드시 깨뜨려야 할 제도적 악습이라는 생각을 키우며 자랐기 때문에 허균은 이달이 죽은 후에 그를 애달피 여겨, '손곡산인전(蓀谷山人傳)'이라는 글까지 지었다.

이런 생각을 가진 허균은 평소 서얼들을 가까이 하며 지냈을 뿐만 아니라, 이들을 규합하여 혁명의 뜻을 속으로 다졌다. 당시 서자들의 모임인, 이른바 강변칠우(江邊七友)들과도 어울려 지냈다.

강변칠우란 서자들의 모임으로, 영의정을 지낸 박순의 서자 응서, 심전의 서자 우영, 목사를 지낸 서익의 서자 양갑, 평난공신 박충간의 서자 치의, 북병사를 지낸 이제신의 서자 경준, 박유량의 서자 치인, 서자 허홍인 등인데, 이들은 허균, 이사호 및 김장생의 서제(庶弟) 경손 등과 깊이 사귀었다. 이들은 1608년 연명으로 서얼차별의 폐지 상소를 올렸으나 받아들여지지 않자, 이에 불만을 품고 경기도 여주 강변에 무륜당(無倫堂)이라는 집을 짓고 그곳을 근거지로 삼아 화적질을 하기도 하였다.

허균은 그들과 교류를 하며 친하게 지냈다.

서얼차별이라는 사회적 부조리 척결에 대한, 허균의 간절한 생각은 그의 글 유재론(遺才論)에 잘 나타나 있다. 유재론이란 글자 그대로 '재주 있는 자를 버리는 데 대한 논설'이란 뜻으로, 그의 문집 성소부부고에 실려 전한다. 성소(惺所)는 허균의 호이고, 부부고(覆瓿藁)는 '하찮은 글'이라는 의미로 자신을 낮추어 쓴 말이다. 그럼 그 전문을 보기로 하자.

나랏일을 맡는 사람은 모두 인재라야만 한다. 하늘이 사람을 낼 때는 귀한 집 자식이라고 하여 그 재주를 더 많이 주고, 천한 집 자식이라 하여 인색하게 덜 주는 것도 아니다. 그래서 옛날의 어진 사람들은 이런 것을 분명히 알고, 인재를 초야(草野)에서 구하기도 하고, 하찮은 군사들 속에서도 구하였다. 또 더러는 항복한 오랑캐 장수 가운데서도 뽑았으며, 심지어 도둑이나 창고지기 중에서 등용하기도 하였다.

그렇게 뽑힌 사람들은 모두 그 일에 알맞았고, 각기 자신의 재주를 제대로 펼 수 있었다. 그러니 나라로서는 복됨이었고 다스림은 날로 새로워졌다. 이것이 사람을 바로 쓰는 길이었다. …… 우리나라는 땅이 좁고 인재가 적은 것이 옛날부터 걱정하던 일이었다. 우리 조선에 들어와서, 인재를 쓰는 길이 고려 때보다 더욱 좁아졌다. 대대로 벼슬하던 높은 가문이 아니면 높은 벼슬에 오를 수가 없었고, 시골에 숨어 사는 사람은 비록 재주가 있더라도 막혀서 쓰이지 못하였다. …… 옛날부터 오늘날까지는 멀고 오래되었으며 세상은 넓다. 그렇지만 서자라고 해서 현명한데도 버리거나, 어머니가 다시 시집을 갔다고 해서 그 재주를 쓰지 않았다는 말은 듣지 못했다.

그런데 우리나라는, 어머니가 천하거나 다시 시집을 간 자손은 모두 벼슬길에 나아가지 못한다. 우리나라는 작은 나라로 두 오랑캐 사이에 끼어 있는데, 재주 있는 사람들이 나라를 위해 쓰이지 못하여, 나랏일을 그르칠까 더욱 걱정스럽다. 그런데도 스스로 그 길을 막고는 인재가 없다고 말한다. 이것은 남쪽으로 가려고 하면서 북쪽으로 수레를 모는 격이다. 차마 이것을 이웃 나라에서 들을까 부끄럽다. ……평범한 사람들도 원한을 품으면 하늘이 슬퍼한다. 우리나라는 원망을 품은 지아비와 홀어미가 나라의 반이나 된다. 그러니 어찌 나라가 편안하길 바라겠는가?

하늘이 보냈는데도 사람들이 그걸 버렸으니 이는 하늘의 도리를 어기는 것이다. 하늘의 도리를 어기면서 하늘의 뜻을 얻은 사람은 아무도 없었다. 나라를 다스리는 사람들이 하늘의 뜻을 받들어 행한다면 좋은 일을 맞이할 수 있을 것이다.

허균은 이와 같이 신분적 차별 때문에 세상에 쓰이지 못하는 서얼들을 늘 안타깝게 생각하였고, 이는 국가적인 큰 손실이라 생각하였다. 신분에 따라 사람을 차별하는 것은 하늘의 뜻을 어기는 것이라 하였다. 중국은 신분의 귀천을 가리지 않고 인재를 두루 쓰는 데 비해, 조선은 땅덩이도 좁고 인재가 날 가능성이 약한데도 첩이 낳은 자식이라 하여 인재를 쓰지 않으니, 이는 곧 하늘이 준 인재를 스스로 버리는 꼴이라고 비판하고 있다.

소설 속의 홍길동은 허균이 늘 가슴 아파하면서 가슴속에 묻어 놓고 키워 오던 바로 그 전형이다. 홍길동이 서자로 태어나 호부호형을 하지 못하고, 온갖 고난과 역경을 겪는 것은 바로 적서차별 때문에 생긴 폐단이라 비판하고 있는 것이다.

그래서 그는 평등한 세상을 만들기 위하여 혁명이 필요하다고 생각하였다. 그의 혁명사상은 문집에 실려 있는 호민론(豪民論)에 잘 나타나 있다. 그럼 그 요지를 일별해 보기로 하자.

나라를 다스리는 자들이 두려워할 대상은 오직 하나, 백성이다. 그런데도 위에서 다스리는 자들은 백성들을 업신여기고 가혹하게 부려 먹는데, 그 연유는 무엇이며 해결책은 어디에 있는 것일까?

백성은 항민(恒民)·원민(怨民)·호민(豪民)으로 나누어 볼 수 있다.

항민은 자기의 권리나 이익을 주장해야 한다는 의식이 없이, 그저 법을 따르면서 윗사람에게 부림을 당하며 얽매여 살아가는 사람들이다. 원민은 수탈당하는 계급이라는 점에서는 항민과 같으나, 그것을 못마땅하게 여겨 윗사람을 탓하고 원망하는 백성들이다. 그리고 호민은 다스리는 자의 지배에 적개심을 갖고 기회를 엿보다가, 적절한 때가 오면 마침내 들고일어나는 사람들이다.

그러므로 항민과 원민은 속으로 원망만 품고 있을 뿐이므로 세상에 두려운 존재가 못 된다. 참으로 두려운 것은 호민이다. 호민은 자기가 받는 부당한 대우와 사회의 부조리에 도전하는 무리들이다. 호민이 반기를 들고 일어나면, 원민들이 소리만 듣고도 저절로 모여들고, 항민들도 또한 살기 위해서 호미나 고무레, 창 등을 들고, 무도한 위정자를 타도하기 위해 따라 일어서게 된다.

진(秦)나라가 망한 것은 진승(陳勝)·오광(吳廣)이 학정을 몰아내기 위해 일어섰기 때문이고, 한(漢)나라가 어지러워진 것은 황건적(黃巾賊)의 봉기가 그 원인이었다. 당(唐)나라의 멸망도 왕선지(王仙芝)와 황소(黃

巢)가 틈을 타서 난을 일으켰기 때문이다. 그들 때문에 이들의 나라는 각각 망하고 말았다. 그들은 모두 호민들로서 학정의 틈을 노린 것이다.

우리 조선의 경우를 보면, 백성이 내는 세금의 대부분이 간사한 자에게 들어가기 때문에 일이 생기면 한 해에 두 번도 거둔다. 그래서 백성들의 원망은 고려 때보다 더 심하다.

그런데도 위에 있는 사람들은 그것을 두려워하지 않고, 이 나라에는 호민이 없다고 하면서 안도한다. 만약 지금 견훤(甄萱)·궁예(弓裔) 같은 호민이 나타나서 난을 일으킨다면, 백성들이 이에 동조하지 않는다고 어찌 장담할 수 있겠는가? 그렇게 된다면 위에 있는 사람들은 반드시 그 형세를 두렵게 여겨, 정치를 바로 하지 않을 수 없을 것이다."

이에서 보는 바와 같이, 허균은 기존의 잘못된 질서를 혁파하기 위해 호민을 따라 원민, 항민들이 모두 들고일어나야 한다는 개혁론을 내세우고 있다. 곧 혁명을 천명하고 있는 것이다. 홍길동이 도둑들을 규합하여 활빈당을 조직하고, 조선 팔도를 돌아다니면서 탐관오리들이 불의로 착취한 재물을 빼앗아, 가난한 양민들을 구제하는 의적이 된다는 내용은, 바로 호민론의 주장을 반영한 것이다.

'홍길동전'은 한글로 쓴 최초의 소설이다. 허균이 한글로 소설을 쓴 까닭은 바로 유재론과 호민론에 나타낸 그의 사상이, 한문을 모르는 일반 백성들 즉 원민, 항민들에게까지 널리 읽히길 바라는 마음이 있었기 때문이다. 한문을 모르는 서얼을 비롯한 하층민들에게까지, 부조리한 세상을 개혁하여 만민이 평등한 사회를 만들기 위한 혁명의 길로 나서게 하기 위해, 쉬운 한글로 쓴 소설이 바로 홍길동전이다.

작품 속에서 홍길동이 도둑들을 이끌고 경치가 수려하고 땅이 기름진 율도국에 이르러, 마침내 왕위에 올라 백성들을 잘 다스리는 것으로 소설의 대미를 장식한 것도, 바로 교산(蛟山) 허균이 꿈꾸던 이상향 곧 차별 없는 세상을 이룩하고자 하는 혁명사상을 총체적으로 담아 표현한 것이다. 당시의 소설들이 대개 중국을 무대로 하고 있는데 반하여, 홍길동전이 우리나라를 배경으로 창작되었다는 점도 바로 그러한 사상과 일맥상통하고 있는 것이다.

그러나 허균의 이러한 혁명사상은 당시 사회나 사대부들에게는 용납될 수 없는 이단적인 것이었다. 그래서 허균은 결국 그를 견제하던 이들에 의해 역모죄로 잡혀, 동료들과 함께 능지처참을 당하고 시신도 거두어지지 못하였으며, 조선이 멸망할 때까지 끝내 복권되지 못한 채 그가 꿈꾸던 혁명사상과 함께 잠들고 말았다. 그러나 소외되고 핍박받는 사람들에게 읽혀서, 부조리한 사회를 개혁하는 혁명에 그들을 참여시키기 위해 한글로 썼던 홍길동전만은 우리 문학사의 찬연한 빛으로 남아 있다.

5 맞춤법에 어긋나기 쉬운 말

맞춤법이 어렵다고 하는 이야기를 자주 듣는다. 그러나 맞춤법은 하나의 약속이요 말 그대로 하나의 법이기 때문에 우리는 그것을 지켜야 한다. 약속을 어기면 일상생활에 지장을 초래한다. 원만한 교류가 어렵게 된다. 또 법은 보편성을 그 밑바탕으로 삼는다. 가장 합리적인 원칙이기 때문에 지키지 않으면 안 된다.

우리는 수많은 법 가운데서 살아간다. 그러나 그 많은 법을 다 알 수는 없기 때문에 틀리는 경우가 생긴다. 그중에서 가장 많은 빈도를 차지하고 있는 말들을 찾아 적어 본다.

① -ㄹ는지

'-ㄹ는지'는, 뒤 절이 나타내는 일과 상관이 있는 어떤 일의 실현 가능성에 대한 의문을 나타내는 연결 어미이다. '그 의문의 답을 몰라도', '그 의문의 답을 모르기 때문에' 따위의 의미를 나타낸다. 이 '-ㄹ는지'를 흔히 '-ㄹ른지'나 '-ㄹ런지'로 쓰는 경우가 많다. 그러나 그런 어미의 표기는 없다.

비가 올는지 습한 바람이 불기 시작했다.
손님이 올는지 까치가 아침부터 울고 있다.

'하게'할 자리나 '해'할 자리에 두루 쓰여, 어떤 불확실한 사실의 실현 가능성에 대한 의문을 나타내는 종결 어미에도 마찬가지다.

그 사람이 과연 올는지.

그가 훌륭한 교사일는지.

자네도 같이 떠날는지.

'하게'할 자리나 '해'할 자리에 두루 쓰여, 앎이나 판단·추측 등의 대상이 되는 명사절에서 어떤 불확실한 사실의 실현 가능성에 대한 의문을 나타내는 종결 어미도 또한 그렇다.

무슨 일이 일어날는지를 누가 알겠니?

반드시 '올는지, 떠날는지, 일어날는지'로 써야 한다.

② -ㄹ게

'해'할 자리에 쓰여, 어떤 행동에 대한 약속이나 의지를 나타내는 종결 어미다.

다시 연락할게.

오늘은 나 먼저 갈게.

이때의 '-ㄹ게'를 흔히 '-ㄹ께'로 적는다. 즉 '연락할께', '갈께'로 잘못 쓰고 있다.

'-ㄹ게'는 'ㄹ'로 시작하는 어미는 뒷말이 된소리로 소리 나더라도 예사소리로 적는다는 규정(한글 맞춤법 제53항)에 따라 '-ㄹ께'로 적지 않고 '-ㄹ게'로 적는다.

그런데 '-ㄹ게'는 '-ㄹ 게'와 구별하여 적어야 한다. '-ㄹ게'는 하나의 어미이므로 '동생을 위해 과자를 남겨 둘게.'와 같이 붙여 쓴다. '-ㄹ 게'는 '-ㄹ 것이'가 줄어든 말이므로 '동생이 할 게 없다.'와 같이 띄어 쓴다.

③ -ㄴ바

'-ㄴ바'는 뒤 절에서 어떤 사실을 말하기 위하여 그 사실이 있게 된 것과 관련된 과거의 어떤 상황을 미리 제시하는 데 쓰는 연결 어미로, 앞절의 상황이 이미 이루어졌음을 나타낸다. 또 뒤 절에서 어떤 사실을 말하기 위하여 그 사실이 있게 된 것과 관련된 상황을 제시하는 데 쓰는 연결 어미인데, '-ㄴ데', '-니' 따위에 가까운 뜻을 나타낸다.

서류를 검토한바 몇 가지 미비한 사항이 발견되었다.
우리가 가는 곳은 이미 정해진바 우리는 이제 그에 따를 뿐이다.
그는 나와 동창인바 그를 잘 알고 있다.
너의 죄가 큰바 응당 벌을 받아야 한다.

위의 예에서 보는 바와 같이 이때의 'ㄴ바'는 어미이기 때문에 '검토한바, 정해진바, 동창인바, 큰바'와 같이 붙여 써야 한다.

그러나 의존명사 '바'는 띄어 쓴다. 즉 앞에서 말한 내용 그 자체나 일 따위를 나타내는 말이나, 일의 방법이나 방도를 가리키는 말이다.

평소에 느낀 바를 말해라.
각자 맡은 바 책임을 다하라.
나라의 발전에 공헌하는 바가 크다.

어찌할 바를 모르다.

나아갈 바를 밝히다.

눈 둘 바를 모르다.

④ -으라고

앞의 내용이 뒤의 내용에 대한 목적임을 나타내는 연결 어미다. 이 '으라고'를 '어라고'로 적는 경우가 많다.

우리 딸 맛있게 먹으라고 엄마가 이렇게 요리한 거야.

양반의 고명따님, 무남독녀 금지옥엽 어여쁘고 애중한 여식의 이름에

종의 팔자 닮으라고 이름을 붙인 그 어머니 심정이 짚일 듯도 하였다.

— 최명희, 『혼불』

또 어미 '-으라'에 인용을 나타내는 격 조사 '고'가 결합한 말에도 마찬가지다.

어머니가 밥을 먹으라고 말씀하셨다.

사람들에게 손을 씻으라고 하시오.

⑤ 위 글/윗글

수능 언어영역의 발문을 보면 2003학년도까지는 '윗글'을 쓰다가 2004학년도부터 지금까지는 '위 글'을 쓰고 있다.

표준국어대사전 초판에 '윗글'이라는 단어가 없었던 것을 근거로 '위 글'로 바꾼 것으로 추정하는데, 지금의 국립국어원 표준국어대사전에는

'윗글'이 '바로 위의 글'이란 뜻으로 등재되어 있고, 국립국어원에서 제공하는 '우리말 바로 쓰기'에서도 '위 글'과 '윗글'중 '바로 위의 글'을 뜻하는 말은 '윗글'이라고 명시하고 있다.

그러므로 '위 글'과 '윗글'은 어느 것을 써도 무방하다

⑥ 이, 히

부사를 만드는 접사인 '-이'를 쓸 것인지 '-히'를 쓸 것인지 헷갈릴 때가 더러 있다.

'솔직이'인지 '솔직히'인지 구분이 잘 되지 않을 때가 있다. '번번하다'라는 말이 있는데 왜 '번번히'로 적지 않고 '번번이'로 적을까?

이것을 규정한 것이 한글 맞춤법 제51항인데 그 내용은 이러하다.

부사의 끝음절이 분명히 '이'로만 나는 것은 '-이'로 적고, '히'로만 나거나 '이'나 '히'로 나는 것은 '-히'로 적는다.

ㄱ. '이'로만 나는 것

가붓이	깨끗이	나붓이	느긋이	둥긋이
따뜻이	반듯이	버젓이	산뜻이	의젓이
가까이	고이	날카로이	대수로이	번거로이
많이	적이	헛되이	겹겹이	번번이
일일이	집집이	틈틈이		

ㄴ. '히'로만 나는 것

극히	급히	딱히	속히	작히
족히	특히	엄격히	정확히	

ㄷ. '이, 히'로 나는 것

솔직히	가만히	간편히	나른히	무단히
각별히	소홀히	쓸쓸히	정결히	과감히
꼼꼼히	심히	열심히	급급히	답답히
섭섭히	공평히	능히	당당히	분명히
상당히	조용히	간소히	고요히	도저히

여기서 유의할 것은 3번째 규정이다. '이, 히' 두 가지 소리가 다 나는 말은 '히'로 적는다는 것이다. ㄱ의 말들은 전부가 통상 '이'로 나는 말이고, ㄴ의 말은 다 '히'로 나는 말임을 쉽게 인지할 수가 있다. 그런데 ㄷ의 말들은 '이, 히' 두 가지로 나기 때문에 혼란을 가져오는 것들이다. 이런 경우에는 다 '히'를 붙여 쓰면 된다고 할 수 있다.

⑦ 의존명사 띄어쓰기

한글 맞춤법 총칙 제2항에, 문장의 각 단어는 띄어 씀을 원칙으로 한다고 되어 있다. 다만 조사는 윗말에 붙여 쓴다. 이 규정을 따르면 띄어쓰기는 '단어'의 개념을 알면 쉽게 해결된다고 할 수 있다. 그러므로 띄어쓰기가 어렵다고 하는 것은 바로 이 '단어'라는 개념이 부족한 탓이다.

이 단어 중에서 가장 어렵다고 할 수 있는 것이 의존명사다. 명사는 명사인데 혼자서는 자립할 수 없어 다른 말 아래에 기대어 쓰이는 명사다. 우리가 잘 아는 '것, 줄, 바' 따위다. 이것이 명사인 것은 이러한 말 바로 뒤에, 체언의 특징인 조사가 붙을 수 있기 때문이다.

그런데 이 의존명사가 그 쓰임에 따라 조사나 어미 또는 접사와 그 형태가 똑같은 것이 있다는 점이 문제다. 이에 속하는 몇 가지 말들을 보자.

ㄱ. '만큼'

'만큼'은 체언이나 조사에 붙어, '정도가 거의 비슷함'을 나타내는 조사일 때에는 붙여 쓴다. 그러나 용언의 어미 뒤에 쓰이어, '그와 같은 정도나 한도'를 나타낼 경우는 의존명사이기 때문에 띄어 쓴다.

나도 너만큼 달릴 수 있다. (조사)
이만큼 해 놓았으니 너에게 자랑할 만하지. (조사)
일한 만큼 거두다. (정도, 의존명사)
먹을 만큼 먹다. (한도, 의존명사)

ㄴ. '바'

'바'도 용언의 관형사형 아래 쓰이어 방법 또는 일을 나타낼 때는 의존명사다. 그러나 이와 비슷한 어미 '-ㄴ바'로 쓰일 때는 어미이기 때문에 윗말에 붙여 쓴다.

내 눈으로 확인한바 소문과 다름이 없더라. (하였더니/어떠어떠하니까, 어미)
어찌할 바를 모르겠다. (방법, 의존명사)

ㄷ. '지'

'지'는 서술격 조사나 어미일 경우에는 붙여 쓴다. 그러나 어떤 동작이 있었던 '그때로부터'의 뜻을 나타낼 때는 의존명사다.

어떻게 할지 모르겠다. (하 + ㄹ지, 어미)

수박이 채소지 과일이냐? (이(다) + 지, 조사)

그가 떠난 지가 오래다. (기간, 의존명사)

ㄹ. '들'

'들'은 복수를 나타내는 경우에는 접미사로 다루어 붙여 쓰고, '따위'의 뜻을 나타내는 경우는 의존명사로 다루어 띄어 쓴다.

학생들, 어린이들. (복수, 접미사)

보리, 콩 들을 오곡이라 부른다. (따위, 의존명사)

ㅁ. '뿐'

'뿐'은 체언 뒤에 붙어서 한정의 뜻을 나타내는 경우에는 조사로 다루어 붙여 쓰고, 용언의 관형사형 뒤에서 '그럴 따름'의 뜻을 나타내는 경우에는 의존명사로 다루어 띄어 쓴다.

오직 너뿐이다, (한정, 조사)

그저 웃을 뿐이다. (따름, 의존명사)

ㅂ. '대로'

'대로'는 체언 뒤에 붙어서 근거나 구별의 뜻을 나타내면 조사로 다루어 붙여 쓰고, 용언의 관형사형 뒤에서 '어떤 모양이나 상태'와 관련된 뜻으로 쓰이면 의존명사로 다루어 띄어 쓴다.

규정대로 하자. (근거, 조사)

아는 대로 말한다. (모양 상태, 의존명사)

ㅅ. '만'
'만'은 체언 뒤에 붙어서 한정이나 비교의 뜻을 나타내면 조사로 다루어 붙여 쓰고, 시간의 경과를 나타내면 의존명사로 다루어 띄어 쓴다.

하나만 알고 둘은 모른다. (한정, 조사)
삼 년 만에 돌아왔다. (시간, 의존명사)

ㅇ. '지'
'지'는 막연한 의문을 나타내는 어미 '-ㄴ지'의 일부로 쓰이면 붙여 쓴다. 용언의 관형사형 뒤에서 시간의 경과를 나타내면 의존명사로 다루어 띄어 쓴다.

집이 큰지 작은지 모르겠다. (의문, 어미)
그가 떠난 지 한 달이 지났다. (시간, 의존명사)

ㅈ. '데'
'데'는 모음으로 끝난 체언에 붙어 쓰이는 서술격 조사일 때는 붙여 쓰고, '곳, 처소'를 나타낼 때는 의존명사로 다루어 띄어 쓴다.

쉬운 문젠데 맞춰 보렴. (서술격 조사)
갈 데라도 있니? (곳, 의존명사,)

ㅊ. '대로

'대로'는 '그 상태로, 그 모양과 같이'라는 조사로 쓰일 때는 붙여 쓰고, '앞말이 뜻하는 그 모양과 같이'의 뜻으로 쓰인 경우는 의존명사라 띄어 쓴다.

당신 뜻대로 하십시오. (조사)
배운 대로 해라. ('같이'의 뜻, 의존명사)

ㅋ. '망정'

'망정'은 'ㄹ' 받침인 용언의 어간에 붙어 앞 절의 사실을 인정하고 뒤 절에 대립되는 다른 사실을 이어 말할 때에는 어미라서 붙여 쓰고, 다행이거나 잘된 일이라는 뜻을 나타낼 때는 의존명사라서 붙여 쓴다.

입은 옷은 누더기일망정 마음만은 왕후장상이다. (조사)
미리 알았기에 망정이지 큰일 날 뻔했다. ('다행'의 뜻, 의존명사)

ㅌ. '차'

'차'는 명사 뒤에 붙어 목적의 뜻을 더하는 경우에는 접미사이므로 붙여 쓰지만, 용언의 관형사형 뒤에 나타낼 때에는 의존명사이므로 띄어 쓴다.

인사차 들렀다. (접미사)
사업차 외국에 나갔다. (접미사)
고향에 갔던 차에 선을 보았다. (관형사형 어미 'ㄴ' 뒤에, 의존명사)

마침 가려던 차였다. (관형사형 어미 'ㄴ' 뒤에, 의존명사)

ㅍ. '판'

'판'은 다른 말과 합성어를 이룰 때는 붙여 쓰지만, 수 관형사 뒤에서 승부를 겨루는 일을 세는 단위를 나타낼 때는 의존명사이므로 띄어 쓴다.

노름판/씨름판/웃음판 (합성어)

바둑 두 판. (세는 단위, 의존명사)

장기를 세 판이나 두었다. (세는 단위, 의존명사)

6 틀리게 쓰는 말 몇 가지

① 금도(襟度)

정치인들이 자주 사용하는 말 중에 '금도'라는 말이 있다. 상대방 국회의원이 지나친 말을 했을 때 주로 사용한다.

어느 야당 시장이 대통령을 탄핵해야 한다고 하자, 이에 맞서 어느 여당 의원이 "대통령을 돕지는 못할망정 좌파 시민단체 대표인 양 선도하는 건 금도를 넘어선 정치 선동이자 국정 흔들기"라고 반박하였다.

또 어느 남자 국회의원이 여자 국회의원에게 회의 도중 "내가 그렇게 좋아요?"라는 말을 하자, 여자 의원의 같은 당 소속 의원이 나서서 "금도를 상습적으로 넘는 사람을 의원으로 둘 정도로 국민이 허용하지 않는다."며 해당 의원의 의원직 사퇴를 거듭 요구했다.

그런데 이 금도라는 말이 정치권에서 이렇게 자주 쓰이니, 요즘은 언론에서도 덩달아 곧장 쓰고 있다.

위의 예에서 쓰인 '금도'라는 말은 '넘지 말아야 할 경계선'이란 뜻으로 사용하고 있다. 이 말을 쓰는 사람들은 아마도 금도라는 말이 금지한다는 뜻의 '禁(금)' 자와 길을 뜻하는 '道(도)' 자로 된 말이라 생각하여 쓰는 듯싶다. 그러나 그러한 말은 없다.

이런 경우의 금도는 襟度(금도)라는 말이 있을 뿐이다. 襟(금) 자는 옷깃이란 뜻이다. 옷깃이 가슴을 가리는 부분이므로 '가슴'이라는 뜻도 가지게 되고, 가슴은 마음이 담겨 있는 곳이라 하여 '마음'이란 뜻을 갖게 되었다. 度(도) 자는 정도의 의미를 지닌 글자다. 그래서 금도는 '남을 받아들이는 도량(度量)' 즉 '남을 포용할 수 있는 넓은 마음'을 뜻하는 말이다. "그는 지도자다운 금도를 지녔다." "정치권에서는 좀 더 넓은 시야와 관용과 금도를 가지고 문제를 해결해야 한다."와 같이 쓰인다.

그러므로 지금 정치권이나 언론에서 쓰고 있는 금도라는 말은 이 말의 뜻을 모르고 아주 잘못 쓰고 있는 것이다.

② 면장(免墻)

'알아야 면장을 하지'라는 말이 있다. 이 경우의 면장을 面長(면장)으로 잘못 알고 있는 경우가 있다. 이와 관련된 말의 시초는 논어 양화(陽貨)편에 보인다.

공자가 아들 백어(伯魚)에게 "너는 주남(周南), 소남(召南)의 시를 공부했느냐? 사람이 이것을 읽지 않으면 마치 담장을 마주 대하고 서 있는 것[墻面 장면]과 같아 더 나아가지 못한다."라고 한 데서 유래한 말이다.

여기서 주남, 소남은 시경의 편명으로 그 내용이 수신(修身)과 제가(齊家)로 이를 공부하라고 한 것이다.

이 말은 명심보감 근학편(勤學篇)에도 나오는데 송나라 휘종의 가르침을 인용한 것이다.

> 배운 사람은 곡식과 벼와 같고, 배우지 않은 자는 쑥대와 잡초 같다. 곡식이여, 벼여! 나라의 좋은 양식이요. 온 세상의 보배로다. 쑥대여, 잡초여! 밭 가는 이가 미워하고 싫어하며, 김매는 자는 수고롭고 힘이 드는구나. 후일 면장(面墻)하여 (배우지 않은 것을) 후회한들 그때는 이미 늙어버린 후일뿐이다.

면장(面墻) 즉 얼굴을 담에 맞댄 사람은 앞이 꽉 막혀 아무것도 볼 수가 없다. 곧 배움이 없음을 일컫는 것이다. 그러니 무식하지 않으려면 담에 얼굴을 맞대는 데서 벗어나야 한다. 공부를 해야 한다. 이것이 담장을 면하는 면장(免墻)이다. 알아야 면장을 하는 것이다.

③ 사돈

고려 예종 때 여진족을 물리친 원수 윤관은 부원수 오연총과 자녀를 혼인시켰다. 두 사람은 시내를 사이에 두고 살았는데, 어느 날 두 사람은 집에 술이 익었기로, 각각 술을 들고 상대편을 대접할 생각이 나서 집을 나왔다.

그러나 마침 큰물이 져서 시내를 건널 수가 없기로, 양쪽 그루터기[查사]에 앉아, 한쪽이 술을 권하는 시늉을 하면, 한쪽에서는 돈수(頓首 머리가 땅에 닿도록 하는 절)를 하면서, 잔을 받는 시늉을 하며 주거니 받거니 하였는데, 그루터기[查]에서 돈수(頓首)했다는 데서 사돈(查頓)이란 말이 나왔다고 한다.

그러나 이 말은 근거 없는 하나의 민간 어원설(fork etimology)에 지나지 않는다. 사돈은 만주어 사둔(saddun)에서 온 말이며 사돈은 취음 표기다. 그리고 일반적으로 사위쪽 사돈을 수사돈이라 하고, 며느리쪽 사돈을 암사돈이라 한다.

텔레비전 드라마를 보면 안사돈끼리 서로 사부인(查夫人)이라고 부르는 것을 볼 수 있다. 그러나 이것은 부적합한 말이다.

사돈은 결혼한 자녀의 양가 부모들끼리 맺은 관계를 일컫는 말이다. 밭사돈과 밭사돈끼리, 안사돈과 안사돈끼리는 서로 사돈이라 불러야 한다. 사부인은 밭사돈이 상대편 안사돈을 지칭할 때 쓰는 말이다. 안사돈이 상대편 밭사돈을 지칭할 때는 사돈어른이나 밭사돈이라 하면 된다.

상대편 사돈의 웃어른은 사장어른이며, 아랫사람은 사하생(査下生)이다. 사하생끼리는 사형(査兄)이라 불러야 한다.

또 사형들끼리 서로 사돈이라고 호칭하는 것을 가끔 보는데 이것도 예에 매우 어긋난 것이다. 사돈은 자기의 자녀를 장가보내고 시집보낸 당사자들끼리 부르는 호칭인데, 사하생들은 그런 관계를 맺지 않았기 때문에, 서로 사돈이라고 호칭하는 것은 절대 맞지 않다.

지난날에는 밭사돈과 안사돈은 내외가 심하여 얼굴을 마주할 수가 없었다. 이러한 당시의 관습 속에서, 밭사돈이 상대편 안사돈을 조심스럽게 높여 부르는 호칭이 사부인이다. 사부인은 안사돈이 안사돈을 이르는 호칭이 아니다.

사돈은 결혼한 자녀의 부모 항렬에서 부르는 호칭이다. 아들과 딸을 서로 주고받은 부모들끼리만 사돈이다. 사돈은 나이의 차이와 관계없이 대등한 한 항렬이다. 사돈의 부모나 자식은 사돈이 아니다.

드라마를 보면 사돈과 사하생 간에, 또 양가의 사하생끼리도 전부 사돈이라 부르는데, 이는 참으로 잘못된 것이다. 그런데 이 사형이란 말은 바깥사돈 사이에, 상대편을 높이어 일컫는 말로도 사용한다는 것을 유의해야 한다.

그리고 사돈댁의 사하생을 지칭할 때는 '사하생 총각(도령), 사하생 처녀(아가씨)'라 한다. 또 사돈에는 겹사돈과 곁사돈이라는 말이 있는데 이것도 잘 구별해서 써야 한다. 겹사돈과 곁사돈은 음이 비슷하여 혼동하는 수가 많다. 겹은 중복이란 뜻이고 곁은 옆이란 말이니, 겹사돈은 거듭해서 사돈을 맺은 것이고, 곁사돈은 사돈과 자리를 나란히 하는 동급의 사돈을 가리킨다. 그러니 두 말은 전혀 다른 말이다.

즉 겹사돈은 아들을 장가들이어 사돈이 되었는데, 또 같은 집으로 딸을 시집보내어 사돈 관계가 이루어진 경우와 같은 것을 이른다. 그런데 실제로 이와 같은 겹사돈의 관계가 이루어지는 경우는 거의 없다.

겹사돈은 친사돈과 같은 서열(항렬)에 있는 사람에 대한 지칭이다. 사돈의 형제자매나 형제자매의 사돈이 모두 겹사돈이 된다. 겹사돈이란 말은 어디까지나 지칭이요, 호칭은 아니다. 부를 때는 그냥 사돈이라 하면 된다.

④ 신랑 신부가 청첩인

과거에는 결혼 청첩장에 혼주 외에 청첩인이 별도로 있었다. 그 일부를 요약하여 보이면 이러하였다.

> 김갑동 씨의 장남 김철수 군
> 이을서 씨의 차녀 이영희 양
> 의 결혼식을 알려 드립니다.

> 청첩인 박병남 올림

이와 같은 청첩장 형식은 언제부터인가 사라지고, 양가의 혼주가 청첩인이 되는 문틀로 바뀌더니, 요즈음은 신랑, 신부가 청첩인이 되는 형식으로 바뀌었다.

> 믿음의 촛불을 사랑으로 밝히며
> 저희 두 사람은 그 결실을 이루려 합니다.
> 부디 걸음 하시어 따뜻한 축복을

보내 주시면 참으로 고맙겠습니다.

　　　　○○○의 장남　○○
　　　　○○○의 차녀　○○

청첩장에는 지난날처럼 별도의 청첩인이 있는 것이 원칙이다. 그러나 시대의 변화에 따라, 그 형식도 바뀌는 것은 어쩔 수 없는 일이다. 그러나 여기에도 최소한의 격식은 맞아야 한다.

그런데 이 청첩장과 같은 경우에는, 신랑과 신부가 그 부모들을 젖혀 두고, 자기네 부모의 친구들에게 청첩을 하는 셈이 되니, 예의에도 어긋나고 격식에도 맞지 않은 일이다. 청첩장을 받는 사람은 신랑, 신부의 아버지는 알지만, 신랑이나 신부는 알지 못한다. 그러니 이 청첩장은 모르는 사람을 보고 자기 잔치에 오라는 격이다.

또 신랑, 신부가 청첩을 하면서, 자기네들 부모 이름을 함부로 부를 뿐만 아니라, 그 아래에 씨(氏) 자도 붙이지 않았으니 이런 결례가 없다.

그러므로 이 청첩장의 형식을 살려 쓰자면, 최소한 '저희 두 사람은'을 '저희 양가의 자녀가'로 바꾸어, 혼주가 보내는 형식을 취해야 한다.

⑤ 홍길동 씨 귀하

우편물의 발신자란에 성명 석 자만 달랑 쓴 경우도 있다. 이것은 대단한 실례다. '홍길동 드림'이나 '성춘향 올림'이라 써야 한다. 제자라면 '문하생 성춘향 올림'이라 써야 예의에 맞다.

윗사람에게 편지를 보낼 때는 직함을 뒤에 붙이면 된다. '홍길동 사장님'과 같이 쓰면 된다. 직함이 없을 경우에는 '귀하'나 '좌하'를 붙이면 된다. 한글체로 쓸 때는 '님' 자를 붙이면 된다. '이도령 귀하', '성춘향 좌하', 홍길동 님'이라 쓴다. 아랫사람에게 보낼 때는 이름 뒤에 '앞' 자를 쓰면 된다.

그런데 한 가지 유의할 것은 중복된 공대법을 써서는 안 된다는 것이다. 곧 '홍길동 사장님 귀하', '홍길동 씨 귀하', '홍길동 님 좌하', '홍길동 씨 좌하' 등과 같이 쓰는 것은 원칙이 아니다. 귀하나 좌하만을 붙이는 것이 예의에 어긋난다고 생각하여 이중으로 공대를 나타내려고 하는 생각에서 나온 것이라 보이는데 그것은 옳지 않다. '님'이나 '씨'를 붙이지 한고 그냥 '귀하'나 '좌하'를 붙이면 된다.

⑥ 효자(孝子)

축문은 유세차(惟歲次)로 시작되어, 기일을 쓴 다음에 제사를 지내는 맏이의 이름을 쓰는데, 그 이름자 앞에 부모의 제사인 경우 효자(孝子)를 붙인다. 비문을 새길 때 아들의 이름 위에 적을 때도 이 말을 쓴다.

그런데 어떤 이가 말하기를, 자기는 부모가 살았을 때 변변히 효도를 하지도 않아서, 제사 때 효자란 말을 붙이기가 민망하다고 하는 말을 들은 적이 있다.

그런데 이때의 효자란 말은, 부모를 잘 섬기는 아들이란 뜻이 아니라, 부모의 제사에서 맏아들의 자칭이나 또는 부모의 상중에 있는 사람이란 뜻으로 쓰는 말이다. 다시 말하면, 이 말은 제사를 지낼 때, 제주(祭主)가 부모의 혼백에게 자기를 이르는 일인칭 대명사다. 축문(祝文)을 읽는 입장에서 제주를 이르는 말이다. 그러니 이때의 孝 자는 '효도 효'로 읽을 것이 아니라, '맏자식 효', '상(喪) 당할 효' 또는 '복(服) 입을 효'로 읽는다.

제사의 축문에 쓰인 것은 이 중 '맏자식'이란 뜻으로 쓰인 것이다. 예기에 '축왈효자(祝曰孝子)'란 말을 정현이 주(注)를 달면서 '효(孝)는 종자지칭(宗子之稱)'이라 한 것에서도 알 수 있다.

아무튼지, 어버이 제사를 지낼 때 축을 읽으면서, 효자라는 말이 부끄럽지 않도록 살았을 때 효도를 잘해야겠다.

⑦ 아버지

부모를 다른 사람 앞에서 낮추어야 한다고 주장하는 사람이 있으나, 이는 전통적인 어법에 어긋나는 것이다. 다른 사람에게 부모를 말할 때는 언제나 높여야 한다. 여러 사람 앞이나 윗사람에게 말할 때에도 자기 부모는 깍듯이 높여야 한다.

아주 지체 높은 분이 텔레비전에 출연하여, "아버지가 그것을 가르쳐 주었습니다."라고 말하는 모습을 본 적이 있다. 아마도 그는 자기 아버지를 대중 앞에서는 낮추어야 한다고 생각해서 그렇게 말한 것으로 생각된다.

그러나 그것은 잘못된 생각이다. 이런 경우에는 "아버지께서 그것을 가르쳐 주셨습니다."라고 깍듯이 높이는 것이 맞는 화법이다. 지난날에는 임금 앞에서 자기 아버지를 낮추는 것이 예법이었다. 그것은 모든 백성은 임금의 신하라는 당시의 계급사회 관념에서 나온 것이다. 그러나 지금은 만민평등 사회다. 자기 부모를 낮추어야 할 대상은 이 세상 어느 곳에도 없다.

살아 있는 자기의 아버지, 어머니를 보고 아버님, 어머님이라고 불러서는 안 된다고 한다. 아버님, 어머님은 타인의 부모나 돌아가신 부모님을 부르는 말이라 한다.

그러나 여기에는 다시 한번 생각해 봐야 할 점이 없지 않다. 왜냐하면, 아버님, 어머님이란 말을, 살아 있는 부모를 부르는 말로 전래적으로 써 왔기 때문이다.

고려속요 '사모곡'에도 "아바님도 어이어신마ᄅᆞᄂ 어마님ᄀ티 괴시리 업세라."라는 구절이 있고, 시조집 『고금가곡』에도 "아바님 가노이다 어마님 됴히 겨오"라 하였고, 송강도 "아바님 날 나흐시고 어마님 날 기ᄅ시니"라 읊었다.

이와 같이 살아 있는 부모에게도 아버님, 어머님을 써 왔고, 지금도 널리 쓰고 있으니 굳이 말릴 필요가 없을 것 같다. 아버님, 어머님은 아버지, 어머니의 높임말로 인정함이 타당할 것 같다.

⑧ 아빠

어원의 『표준 언어 예절』에는 격식을 갖거나 공식적인 자리 외에는 '아버지, 아빠'를 써도 된다고 한다. 그러나 아빠, 엄마는 어린아이 말이다. 적어도 초등학교를 졸업하면 이 말을 쓰지 말고, 아버지, 어머니라고 불러야 한다.

성년이 다 된 사람이 아빠, 엄마란 호칭을 쓰고 있는 경우를 종종 볼 수 있는데, 이는 바람직스럽지 못하다. 다 큰 고등학생이 퀴즈를 맞히고는, '엄마에게 감사한다'는 인사말을 하는 것이나, 군대에 복무하는 아들이 텔레비전 화면에 나와, '국방의 임무를 충실히 하고 있으니 아빠 걱정하지 마십시오' 하고 큰 소리를 외치는 것은, 아무래도 격에 맞지 않은 말투다.

⑨ 새해 인사말

새해 인사로 가장 적당한 인사말은 "새해 복 많이 받으십시오."이다. 이 말은 집안이나 직장 사회 등 어디에서나 무난히 쓸 수 있다.

그런데 유의해야 할 것이 있다. 웃어른께 세배를 드릴 때 "새해 복 많이 받으십시오."라는 말을 먼저 할 필요가 없다는 것이다. 왜냐하면, 절하는 것 자체가 인사이기 때문이다. 절을 하고 나서 어른의 덕담이 있기를 기다리면 된다.

또 절하겠다는 뜻으로, 어른에게 "절 받으세요. / 앉으십시오."와 같은 말을 하는 것도 예의가 아니다. 가만히 서 있다가 어른이 자리에 앉으면, 말없이 그냥 공손히 절을 하면 된다.

다만 나이 차가 많지 않아, 상대방이 절 받기를 사양하면, "절 받으세요."라는 말을 할 수 있다. 그리고 어른에게 대한 인사말, 즉 "만수무강하십시오. / 오래오래 사십시오."와 같은, 건강과 관련된 말은 피하는 것이 좋다. 늙음을 의식하게 하는 말이기 때문이다. "올해에도 저희들 많이 돌봐 주십시오. / 새해에도 좋은 글 많이 쓰십시오."와 같은 인사말이 좋다.

⑩ 신랑은 잘 잡수십니다

새파란 젊은 여인이 텔레비전에 나와서 불특정 다수를 향해 "우리 신랑은 아무것이나 잘 잡수십니다."라고 하는 말을 서두로 하여, 연신 자기 남편을 공대하는 것을 보았다. 이것은 격식에 맞지 않은 말이다. 부부는 동격이므로 남편을 높이는 것은 자신을 높이는 것이 된다. 즉 '내가 밥을 잡수십니다.'와 같은 어법이 되는 것이다.

남편을 시부모나 남편의 형 그리고 손윗사람에게 말할 때도 물론 낮추어 말한다. 그러나 시동생이나 손아래 친척에게는 남편을 높이는 것이 원칙이고 경우에 따라서 낮추어 말할 수도 있다. 또 남편을 남편의 친구나 직장 상사와 같이 가족 이외의 사람에게 말할 때는 상대방의 신분이 확인되기 전에는 서술어에 '-시-'를 넣어 표현하고, 남편의 친구나 상사라는 것이 확인되면 '-시-'를 넣지 않는 것이 무난하다.

그런데 나이가 든 사람은 남편을 가리켜 말할 때 '-시-'를 넣어 말해도 된다. 이를테면 연세 많은 할머니가 불특정 다수에게 "영감님은 아직도 이것저것 잘 잡수십니다."와 같이 표현해도 된다.

⑪ 저희 나라

텔레비전의 대담 장면을 보면, '저희 나라'라는 말이 자주 나온다. "선진국에 비하면 저희 나라는……" 하는 식이다. 얼마 전에 외교부 장관이 국회에서 답변하면서 '저희 (나라)'라는 말을 연거푸 쓰는 것을 보았다. 겸손의 뜻을 담기 위하여 쓰는 것 같으나 이는 틀린 말이다.

저희는 '우리'의 낮춤말이다. 우리가 낮추어야 할 나라는 지상 어디에도 없다. 우리는 주권국으로서 어떤 선진국과도 대등한 나라다. 그러니 '우리나라'지 '저희 나라'가 아니다.

또 한 직장내에서 회의를 하면서 저희 회사, 저희 학교라는 말을 쓰는 경우가 있는데, 이 역시 잘못된 표현이다. 남 앞이 아닌 자기 식구끼리 자기 직장을 낮추어 말할 필요는 없기 때문이다.

⑫ 단도리

단도리란 말을 우리말이나 사투리쯤으로 알고 쓰는 이가 더러 있다. 그러나 이 말은 일본말이다. 절차나 방도, 준비를 뜻하는 일본어 단도리(段取り/だんどり)를 그대로 옮긴 것이니 쓰지 않은 것이 좋다.

단도리는 채비란 말로 순화해서 써야 한다. '채비 사흘에 용천관 다 지나 가겠다'는 속담이 있다. 준비만 하다가 정작 해야 할 일은 못했을 때 쓰는 속담이다. 실천에 앞서 준비를 꼼꼼히 잘 하는 것도 중요하지만, 그렇다고 준비에만 너무 힘을 쏟다가 정작 목표하는 일을 하지 못한다면, 그보다 더 어리석은 것도 없을 것이다. 용천관(龍川關)은 평안북도 용천군에 있는 재 이름이다.

⑬ 삐까번쩍

드라마에서도 삐까번쩍이라는 말이 더러 나온다. 그러나 이 말은 순수한 우리말이 아니다. 일본말 비까비까(びかびか)와 우리말 번쩍번쩍이 결합하여 만들어진 말이다. 마땅히 번쩍번쩍이라 해야 한다.

그런데 삐까번쩍이란 말을 쓰는 예를 보면, 주로 겉을 번지르르하게 꾸미고 자기를 과시하는 모양을 나타내는 데 쓰고 있음을 본다. 말을 보면 세태의 변화를 알 수가 있다. 세상이 지금 그렇게 물신주의로 변하고 있음을 삐까번쩍이란 말에서 읽을 수 있다.

7 조청(造淸)과 조포(造泡)

조청은 묽게 곤 엿을 가리키고, 조포는 두부를 가리키는 말이다. 조포는 경상도 사투리로는 조피라고 한다.

어린 시절 조청과 조포를 만드는 날은 작은 잔칫날과 같았다. 이 음식을 만들려면 어른들은 일도 많았지만, 아이들은 평소 먹지 못하던 엿밥과 달디단 엿, 그리고 맛 좋은 비지와 두부를 맛보는 날이었기 때문이다.

널따란 구운 떡에 어머니가 조청을 발라 둘둘 말아주는 것을 베어 먹던 그 맛이야 잊으려야 잊을 수 없다. 배고프던 시절에 비지를 김치 국물에 비벼 먹던 그 맛이나, 연두부를 퍼먹던 그 맛이야 지금도 잊힐 리가 없다.

그러면 이러한 조청과 조포에 대한 말의 됨됨이를 한번 알아보기로 하자.

조청(造淸)이란 말은 '청(淸)을 만든다(造)'는 뜻이다. 그러면 '청(淸)'이란 무엇일까? '청'은 '벌이 만든 꿀'을 가리키는 한자어다. 원래는 궁중에서, 꿀을 가리키던 말이다. '청' 자는 맑은 술이나 음료를 뜻하는 바는 있지만, '꿀'이라는 뜻은 가지고 있지 않은 글자다. 그러므로 중국이나 일본에서는 '꿀'이라는 뜻으로는 쓰이지 않는다. 오직 우리나라에서만 이 청(淸) 자를 '꿀'이란 뜻으로 사용하는 글자다. 그러니 조청이란 말은 꿀을 만든다는 뜻이다.

석청(石淸)은 벌들이 돌 틈에 서식하며 거기서 만든 꿀을 가리키며, 목청(木淸)은 고목의 파인 구멍에 벌들이 서식하며 거기서 만든 꿀을 가리킨다. 그리고 우리가 흔히 말하는 유자청(柚子淸)이나 매실청(梅實淸)도 그러한 과일에 꿀을 절여 만든 음식의 이름이다.

그리고 생청(生淸)은 벌집에서 떠낸 후 가공하거나 가열하지 않은 그 대로의 꿀을 가리키고, 생청을 떠내고 불에 끓여 짜낸 찌개 꿀은 화청(火淸)이라 한다. 숙청(熟淸)은 찌꺼기를 없앤 맑은 꿀을 가리키고, 백청(白淸)은 빛깔이 희고 품질이 좋은 꿀을, 황청(黃淸)은 누렇고 질이 좋은 꿀을, 흑청(黑淸)은 빛깔이 검은 조청과 같은 꿀을 각각 가리킨다.

그리고 약청(藥淸)은 약으로 쓰는 꿀을 말하고, 즙청(汁淸)은 과즙 따위에 꿀을 바른 뒤 계핏가루를 뿌려 재워둔 꿀을 말한다. 강청(强淸)과 교청(膠淸)은 된 꿀을 가리키는 말이다.

그런데 지금 시중에서 돌고 있는 무, 사과, 생강, 고구마, 호박, 배, 천연초, 도라지, 대추 등으로 만든 조청은 다 쌀 조청처럼 무 조청, 사과 조청, 생강 조청, 고구마 조청 등으로 부른다.

다음은 조포에 대하여 알아보자.

경상도 일원에서는 두부를 조피라고 한다. 조피는 조포에서 온 방언이다. 그런데 지금은 이 말이 거의 사라져 가고 있다.

조선조(朝鮮朝)에는 '조포사(造泡寺)'라는 절이 있고, '조포소(造泡所)'라는 기관이 있었는데, '조포사'는 능(陵 왕과 비의 묘)이나 원(園 세자 세자빈, 세손, 왕의 생모 묘)의 제사에 쓰는 '두부'를 맡아 만드는 절이었고, '조포소'는 관가(官家)에 두부를 만들어 바치던 기관이었다. '조포'는 '두부를 만든다'는 말이다. '조(造)'는 만든다는 말이고 '포(泡)'는 두부라는 뜻이다. '포(泡)' 자는 '거품 포' 자로 보통 알고 있지만, 이 글자에는 '두부, 성하다, 물 흐르는 모양, 작은 샘, 물을 붓다, 여드름' 등의 뜻을 지니고 있다. 그러니 '포(泡)' 자는 두부를 뜻하는 한자로 '두부 포' 자다. 이 '포(泡)' 자도 두부를 뜻하는 글자로 쓰이는 곳은 우리나라뿐이다. 궁중에서 두부를 만들던 사람을 가리켜 포장(泡匠)이라 하였다. 두부 만드는 장인이라는 뜻이다.

두부를 만들어 왕릉의 제사와 관청에 납품하던 당시의 '조포' 기관의 이름을 따서 당초에는 두부를 '조포'라고 했다. 이 조포란 말이 세월이 흐르면서 '조피'로 변한 것이다.

임금이 죽어 산릉(山陵)을 모시면, 그 곁에는 임금의 극락왕생을 위한 절을 두었는데 이를 승원(僧院)이라 하였다. 그리고 각 능에서 제례 행사가 있을 때는 이 승원에서 제수와 두부를 만들어 바치게 했는데, 그러한 절을 조포사(造泡寺)라 하였다.

연포(軟泡)의 포(泡) 자도 두부라는 뜻이다. 얇게 썬 두부를 꼬치에 꽂아 기름에 지진 다음 닭국에 넣고 끓인 음식을 말한다. 그러니까 '연(軟)' 자는 '얇게 썰다'는 뜻이고, '포(泡)' 자는 두부를 가리키는 것으로 얇게 썬 두부라는 뜻이다. 연포는 주로 연포탕(軟泡湯)이란 말로 많이 쓰인다. 이는 원래 두부와 닭고기 따위를 넣어 맑게 끓인 국을 가리킨다. 초상집에서 발인(發靷)하는 날 흔히 끓였다.

그런데 연포탕을 발인하는 날 상가(喪家)에서 먹는 장국이란 뜻에 이끌려 한자로 염폿국(殮布—)이라고도 썼다. 염포란 염습할 때에 시체를 묶는 베라는 뜻이다.

또 이 연포탕을 요즘은 연폿국이라고도 한다. 그런데 두부를 넣어 끓인 이 연포탕이 요즘은 두부는 없고 낙지가 주재료가 되었다. 낙지 연포탕이 되었다. 게다가 쭈꾸미 연포탕, 전복 연포탕, 갈비 연포탕 등도 등장하게 되었다. 세월의 흐름에 연포탕도 그 재료가 변하게 된 것이다.

그런데 얼마 전에 어느 당 대표로 선출된 분이 당선 소감을 말하면서,

당이 연포탕이 되도록 실제로 실천하겠다고 하는 것을 보았다. 아마도 연포탕에 들어간 재료들이 서로 잘 조화가 되어 맛을 내는 것에 비유한 것이라고 보인다. 연포탕은 그 안에 들어간 재료들도 재료지만 그 재료들이 한데 어울려 빚어내는 시원한 국물맛이 으뜸이 되지 않을까 싶다. 우리나라 사람들은 국물을 유달리 좋아한다. 텔레비전에서 음식을 소개하는 장면을 보면 장면마다 사람들이 나온 음식의 국물을 마시면서, '아, 시원하다'라는 말을 하나같이 외치고 있다. 대통령과 함께 어느 재벌 총수가 시장을 돌다가 어묵국을 사 먹는 장면에서, 어묵 국물을 마시고는 '아 좋다'라는 말과 함께 '사장님 국물 좀 더 주세요'라고 했다는 기사를 읽은 적이 있다.

일본 관동 대지진 때 일본 사람들이 한국인이 우물에 독약을 넣었다고 거짓 선전을 하면서 한국인을 가려서 죽이는 희대의 살인사건이 있었다. 이때 한국인을 가려내는 방법 중 하나가 음식을 먹을 때 국물을 잘 마시는 사람을 표적으로 삼았다는 설이 있다. 그만큼 우리는 시원한 국물을 좋아하는 민족이다.

일전에 어느 의사가 혈압과 관련한 강의를 하면서 음식을 먹을 때 젓가락만 사용하라는 말을 한 것을 들은 일이 있다. 숟가락으로 국물을 먹기 때문에 염분을 많이 섭취하게 된다는 것이 그 이유였다. 그런데 나는 그 말을 듣고 아무래도 한국인에게 저 말은 먹혀들기가 어렵겠다는 생각이 들었다. 우리나라 사람들이 좋아하는 그 국물의 시원한 맛을 버리기 힘들 것이란 생각이 들었기 때문이다.

8 고문(古文)과 금문(今文)

고문이나 금문이라 하면 우리는 흔히 고문은 옛 문자, 금문은 지금의 문자라는 뜻으로 생각하기 쉽다. 그러나 고문과 금문은 그런 의미가 아니다.

고대 전적에 대한 고문·금문은 사서삼경의 하나인 서경(書經)의 진위에 관한 논쟁에서 처음으로 일어났다. 다 아는 바와 같이 서경은 역경(易經), 시경(詩經)과 더불어 삼경의 하나이다.

삼경은 대학, 논어, 맹자, 중용 등 사서와 함께 유교의 중요한 경전을 구성했다. 그런데 이 유교 경전들은 중간에 여러 가지 사건으로 많이 유실되어 그 원래의 모습대로 전해지지 않았다.

춘추전국시대를 거쳐 중국을 통일한 진나라는 중국의 사상을 하나로 통일하고자 제자백가의 학설들을 탄압했다. 또 여기에 자신의 통치를 비판하는 유학자들에 대하여는 분서갱유라는 탄압 정책을 시행하였다. 진시황은 전국적으로 유학을 중심으로 한 제자백가의 서적들을 모두 거두어들여 불태우고 460여 명의 유학자를 땅 구덩이에 묻어 죽였다.

이 분서갱유 때 많은 유가의 경전들이 사라지게 되었는데 서경도 이때 실전되어 후세에 전해지지 않았다. 그 후 한(漢)나라 시대에 들어와서 유학이 중시되기 시작하면서 유가의 경전들에 대한 복원이 시도되었다. 전한 시대 문제(文帝)는 진(秦)나라 시절에 박사를 지냈던 복승(伏勝)이 상서에 밝다는 소문을 듣고 그로 하여금 암기하고 있던 서경의 내용을 구술하게 하였다. 구술하는 내용을 조조(晁錯)란 사람을 시켜 받아적게 하였는데, 조조는 한나라 시대의 글씨체인 예서로 받아 적었다. 이것이 바로 상서(尙書) 29편이다. 상서라는 것은 한나라 시대에 서경을 소중하게 여겨 '높일 상(尙)' 자를 붙여 높여 부른 명칭이다. 이 상서는 당시의 문자체, 즉 금문(今文)으로 적었으므로 금문상서(今文尙書)라 한다.

그런데 그 후 얼마 지나지 않아 서경 진본이 발견되었다. 전한 경제(景帝) 때 곡부(曲阜)에 있는 공자의 옛집을 수리하기 위해 벽을 헐다가 그 속에서 고체전자(古體篆字)로 쓰인 서경, 예기, 논어, 효경 등의 고대 전적들을 발견하였다.

그 당시에는 고체전자를 아는 사람이 없었는데, 이때 발견된 서경을 가지고 공안국(孔安國)이 금문상서와 대조해 가며 해석해 주석을 붙였다. 이는 원래 고문(古文)으로 쓰였으므로 고문상서(古文尙書)라 부른다.

다음으로 문체개념으로서의 고문이다. 중국 당나라 이전에는 문체적인 뜻으로 고문이라는 용어가 사용되지 않았다. 당나라 때에 와서 당시 유행하던 조작적이고 수식이 많은 사륙변려체(四六騈儷體)와 다른 산문 체제를 독립적으로 유지한 문체가 출현하였다.

사륙변려체란 문장이 4자와 6자를 기본으로 한 대구(對句)로 이루어져 수사적으로 미감을 주는 문체다. 후한 중말기에 시작되어 위·진·남북조를 거쳐 당나라 중기까지 유행한 문체다.

한유 유종원 등은 지나친 수사와 기교, 형식적인 것만을 추구한 사륙변려문을 반대하고 내용이 충실하고 순박한 한나라 이전의 문체로 돌아가자는 운동을 전개하였다. 그러나 옛사람의 진부한 말이나 상투적인 표현을 반대하여 단순히 한나라 이전의 문장을 모방하자는 것이 아니고 창의적이며 평이한 문장의 구사를 주장하였다. 이것을 일러 고문 운동이라 한다.

고문 운동가들이 실천한 고문은 우수한 고대의 문학 전통과 정신을

성공적으로 계승하면서 전혀 새로운 문학세계를 창조하고자 하는 운동
이다. 이것은 당나라의 고문 운동가들이 가졌던 문학에 대한 새로운 자
각에 이은 참신한 문학관의 형성에서 비롯되었다.

그리고 정조 때 당시에 유행하던 한문 문체를 개혁하여 순정문학(醇
正文學)으로 환원시키려던 정책인 문체반정도 고문으로 돌아가자는 것
이었다. 문체순정(文體醇正), 문체파동(文體波動)이라고도 한다. 특히
1788년 서학(西學 천주교)에 대한 문제가 본격화되는 정국 상황 아래에
서 이를 능동적으로 헤쳐나가기 위해 정조에 의해 마련된 일련의 문체
정책이다.

정조 당시는 패관잡기나 명말청초(明末淸初) 중국 문인들의 문집에 영
향을 받아 개성주의에 입각한 참신한 문체가 크게 유행하였다. 이에 대
해 정조는 서양학, 패관잡기, 명말청초의 문집을 사(邪)로 규정하고, 이
를 배격함으로써 순정한 고문의 문풍을 회복하고자 하였다. 명나라와 청
나라에서 유행하던 패관소설(稗官小說)의 영향으로 순정성을 잃고 잡문
체로 전락하고 있다고 비판하면서 순수한 고문으로 돌아갈 걸 지시한 사
건이다. '반정(反正)'은 '바른 곳으로 되돌린다'는 뜻으로, 정조는 서학을
금지하는 정책의 일환으로 문체반정을 주도하였다.

당시 유행하던 불순한 문체는 박지원과 그의 저작인 '열하일기'에 근
원이 있다고 하여 박지원으로 하여금 순정한 고문을 지어 바칠 것을 명
하고 반성문을 쓰게 하였다. 박지원이 쓰는 문체가 유교적 질서를 흐트
릴 수 있다고 생각해서 문체를 바로 잡으려고 했던 것이다. 박지원이 열
하일기에 담은 허생전이나 호질(虎叱) 같은 그런 글은 쓰지 말라는 것이
다. 정조는 1791년에 서학 문제에 대한 대처방안으로 "서양학을 금하려

면 먼저 패관잡기부터 금해야 하고, 패관잡기를 금하려면 먼저 명말청초 문집부터 금해야 한다."는 원칙을 제시하였다.

문체에 대한 이러한 관권의 개입은 결과적으로 자못 활발하게 움직였던 18세기 문예 운동을 위축시키는 결과를 초래하였다.

9 아내의 간통 장면을 보고 처용은 왜 춤을 추었을까

역신이 사람으로 변하여 처용의 아내와 동침하였는데, 이를 본 처용이 노래를 부르고 춤을 추면서 물러나왔다. 그러자 역신은 처용의 앞에 꿇어앉아 그대의 노여워하지 않는 모습에 감탄한다고 하면서 달아났다.

이 이야기는 신라 향가 처용가의 배경 설화인바,『삼국유사』권 2에 '처용랑과 망해사'란 제목 아래 다음과 같이 실려 있다.

제49대 헌강왕 때에는 서울로부터 지방에 이르기까지 집과 담이 이어지고 초가는 하나도 없었다. 음악과 노래가 길에 끊이지 않았고 바람과 비는 사철 순조로웠다. 이때 대왕이 개운포(지금의 울주)에서 놀다가 돌아가려고 낮에 물가에서 쉬고 있었다. 갑자기 구름과 안개가 자욱해서 길을 잃었다. 왕이 괴상히 여겨 좌우 신하들에게 물으니 일관이 말하기를,

"이것은 동해 용이 부린 변괴입니다. 마땅히 좋은 일을 행하여 풀어야 할 것입니다."

하였다. 이에 왕은 일을 맡은 관원에게 명하여 용을 위하여 근처에 절을 짓게 했다. 왕의 명령이 내리자 구름과 안개가 걷혔다. 그래서 그곳을 개운포(開雲浦)라 했다.

동해의 용은 기뻐해서 아들 일곱을 거느리고 왕의 앞에 나타나, 덕을 찬양하여 춤을 추고 음악을 연주했다. 그중의 한 아들이 왕을 따라 서울로 들어가서 왕의 정사를 도우니 그의 이름을 처용이라 했다. 왕은 아름다운 여자를 가려 처용의 아내로 삼아 머물러 있도록 하고, 또 급간이라는 벼슬까지 주었다. 처용의 아내가 무척 아름다웠기 때문에,

역신(疫神)이 사람으로 변하여 밤에 그 집에 가서 몰래 동침하였다. 처용이 밖에서 자기 집에 돌아와 두 사람이 누워 있는 것을 보고는, 노래를 지어 부르고 춤을 추면서 물러 나왔다. 그 노래는 이렇다.

서울 밝은 달밤에
밤 들도록 노닐다가
들어와 자리를 보니
다리가 넷이어라
둘은 내 것인데
둘은 뉘 것인고
아이,
내 것이지만
빼앗아 가니 어찌할꼬

그때 역신이 본래의 모양을 나타내며 처용의 앞에 꿇어앉아 말했다. "내가 그대의 아내를 사모하여 지금 잘못을 저질렀으나, 그대는 노여워하지 않으니 감탄스럽고 아름답게 여기는 바입니다. 맹세코 이제부터는 그대의 모양을 그린 것만 보아도 그 문 안에 들어가지 않겠습니다."

이 일로 인해서 나라 사람들은 처용의 형상을 문에 붙여서, 삿된 귀신을 물리치고 경사스러운 일을 맞아들이려 하였다. 왕은 서울로 돌아오자 곧 영취산 동쪽 기슭의 경치 좋은 곳을 가려서 절을 세우고 이름을 망해사라 했다. 또는 이 절을 신방사라고도 했으니 이것은 용을 위해서 세운 것이다.

또 왕이 포석정으로 행차하니, 남산의 신이 나타나 어전에서 춤을 추었는데, 옆에 있는 신하들에게는 보이지 않고 왕에게만 보였다. 그래서 왕이 몸소 춤을 추어 형상을 보였다. 그 신의 이름은 상심이라고 하였기 때문에, 지금까지도 나라 사람들이 이 춤을 전하여 어무상심 또는 어무산신이라 한다. 어떤 이는 이미 신이 나와 춤을 추었으므로, 그 모습을 살피어 장인에게 그것을 본떠 새기도록 명령하여 무대에 보이게 했으므로 상심이라 했다고 한다. 혹은 상염무라고도 하는데, 이는 그 형상을 본떠 일컫는 말이다.

왕이 또 금강령에 행차했을 때, 북악의 신이 나타나 춤을 추었는데 이를 옥도금이라 했다. 또 동례전에서 잔치를 할 때에는 지신이 나와서 춤을 추었으므로 지백급간(地伯級干)이라 불렀다.

어법집(語法集)에서는 이렇게 말했다.

"그때 산신이 춤을 추고 노래 부르기를 '지리다도파(智理多都波)'라 했는데, '도파'라고 한 것은 대개 지혜[智 지]로 나라를 다스리는[理 리] 사람이 미리 사태를 알고 많이[多 다] 도망하여, 도읍이[都 도] 장차 파괴된다[破 파]는 뜻이다."

즉 지신과 산신은 나라가 장차 멸망할 것이라는 것을 알기 때문에 춤을 추어 이를 경계한 것이나, 나라 사람들은 깨닫지 못하고 도리어 좋은 조짐이 나타났다 하여, 술과 여색을 더욱 좋아했으니 나라가 마침내 망하고 말았다.

헌강왕 대는 신라의 하대에 속하는 시기로, 나라가 쇠퇴기에 접어들어 혼란의 소용돌이가 깊어지게 되는 때다. '처용랑 망해사'라는 제목으로 실려 있는 기록도 이러한 회오리바람의 이야기로 가득 차 있다. 귀족들은 탐락에 빠져 있고 일반 백성들은 불만이 팽배했다. 그래서 산신과 지신 그리고 해신[龍 용]까지 나타나 장차 나라가 망할 것이라는 경고를 보낸다. 산신·지신이 나타나 왕 앞에서 춤으로 그것을 알리고, 바다의 용은 안개로 그것을 알린다.

그러나 나라 사람들은 그것을 깨닫지 못하고, 그것이 도리어 좋은 징조라 생각하고 탐락에서 빠져나올 줄을 몰랐다. 심지어 산신이 나타나 '지리다도파(智理多都波)' 즉 '대개 지혜[智 지]로 나라를 다스리는[理 리] 사람이 미리 망할 것을 알고 많이[多 다] 도망하여, 도읍이[都 도] 장차 파괴된다[破 파]는 뜻'을 알리는 춤을 추고 노래를 불러주어도 아랑곳하지 않았다. 사태가 그러함에도 사람들은 '음악과 노래가 길에 끊이지 않았고 바람과 비는 사철 순조롭다'고 여기며 흥청거렸다. 이래서야 나라가 망하지 않을 수 없다.

이 배경 설화의 해석은 여기에서 출발하고 여기에 초점이 모아진다. 배경 설화에 보이는 산신·지신 등은 모두가 나라가 망하리라는 것을 깨우치기 위해 임금 앞에 나타나 춤을 추고 있다. 왕이 개운포에 행차했을 때 나타난 용의 출현도 산신·지신과 마찬가지로 나라 망함을 알려 주기 위해 나타난 바다신이다. 『대동운부군옥』이란 책에, 이를 산해정령(山海精靈)이라 기록한 것은 바로 이런 사실을 함축, 대변해 주고 있는 표현이다.

여기서 우리가 유념해야 할 주요한 사실은 나라 망함의 요인이 왕의 유락(遊樂)에 있는 것이 아니라, '나라 사람들의 깨치지 못함'에 있다는 사실이다. 종래에 그 원인이 왕의 유흥에 있다고 한 것은 설화의 문맥을 잘못 읽은 데서 온 오류다. 이 설화에 나오는 '왕이 개운포에 가 놀았다[遊開雲浦 유개운포]'는 구절에 나오는 '놀다[遊 유]'를 잘못 해석한 것이다. 여기서의 '遊(유)' 자는 그냥 논다는 뜻이 아니라, '유세(遊說), 순수(巡狩)'의 의미다. 유세는 제후를 찾아다니며 자기의 정견을 설명하고 권유하는 것을 말하고, 순수는 여러 지방을 돌면서 민정을 살피는 것을 말한다. 맹자에 이런 말이 있다.

　　천자가 제후 쪽으로 가는 것을 순수라고 하나니, 순수라는 것은 지키는 바를 순찰한다는 말이다. …… 하(夏)나라의 속담에 이르기를, 우리 임금께서 유세하지[遊] 않으면 우리가 어떻게 기쁠 수 있으며, 우리 임금님께서 편하지 않으시면 우리가 무엇으로 돕겠는가. 한 번 유세하고[遊유] 한 번 즐거워함이 제후들의 법도가 되었다.

　헌강왕이 '유개운포(遊開雲浦)'했다는 구절의 '유(遊)'도 맹자에 나오는 바와 같이, 단순한 유흥이란 뜻이 아니라, 바로 지방 시찰의 유세요 순수였다.

　헌강왕은 큰 유락에 빠진 왕이 아니었다. '백성들이 먹거리가 족한 것은 성덕의 소치'라고 말하는 신하들에게 '그것은 경들의 보좌 덕분이지 어찌 나의 덕 때문이겠는가'라고 하는 겸손한 왕이었다. 헌강왕은 대세가 기울어진 신라를 일으키려고 부단히 노력한 왕이며, 그만큼 신하들의 보필을 갈망하기도 했던 왕이었다.

　그러나 나라는 이미 병들어 보전할 수가 없고, 시정은 환락에 싸여 연주와 노래로 나날을 보내는 안이함에 젖어 경계의 빛이 없었으며, 겉으로는 음악 소리가 끊이지 않으나 속은 곪아 있었다.

　그러므로 처용가가 단순히 당대의 성적 문란상을 반영한 노래라거나 역신이 처용의 아내를 범한 것을, 신라 사회에 남아 있는 이객환대(異客

歡待 귀한 손님에게 자기의 아내를 동침케 한 옛 습속)의 유습을 담은 내용이라는 주장은 별 근거가 없는 이야기다. 또 단순한 일상의 의무주술(醫務呪術)로 파악해서도 안 된다.

요약해 말하면 산신, 지신, 용 등이 장차 나라가 망하리라는 경고를 하였으나, 사람들은 그것을 깨닫지 못하고 환락에만 심히 빠져들었다. 마침내 나라가 위태로운 처지에 놓이게 되었으므로, 왕은 이들 여러 신에게 제사하고 처용은 노래와 춤으로써 나라의 평안을 위한 주원 행위를 실시하여 왕정을 보좌하려 한 것이다.

이 설화의 전체 문맥상 처용은 나라를 걱정하는 용의 아들로서 호국적인 무당이며, 그의 모든 행적은 설화 문면에 나타난 왕정 보좌를 위한 주원 행위에서 벗어날 수가 없다.

그러면 역신이 처용의 아내를 범한 것은 무슨 의미를 가지고 있으며, 처용은 아내의 동침 장면을 보고 왜 노래를 부르며 춤을 추었을까? 어떤 이는 이것을 가리켜 불교의 인욕행(忍辱行)을 발휘한 것이라고 한다. 욕됨을 참고 견디는 수행을 의미한다는 것이다. 그러나 그것은 설득력이 약하다. 처용이 불교적 인물이라고 봐야 할 근거도 없거니와, 아무려나 자기 아내의 간통 사실을 보고 노래를 부르며 춤까지 춘다는 것은 합당하지 않다.

역신이 처용 아내를 범한 것은, 당대 신라 사회의 혼란을 상징한다. 고래로 나라의 위태함을 말하려 할 때 가장 크게 제기되는 것이 천문이변과 역병발생이다. 예부터 사서(史書)에는 혜성의 출현, 지진의 발생, 심한 가뭄, 역병의 만연 등이 군데군데 기록되어 있다. 이것은 나라에 불길한 일이 생기거나 그러한 징조를 암시하고 있다. 처용가에 등장하는 역신의 범처 사실도 바로 그러한 예에 속한다. 사회적 질서의 문란과 황폐를 상징하는 것이다.

그래서 처용은 이를 치유하기 위하여 무당의 주원 행위를 한 것이다. 즉 노래를 부르고 춤을 추는 한 마당 굿을 벌인 것이다. 노래와 춤을 행하는 것은 참을성을 발휘하는 이른바 인욕행을 한 것이 아니라, 무당의 제의(祭儀) 행위다. 무당은 원래 춤과 노래[巫歌 무가]로 액을 물리친다. 그가 치른 의식의 힘 때문에 역신은 물러난 것이다. 처용이 아내의 동침 장면을 보고도 화를 내지 않고 점잖게 참고 견디었기 때문에 역신이 감동해서 물러간 것이 아니다. 처용이 가무와 함께 행한 굿에 놀라 달아난 것이다. 그리고 처용의 얼굴을 그린 화상만 봐도 다시는 들어가지 않겠다고 다짐한 것이다.

그런데 이 처용가가 위에서 말한 바와 같이 호국 제의의 주술가로 불렸음은 그 맥을 잇고 있는 고려 처용가의 첫 구절을 봐도 알 수 있다.

신라의 태평성대 밝은 성대
천하태평 라후덕
처용 아비여
이로써 인생에 늘 말씀 안 하실 것 같으면
이로써 인생에 늘 말씀 안 하실 것 같으면
삼재팔난이 일시에 소멸하리로다

이것을 봐도 신라 처용가가 나라를 어지럽히는 악신을 내쫓고 태평성대를 기원코자 하는 노래라는 것을 충분히 알 수 있다. 신라 처용가가 단순한 역병 치료를 위해서 부른 노래가 아니라, 혼란한 나라의 정세를 바로잡아 태평성대를 가져오기 위해 부른 폭넓은 주원가(呪願歌)임을 재확인할 수 있다. 처용가가 갖고 있는 '신라의 태평성대'를 기원하는 주원성이 고려 처용가에 그대로 이어지고 있는 것이다.

요약하면, 처용가는 신라의 혼란된 사회상을 치유하여 태평성대를 가져오기 위한 제의에서 무당 처용이 달램의 수법으로 노래한 무당노래다.

여기서, 처용이 '서울 밝은 달밤에 밤 들도록 노닌' 것은 단순히 놀러 다닌 것이 아니다. 여기서의 '노닐다가(遊行유행)'도 위에서 여러 차례 지적한 것처럼, '유(遊)'는 단순한 '놀음'이 아니라 호국 행위인 '유세'를 가리킨다. 처용은 호국무다. 이 구절은 처용이 나라의 평안을 되찾기 위하여 밤늦게까지 서라벌에서 주원 행사를 펼친 것을 뜻한다. 더욱이 무당이 굿판을 벌이는 것을 지금도 '한판 논다'고 한다. 그러니 처용가의 '밤 들도록 노니다가'도 처용이 밤늦게까지 '한판 놀면서' 벌인 무속 행위를 말하는 것이다.

그리고 역신이 자기 아내를 범한 것은 신라 사회의 혼란상을 한 마디로 응축한 것이다. 역병이 만연하고 풍속이 타락한 당대의 사회상을 총체적으로 나타낸 말이다. 그리하여 처용은 무속 의식을 베풀어 그런 혼란상을 치유하고 신라를 태평성대가 되도록 주원했던 것이다.

끝으로 한 가지 덧붙일 것은, 처용가가 주원적인 무당노래임은 『삼국유사』의 표기 형식에서도 알 수 있다. 여타 향가는 모두 구절이 띄어져 있는데, 처용가만은 한 군데도 띄움이 없이 한데 이어져 씌어 있다. 이것은 처용가가 무가(巫歌)이기 때문이다.

10 '절'의 어원에 대하여

승려가 불상을 모시고 불도를 닦는 집을 '절'이라 한다. 이 절이란 말의 어원은 무엇일까?

절의 고어는 '뎔'이다. 훈민정음해례의 용자례에 '뎔 爲佛寺'라 되어 있고, 유합(類合)이란 책에 寺(사) 자를 풀이하여 '뎔 ᄉ'라 하고 있다. 그러니 이 말은 '뎔 → 절'의 과정을 거쳤다.

그런데 이 '절'의 어원에 대해서는 지금 크게 두 가지 설이 있다. 그 하나는 한자어 '찰(刹)'에서 왔다는 것이고, 다른 하나는 묵호자가 신라에 불법을 전한 집인 '모례(毛禮)'에서 왔다는 것이다.

그러면 모례라고 주장하는 이의 의견을 먼저 살펴보자. 절이란 말은 신라에 불법을 전한 묵호자와 관련 있는 '모례'의 이두식 발음인 '털래'의 '털'에서 왔다는 것이다. 이 '털'이란 말이 변하여 '절'로 되었다는 것이다. 일본어의 寺(사)를 'tera'라고 하는 것도 여기서 유래한 것이라고 한다. 그러나 이 '테라'는 인도 범어(梵語)인 'dera'에서 온 것이지 '털'에서 온 것은 아니다. 또 '털'에서 '뎔'이 되었다는 것은 국어의 음운변화 법칙상 도저히 찾을 수 없는 것이다.

양주동은 절이 '찰(刹)'에서 왔다고 주장하면서 이 모례설을 부정하였다. 그는 모례(毛禮)를 '터리'라고 해석하면서 '털'이 '절'로 변했다는 것은 부회한 속설이라 하였다. 그는 '찰(刹)'의 음이 변하여 '절'이 되었다고 하였다. '刹(찰)'은 범어의 Kṣetra인데, 한자 대역(對譯)은 '체다라(掣多羅), 차다라(差多羅) 흘차달라(紇差怛羅)' 등인데 이때 음이 단축된 한 자음을 수입하여, 그 하반어음인 '다라(多羅) 달라(怛羅)'만을 취하여 이것이 '뎔'이 되었다는 것이다.

그러나 이 또한 도저히 용납할 수가 없는 주장이다. Kṣetra(크쉐트라)의 ks가 공연히 단축되었다는 것도 이상하거니와, 그 하반음인 '다라(多羅) 달라(怛羅)'가 변하여 '뎔'이 되었다는 것도 이상하다. 더구나 차다라(差多羅)는 '땅'이란 뜻의 kṣetra가 아니라, '양산(陽傘)'이란 의미인 차트라(Chattra)의 음역이기 때문이다.

이희봉 중앙대 건축학부 명예교수가 최근 '건축역사연구' 제32권에 실은 논문 '사찰 찰(刹)의 어원 규명과 불교계 통용 오류 검증'에서 이러한 내용이 보인다. 일상에서 흔히 쓰는 사찰(寺刹)의 '찰' 표기에 명백한 오류를 발견했기 때문이다. 그는 논문에서 "사찰의 찰은 찰다라(刹多羅)에서 비롯됐고 이는 '양산(陽傘)'이란 의미의 차트라(Chattra) 음역"이라고 했다. 하지만 모든 사전이 사찰을 표기할 때 '땅'이란 뜻의 크쉐트라(kṣetra)로 번역하고 있다고 지적했다.

오다 도쿠노의 '불교대사전'(1917), 오기하라 운나이의 '범한대역불교사전'(1915), 히라카와 아키라의 '불교한범대사전'(1997) 등 사전에 따르면, 찰은 범어 kṣetra의 번역어로 전(田)·토전(土田)·처(處)의 뜻이다. 음사어로는 찰다라(刹多羅)·차다라(差多羅)·체다라(掣多羅)·찰마(刹摩)·흘차달라(紇差怛羅))이다. 번역어로는 '전(田)·토전(土田)·처(處)·불국토'로 설명하고 있다.

하지만 이 교수는 찰(刹)의 어원이 국토나 땅인 크쉐트라(kṣetra)가 아니라 양산을 뜻하는 차트라(Chattra)라고 거듭 강조했다. 인도에서 양산은 왕에게 씌워주는 존엄을 나타낸다. 이에 아쇼카왕이 조성한 산치 대탑 꼭대기에도 양산을 씌워 붓다에 대한 존엄을 드러냈다. 맨 꼭대기 양산 '찰'이 점차 탑 전체를 확대 지칭하게 되면서 찰은 곧 탑이 됐다. 5세기까지 절은 탑사(塔寺)로 불렸고 탑찰을 거쳐 사찰로 변했다. 이 교수는 "초기 북위까지는 낮은 승원을 의미하는 사(寺)와 높이 솟은 공경의 탑(塔)으로 구성돼 '탑사(塔寺)'로 불렸다. 어순만 바꾸면 현재 우리가 쓰는 사찰(寺刹)이 된다"고 했다.

아래 스투파(탑)의 사진을 보면 맨꼭대기의 차트라(CHHATRA)가 양산(UMBRELLA)으로 씌어 있다. 즉 차트라는 양산이란 뜻이다. 그리고 스투파는 부처님의 유골을 묻은 곳이다.

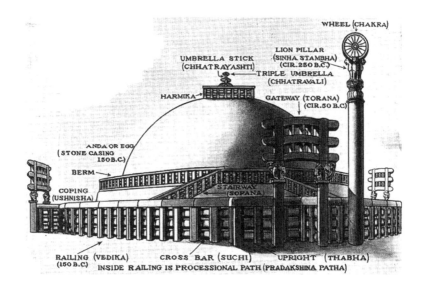

그렇다면 차트라(양산)의 음사인 '찰(刹)'이 어쩌다 크쉐트라(땅)라는 단어로 오기됐을까. 그는 "한국 불교계를 지배하던 '찰'의 오류는 일본 근대 선학자들의 사전이 원인이었고 이는 마치 고구마 뿌리 캐듯 당·송 시대까지 거슬러 올라간 긴 기간의 오류였다"고 했다.

6세기 북위(北魏) 시대까지 찰(刹)은 음사어 찰다라(양산)로 표기돼 왔다. 하지만 7세기 당(唐)에 접어들며 현응(玄應) 스님이 경전 용어 백과

사전이나 다름없던 '일체경음의'에 찰(刹)을 토(土)·국(國)으로 번역하고, 이를 차다라(差多羅)라고 잘못 기재하면서 오기가 시작됐다. 여기에 송나라 법운(法雲) 스님의 '번역명의집'(1143)의 오기도 영향을 미쳤다는 분석이다.

이 교수는 "여전히 동아시아 불교계에는 양산 탑을 의미하는 사찰의 찰을 불토(佛土)나 땅으로 인식하고 있다"면서 "사찰에 불국토 의미를 담고 싶다면 찰(刹)을 과감히 덜어내고 체다라(掣多羅)의 '체(掣)'나 흘차다라(紇差多羅)의 '흘'로 바꾸는 것이 적합하다"고 제안했다.

그러면 '절[寺]'이란 말의 어원은 무엇일까?

절은 '절[拜]'에서 왔다고 생각된다. 절은 절하는 곳이다. 우리말에 '절집'이란 단어가 있다. 이는 '절의 집' 곧 '절하는 집'이란 뜻이다. 절은 부처님께 '절하는 집'이다. 우리말에 '~집'이란 말들의 의미를 새겨보면 이들 말은 다 '~하는 집'이란 뜻을 함축하고 있다. 그 예를 보자.

꽃집 : 꽃을 파는 집

잔치집 : 잔치를 하는 집

도갓집 : 도가(都家)로 하는 집

살림집 : 살림을 하는 집

오막살이집 : 오두막에서 살림을 하는 집

기와집 : 기와로 인 집

술집 : 술을 하거나 파는 집

음식집 : 음식을 파는 집

문집 : 문을 만드는 집

밥집 : 밥을 파는 집

달집 : 달을 맞이하는 집

닭집 : 닭을 기르는 집

이와 같이 집이란 말이 붙은 합성어는 죄다 '무엇을 하는 집'이다. '절집'은 당연히 '절을 하는 집'이다. '절집'을 뒤집어 그 의미를 유추해 볼 때 절의 의미가 명확해진다. 절은 절하는 집이다. 찰(刹)은 그냥 한자어 '찰'일 뿐이다. 그 '찰'이 '뎔'이 된 것은 결코 아니다. 한자어 사찰은 사찰일 뿐이다. 언어학상으로 사찰은 사찰일 뿐 우리말 '절'이 아니다.

11 여의도(汝矣島)란 이름의 뜻

어떤 이가 유튜브에 나와서 여의도의 이름에 대한 강의를 하면서, 여의도(汝矣島)는 '너 여(汝), 어조사 의(矣), '섬 도(島)' 자로 쓰는데, 그 뜻은 '너의 섬'이란 뜻이라고 하였다. 그가 이런 설을 내건 것은 세간에 떠도는 전설에서 따온 것이라 생각된다.

그 전설의 내용을 보면, 여의도가 홍수에 잠길 때면 현재 국회의사당 자리에 있던 양말산이 머리를 내밀고 있어, 부근 사람들이 그것을 보고 '나의 섬이다', '너의 섬이다' 하고 지칭하던 데에서, 한자 말 여의도(汝矣島)로 불렀다는 것이다. 양말산은 거기서 양과 말을 길렀기 때문에 생긴 이름이라고 한다.

또 이런 얘기도 전한다. 이 섬은 전에는 쓸모가 없어, '너나 가져라' 또는 '너도 섬이냐'라는 말이 있었는데, 이를 따서 여의도가 되었다는 것이다.

모두 그럴듯한 이야기들이다. 그러나 이것은 민간의 이야기를 끌어와 근거 없이 갖다 붙인 허황된 이야기에 지나지 않는 것이다. 문자 그대로 민간어원설(民間語源說, folk etymology)일 뿐이다.

여의도는 『동국여지비고(東國輿地備考)』에 나의주(羅衣州), 잉화도(仍火島)로 나와 있다. 그리고 서울에서 15리 되는 서강(西江)의 남쪽에 있는데, 밤섬과 서로 잇대어 있으므로 강물이 많이 흐르면 둘로 나뉜다고 씌어 있다.

『동국여지비고(東國輿地備考)』는 조선 시대의 국가 및 서울의 지리적·제도적·인문적 사항을 기록한 지리서인데, 2권 2책의 필사본으로 조선 시대의 국가 및 서울의 지리적·제도적·인문적 사항을 기록한 책이다. 본문에 정조 때의 내용이 언급된 것으로 보아 정조 때 이후인 19세기에 편찬된 것으로 추측된다.

그러면 나의주(羅衣州), 잉화도(仍火島), 여의도(汝矣島)는 지명상 어떤 관계가 있는 것일까?

먼저 잉화도를 보자. 여기서의 '잉(仍)' 자는 '그대로 따를 잉' 자다. 이 전에 사용하던 것을 지금도 그대로 사용하는 것을 '잉용(仍用)'이라 한 다. 그런데 이 '仍(잉)' 자는 그 음과 달리 고대부터 '나' 또는 '느'의 음을 적는 데 사용되었다. '새풀 잉(芿)' 자도 그렇게 쓰였다. 이 '잉(仍)' 자와 '잉(芿)' 자가 '너' 혹은 '느'를 적는 데 쓰인 것은 '내(乃)' 자의 영향을 받 은 것으로 보인다. 이 '너/느'는 우리말 '너르다/넙다/넓다' 곧 '광(廣)' 의 뜻으로 쓰인 말을 나타내는 데 주로 쓰였다.

균여가 쓴 향가인 「청전법륜가(請轉法輪歌)」의 첫 구절 '彼仍反隱(피잉 반은)'은 '저 너븐' 곧 '저 넙은(넓은)'을 표기한 것이다.

彼(저 피) 자의 훈인 '저'

仍(잉) 자의 취음인 '너'

反(반대 반) 자의 통음차(通音借)인 '븐'(反 자는 'ㅂ'이나 '븐'을 표기 하는데 사용)

隱(숨을 은) 자의 약음차(畧音借)인 'ㄴ'('븐'의 말음 'ㄴ' 첨기)

그 외 역사서나 문헌에 실린 몇 예를 보자.

仍斤內 잉근내 (고구려 때 충북 괴산) - 는내

仍伐奴 잉벌노 (고구려 때 경기도 시흥) - 너벌로

仍忽 잉홀 (고구려 때 충복 음성) - 느름골

仍利河 잉리하 (백제 때 전남 화순) -느리개
東仍陰 동잉음 (신라 때 경북 영일의 신광) - 새느름골

이들에 보이는 '잉(仍)' 자는 모두 '넙다[廣]'의 '너/느'를 적는 데 쓰였다.

다음으로 '잉화도(仍火島)'의 '화(火)' 자를 보자. '불 화(火)' 자의 고훈(古訓)은 '블'이다. 이 '블'은 원래 우리 문화의 원천인 '붉[明]'에서 나온 것으로, 뒷날 '붋, 블, 벌'로 분화되었다. 서라벌(徐羅伐), 달구벌(達句火)의 '벌(伐), 벌[火]'도 바로 이것이다. 이 '붉'은 원래 '밝음[光明]'에서 출발하여 '국토, 들, 도읍' 등의 뜻으로 범위가 넓혀졌고, 뜻을 나타내는 글자로는 '國, 原, 野', 음차자(音借字)로는 '發, 夫餘, 夫里, 伐, 不, 弗'을, 훈차자(訓借字)로는 '火, 列' 등으로 기사되었다.

'잉화도(仍火島)'의 '화(火)' 자도 바로 이 '벌(블)'을 표기한 것이다. 그리하여 '잉화도(仍火島)'는 '너벌섬'을 적은 것으로, 그 뜻은 '넙은 섬(넓은 섬)'이라는 것이다.

다음으로 '나의주(羅衣州)'를 보자. 잉화도의 '잉(仍)' 자가 '나'를 나타내는 데 쓰인 것은 '내(乃)' 자의 영향이라고 앞에서 지적하였다. 그 근본여유는 무엇일까? 그것은 한자에 '너'라는 음을 가진 한자가 없었기 때문이다. 그래서 '나의주(羅衣州)'의 '나(羅)'도 '너' 자의 유사음으로 끌어와 적은 것이다. 그리고 여기서의 '옷 의(衣)' 자는 옷을 셀 때 쓰는 단위인 '벌'을 나타낸 글자다. 옷을 셀 때 우리는 '한 벌, 두 벌, 세 벌⋯'식으로 센다. 그러니 '나의(羅衣)'는 '나벌'이고 '주(州)'는 '섬 주' 자이니 곧 '나벌섬'이 되어 '너벌섬'을 나타낸 것이다.

'여의도(汝矣島)'의 '의(矣)' 자는 바로 나벌섬의 '의(衣)' 자를 그대로 차용한 것이다. 의(衣) 자를 의(矣) 자로 바꾼 것이다. 그리하여 '여의도(汝矣島)'는 너벌섬이 되는 것이다. 여의도는 '너의 섬'이라는 뜻이 아니다. 너벌섬(넙을섬) 곧 '넓은 섬'이라는 뜻이다.

12 동물과의 결혼담 전설에 담긴 의미

　공주의 웅진에는 다음과 같은 '곰나루' 전설이 전해 온다.

　아득한 옛날 지금의 곰나루 근처 연미산(燕尾山)에 큰 굴이 있었다. 이 굴에는 커다란 암 곰 한 마리가 살았다. 어느 날 잘생긴 사내가 지나가는 것을 보고 그를 물어다 굴속에 가두었다. 곰은 사내를 굴에 가둬 놓고 숲으로 사냥을 나갔다. 그리고 짐승을 잡으면 굴속으로 가져와 사내와 함께 먹었다. 곰과 함께 굴속에서 살아야만 하는 사내는 기회를 보아 도망치려 하였지만, 곰이 밖으로 나갈 때에는 항상 바위로 굴 입구를 막아놓아 어쩔 수 없이 굴속에 갇혀 있어야만 했다.

　이렇게 하루 이틀을 지나, 어느덧 이 년 동안 곰과 함께 살게 되자, 사내는 곰과 정을 나누게 되고 그 결과 곰이 새끼를 낳았다. 그로부터 또 일 년이 되어 둘째를 낳자 곰은 사내를 믿기 시작하였다. 사내가 새끼들과 어울려 즐겁게 노는 것을 보면서 더더욱 사내에 대한 믿음이 쌓여갔다.

　그날도 곰이 사냥을 나가게 되었다. 곰은 사내를 믿고 이전처럼 굴 입구를 막지 않았다. 자식이 둘이나 되는데 설마 도망가랴 생각하였던 것이다. 그런데 사냥터에서 한참 사냥을 하고 있는데, 멀리 사내가 강변 쪽으로 도망가는 것이 보였다. 곰은 서둘러 굴로 돌아와 두 새끼를 데리고 강변으로 달려갔다. 사내는 이미 배를 타고 강을 건너고 있었다. 곰은 강가에 다다라 사내를 향하여 돌아오라고 울부짖었다.

　하지만 사내는 곰의 애원을 외면하고 강을 건넜고, 그것을 보고 있던 곰은 새끼들과 함께 강물에 빠져 죽었다. 이후로 사람들은 사내가 건너온 나루를 고마나루 또는 곰나루[熊津 웅진]라고 불렀다 한다.

　공주의 북쪽에서 흐르는 금강의 원래 이름인 곰나루에 얽힌 전설이다. 지금의 웅진(熊津)이다. 그런데 이 곰나루의 '곰'은 동물 이름이 아니라, 어원인 '금'에서 갈라져 나온 말이다. '금'은 '신(神)'이란 뜻으로, 후대에 '감, 검, 곰, 금, 고마, 개마' 등의 말로 분화되었고, 이를 한자로는 검[儉, (黑, 玄)], 곰[熊], 금(金), 개마(蓋馬), 금마(金馬), 가마[釜], 고모(顧母) 등으로 표기했다. 단군왕검의 '검'이나 단군신화의 '곰'도 여기서 비롯된 것이다. 이 '금'이 일본으로 건너가서 '가미'가 되었다.

그러니 '곰나루'는 '신성한 나루(강)'란 뜻이다. 그러니 곰나루는 짐승 이름인 곰과는 아무 관련이 없다. '곰'의 원래 뜻인 '신'이란 뜻을 잃어버린 후세 사람들이 '곰'을 짐승 이름인 곰[熊]으로 인식하여 꾸며낸 이야기가 곰나루 전설이다. 곰나루에 얽힌 전설은 아마도 그 이름이 지닌 신성성을 높이기 위하여 후세인이 그렇게 지어낸 것이 아닌가 싶다.

그런데 이 곰나루 전설은 신화학적으로 볼 때, 인간과 곰이 결혼하는 이물교혼(異物交婚)이란 모티프(motif)를 볼 수 있다. 이 이야기를 읽으면서 우리는 남편에 대하여 정성을 다하는 곰 아내의 모습을 본다. 그런데 인간은 그것을 끝내 배반하고 만다. 배 떠나는 강가에 다다라 사내를 향하여 돌아오라고 울부짖는 곰 아내의 모습에서 우리는 한 줄기 처절한 슬픔을 느끼지 않을 수 없다. 아울러 인간에 대한 일말의 배신감을 느낀다. 모든 희망을 걸었던 남편이 도망하자, 새끼와 더불어 물에 빠져 죽는 그녀의 절망에서, 배어오는 연민의 정을 금할 수 없다.

인간과 동물의 결연은 신화적 상징성을 함축하여 설화상에 심심치 않게 등장하는 소재이다. 이와 같은 유형에는 단군신화와 김현감호(金現感虎), 구렁덩덩신선비 설화 등이 있다. 김현감호 설화는 김현이란 사람이 호랑이 처녀와 사랑을 나누는 이야기고, 구렁덩덩신선비 설화는 사람과 뱀이 혼인하는 이야기다. 그러면 구렁덩덩신선비 이야기를 한번 보기로 하자.

옛날 어떤 곳에 나이 많은 영감과 할머니가 살고 있었는데, 할머니가 잉태를 해서 낳고 보니 구렁이였다. 할머니는 구렁이를 뒤뜰 굴뚝 옆에다 삿갓을 덮어 놓아두었다. 이웃에는 딸 셋을 둔 장자집이 있었는데 할머니가 아기를 낳았다는 소문을 듣고 딸들이 찾아와서 보고 구렁이를 낳았다고 더럽다고 하였다.

그러나 셋째 딸만 구렁덩덩신선비를 낳았다고 하였다. 이 말을 들은 구렁이는 어머니에게 장자 딸에게 청혼을 하라고 하였다. 어머니가 주저하자 구렁이는 청혼을 하지 않으면 한 손에는 불을 들고 한 손에는 칼을 들고 어머니 배 속으로 다시 들어가겠다고 위협하였다. 어머니가 장자 집에 청혼을 하자, 첫째 딸과 둘째 딸은 거절하는데 셋째 딸이 부모님 시키는 대로 하겠다고 하여 혼인이 이루어졌다.

그래서 혼례를 치렀는데 첫날밤에 구렁이는 신부에게 간장 한 독, 밀가루 한 독, 물 한 독을 준비하라고 하였다. 구렁이가 간장독에 들어갔다가 나와서 다시 밀가루 독으로 들어가서 몸을 굴리고 물독으로 들어가서 몸을 헹구더니, 허물을 벗고 옥골선풍의 신선 같은 선비가 되었다. 언니들은 동생이 아주 잘생긴 신선 같은 선비와 함께 살고 있는 것을 보고 시기했다.

어느 날 구렁이는 각시에게 구렁이 허물을 잘 보관하라고 당부하고 서울로 과거를 보러 갔다. 그런데 언니들이 찾아와 동생을 잠들게 하고, 구렁이 허물을 꺼내 화로에 넣어 태워 버렸다. 서울에 있던 신선비는 구렁이 허물이 불에 탔음을 알고 자취를 감추었다.

신선비가 돌아오지 않자 각시는 신선비를 찾으려고 집을 나섰다. 길을 가다가 까마귀, 멧돼지, 빨래하는 여인, 논을 가는 농부 등을 만나 그들이 요구하는 일을 해 주고, 신선비의 행방을 물어 신선비의 집을 찾아가서 마루 밑에서 자기로 하였다.

그날 밤에는 달이 밝게 떠올랐다. 신선비가 다락에서 글을 읽다가 달을 쳐다보며 각시를 그리워하는 노래를 불렀다. 각시가 이 소리를 듣고 화답을 하여 신선비와 만나게 되었다. 그때 신선비는 새로 장가를 갔는데, 선비가 부인 둘을 데리고 살 수 없어서 두 부인에게 일을 시켜 보고 일 잘하는 부인과 살기로 하였다. 나무해 오기, 물 길어 오기, 호랑이 눈썹 빼 오기 같은 어려운 과제를 본래 부인은 잘 해냈으나 새 부인은 하지 못하였다. 신선비는 새 부인을 버리고 본래 부인과 다시 부부가 되어 잘 살았다.

구렁덩덩신선비는 세계적으로 널리 분포된 설화 유형으로서, 설화를 그 서사 유형으로 분류한 아르네 톰슨의 설화 유형에는 '잃어버린 남편을 찾아서'란 형식에 분류되어 있다. 이 유형의 화소는 괴물 남편, 남편을 잃음, 남편을 도로 찾음의 순서로 전개되는데 구렁덩덩신선비도 이러한 서사 형식을 가지고 있다.

구렁덩덩신선비는 원래 신화에 속하는 설화인데, 이것이 환상적인 전래동화로 새롭게 정착된 것이다. 어린이에게 부부 사이의 사랑과 역경을 극복하고 부부가 재결합하는 과정을 흥미 있게 진술하여, 여성의 인내와 지성(至誠)이 가정을 유지하고 집단을 보전하는 길이라는 교훈이 담겨 있다.

또 두 언니들이 뱀 허물을 태워 버리는 사건을 통하여 인간의 질투와 배신, 그리고 동물보다 못한 인간의 신의 없음을 이야기하고 있다. 곳곳에 산재하는 의우총(義牛塚)과 개 무덤 같은 것도 따지고 보면 그러한 가치를 강조하려고 생긴 것이다.

우리 설화에 나무꾼과 구미호라는 것이 있다. 나무를 해서 팔아 끼니를 이어가는 가난한 나무꾼이, 어느 날 산속에서 예쁜 처녀를 만나 결혼하기를 간청하여 일이 성사되었다. 사실 그 처녀는 구미호였다. 사람을 잡아먹고 싶은 유혹을 참고 견디어 구슬을 하나씩 모아 99개를 가진 여우였다. 한 개만 더 채우면 이제 사람이 되는 암여우였다.

그녀는 남편을 지극정성으로 섬기며 부지런히 일하여, 그 덕분으로 살림이 넉넉하게 되었다. 그러자 남편은 점차 게으름을 피우더니 마침내는 노름판을 드나들게 되었다. 드디어 살림을 거덜 낸 남편은 아내한테 노름 밑천을 내놓으라고 윽박질렀다. 아내는 남편의 청을 거절할 수 없어 몸속에 지니고 있는 구슬을 하나씩 꺼내 주었다. 그것을 꺼낼 때는 한없는 고통을 겪어야 했으나 오직 남편을 위한다는 일념으로 그것을 참았다.

노름에 미친 남편은 그것도 모르고 계속 구슬을 요구하였다. 남편이 구슬을 계속 가져오자 이상한 낌새를 느낀 노름꾼들은 나무꾼에게, 아마도 당신 아내는 요망한 구미호일 것이라는 말을 건넸다. 이 말을 들은 나무꾼은 구슬을 줄 때는 절대로 자기 방을 들여다보지 말라고 했던 아내와의 약속을 어기고 문구멍으로 들여다보니, 아니나 다를까 아내는 구미호로 변하여 처참한 모습으로 고통에 시달리며 구슬을 토해내고 있었다. 그러자 이 어리석고 매정한 나무꾼은 동네 사람들과 작당하여 몽둥이로 구미호를 쳐 죽이고 말았다.

동물 중에 가장 간악한 것이 머리 검은 짐승이란 말이 있다. 또 짐승은 키우면 보은을 하고 인간은 구제해 주면 원수로 갚는다는 말도 있다. 동물 중에 인간이 가장 간악하며 배은망덕하다는 뜻이다. 이물교혼담(異物交婚談)에도 이러한 인간의 속성이 잘 드러나 있다. 우리 조상들은 그러한 이야기를 통하여 인간의 간악함을 되돌아보도록 하였다.

구미시 산동면 인덕리의 의우총은, 그 마을에 사는 김기년이 집에서 기르던 암소와 함께 밭을 갈고 있던 중, 호랑이가 덤벼들자 이 소가 호랑이와 맞서 싸웠다. 암소 덕분에 다행히 목숨은 구했으나 상처가 덧나 며칠 뒤 숨을 거뒀는데, 죽기 전에 그는 소를 팔지 말고 수명이 다해 죽으면 자기 무덤 옆에 묻어달라는 유언을 남겼다. 주인이 죽자 그 소도 먹이를 먹지 않고 뒤따라 죽었다는 전설을 갖고 있다.

충청남도 천원군 병천면 개목고개[狗項嶺]는 술 취한 주인이 쓰러져 있는 곳에 불길이 옮겨 오는 것을 보고, 개가 제 몸에 물을 적셔 와 불을 꺼서 살렸다는 의견설화(義犬說話)의 근거지이며, 충청남도 서산군 부석면 대두리의 말 무덤은 전쟁에서 죽은 주인의 옷을 말이 물고 와서 죽은 곳이라는 내력이 있는데, 이들 설화는 다 동물의 의로운 행동을 만물의 영장인 인간이 본받아야 한다는 뜻을 담고 있는 것이다.

이와 같은 전설들은 소중한 가치를 지닌 또 하나의 무형문화재다. 소중히 보존하고 되새겨야 할, 조상들의 입김이 서린 가치 높은 유산이다.

13 성기의 이름

　성기에 대해서는 동서고금을 막론하고 말하기를 금기시했기 때문에, 어원에 대하여 널리 밝혀진 바가 없다. 그런데 이에 대한 이야기로, 퇴계 이황과 백사 이항복의 일화가 일찍부터 그럴듯하게 전해 온다.

　　퇴계가 남대문 밖에 있을 때 소년 이항복이 찾아와 인사한 뒤에 이렇게 물었다.

　"우리말에 여자의 소문을 '보지'라 하고, 남자의 양경을 '자지'라 하니, 그게 무슨 뜻이옵니까?"

　　이에 퇴계는 침착하게 다음과 같이 대답했다.

　"여자의 소문은 걸을 때 감추어진다 하여 걸음 보(步), 감출 장(藏), 그것 지(之)의 세 글자를 음으로 하여 '보장지'라 하였는데, 말하기 쉽도록 '감출 장'은 빼고 '보지(步之)'라 하는 것이다. 그리고 남자의 양경은 앉아 있을 때 감추어진다 하여 앉을 좌(座), 감출 장(藏), 그것 지(之)의 세 글자 음을 따서 '좌장지'라 하였는데, 그 역시 말하기 쉽도록 '감출 장'은 빼고 좌지(座之)라 했는데, 이것이 변하여 '자지'가 된 것이다."

　　이항복이 연이어 물었다.

　"여자의 보지를 '씹'이라고 하고, 남자의 자지를 '좆'이라고 하는데, 그것은 무슨 뜻이옵니까?"

　　퇴계는 말했다.

　"자고로 여자는 음(陰)이요, 남자는 양(陽)이라 했다. 그래서 여자의 성기는 항상 습하므로 '젖을 습(濕)' 자를 따서 '습'이라 했는데, 우리

말에는 되게 발음하는 말이 많으므로 '습' 자를 되게 하여 '씹'이라 발음하는 것이고, 남자는 양이라 항상 말라 있으므로 '마를 조(燥)' 자를 써서 '조'라 했는데, 그 역시 음을 되게 붙여 '좆'이라 하는 것이다."

이 이야기는 누군가 지어낸 이야기로 언어학적인 과학성이 없는, 이른바 민간어원설(民間語源說, folk etymology)에 지나지 않는 것이다. 당대의 해학가인 백사(白沙 이항복의 호)와 최고 도학자인 퇴계를 대표선수로 내세워 그럴듯하게 꾸민 이야기다.

또 어떤 이는 자지는 자지(子支)에서 유래했고, 보지는 보지(舐池)에서 왔다고 한다. 심지어는 인도의 힌두교 사원 앞에 성행위를 하는 석조물이 있는데, 이와 관련지어 '씹'이란 말이 힌두교의 '시바' 신에서 유래한 것이라고 끌어 붙이기도 한다. 그러나 이런 주장은 말 그대로 억지 춘향으로 꿰맞춘 이야기일 뿐이다.

또 자지와 보지란 말이 현대 중국어 '댜오즈(鳥子)와 바즈(八子)'에서 온 것이란 주장도 있다. 그러나 이러한 주장은 다음과 같은 두 가지 측면에서 그 근거가 약하다.

첫째, 이 두 말이 오래된 중국어가 아니라, 근대 중국어라는 사실이다. 서두에서 언급한 바와 같이, 자지와 보지는 기초어휘로서 아득한 옛날부터 써 오던 말인데, 근대에 와서 어느 날 중국어 댜오즈와 바즈를 빌려와서 썼다는 주장은 무리가 있다. 만약 그렇다면 우리는 오랜 세월 동안 자지와 보지란 말이 없었고, 겨우 근대에 들어와서야 이 말을 썼다는 이야기가 되는데, 그런 가정은 있을 수 없다.

어떠한 사회에나 어떠한 환경에서든지 존재해 있는 사물이나 일을 가리키는 말을 기초어휘(basic vocabulary)라 한다. 기초어휘는 어릴 때부터 배우게 되며, 한평생 동안 거의 변화하지 않는다. 또 기초어휘는 근본적으로 다른 말에서 차용이 잘 안 되는 말이다. 기초어휘 중에서도 가장 기초어휘라 할 수 있는 '자지·보지'를 중국어에서 차용한 말이라고 하는 것은 성립되기 어렵다.

그러면 성기에 대한 우리말 '자지'와 '보지'의 어원에 대하여 살펴보자.

국어의 조어(祖語)는 단음절어였다는 것이 통설로 되어 있다. 파리[蠅 승]의 고어도 원래는 단음절인 '풀'이었다. 파리는 '풀'에 주격조사 '이'가 붙어 '풀이'가 되고, '풀이 → 팔이 → 파리'의 과정을 거쳐 이루어진 말이다.

이와 같이 성기의 명칭도 원래는 단음절어였다. 여성의 성기 보지도 원래는 단음절어 '볻'이었다. '볻'의 'ㆍ'가 ㅗ로 변하여 '볻'이 되고, 이 '볻'에 주격조사 '이'가 어우러져 '볻이'가 되었는데, '볻이'가 구개음화를 일으켜 '볻이 → 봊이 → 보지'의 과정을 밟아 이루어진 말이다. 'ㆍ'는 시대를 내려오면서 'ㅏ, ㅓ, ㅗ, ㅜ, ㅡ' 등으로 음운이 변화되었다. '볻'은 제주도 방언 '보뎅이'에 그 흔적이 남아 있다.

또 '볻'의 'ㆍ'가 'ㅜ'로 변하여 '붇'이 되어 남성의 고환을 가리키는 말이 되었는데, 경상도 방언의 '붇두덩'에 그대로 남아 있다. '붇'의 ㄷ이 호전 현상에 의하여 ㄹ로 바뀌어 '불'이 되고, 여기에 '알'이 붙어 '불알'이 되었다. 겁결에 소리를 지르며 뛰어가는 모양을 이르는 속담에, '불 차인 중놈 달아나듯'이란 것이 있는데, 이때의 '불'이 바로 그것이다. 그러니 남성의 '붇'과 여성의 '볻'은 상대적인 개념임을 알 수 있다.

그러면 남성의 '붇'은 무슨 뜻일까?

민속에 '부루단지'라는 말이 있다. 부루단지는 울타리 밑 깨끗한 곳에 흙을 쌓아 단을 모으고 단지에 벼를 담아서 단 위에 두고 짚을 엮어서 가린 후 10월이 되면 반드시 새 곡식으로 바꾸어 신께 올리는데 이 단지를 가리키는 말이다. 그러니 부루단지는 볍씨를 담아두는 단지라는 뜻이다. 그러니 부루는 '씨'의 뜻을 지닌 말이다. 부루의 어근은 '불(붇)'이다. 부루는 '불'어근에 접미사 '이'가 붙은 '부리'가 되고 이것이 '부루'로 변한 변한 것이다. 경북 영천에서는 이를 '부딧단지'라 하는데 이는 '붇'이 어근임을 보여 준다. 이로 보아 '불(붇)'은 '씨앗'을 가리키는 말임을 알 수 있다.

남성의 성기 '자지' 역시 이러한 과정을 밟아 이루어졌다. 남성의 성기 자지는 '좆'에서 온 말이다. 이 '좆'에 주격조사 '이'가 어울려 '좇이'가 되고, 이것이 '좇이 → 좆이 → 자지'로 변한 것이다. 또 '좆'의 'ㆍ'가 'ㅗ'로 변한 것이 '좆'이며, 'ㅓ'로 변한 것이 '젖'이다. 이로써 남성의 '좆'과 여성의 '젖'은 상대적인 개념임을 알 수 있다.

'붇'과 '붇', '좆'과 '젖/좆' 등의 대립은 모음 교체(ablout) 현상에 의한 것이다. 모음 교체란 원래의 모음이 두 개 이상의 다른 모음으로 갈라짐으로써, 비슷한 뜻을 지닌 두 개 이상의 말로 분화되는 것을 가리킨다. 예를 들면, '맛/멋, 가죽/거죽, 남다/넘다, 낡다/늙다, 깎다/꺾다' 등과 같은 것이 그 예다. 즉 같은 모음인 '닷'에서 나온 말이 'ㅏ / ㅓ'로 갈라져, 비슷한 뜻의 '맛/멋'으로 분화된 것과 같은 것을 말한다.

김민정 시인의 '젖이라는 이름의 좆'이라는 작품이 있다. 시인은 이런 어학적인 이론을 알고 썼는지는 모르겠으나, 그의 예리한 시적 감각이 너무나 놀랍다.

네게 좆이 있다면
내겐 젖이 있다
그러니 과시하지 마라

유치하다면

시작은 다 너로부터 비롯함이니

 (중략)

거기 침대 위 큼지막하게 던져진

두 짝의 가슴

두 짝의 불알

어머 착해

그러면 '붇'은 무슨 뜻일까? '붇'은 '씨[種]'를 뜻하는 말이다. 일본어 poto(ぽと)의 어근 [pot]도 '붇'에서 나온 것이다. 그러니 '보지'는 씨를 퍼뜨리는 곳이라는 의미와 관련된 말이다. 모음 교체에 의한, 남성의 성기 '붇' 역시 그 말 뿌리와 뜻은 같다.

남성의 성기 '자지'의 뿌리 말인 '좆'도 역시 마찬가지다. '좆' 역시 '씨[種]'와 관련이 있다.

'좆'은 그 원형이 소멸되어 그대로 존재하는 말은 현재 찾을 수가 없고, 다만 동계어에서 그 흔적만을 찾을 수 있다. 그 말이 바로 '잣'이다. '좆'과 '잣'은 그 뿌리가 같다. '잣'은 중세어에 'ᄌᆞᄉ'로 남아 있다. 'ᄌᆞᄉ'는 씨 또는 핵(核)이란 뜻이다. 이 'ᄌᆞᄉ'는 우리말의 음운 변화 법칙인 ㅅ → △ → ㅇ의 과정을 거쳤는데, 곧 ᄌᆞᄉ → ᄌᆞᅀ → ᄌᆡ → 자위로 변화하였다. 'ᄌᆞᅀ'는 눈동자를 뜻하는 '눈ᄌᆞᅀ' 대추씨를 뜻하는 '대춧ᄌᆞᅀ' 등에 보인다. 눈동자는 눈의 핵 곧 눈의 씨라 할 수 있다. 그리고 '자위'는 현대어의 '눈자위, 노른자위, 흰자위' 등에 남아 있고, 줄어져 노른자, 흰자 등에 흔적을 보인다.

이로써 보면 '자지' 역시 '씨'와 '핵'이라는 의미를 담고 있다. 그러니 자지·보지는 모두 '씨'를 퍼뜨리는 것과 관련이 있다.

그러면 '씹'은 무슨 뜻일까? 씹은 사전에 '장성한 여자의 보지'라고 풀이되어 있다. 어른의 보지는 '씨'를 생산한다는 뜻을 함축하고 있다. 이 '씨'에 '입'이 더해진 말이 '씹'이다. 그러므로 씹은 '씨+입' 곧 '씨의 입'이란 뜻이다.

이렇게 볼 때, '보듬다(볻+음다)'는 말은 여성 성기 '볻'에서 유래했고, '붇다'는 말 역시 남성 성기 '붇'에서 나온 것이 아닐까 한다. 왜냐하면, 아이를 '보듬는' 것은 일차적으로 여성의 '볻'과 관련이 있기 때문이다. 아이는 여성이 낳아서 '보듬어' 키우고, '붇다'는 남성의 씨가 '불어나게' 하는 것이기 때문이다.

14 세(世)와 대(代)

세와 대에 대하여 혼동하는 경우가 많다. 근본적으로 세와 대는 같다. 곧 15세와 15대는 같은 열다섯 번째 항렬이다. 그런데 여기서 유의할 점 두어 가지가 있다.

첫째, 세는 반드시 시조를 1세로 하여 아래로 내려가며 계산한다. 그러나 대는 중간부터 위아래로 다 셀 수가 있다. 위로 올라가면 몇 대조라 하고 아래로 내려가면 몇 대손이라 하는 것이다.

둘째, 세와 대는 항렬이 같지만, 세손(世孫)과 대손(代孫)은 한 항렬의 차이가 난다. 곧 10세손은 시조로부터 열 번째 항렬이지만, 10대손은 열한 번째 항렬이 된다.

만약 아버지를 기준하여 세를 말한다면, 아버지는 1세, 아들은 2세가 된다. 그러나 대(代)는 세와 세의 사이를 가리키므로, 아버지와 아들 사이는 1대가 된다. 아버지는 아들의 1대가 되고, 아들은 아버지의 1대가 된다. 그래서 흔히 대는 세에서 하나를 뺀다고 하는 것이다. 이를 대불급신(代不及身)이라 하는데, 대를 셀 때는 자신을 뺀다는 뜻이다. 세를 셀 때는 자기를 빼지 않으므로 세불급신(世不及身)이란 말은 없다.

다시 말하면, 세는 당해 조상으로부터 이어온 차례의 수치를 객관적으로 말하는 데 대하여, 대는 자신과의 상관관계를 주관적으로 나타낸 것이다. 그래서 1세는 곧 시조가 되지만, 1대는 자신의 아버지가 된다. 대는 세와 세의 사이 이어진 횟수를 가리킨다. 1세와 2세 사이가 1대가 된다. 따라서 대는 세보다 하나가 빠진다. 그래서 만약 20세손이 축(祝)을 쓴다면, '顯始祖考 … 十九代孫 ○○敢昭告于(현시조고 … 십구대손 ○○감소고우)'라고 한다. 19대손이 20세와 일치하기 때문이다.[○○은 제

주(祭主)의 이름]

대조와 대손의 계통을 표로 보이면 다음과 같다.

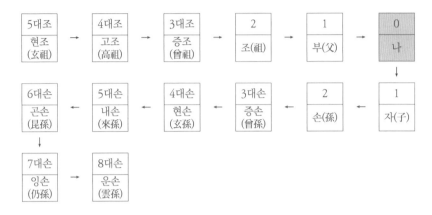

시조를 1세로 하여 자기까지 내려온 세수(世數)를 따지는 것이 항렬 (行列)이다. 항렬이 같은 사람끼리를 동항(同行)이라 하여 형제뻘이 되고, 1세 위는 숙항(叔行), 2세 위는 조항(祖行: 할아버지뻘), 1세 아래는 질항(姪行: 조카뻘), 2세 아래는 손항(孫行: 손자뻘)이라 한다.

참고로 세대(世代)라는 말이 있는데, 이는 통상 30년을 한 구분으로 하는 연령층을 말한다.

15 소화전(消火栓)과 제수변(制水弁)

아파트의 문을 나오면 바로 소화전(消火栓)이라고 써 놓은 글이 눈에 뜨인다. 그런데 이 말의 뜻을 명확히 아는 사람은 드물다. 소화(消火)는 불을 끈다는 말인데 '전(栓)'이 무엇을 가리키는 말인지 명확치 않기 때문이다. 그래서 소화전을 그저 불을 끄는 기구를 보관하는 함이란 뜻으로 짐작한다.

그런데 이 전(栓) 자를 자전에 찾아보면 '나무못, 빗장, 마개'를 뜻한다고 나와 있다. 불을 끄는데 나무못이나 마개가 왜 등장하는지 도무지 뜻이 잡히지 않는다. 이 전(栓) 자는 기물(器物)의 개폐부(開閉部)를 가리키는 말이다. 외래어 콕(cock)이나 밸브(valve)의 의미와 같으며 고유어로는 '고동'이라 한다. 유체(流體)의 양이나 압력을 제어하는 장치를 가리킨다. 즉 물의 흐름을 제어하는 '빗장이나 마개'의 역할을 하는 장치를 말한다. 수도꼭지를 연상하면 된다. 그러니 소화전은 불을 끄는 데 필요한 물을 열고 닫고 하는 '마개'의 역할을 하는 장치란 뜻이다. 이를 방화전(防火栓)이라고도 한다.

이 전(栓) 자는 소화전 외에 방화전(防火栓), 급수전(給水栓), 전용전(專用栓), 수도전(水道栓) 등에 쓰이고 있다. 모두 물의 흐름을 제어하는 마개 역할을 하는 장치를 일컫는다. 전용전은 한 집에서만 사용하는 수도전인데 비슷한말은 '전용꼭지'라 한다.

그러면 이 글자가 중국과 일본에서는 어떻게 쓰이고 있는지 살펴보자. 중국에서 전(栓 shuān)은 기물의 개폐부(開廢部) 즉 수도꼭지(cock, stopcock)란 의미로 쓰인다. 즉 물을 열고 닫는 역할을 하는 꼭지의 뜻이다. 소화전을 活栓(huóshuān) 또는 旋塞(suánsāi)으로도 쓰는데 다 똑같은 뜻으로 사용하고 있다. 여기서의 전(栓)이나 색(塞)은 다 같이 '마개'란 뜻이다.

일본에서도 역시 전(栓 せん) 자는 수도 따위의 개폐 장치, 수도꼭지로 쓰인다. 그러니 소화전은 불을 끄기 위하여 쓰이는 개폐 장치(수도꼭지, 수도 고동)가 들어 있는 시설이란 뜻이다.

위에서 본 바와 같이, 중국이나 일본에서도 똑같이 소화전(消火栓)이란 말을 쓰고 있고, 전(栓) 자는 개폐 장치란 뜻임을 알 수 있다. 우리나라의 소화전(消火栓)도 이들 이웃 나라의 말을 그대로 들여와 쓰고 있는 것이다.

요즈음 코로나 예방주사를 맞고 혈전증(血栓症)이 생겼다는 이야기가 세간에 널리 돌아, 사람들의 관심거리가 되고 있다. 혈전증은 혈전(血栓) 곧 혈관 안에서 피가 엉기어 굳은 덩어리에 의하여 생기는 병이다. 핏덩어리가 혈관을 막아서 생긴 병이다. 이 경우의 전(栓)은 '마개'의 뜻으로 읽혀진 것이다. 혈전이 마개와 같이 혈관을 막아서 생긴 병이기 때문이다.

시가지의 인도를 걷다 보면 '제수변'이나 '이토변', '배수변'이라는 맨홀 뚜껑이 많이 있다. 제수변(制水弁)은 지수전(止水栓)이라고도 하는데 상수도 등의 물을 통제할 수 있는 기계장치를 설치한 곳이다. 각 가정에 수돗물

을 내보내는 작은 관이 연결되어 있는 큰 관을 잠그거나 풀 수 있는 밸브가 설치되어 있다. 이때의 '변(弁)'도 마개 역할을 하는 '전(栓)'과 같은 뜻이다.

즉, 제수변은 가정으로 가는 작은 관이 중간에서 터지거나 관을 보수해야 하는 등의 문제가 있을 경우에, 그곳으로 물이 흐르지 못하도록 큰 관을 잠가야 할 필요가 있기 때문에 설치된 장치로서, 큰 수도꼭지 밸브라고 생각하면 되겠다. '이토변(泥土弁)'은 수도관을 수리할 때 그 속에 들어간 흙 등의 이물질을 제거하기 위한 밸브가 설치되어 있는 곳이다. 그리고 배기변(排氣弁)은 수도관을 수리하면서 들어간 공기를 빼내기 위한 밸브와 장치들이 들어 있는 곳이다.

그런데 이 말은 일본말을 그대로 가져와서 쓰고 있으므로 언뜻 들어서는 뜻이 잡히지 않는다. 이 말의 '변(弁)' 자는 '판(瓣)' 자를 써야 맞는 말이다. '판(瓣)'은 본래 '꽃잎'을 가리키는 글자인데, 판막(瓣膜) 즉 날름막을 뜻한다. 우리 몸의 심장이나 혈관에서 피 흐름을 제어하는 기관이 날름막이다. 날름막은 피의 흐름을 제어하는 마개 역할을 하는 것이다. 그런데 일본 사람들이 이 '판(瓣)'자를 '변(弁)'자로 쓰는 것은 두 글자의 음이 벤[べん]으로 같기 때문이다. 그래서 그들은 획수가 복잡한 '판(瓣)'자 대신, 쓰기 편한 '변(弁)'자를 쓰는 것이다.

그러나 우리는 '판(瓣)/변(弁)'으로 두 글자의 음이 다를 뿐만 아니라 '판(瓣)'은 날름막을, '변(弁)'은 고깔을 뜻하기 때문에 두 글자의 뜻이 판연히 다르다. 그래서 이 두 글자를 바꾸어 쓸 수가 없다. 제수변이라 하면 우리말로는 '물을 제어하는 고깔'이 되므로 전혀 말이 안 된다. 이토변이나 배기변도 마찬가지다. 그러므로 제수변은 제수판이라 해야 한다. 이토변, 배기변도 이토판, 배기판으로 고쳐 불러야 한다. 일본 사람들이 쓴다고 해서 무조건 따라서 쓸 수 없는 까닭이 여기에 있다.

16 육주비전 육의전 육모전의 말 뿌리

오래 전에 KBS에서 '육모전'이라는 드라마를 방영한 적이 있었다. 우리가 잘 아는 육주비전(六注比廛)에 대한 연속극이었다. 그런데 이를 시청한 많은 사람들이 육모전이라는 제목에 대해 의아해 하는 이가 많았다. 육의전이라는 말은 들어 봤으나 육모전이라는 것은 생전 처음 듣는다고 하는 사람도 있고, 심지어는 그 말이 육의전을 잘못 쓴, 틀린 말이라 주장하는 사람도 있었다.

그러면 왜 이런 논란이 빚어진 것일까?

육모전이란 말은 국립국어원의 표준국어대사전에도 실려 있지 않다. 우리가 잘 알다시피 육주비전은 조선 시대에, 전매 특권과 국역(國役) 부담의 의무를 진 서울의 여섯 시전(市廛) 즉 선전(縇廛), 면포전(綿布廛), 면주전(綿紬廛), 지전(紙廛), 저포전(紵布廛), 내외어물전(內外魚物廛)을 이른다. 다른 말로 육부전(六部廛)·육분전(六分廛)·육의전(六矣廛)·육장전(六長廛)·육조비전(六調備廛)·육주부전(六主夫廛)이라고도 한다.

조선시대 시전은 태종 때 고려 개경에 있던 시전을 그대로 본떠, 한성 종로를 중심으로 중앙 간선도로 좌우에 공랑점포(公廊店鋪)를 지어 관설 상점가를 만들어 상인들에게 점포를 대여, 상업에 종사하게 하고 그들로부터 점포세, 상세(商稅)를 받은 데서 비롯하였다.

이들 중 경제적, 사회적으로 확고한 위치를 차지한 6종류의 전을 추려서 육주비전이라 하였다. 이들에게 사상인(私商人), 즉 난전(亂廛)을 단속하는 금난전권(禁亂廛權)이라는 독점적 상업권을 부여하고, 그 대신 궁중이나 관청의 수요품, 특히 중국으로 보내는 진헌품(進獻品) 조달도 부담시켰다.

그럼 먼저 육주비전(六注比廛)의 주비(注比)란 말부터 보기로 하자. 결론부터 말하면, '주비'는 '떼, 무리, 부류[部]'를 뜻하는 순수한 우리 옛말이다. 그러니 注比는 고유어 '주비'를 소리대로 한자로 옮겨 적은 것이다.

균여가 지은 향가 보현십원가 중 칭찬여래가의 첫머리에 '오늘 주비들의'와 참회업장가의 '오놀 주비 頓部(돈부) 懺悔(참회)'에 보인다. 이들은 다 '부(部)'를 우리말로 나타낸 것이다. 후대의 월인천강지곡에도 다음과 같은 예가 보인다.

八部(팔부)는 여듧주비니
道士(도사)이 주비를 道家(도가)ㅣ라 ᄒᆞᄂᆞ니라
須陀洹(수다원)은 聖人(성인) 주비예 드다혼 ᄠᅳ디라

이와 같이 '주비'란 우리말을 한자로 바꾸어 나타낸 것이 注比다. 그러니 육주비전은 여섯 부 곧 여섯 종류의 전(점포)이라는 뜻이다.

그러면 육주비전을 왜 육의전(六矣廛)이라 했을까? 이는 육의전(六矣廛)의 矣 자가 이두에서 '주비'라고 읽혔기 때문이다. '주비'는 원래 세금을 징수하는 '세리(稅吏)'를 가리키는 말이었다. 그런데 이 '주비'란 말이 뒷날 관물을 거두어들이고 배포하는 우두머리를 지칭하는 데도 쓰였다. 이는 세리와 관물 취급자의 임무가 유사했기 때문으로 보인다. 이 관물 취급자 역시 이두문에서 矣자를 써 나타냈다. 이두편람(吏讀便覽)이란 책에 그렇게 씌어 있다.

矣 주비 官物斂散時統首 謂之矣(관물렴산시통수 위지의) 矣는 주비란 뜻인데 관물을 수렴하고 배포할 때 총괄하는 우두머리를 가리킨다.

그러니 注比(주비)는 곧 矣(의)로 둘 다 '주비'다. 그러므로 六注比廛(육주비전)이라 적든 六矣廛(육의전)이라 적든 똑같이 '육주비전'이란 말이 된다.

그러면 '주비' 즉 세리와 관물 취급을 총괄하던 우두머리를 가리키는데 왜 하필이면 딴 글자 다 제쳐두고 '矣' 자를 썼을까? 이것은 이들 주비가 품목을 기재하면서 그 앞에 'ㅿ' 자로 표시한 데서 기인한다. 이것은 오늘날 무엇을 표시할 때 그 앞에 체크표[√]를 하는 것과 비슷하다. 이 'ㅿ' 자가 '矣' 자의 머리에 들어가 있기 때문에, 그런 표시를 하는 일에 종사하는 사람을 가리키면서 '矣' 자를 끌어와 '주비'라 읽은 것이다. 즉 품목을 'ㅿ' 자로 표시하는 사람을 '矣' 자로 나타낸 것이다.

그런데 육의전은 또 어떻게 육모전이 되었을까?

그것은 'ㅿ' 자의 속음(俗音)에 기인한다. 이 'ㅿ' 자를 세간에서 흔히 '마늘 모'라 한다. 한자 자전의 부수를 찾을 때도 이 'ㅿ' 자 부수를 가리킬 때 '마늘 모'라고 지칭한다. '去(거)' 자나 '參(참)' 자를 자전에서 찾을 때, 이 '마늘 모(ㅿ)' 부수에서 찾는다. 이 글자의 부수 이름을 '마늘 모'로 부르게 된 것은 그 모양이 마늘쪽을 닮았고, 또 'ㅿ' 자가 '某(모)'와 같은 글자이기 때문이다.

그래서 '六矣廛(육의전)'의 '矣' 자 머리인 'ㅿ' 자를 '모(ㅿ)'로 바꾸어 읽어 육의전을 '육모전(六ㅿ廛)'이라 하게 된 것이다.

17 진짜 그림 가짜 그림

유몽인의 『어우야담(於于野談)』에 이런 이야기가 실려 있다.

조선 시대에 명화로 소문난 그림이 있었다. 소나무 아래에서 선비 한 사람이 뒷짐을 지고 위를 올려다보는 그림이었다. 소나무도 살아 있는 것 같고 선비의 모습도 생생했다. 그림에 대한 소문이 자자했다. 이 그림을 본 당대의 유명한 화가인 안견의 귀에도 이 소문이 들어왔다. 그래서 그림을 보러 갔다. 그림 주인은 대단히 기뻐하며 안견을 맞았다. 그런데 그림을 본 안견은 실망스러운 표정을 띠며,

"잘 그리긴 했는데 조금 아깝구려. 한번 생각해 보시오. 사람이 높은 곳을 올려다보면 목 뒤에 주름이 지는데 이 그림의 선비 목에는 주름이 하나도 없지 않소."

하는 것이었다. 그리고는 뒤도 돌아보지 않고 자리를 떠나는 것이었다. 푸른 소나무의 기상도 그것을 바라보는 선비의 마음도 사라진 그림이라는 것이다.

이와 유사한 또 하나의 그림 이야기도 있다. 할아버지가 귀여운 어린 손자를 안고 밥을 떠먹이는 그림이었다. 이 그림 또한 유명한 그림으로 소문이 자자했다. 이 소문을 들은 세종 대왕이 이 그림을 보더니 못마땅한 표정을 지었다.

"잘 그리긴 했지만, 어른이 어린아이에게 밥을 먹일 때는 자기도 모르게 자신의 입이 벌어지는 법이다. 그런데 이 그림 속의 할아버지는 입을 다물고 있구나."

하는 것이었다.

정말 그렇다. 어른이 아이에게 밥을 떠먹일 때, 어른은 아이의 입과 함께 자신도 입을 벌리게 마련이다. 화가가 이를 놓쳤기 때문에, 손자에게 한 숟가락이라도 떠먹이고 싶은 할아버지의 마음이 그 그림에서 사라지고 말았던 것이다.

그림 속에 진실한 마음이 담기지 않으면 그것은 죽은 그림이요, 가짜 그림이다.

송나라 때 증민행(曾敏行)이 지은 『독성잡지(獨醒雜誌)』라는 고사집에 이런 이야기가 나온다.

당나라 때의 유명한 화백, 대숭(戴嵩)은 특히 소 그림을 잘 그려 말 그림에 뛰어난 한간(韓干)과 더불어 한마대우(韓馬戴牛)로 불렸다. 이름만큼 뛰어난 작품성 때문에 그림값 또한 하늘을 찔렀다.

송나라 진종 때의 재상, 마지절(馬知節)이 어렵게 구한 대숭의 투우도(鬪牛圖) 한 폭을 가보로 여기며 애지중지했다. 옥으로 만든 족자봉에 비단 덮개를 씌워두고, 습기와 좀벌레를 방지하기 위해 수시로 밖에 내다 햇볕을 쪼였다.

어느 날 한 농부가 소작료를 바치러 나왔다가 이 그림을 보고 고개를 갸우뚱하더니 야릇한 표정으로 피식 웃었다. 궁금해진 마지절이 물었다.

"왜 웃느냐?"

"이 그림이 좀 이상해서 웃었습니다."

"이 그림은 당대의 으뜸 화백, 대숭이 그린 것인데 무엇이 이상하단 말인가?"

일국의 재상 마지절이 노여워하자, 당황한 농부가 벌벌 떨며 아뢰었다.

"저 같은 무식한 농부가 무엇을 알겠소이까만, 저는 소를 많이 키워보고 소가 저희들끼리 싸우는 장면도 많이 보았습니다. 소들은 싸울 때 머리를 맞대고 뿔로 서로 공격하지만, 꼬리는 바싹 당겨 사타구니에 집어넣고 싸움이 끝날 때까지 절대로 빼지 않습니다. 그런데 이 그림은 소의 꼬리가 하늘로 치켜져 올라갔으니 이상해서 웃었습니다."

깜짝 놀란 마지절이 얼굴을 붉히더니 사정없이 그림을 찢으며 탄식한다.

"대승은 이름난 화가지만, 소에 대해서는 네가 훨씬 유식하구나! 이런 엉터리 그림에 속아, 내가 평생 씻지 못할 부끄러운 헛일을 하고 말았도다."

화가는 그림 속에 자기의 진실한 마음을 담아야 한다. 마음이 담기지 않으면 아무리 사진처럼 똑같이 그린 그림도 죽은 그림이 되고 만다. 그런 그림은 가짜다.

그런데 마음이 바르면 보이지 않은 것도 그릴 수 있다.

옛날 중국의 송나라에 휘종 황제란 분이 있었다. 그는 그림을 너무 사랑했다. 그림을 사랑했을 뿐 아니라 그 자신이 훌륭한 화가였다. 휘종 황제는 자주 궁중의 화가들을 모아 놓고 그림 대회를 열었다. 그때마다 황제는 직접 그림의 제목을 정했다. 그 제목은 보통 유명한 시의 한 구절에서 따온 것이었다. 한번은 이런 제목이 걸렸다.

'꽃을 밟고 돌아가니 말발굽에서 향기가 난다.'

말을 타고 꽃밭을 지나가니까 말발굽에서 꽃향기가 난다는 말이다.

그러니까 황제는 화가들에게 말발굽에 묻은 꽃향기를 그림으로 그려 보라고 한 것이다. 꽃향기는 코로 맡아서 아는 것이지 눈으로는 볼 수가 없다. 보이지도 않는 향기를 어떻게 그릴 수 있을까? 화가들은 모두 고민에 빠졌다. 꽃이나 말을 그리라고 한다면 어렵지 않겠는데, 말발굽에 묻은 꽃향기만은 도저히 그려 볼 수가 없었다.

모두들 그림에 손을 못 대고 쩔쩔매고 있었다. 그때였다. 한 젊은 화가가 그림을 제출하였다. 사람들의 눈이 일제히 그 사람의 그림 위로 쏠렸다. 말 한 마리가 달려가는데 그 꽁무니를 나비 떼가 뒤쫓아 가는 그림이었다. 말발굽에 묻은 꽃향기를 나비 떼가 대신 말해 주고 있었다.

젊은 화가는 말을 따라가는 나비 떼로 꽃향기를 표현했다. 다시 말해 나비 떼라는 형상으로 말발굽에 묻은 향기를 충분히 전달할 수 있다는 것이다.

다시 휘종 황제의 그림 대회 이야기를 하나 더 해보자. 이번에는 이런 제목이 주어졌다.

어지러운 산이 옛 절을 감추었다.

절을 그려야 하지만 감춰져 있어야 한다고 했기 때문에, 이번에도 화가들은 고민에 빠졌다. 어떻게 그려야 할까? 한참을 끙끙대다 화가들은 그림을 그렸다. 그림은 대부분 산을 그려 놓고, 그 숲속 나무 사이로 절집의 지붕이 희미하게 비치거나, 숲 위로 절의 탑이 삐죽 솟아 있는 풍경이었다. 황제는 불만스러운 표정으로 앉아 있었다.

그때 한 화가가 그림을 제출했다. 그런데 그가 제출한 그림은 다른 화가의 것과 달랐다. 우선 화면 어디에도 절을 그리지 않았다. 대신 깊은 산속 작은 오솔길에 웬 스님 한 분이 물동이를 이고서 올라가는 모습을 그려 놓았다.

황제는 그제야 흡족한 표정이 되었다. 그리라고 한 것은 산속에 감춰져 보이지 않는 절이었다. 보이지 않는 것을 그리라고 했는데, 다른 화가들은 모두 눈에 보이는 절의 지붕이나 탑을 그렸다. 그런데 이 사람은 절을 그리는 대신 물을 길으러 나온 스님을 그렸다. 스님이 물을 길으러 나온 것을 보니, 근처에 절이 있는 것을 알 수 있다. 비록 절을 그리지는 않았지만, 물을 길으러 나온 스님만 보고도 가까운 곳에 절이 있다는 것을 알 수 있다.

마음이 바르지 못하면 있는 것도 눈에 보이지 않아 그리지 못하고, 마음이 바르면 없는 것도 보여 잘 그려 낼 수가 있는 것이다. 이 어찌 그림뿐이랴? 만물이 존재하는 가치가 다 그러하고 인간이 살아가는 이치가 전부 그러하다. 민생을 모르거나 백성들의 마음을 살피지 않은 치자(治者)나, 진리에 어긋나는 사실을 가르치는 교직자나, 부실 제품을 만들어 내는 생산자나, 사실을 일시적인 시류에 맞게 왜곡하는 공직자는 다 이와 같은 가짜다.

18 방정식 대수 기하의 의미

방정식(方程式)이란 말에 대하여 생각해 보자.

신라의 신문왕 때 지금의 대학과 같은 국학을 세웠다. 공자와 맹자를 가르치는 철학과와 수학을 가르치는 명산과(明算科)를 두었다. 이 명산과를 나오면 산관(算官)이 되었다. 이 산관은 세금을 매기거나 성을 쌓을 때 거기에 가서 일을 했다. 이들이 배우는 교과서는 삼개(三開), 철경(綴經), 구장산술(九章算術), 육장산술(六章算術) 등이었는데, 그중 구장산술의 제8장이 방정(方程)이다.

학생 시절에 방정식을 공부하면서 아무도 방정이란 말의 뜻을 가르쳐 주지 않았다. 방정이란 말은 서양 사람들이 쓰던 용어를 번역한 것일 거라고 어렴풋이 생각했을 따름이다. 산관제도는 삼국시대 때부터 조선 시대까지 계속 이어져 왔다. 이 방정이란 말은 우리 선인들이 삼국시대 때부터 사용하던 말임은 꿈에도 몰랐다.

이 방정이라는 말의 뜻을 청나라 말의 학자 손이양(孫詒讓)은 그가 쓴 '손이양정의(孫詒讓正義)'에서, 방(方)은 좌우를 가리키고 정(程)은 비율을 매기는 것이라 하였다. 즉 등식에서 좌우의 값이 같도록 비율을 맞춘다는 것이다. 손이양은 당시 성행한 금석문의 연구에서도 탁월한 견해를 보였던 학자다.

또 청나라 때 수학자 이선란(李善蘭)은 각종 수학의 용어 즉 대수(代數), 상수(常數), 함수(函數), 계수(係數), 지수(指數), 미분(微分), 적분(積分) 등을 번역하였는데, equation을 방정식이라 번역하였다. 곧 대등한 식이 방정식이란 것이다.

등식을 성립시키는 값을 방정식의 근이라 하고 근을 구하는 것을 '방정식을 푼다'고 한다. 방정식 3x + 4=16에서 x=4일 때 등식이 성립하므로 근은 4이다. 방정식은 양편이 대등해지는 식이다. 곧 방정의 방(方)은 좌우의 항(방면)이 '대등하다'는 뜻이고, 정(程)은 '그렇게 비율을 맞추는 법(法)'이라는 뜻이다. 방정식은 곧 양편이 대등해지는 법식(法式)이란 뜻이다.

나는 대학을 졸업할 때까지 가분수(假分數)와 대분수(帶分數)를 과분수(過分數)와 대분수(大分數)인 줄 알았다. 부끄러운 일이지만, 아무도 그 뜻을 가르쳐 주지 않았다. 가분수는 가짜[假] 분수가 아니라, 머리(분자)가 지나치게[過 과] 큰 분수인 줄 알았고, 대분수는 진분수가 자연수를 띠고[帶 대] 있는 분수가 아니라, 자연수를 지니고 있는 큰[大] 분수인 줄 알았다.

다음의 분수 문제를 풀어보자.

$\frac{1}{2}+\frac{1}{3}$

$\frac{1}{3}\div2$

모르긴 하지만 나이가 든 세대들은 퍼뜩 풀지 못할 것이다. 아득한 옛날에 배운 연산이라 잊어버렸을 것이다. 분수의 더하기는 통분해야 하고, 나누기는 제수의 분자와 분모를 뒤집어야 한다는 기억이 아물아물날 것이다. 왜 이럴까? 그간 세월이 오래 흘러 기억에서 멀어진 것이 원인일 것이다. 그런데 가만히 생각해 보니 그것만이 원인인 것 같지는 않다는 생각이 든다. 왜냐하면 단순히 통분하고, 제수의 분자와 분모를 뒤집어라고만 가르쳤지, 왜 그렇게 해야 하는가 하는 원리를 가르쳐 주지 않았기 때문이다. 본체는 가르쳐 주지 않고 작용법만 가르쳐 준 것이다.

자연수를 배우면서, 0과 음수는 왜 자연수가 아닌지에 대해서도 그 원리를 들은 적이 없다. 자연수는 자연에 존재하는 사물의 개수를 셀 때 쓰이는 수여서, 가장 '자연스러운 수'라는 데서 붙여진 이름이다. 0, -1 따위는 자연에 있는 사물의 개수를 셀 수 있는 숫자가 아니다.

또 대수, 기하, 유리수, 무리수를 배우면서 그것을 왜 대수, 기하, 유리수, 무리수라고 이름하는지에 대해 들어본 적이 없다. 아무도 그 개념을 가르쳐 주지 않았다. 그러면 이들 용어에 담긴 의미를 살펴보기로 하자.

대수(代數)라는 용어는 청나라 수학자 이선란(李善蘭)이 선교사 와일리(Wylie)와 함께 드 모르간(De Morgan)의 책 『Elements of Algebra(1835)』를 번역하면서, 수를 '연산하는 숫자[數]를 대신[代]한 문자'로 연산한다는 뜻에서 지어졌다. 그 이전에는 문자를 사용하여 방정식을 푸는 서양식 해법을 '근을 빌려 쓰는 방법'이라는 뜻에서 차근법(借根法)이라고 하였다.

대수란 방정식(equation)을 풀기 위해서, 수[數] 대신[代] 문자를 사용하는 것이다. 우리가 중학교 때 열심히 풀었던, 1차, 2차 방정식이 대수학 문제의 하나다. y=ax+b와 같이 숫자 대신 문자를 사용하는 식이다.

기하(幾何)는 고대 이집트에서 시작되었다고 한다. 고대 이집트인은 홍수로 나일강이 범람한 후에, 헛갈린 토지를 적절하게 재분배하기 위하여 측량이 필요하였다. 이와 같은 토지 측량에 의한 도형의 연구를 기하학의 기원이라고 보고 있다.

기하학은 영어로 geometry라 하는데, geo는 토지를, metry는 측량을 뜻한다. 이집트인이 개발한 이와 같은 도형에 관한 지식은 지중해를 건너 그리스로 전파되었다. 그러면 이를 왜 '몇 기(幾), 어찌 하(何)' 두

자를 써 기하(幾何)라 했을까? 기하의 중국음은 지허[jǐhé]다. 이에 대한 답은 양주동의 '몇 어찌'라는 글에 잘 나타나 있다.

"선생님, 대체 '기하'가 무슨 뜻입니까? '몇 어찌'라뇨? 하고 질문을 했다. 선생님께서는 이 기상천외의 질문을 받으시고, 처음에는 선생님을 놀리려는 공연한 시문으로 아셨던지 어디 서 왔느냐, 정말 그 뜻을 모르느냐 하고 물으셨다. 그러나 곧, 나에게 아무 악의도 없음을 알아 채시고, 그 말의 유래와 뜻을 가르쳐 주셨다. 가로되, 영어의 '지오메트리(측지술)'를, 중국 명나라 말기의 서광계가 중국어로 옮길 때, 이 말에서 '지오(땅)'를 따서 '지허'라 음역한 것인데, 이를 우리는 우리 한자음을 따라 '기하'라 하게 된 것이라고. 알겠느냐?"

지오(geo-)를 지허(幾何)로 음역한 것이지만, 이에는 뜻도 가미되어 있다. 왜냐하면 지허는 '얼마'란 뜻이다. 나일강의 홍수로 뒤덮인 토지의 '얼마'를 측량해서 줄 것인지를 가르는 것이 기하이기 때문이다.

유리수(有理數)는 영어의 rational number를 번역한 말이다. 이성적, 합리적 수라는 뜻이다.

유리수는 수리적으로 표현하면 나눌 수 있는 수 즉 분수 표현이 가능한 수이다. 따라서 유리수란 분수 a/b의 꼴로 나타낼 수 있는 수이다. 유리수인 정수 1, 2, 3도 모두 분수로 나타낼 수가 있다. 곧 1은 1분의 1, 2는 1분의 2, 3은 1분의 3 등으로 나타낼 수 있다.

유리수는 정수와 정수가 아닌 유리수로 나누어진다. 정수는 양수, 0, 음수이고, 정수가 아닌 유리수는 ⅓, 0.54와 같이 소수, 분수를 말한다. 그러니까 유리수는 정수, 소수, 분수다.

그런데 소수에는 순환소수와 무한소수가 있다. ⅓ = 0.333333…과 같이 소수점 아래의 숫자가 끝없이 반복되는 순환소수와 0.3125437…과 같이 소수점 아래의 숫자가 순환하지 않는 무한소수가 있다. 순환소수는 유리수가 되고 무한소수는 무리수가 된다.

무리수는 실수 가운데 두 정수의 비, 즉 분수로 표현할 수 없는 수를 의미한다.

또 소수점 아래에 0이 아닌 숫자가 무한 개인 π=3.1415926…, $\sqrt{2}$=1.41421356…등도 순환하지 않는 무한소수가 된다. 순환하지 않는 무한소수는 분수로 나타낼 수가 없다. 그러므로 유리수가 아니다.

⅓이라는 숫자는 계속해서, 0.333333…. 이 계속될 것이라는 것을 알고 있다. 이런 경우에는 이성적인 수 곧 유리수(rational number)가 된다. 우리는 rational하게 그 다음에 오는 수를 예측할 수 있기 때문이다.

무리수(無理數)는 이성적이지 않은 수라 하였다. 우리의 이성에 따라, 그 패턴을 예측할 수 있는 유리수는 이성적인 수(rational number)가 되고, 그 다음에 올 숫자를 전혀 예측할 수 없는 무리수는 비이성적인 수(irrational number)가 된다. 학창 시절에 이런 식으로 자세히 알려주시는 수학 선생님이 계시지 않아서 우리는 그 원리를 알지 못했다.

19 노인은 왜 꽃을 꺾어 수로부인에게 바쳤을까

신라 향가 헌화가에는 노인이 몰고 가던 소를 놓아두고, 천 길이나 높은 바위 봉우리 위에 핀 철쭉꽃을 수로 부인에게 꺾어 바치는 내용이 나온다. 이러한 점에 이끌려 대개 헌화가를 연애 시로 파악해 왔다.

이 헌화가는 『삼국유사』 권2에 '수로 부인(水路夫人)'이란 제목으로 다음과 같이 실려 있다.

성덕왕 때에 순정공이 강릉 태수로 부임하는 도중에 바닷가에서 점심을 먹었다. 곁에는 봉우리가 마치 병풍과 같이 바다를 두르고 있어 그 높이가 천 길이나 되는데, 그 위에 철쭉꽃이 만발하여 있었다. 공의 부인 수로가 이것을 보더니 좌우 사람들에게 말했다.

"꽃을 꺾어다가 내게 줄 사람은 없는가?"

그러나 시중드는 사람들은

"거기는 사람이 갈 수 없는 곳입니다."

하고 아무도 나서지 못하였다. 이때 암소를 끌고 곁을 지나가던 늙은이 하나가 있었는데 부인의 말을 듣고는 그 꽃을 꺾어 바치었다. 노인의 헌화가는 이러하다.

달래꽃 바윗가에
잡은 암소 놓게 하시고
나를 아니 부끄러워하시면
꽃을 꺾어 바치오리다

그러나 그 노인이 어떤 사람인지는 알 수가 없다. 그 뒤 편하게 이틀을 가다가 또 임해정에서 점심을 먹게 되었는데, 갑자기 바다에서 용이 나타나더니 부인을 끌고 바닷속으로 들어갔다. 공이 땅에 넘어지면서 발을 굴렀으나 어찌할 수가 없었다.

또 한 노인이 나타나더니 말하기를,

"옛사람의 말에 여러 사람의 말은 쇠도 녹인다 했습니다. 이제 바닷속의 용인들 어찌 여러 사람의 입을 두려워하지 않겠습니까? 마땅히 경내의 사람들을 모아 노래를 지어 부르면서 지팡이로 강 언덕을 치면 부인을 만나볼 수가 있을 것입니다."

공이 그대로 하였더니 용이 부인을 모시고 나와 도로 바치었다. 이때 여러 사람이 부르던 해가(海歌)의 가사는 이러하다.

거북아 거북아 수로를 내놓아라
남의 부인 앗아간 죄 얼마나 큰가
네 만일 거역하고 내놓지 않으면
그물로 잡아서 구워 먹으리

공은 바닷속에 들어갔던 일을 부인에게 물으니 부인은 말했다.

"칠보궁전에 음식은 맛있고 향기롭고 깨끗한 것이 인간 세상의 그것이 아니었습니다."

부인의 옷에서 나는 이상한 향기는 이 세상의 것이 아니었다. 수로부인은 아름다운 용모가 세상에 뛰어나 깊은 산이나 큰 못을 지날 때마다 여러 차례 신물(神物)들에게 붙들리었다.

향가는 그 노래를 짓게 된 경위를 설명한 배경 설화와 함께 실려 있다. 그러므로 향가는 배경 설화와 밀접한 관계를 맺고 있기 때문에, 설화의 문맥을 잘 파악하는 것이 향가를 이해하는 요체가 된다.

이 노래의 배경 설화에 나오는 노인의 정체부터 살펴보자. 우리의 민간 설화에 나타나는 노인은 대체로 신령스러운 존재로 등장한다. 김유신이 중악의 석굴에 들어가서 재계하고 국가의 재앙과 어지러움을 없앨 수 있는 힘을 달라고 하늘에 고하며 빌었을 때, 문득 갈포 옷을 입은 한 노인이 나타나 그 비법을 가르쳐 주었는데, 이때의 노인도 비범한 인물이다. 삼장 율사가 석남원을 세우고 문수보살이 내려오시기를 기다릴 때 남루한 방포[方袍 승려가 입는 네모난 가사(袈裟)]를 입고 와서 깨우쳐 준 사람도 늙은 거사였으며, 거타지가 외딴 섬에 홀로 떨어져 있을 때 늙은 여우를 활로 쏴 죽이게 하고, 그 딸을 한 가지의 꽃으로 변하게 하여, 용 두 마리로 하여금 거타지를 호위케 한 인물도 역시 노인이었다.

수로 부인 설화에 나오는 노인도 '인적이 닿을 수 없는' 천 길 높은 돌산 봉우리에 올라가 꽃을 꺾어 올 수 있으며, 또 "어떤 사람인지 알 수 없다."고 기록되어 있는 바와 같이 신비성을 머금고 있어서, 부근의 평범한 촌로라기보다는 능력이 뛰어난 신인(神人) 같은 인물임을 알 수 있다. 옛 문헌에서, "어떤 사람인지 알 수 없다.[不知何許人부지하허인]"란 표현은 말하고자 하는 사람이 신비한 인물일 경우에 흔히 사용하는 기법이다.

특히 설화의 뒷부분에 보이는 바와 같이, 수로를 해신에게서 구출할 수 있는 비법을 행사할 수 있는 것으로 보아, 그가 신령스러운 자임을 더욱 확실히 알게 한다.

여기서 우리는 헌화가에 등장하는 노인이, 남편 순정 공이 옆에 있음에도 불구하고 거기서 수로 부인에게 연정을 나타내는 사람으로 보는 견해는 전혀 맞지 않음을 알 수 있다. 더욱이 늙은 노인과 젊은 부인을 연인 관계로 설정하는 이야기는 우리 설화에 등장하는 화소(話素, 설화에서 전승하는 힘을 가진 가장 짧은 내용의 이야기 알맹이. 이야기를 구성하는 중요한 요소로서의 최소 단위)나 모티프(motif, 작품 속에 자주 등장하는 동일한 사건이나 사물. 예 : 미녀로 화하는 못생긴 처녀, 산속에서 혼자 사는 미녀, 도깨비 방망이, 혹부리 영감, 밤새워 우는 소쩍새 등)가 아니다. 그것은 엉뚱하기 짝이 없는 이야기다.

다음으로 수로 부인을 보자.

신이한 대상인 노인을 보고 접할 수 있고, 용궁에까지 다녀올 수 있는 존재라면 수로 또한 보통 사람은 아니다. 수로(水路)라는 이름은 구지가의 수로(首露)의 또 따른 음차표기(音借表記) 한자의 음을 빌려 적는 표기로 보이는데, 이는 배경 설화나 노래의 내용으로 보아 '신령스러운 존재'를 의미하는 말임에 틀림없다.

또 수로 부인이 바닷가에서 점심을 먹은 것을 나타내는 유사의 기록 원문에 나오는, '주선(晝饍)'이라는 말은 단순한 일반인의 식사가 아니라, 왕 또는 왕자의 식사나 제의 때 신에게 올리는 음식에만 쓰이는 표현이다. 즉 이 말은 원래 신령스러운 자의 식사를 가리키는 것이다. 그러므로 수로가 바닷가에서 이 '주선'을 했다는 것은 수로의 신분이 신령스러운 자라는 것을 방증해 주는 또 하나의 자료로 해석된다.

이 같은 사실로 보아 수로는 평범한 사람이 아니다. 수로는 신이한 능력자이거나 비범한 환시 현상을 체험하고 있는 사람으로 보인다. 이는 아마도 영남 이북 지방에 주로 분포되어 있는 강신무(降神巫)가 신성(神

性) 통과의례로 겪게 되는 신병[神病 무병(巫病)이라고도 한다]의 단계에 있는 자라는 강한 추론을 낳게 한다.

무당에는 강신무와 세습무가 있다. 세습무는 선대 무당으로부터 그 직무를 그대로 이어받아 무속인이 되는 것이고, 강신무는 기존 무당에게 신을 내려받는 굿 즉 내림굿의 의식을 통해서 무당이 되는 것이다. 이때 새로 무당이 되려는 사람은 반드시 몸이 아프다든지, 무엇에 자주 홀린다든지 하는 신병을 앓게 된다. 이 신병을 치료하고 무당이 되기 위한 굿을 하게 되는데, 이때 시행하는 굿을 내림굿이라 한다. 또 이 내림굿을 행하는 기존 무당을 큰무당이라 한다. 이런 통과의례를 거치고서야 자신이 모실 신을 영접하게 되는데, 그 신을 '몸주'라 한다.

신병은 정상인의 코스모스(cosmos, 질서)적 세계를 이탈하여 무(巫)로서의 새로운 코스모스를 이루기 위해 겪는 카오스(chaos, 혼돈)라고 설명되는데, 이를 통하여 영험한 힘을 얻게 된다. 이 신병 과정에서는 현실이 아닌 신성계를 꿈이나 환상을 체험하면서, 현실계의 음식이나 부부관계 등의 질서를 거부한다. 이 신병 중에는 환상, 환청, 환시 등을 경험하게 되는데 수로가 용궁을 경험하고 온 후에 말한, "칠보궁전의 음식은 맛있고 향기롭고 깨끗한 것이 인간 세상의 그것이 아니었다."는 구절은 바로 그러한 환상과 환각을 경험한 것이라 생각된다.

또한 신병은 주로 20~30세 사이에 많이 앓는다는 학계의 보고로 보아 자태가 절색이었다는 수로의 나이와도 부합된다. 그리고 이 설화의 사건 전개는 이미 학계에 보고된 무당의 신병 사례와 많은 일치를 보이고 있다. 신병을 앓는 과정에 체험한 사람들의 몇 예를 인용해 보면 다음과 같다.

- 20세가 되면서 산 기도를 하러 가면 밤에 점잖은 할아버지가 나타나 밥을 주었는데, 그걸 받으면 자신은 하늘로 올라가며 그 밥을 새, 짐승들에게 주는 꿈을 꾸었다.
- 동해의 용궁이란 데를 가는 꿈을 꾸고, 금빛 찬란한 바다 위를 걸어다니는 꿈을 꾸면서 제주도라고 하는 데를 가보기도 하였다.
- 하루는 꿈에 하얀 할아버지가 산신 호랑이를 타고 와서 화분을 준다. 화분을 고맙게 받아 놓았더니 꽃이 세 송이 피었다.

이와 같이 신병 과정에서는 노인으로부터 꽃을 받고 용궁에 가보기도 하는데, 이것은 수로부인 설화에 나오는 사례와 많은 유사함을 지니고 있다.

이로 보아 '수로 부인' 조의 설화는 수로가 무당이 되는 과정에서 겪는 병적 체험을 기록하고 있는 것이다. 그러므로 헌화가 배경 설화에 등장하는 노인 또한 신이성을 지닌 인물로 수로의 신병을 치유하고 내림굿을 행하는 큰무당임이 분명하다.

다음으로 철쭉화의 의미를 살펴보자.

불교의 꽃 공양은 말할 필요도 없지만, 꽃은 고래로 영력(靈力)의 매개물로 인식되어 왔다. 구운몽의 주인공 성진은 천도화를 팔선녀 앞에 던져 도술을 부렸고, 열병신을 횟감으로 했을 만큼 주원력을 지닌 처용도 머리에 가득 꽃을 꽂아 장식하고 있다. 현대무의 신병 과정에서도 꽃을 받는 경우는 많이 보고되어 있고, 또 무당은 항상 꽃을 만들어 장식하고 있다.

꽃을 받는다는 것은 '신령한 힘'을 받는다는 의미를 갖는다. 이 설화에서 수로가 노인으로부터 철쭉꽃을 받는다는 것은 무당이 되는 과정에서 수로가 영력을 획득하기 위해 겪는 하나의 신병 체험이며 통과의례이다.

우리 문화 배경에서는 꽃을 연정의 표시로 주는 경우는 거의 없으므로, 이를 사랑의 매개물로 보는 것은 합당하지 않다.

요약하면, 헌화가는 큰무당이 내림굿을 행하는 한 과정에서 수로에게 부른 무가(巫歌)다. 수로 부인이 단순히 높은 봉우리 위에 피어 있는 꽃을 꺾어 달라고 요구했다면, 노인은 그냥 꽃을 꺾어 바치면 될 일인데, 왜 하필이면 노래를 불렀을 것인가? 이것은 예사로운 평상의 일이 아니라, 의식의 한 거리(마당)가 있었기 때문이다. 즉 무당굿 한 판이 벌어진 것이다. 거기서 노인은 수로를 향해 헌화가를 부른 것이다.

헌화가와 해가는 큰무당인 노인이 수로 부인의 신병을 쓰다듬기 위하여 행하는 내림굿의 한 마당에서 부른 무당노래다. 먼저 헌화가를 부르고 이어서 해가를 부른 굿거리를 행한 것이다. 거듭 말하거니와 헌화가는 흔한 사랑 타령이 아니며 연애 시도 아니다. 그리고 해가도 헌화가와 아무런 관계없이 동떨어져 존재하는 노래가 아니다.

20 나이를 뜻하는 한자어와 그 유래

우리 조상들은 어른의 나이를 말할 때는 몇 살, 몇 살로 부르지 않고 나이 뒤에 세(歲)를 붙여 몇 세, 몇 세라고 불렀다. 그런데 세(歲)를 붙여 나타내는 말 외에, 고전에 전거한 말이나 글자를 파자(破字)해서 나이를 가리키는 여러 가지 말들이 생겨나게 되었다. 그럼 여기서 그 대강을 살펴보기로 하자.

• 15세는 지학(志學)으로 부르는데, 공자의 『논어』 '위정편(爲政篇)'에 나오는 吾十有五而志于學(오십유오이지우학)의 '지우학(志于學)'에서 따온 말로 "나는 나이 열다섯에 학문에 뜻을 두었다."는 말이다.
• 16세를 과년(瓜年)이라 하여 혼기에 이른 여자 나이를 이르는 말로, 이는 진(晋)나라 손작(孫綽)의 '정인벽옥가(情人碧玉歌)'에 '파과(破瓜)'란 말이 나온다.

　　벽옥파과시(碧玉破瓜時) 푸른 구슬 참외를 깰 때
　　낭위정전도(郎爲情顚倒) 님은 사랑을 못이겨 넘어졌네
　　감군불수난(感君不羞赧) 님에게 감격하여 부끄러움도 모르고
　　회신취랑포(廻身就郎抱) 몸을 돌려 님의 품에 안겼네.

'오이 과(瓜)' 자를 파자(破字)하면 '八八'이 된다. 이를 더하여(八+八) 여자의 나이 열여섯 살을 가리키게 되고, 이를 곱하여(八×八) 남자의 나이 예순네 살을 가리키게 되었다.
• 20세를 약관(弱冠), 약년(弱年/若年), 약령(弱齡)이라 부르고, 20세 안

꽂의 여자는 방년(芳年)이라 하는데, 이는 『예기』 '곡례편(曲禮篇)'에 공자가 스무 살에 관례를 치른다고 한데서 나온 말이다.

- 30세 이립(而立) 역시 공자의 '위정편'에서 유래한 말로 뜻을 세운다 하여 마음을 확고하게 세워 굳건리 한다는 뜻이다.
- 32세 이모(二毛)는 이모(二毛)는 말 그대로 머리털의 빛깔이 두 가지 즉, 흰머리와 검은 머리가 반반인 것을 말한다.
- 40세 불혹(不惑)은 공자의 '四十而不惑(사십이불혹)'에서 온 말로 어떤 유혹에도 넘어가지 않는다는 뜻이다.
- 48세는 상년(桑年)이라 부르는데, '뽕나무 상(桑)' 자를 파자(破字)하면 '十十十八'이 되기에 쓰는 말이다.
- 50세 지천명(知天命)은 줄여서 지명(知命)이라고도 한다. 논어 '위정편'의 '五十而知天命(오십이지천명)'에서 딴 것으로, 천명을 아는 나이라는 뜻이다. 100세의 반이라 하녀 반백(半百)이라고도 하고 머리털이 쑥처럼 하얗게 변한다 해서 '쑥 애(艾) 자를 써 쑥년(艾年)이라고도 한다.

그런데 50세 때는 집[家]에서 지팡이를 짚을 수 있다 하여 '지팡이 장(杖)' 자를 써 장가(杖家)라 하였다. 60세는 마을[鄕]에서도 짚을 수 있다 하여 장향(杖鄕)이라 하였고, 70세는 제후의 나라[國]에서 짚을 수 있다 하여 장국(杖國)이라 하였고, 80세는 천자의 나라인 조정[朝]에서도 짚을 수 있다 하여 장조(杖朝)라 하였다.

- 60은 이순(耳順), 육순(六旬)이라 하고, 61세는 60갑자가 지나고 태어난 간지(干支)의 해가 다시 돌아왔음을 뜻하는 환갑(還甲), 회갑(回甲), 화갑(華甲)이라 부른다. 화갑은 화(華) 자를 파자하면 十 자 여섯 번과 一 자가 합해진 데서 유래한다.
- 62세는 환갑에서 1년을 더 나아간다(進)는 의미로 진갑(進甲)이라 한다.

• 미수(美壽)는 미(美) 자를 파자하면 六(뒤집어 씀)十六이 되므로 66세를 가리킨다.

• 70세는 고희(古稀), 종심(從心), 희수(稀壽)라 하는데, 77세를 나타내는 희수(喜壽)와는 한자 구별을 요한다. 77세를 희수(喜壽)라고 하는 것은 '喜(희)' 자의 초서체가 七十七을 잇달아 쓴 것과 비슷하기 때문이다.

70세를 고희(古稀)라 부르는 것은 두보가 47세에 당나라 수도 장안에 있던 유명한 연못 '강'에서 쓴 곡강시(曲江詩) 제2수에 나오는 구절인 '인생칠십고래희(人生七十古來稀)'에서 유래한 말로, 인간은 예로부터 인생 70을 사는 게 드물다는 뜻이다. 두보는 그의 시처럼 70세를 채우지 못하고 59세에 죽었다.

朝回日日典春衣 조정에서 돌아와 하루하루 봄옷을 저당 잡혀
每日江頭盡醉歸 매일 강머리에서 취하여 돌아오네
酒債尋常行處有 술빚이야 가는 곳마다 흔히 있지만
人生七十古來稀 인생 칠십은 예부터 드물구나

• 70~80세는 모질(耄耋)이라 하며, 모(耄)는 70세 노인을, 질(耋)은 80세 노인을 뜻한다.

• 80을 산수(傘壽), 팔순(八旬), 팔질(八耋) 등으로 부르는데, 산(傘) 자의 간체자를 파자(破字)하면 '팔(八)＋십(十)'이 되므로 80세가 된다는 뜻으로 쓰였다.

• 81세는 90을 바라본다고 해서 망구(望九)라 한다.

81세를 반수(半壽)라고도 하는데, 이는 반(半) 자를 파자하면 '八十一'이 되는 되는 데서 왔다.

• 88세 미수(米壽)는 미(米) 자를 파자하면 八十八이 되기 때문이다.

• 90세는 졸수(卒壽)라 하고, '卒' 자의 초서가 九 자와 十 자가 합성된 것에서 유래했다.

• 91세는 망백(望百)으로, 말 그대로 백세(百歲)를 바라본다는 뜻이다.

• 99세는 백수(白壽)라 하는데, 숫자 백의 百에서 위의 한 획을 뺀 '白(백)' 자를 사용하여 99를 나타냈다.

• 100세 또는 그 이상은 상수(上壽) 또는 기이지수(期頤之壽)라 한다. 하수(下壽)는 60세, 중수(中壽)는 80세를 말하며, 이 셋을 삼로(三老)라고 한다.

기이지수(期頤之壽)에서 기(期)는 사람 수명은 100을 1주기로 한다고 해서 기(期)라 했고, 이(頤)는 몹시 늙어서 먹고사는 것을 누구에게 의지한다는 뜻으로 100세를 기이지수(期頤之壽)라 한다. 기이(期頤)는 예기에 나오는 말로 이때의 '頤(이)'는 '봉양하다'의 뜻이다.

• 다수(茶壽)는 108세를 가리킨다. '茶(다)' 자를 파자하면 ++(20), 八十(80), 八(팔)이 되는데 이를 합하면 108이 된다는 뜻이다.

• 황수(皇壽)는 111세다. '皇' 자를 파자하면 백(百)에 하나를 뺀 '白' 곧 99에 '王' 자의 一, 十, 一을 더하면 111이 된다는 데 기인한다.

이제 평균 수명도 점점 늘어 고령화사회가 되어가고 있다. 이에 따라 나이를 나타내는 낱말도 자꾸 생겨나리라 믿는다

21 쇠뿔도 단김에 빼라

'쇠뿔도 단김에 빼라'는 속담은, 일을 하려고 마음먹었으면 주저하지 말고 당장에 해치우라는 뜻으로 쓰는 말이다. '쇠뿔도 손대었을 때 뽑아 버려라'와 같다.

'단김에'란 부사는 '단+김+에', 즉 '뜨겁게 달아 있는 김에'가 줄어진 말이다. 그러니 쇠뿔을 뺄 때는 기술이 필요한데, 뜨겁게 달아 있을 때 빼야 잘 뺄 수 있다는 것이다.

그런데 여기서 쇠뿔 빼는 것을, 소머리에서 직접 쇠뿔을 달구어 빼는 것으로 아는 이가 많다. 그러나 쇠뿔 빼는 과정은 그런 것이 아니다. 쇠뿔은 속에 뼈가 있고 그 겉을 각질이 둘러싸고 있는 구조로 되어 있다. 쇠뿔에서 쓸모 있는 것은 속뼈가 아니라, 겉을 싸고 있는 각질 부분이다. 이것을 가공하여 나전칠기와 같은 세공품의 재료로 쓰는 것이다. 이것을 화각공예라 하는데 우리 전통공예의 하나다.

화각공예에 쓰이는 소의 뿔은 2~3년 정도 된 수소의 뿔이 좋다고 한다. 암소의 뿔은 속이 휘거나 속이 비어 있고, 늙은 소는 투명하지 않아서 잘 쓰지 않는다고 한다. 쇠뿔의 각질 부분과 속뼈를 분리할 때는, 쇠머리에서 잘라낸 쇠뿔을 뜨겁게 삶아서 분리하는 작업을 한다. 그래야 속뼈와 거죽이 잘 분리된다. 다시 말하면 거죽이 잘 빠진다.

쇠뿔을 단김에 뺀다는 것은 소머리에 달린 쇠뿔을 달구어 빼는 것이 아니라, 소머리에서 잘라낸 쇠뿔을 달구어 껍데기를 빼는(분리하는) 것을 가리키는 것이다.

화각공예는 회화적인 성격을 갖추고 있는 각질공예로서 나전칠기(螺

鈿漆器)와 더불어 쌍벽을 이루는 고유의 전통 왕실 공예일 뿐 아니라, 동양 공예사에서 빼놓을 수 없는 특이한 공예이다. 이 공예의 특징은 투명도가 높은 쇠뿔을 종잇장처럼 얇게 펴 각지(角紙)를 만든 다음, 뒷면에 오색찬란한 단청안료(丹靑顔料)로 갖가지 문양을 그리고 채색하여 목기물 표면에 붙여 장식하는 것이다.

색채는 적 · 청 · 황 · 백 · 흑 등 오색을 기본으로 하여 비교적 명도가 높은 색채를 사용함으로써 실내 분위기를 화사하고 생기 있게 해 준다. 표면에 광택을 칠하여 채색이 잘 벗겨지지는 않지만 튼튼하지 못하여 보존이 어려운 점이 있다. 또한, 재료가 귀하며 공정이 까다로워 생산이 많지 않았으므로, 왕실이나 특수 귀족층들의 기호품이나 애장품으로 이용되었고 일반 대중에게는 별로 알려지지 않은 희귀 공예품이다.

화각은 화각(畵角) · 화각(畵刻) · 화각(花角) · 화각(火角) 등으로 표기되었는데, 한국에서는 주로 화각(畵角)으로, 일본에서는 화각(華角)으로 쓴다. 『표준국어대사전』에는 畵角으로 『한국민족문화대백과사전』에는 華角으로 표기되어 있다. 화각 제품으로는 자[尺] · 실패 · 빗 · 반짇고리 · 경대 · 베갯모 · 패물함 등 주로 여성용의 작은 기물에 이용되었다.

22   중도 보고 소도 본다

'중도 보고 소도 본다'는 속담은 살다 보면 온갖 일을 다 겪는다는 뜻으로 쓰인다. 즉 모든 일이 마음 먹은 대로만 되는 것이 아니라는 것이다. 이런 경우도 있고 저런 경우도 있으며, 좋은 것도 보고 나쁜 것도 본다는 교훈적인 의미를 띠고 있다.

또 '중도 아니고 소도 아니다'란 속담도 있다. '이것도 아니고 저것도 아니다'란 뜻이다. 무엇을 배우다가 중도에서 그만두어, 처음에 계획했던 일을 다 이루지 못한 사람, 즉 반거들충이를 가리킬 때 주로 쓴다.

그런데 이들 속담에서, 중과 소를 대비시킨 것은 무슨 이유일까? 언뜻 보기에도 중과 소가 긴밀한 상대적 의미를 가지고 있는 것 같지 않다.

이에 대한 해답의 단서는 이들 속담과 비슷한 다른 속담에서 찾을 수 있다. 그것은 '중도 보고 속(俗)도 본다'는 속담이 그것이다. 그러면 속(俗)은 무슨 뜻일까? 속은 속환이(俗還-)의 준말이다. 이것은 북한에서도 그런 뜻으로 쓰고 있다. 속환이는 중속환이의 줄어진 꼴인데, 중이 되었다가 다시 속인으로 돌아온 사람 즉 환속한 사람을 가리킨다.

그러니까 이 속담의 소는 짐승 이름인 소가 아니라, 속(俗)의 변음인 것이다. 중도 보고 속환이도 본다는 뜻이다. '중도 (아니고) 속환이도 아니다'란 속담이 별도로 존재하는 것을 봐도 이러한 사실을 확연히 알 수가 있다.

요약컨대, 이들 속담의 소는 속(俗)의 변한 말이며 동물명이 아니다. '중도 보고 소도 본다'는 속담은 중도 보고 속인도 본다는 뜻으로, 이런 것도 보고 저런 것도 본다는 뜻이며, '중도 아니고 소도 아니다'는 속담은, 이런 것도 아니고 저런 것도 아닌 어중간하다는 뜻이다.

23 반훈문자(反訓文字) 몇 가지

한자는 표의문자다. 표의문자의 한계는 이 세상의 수많은 사물과 복잡다단한 사람의 생각을 다 하나하나 글자로 만들어 낼 수 없다는 데 있다. 그래서 한자는 하나의 글자가 여러 가지 뜻을 지니게 되었다. 또 하나의 글자가 여러 가지 품사로 전용되어 쓰이게도 되었다. 그러다가 마침내는 하나의 글자가 정반대되는 뜻으로까지 쓰이게 되었다. 이처럼 하나의 문자가 문장의 맥락에 따라서 반대의 뜻을 나타내기도 하는 문자를 반훈문자(反訓文字)라고 한다. 반대의 뜻을 가진 문자라는 의미다.

그러면 이와 같은 반훈문자 몇 자를 살펴보자.

① 亂(란) 자

이 글자는 ① (나라를) '어지럽히다'와 ②(나라를) '잘 다스리다'라는 반대의 의미로 쓰인다.

① 國家昏亂 有忠臣(국가혼란 유충신)〈노자 18장〉
국가가 어지럽게 되니 충신이라는 것이 있게 되었다.
② 武王曰 予有亂臣十人(무왕왈 여유난신십인)〈논어 태백편(泰伯篇)〉
무왕이 말하였다. 나는 세상을 다스리는 신하 열 사람을 두었다.
予有亂臣十人 同心同德(여유난신십인 동심동덕)〈서경 주서(周書) 태서중(泰誓中)〉
나는 다스리는 신하 열 사람이 있는데 마음과 덕을 같이 하고 있다네.

그러니까 亂臣(난신)은 나라를 어지럽히는 나쁜 신하라는 뜻과 국가를 잘 다스리는 좋은 신하라는 두 가지 뜻을 함께 가지고 있다.

② 離(리) 자

離(리) 자는 ①'떠나다'와 ②'만나다'라는 반대의 의미로 쓰인다.

① 少小離家老大回(소소이가노대회)〈하지장(賀知章)의 회향우서(回
鄕偶書)〉

어려서 떠난 고향 다 늙어 돌아오니

② 赤張滿稽曰(적장만계왈) 不及有虞氏乎(불급유우씨호) 故離此患也
(고리차환야)〈장자 천지편〉

적장만계가 말하기를 유우씨의 덕에 미치치 못하는구나. 그래서 이
런 환난을 만나는가 보다.

③ 逆(역) 자

逆(역) 자는 ①'거스르다'와 ②'맞이하다'라는 반대 뜻으로 쓰인다.

① 順天者存(순천자존) 逆天者亡(역천자망)〈맹자 이루(離婁) 상편〉

하늘의 도리를 따르는 자는 存하고, 하늘의 도리를 거역하는 자는 망
한다.

② 管子曰 修恭遜 敬愛辭讓 除怨無爭 以相逆也 則不失於人矣(관자왈
수공손 경애사양 제원무쟁 이상역야 즉불실어인의)〈관자 소칭(小
稱)편〉

관자가 말하기를 공손함을 닦고, 경애하고, 사양하고, 원한을 풀고,
다투지 않고, 서로를 맞이하면 사람을 잃지 않는다.

④ 端(단) 자

단(端) 자는 ①'실마리(처음)'와 ②'끝'이라는 반대의 뜻으로 쓰인다.

① 惻隱之心 仁之端也(측은지심 인지단야)〈맹자〉

불쌍히 여기는 마음은 인(仁)의 실마리다.

② 歸於無端(귀어무단)〈후한서〉

끝이 없는 곳에 돌아간다.

執其兩端(집기양단)〈중용〉

양끝을 잡는다.

⑤ 蹶(궐) 자

궐(蹶) 자는 ①'넘어지다'의 뜻과 ②'일어나다'의 뜻을 함께 가지고 있다.

① 今夫蹶者趨者 是氣也 〈맹자 공손추 상(公孫丑 上)〉

지금 저 넘어지고 달리는 것은 기이다.

② 廣成子蹶然而起(광성자궐연이기) 曰(왈) 〈장자 재유(在宥)편〉

광성자가 벌떡 일어나면서 말했다.

　또 蹶失(궐실)은 '헛디뎌 넘어지다'의 뜻이며, 蹶躓(궐지)는 '실족하여 넘어지다'는 뜻이다. 반면에 蹶起(궐기)는 '힘차게 일어나다'라는 말이며, 蹶然(궐연)은 '벌떡 일어나는 모양'을 나타낸 말이다.

24 비문의 서(序)와 명(銘)

비석의 시초는 옛날 중국에서 묘문(廟門) 안에 세워 제례 때 희생으로 바칠 동물을 매어 두던 돌말뚝에서 비롯되었다는 설이 있고, 장례식 때 귀인(貴人)의 관을 매달아 광내(壙內)에 공손히 내려놓는 도르래를 장착하기 위하여, 묘광(墓壙) 사방에 세우던 돌에서 유래했다는 설도 있다.

전라남도 장성군 필암리에 김인후를 추모하기 위해서 세운 필암서원이 있는데, 경내에 필암서원계생비(筆巖書院繫生碑)라는 비가 있다. 여기에 씌어 있는 계생(繫牲)은 제사에 쓸 희생을 매어 둔다는 뜻이다. 그러니까 이 비는 서원에서 향사를 지낼 때 제물로 쓸 가축을 매어 두고, 제관들이 미리 그 주위를 돌면서 제물로 쓰는 데 합당한가의 여부를 결정하였던 곳이다. 여기서 우리는 비가 생긴 시원의 흔적을 본다.

세운 돌을 다듬고 비면에 공덕을 기입하여 묘소에 세우게 된 것은 훨씬 후대의 일이며, 당시는 비석이라 하지 않고 각석(刻石) 혹은 입석(立石)이라 했다. 이것을 비석으로 부르게 된 것은 전한 말기나 후한 초의 일이다.

비석은 보통 묘비(墓碑)와 묘갈(墓碣)로 나눈다. 비석은 네모난 형태에 받침과 몸통, 덮개돌(가첨석加檐石, 개석蓋石)의 3부분으로 이루어지는데, 그중 윗머리에 지붕 모양의 네모진 덮개돌을 얹은 것을 묘비라 하고, 윗머리가 둥글고 덮개돌이 없는 것은 묘갈이라 한다.

거기에 새긴 비문도 묘비문, 묘갈문으로 구분하였으나, 후대로 내려오면서 확연한 구분은 없어졌다.

비문 상단에는 비명의 제목을 가로로 쓰는데 이를 제액(題額)이라 하고 전서(篆書)로 새긴다.

그리고 비의 앞면은 양(陽)이라 하고 뒷면은 음(陰)이라 하는데, 특히 뒷면의 글을 지칭할 때 이를 비음기(碑陰記)라 한다.

묘비문의 체제는 서(序)와 명(銘)으로 되어 있다. 문집에 실려 있는 비문을 보면 그 제목에 '묘비명 병서(墓碑銘幷序)'라 되어 있는 것을 자주 볼 수 있다. 이는 묘비에 '명(銘)과 서(序)를 함께 썼다는 뜻이다. 그러면 무엇이 명이고 서일까?

서와 명은 한문의 문체 곧 장르 이름이다. 서는 산문이고 명은 운문의 형식이다. 서는 사물의 차례를 순서를 세워서 서술하는 산문으로 된 글이다. '서'라고 하면 책의 서문이 먼저 떠올라 글의 첫머리에 쓰는 것으로 생각하기 쉽다. 물론 책의 머리말도 책의 내용이나 발간하는 경위 등을 차례대로 쓰므로 '서'에 속한다. 그러나 서는 하나의 문체명이지 반드시 글의 첫머리에 온다고 붙여진 이름은 아니다. 한글을 창제하고 이에 대한 설명과 풀이를 적은 문헌인『훈민정음』책자에도, 글자의 음가와 쓰는 법을 밝힌 예의(例義)와 초성, 중성, 종성, 합자, 용자 등에 대한 설명과 함께 철학적 해명을 가한 해례(解例), 그리고 정인지의 서(序)로 되어 있다. 이처럼 서는 책의 끝부분에 올 수도 있다.

비문의 서도 주인공의 성명, 자와 호, 관향, 가계, 생몰연대, 자질, 관력, 행적, 학덕, 품행 등을 순서대로 차례를 따라 적는다.

명은 이 서의 내용과 관련하여 뒷부분에 운문으로 쓴 것이다. 보통 네 글자[四言]를 기본으로 하는데 오언, 칠언 등을 섞어 약간의 변형을 아우른다. 이는 역사의 전기에서 본문 말미에 붙이는 찬(讚)에서 영향받은 것이다. 일연도 삼국유사에서 본문을 쓰고, 거기에 대한 자신의 느낌을 운문 형식의 찬을 말미에 지어 붙였다.

그러므로 그냥 비문이라 하면 명을 붙이지 않아도 되지만, 비명이라 하면 반드시 명을 붙여야 한다. 그러므로 글의 제목에 '묘비명 병서(墓碑銘幷序)'라 한 것은 명(銘)을 쓰되 서(序)도 아울러 썼다는 뜻이다.

그러면 아래에 '묘비명 병서(墓碑銘幷序)'의 예로 신숙주가 그의 벗 권람의 묘비에 쓴 것을 부분 인용한다.

유명조선국 수충 위사 협책 정난 동덕 좌익공신 대광보국승록대부 의정부좌의정 감춘추 관사 세자부 길창부원군 시 익평공 권공비명 병서
(有明朝鮮國 輸忠 衛社 協策 靖難 同德 左翼功臣 大匡輔國崇祿大夫 議政府左議政 監春 秋館事 世子傅 吉昌府院君 諡 翼平公 權公碑銘 幷序)

그윽히 들으니, 뿌리가 깊은 것은 가지가 반드시 무성하고, 근원이 먼 것은 흐름이 반드시 길다는 것은 영원한 이치다. 나의 벗 권공의 휘는 람(覽)이며, 자는 정경이니, 그의 선조는 원래 김씨였다. 한나라 명제 영평 8년 을축에 알지가 시림에서 탄생하여 김씨라고 일컫은 것은 일이 지극히 기이하다. 그의 후예가 박씨, 석씨와 더불어 교대로 신라의 임금이 되었다. 휘가 행(幸)이라는 사람에 이르러서 안동군을 지키다가 고려 태조에게 지우가 되어, 비로소 권이라고 사성하고 안동부로써 식읍을 삼았으며, 벼슬은 삼한 벽상삼중대광태사에 이르렀다. 9대를 지나 복야(僕射) 휘 수평에 이르러, 맑은 덕이 있어서 세상에 드러났다.⋯⋯⋯ 명(銘)에 이르기를,
멸도다 공의 시조가 시림에서 처음 나서
고려의 초기에 김을 권으로 바꾸었네

경사를 누적하고 광택을 흘려보내
초헌(軺軒, 종2품 이상 고관이 타던 수레)과 관복 차림
마주 보듯 잇달았네
어떤 이는 공덕으로 어떤 이는 문장으로
아름다움 이어받고 꽃다움 전하더니
공에게 이르러서 더욱더욱 펼쳐졌네
(이하 생략)

이와 같이 묘비명 병서는 앞부분에 서(序)를 쓰고 뒷부분에서 운문 형
식의 명(銘)을 아울러 덧붙여 쓴다.

25 축문의 간지삭(干支朔)에 대하여

제삿날에 쓰는 축문의 첫머리를 보자,

維 歲次 辛丑 七月戊子朔 初五日壬辰(유 세차 신축 칠월무자삭 초오일 임진)으로 시작된다. 음력으로 신축년 칠월 초닷새가 제삿날이라는 뜻이다. 여기에는 해, 달, 날(제삿날)의 간지(干支)가 들어가 있다. 세 군데다. 해의 간지를 태세(太歲)라 하고, 달의 간지를 월건(月建)이라 하고, 날의 간지를 일진(日辰)이라 한다. 그러면 이 축문에 쓰인 이들 간지를 정리해 보자.

태세[歲次]: 신축(辛丑)
월건: 칠월 무자삭(七月戊子朔) - 戊子는 칠월 초하룻날의 간지
일진: 초오일 임신(初五日壬辰)

그런데 여기서 하나의 의아한 점이 발견된다. 세차와 일진은 그해와 그날의 간지를 그대로 썼는데, 월건은 왜 월건을 그대로 쓰지 않고 그달 초하룻날의 간지를 쓰고 뒤에 '朔(초하루 삭)' 자를 붙였을까?

이를 이해하기 위해서는 먼저 초하루[朔 삭]와 월건법의 개념을 알 필요가 있다.

어떤 이는 삭(朔) 자는 초하루도 되지마는 '달 삭' 자로도 해석되는 복합적 의미를 갖는 글자로서, 이 경우는 '달 삭'으로 본다고 하였다. 예로 삭월세(朔月貰) 또는 만삭(滿朔) 등은 '달 삭' 자로 해석된다는 것이다. 월건(月建)이 있어야 할 자리에 초하루 간지가 들어가므로, 다음에 오는 일

진(日辰)과 중복되는 모순이 있다고 보아, 그런 의견을 피력한 것으로 보인다.

그러나 이는 초하루[朔]가 옛날 음력을 사용하던 시기에 어떤 의미를 지니고 있는지를 간과한 것으로 보인다. 음력의 달은 초하루가 매우 중요한 기준이 된다. 언제부터인지 모를 만큼 오래도록 달의 이름은 월건으로 하지 않고, 그달 초하루의 일진을 넣어 갑자삭(甲子朔), 을축삭(乙丑朔)으로 하여, 갑자일인 초하루가 그달을 나타낼 정도가 되도록 써 왔다. 춘추(春秋)에도 '秋七月 壬辰朔(추칠월 임진삭)'이란 기록이 보이고, 조선왕조실록을 보아도 매월 초하루에만은 일진에다 꼭 삭(朔) 자를 붙였다. 무령왕릉 묘지석(墓誌石)에도 '백제 사마왕년 62세 계묘년 오월 병술삭 칠일임진 붕(百濟斯麻王年之十二歲 癸卯年 五月 丙戌朔 七日壬辰 崩)'이라 명기되어 있다. 이를 보면 옛날인 백제 시대에도 삭(朔)이 달을 가리키는 개념으로 쓰였음을 알 수 있다.

삭(朔)은 천자가 제후에게 나누어 주던 달력을 뜻한다. 고대 중국에서는 천자가 연말에, 이듬해 달력을 제후에게 나누어 주면서 시정의 방침을 내렸다. 제후는 이를 받아 종묘에 보관하고, 매월 초하룻날에 양을 희생으로 바친 다음, 그달의 달력과 거기에 적힌 정령에 따라 정사를 행하였다. 그래서 삭(朔)은 천자의 정령을 뜻한다. 수서(隋書)에는 여섯 오랑캐가 정령[朔]을 따랐다는 기록이 있다. 삭(朔)을 받는 것은 황제의 지배를 받는다는 뜻이다.

정삭(正朔)이란 말이 있다. 일 년 동안의 월일, 해와 달의 운행, 월식과 일식, 절기, 특별한 기상 변동 따위를 날의 순서에 따라 적은 책을 가리킨다. 오늘날의 달력을 말한다. 달력을 만들어 반포하는 것을 '정삭'을 반포한다고 한다.

왕이 된 자가 새로 건국하면 반드시 달력을 고쳐 천하에 반포하여, 그 달력이 통치권이 행해지는 영역에서 쓰이므로 그 영역의 사람들은 모두가 그의 신민이 되는데, 이것을 '정삭을 받든다'[奉正朔 봉정삭]라고 한다.

또 정삭(定朔)이란 말도 있다. 떠오르는 새달[新月 신월]이 초하루가 되도록 달의 대소를 적절히 배정하는 역법을 가리키는 말이다.

이처럼 삭(朔 초하루)이 중시되다 보니, 초하루의 일진이 본디의 월건을 제치고 그달을 나타낸 것이다.

다음으로 월건을 쓰지 않은 것은 월건법 자체에서도 문제점을 찾을 수 있다. 월건을 붙이는 법이 매우 복잡하고 어렵기 때문이다. 그러면 월건법을 보자.

월건의 지(支)는 음력으로 11, 12, 1, 2, 3, 4, 5, 6, 7, 8, 9, 10월에 각각 인(寅), 묘(卯), 진(辰), 사(巳), 오(午), 미(未), 신(申), 유(酉), 술(戌), 해(亥), 자(子), 축(丑) 월로 부여한다. 월건의 시작이 11월인 까닭은, 음력이 정형화된 뒤로 여러 차례 역법 개정이 있었고, 그러한 역법 개정이 있기 전 최초의 음력에서 11월(동지)을 정월로 삼았기 때문이다.

이에 따라, 음력 1월(正月 정월)은 인월(寅月)이고, 2월은 묘월(卯月), 3월은 진월(辰月), 4월은 巳月, 5월은 오월(午月), 6월은 미월(未月), 7월은 신월(申月), 8월은 유월(酉月), 9월은 술월(戌月), 10월은 해월(亥月), 11월은 자월(子月), 12월은 축월(丑月)이다. 그래서 지(支)는, 정월은 모두 인(寅)이 붙고, 2월은 모두 묘(卯)가 붙고, 3월은 진(辰)이 붙고, ┄ 9월은 언제나 자(子)가 붙고, 10월은 축(丑)이 붙는다. 이와 같이 지(支)가 월명에 고정되는 이유는 1년은 12개월이며 지(支)의 수도 12개 있기 때문이다. 그리고 윤달에는 월건을 배당하지 않았다. 왜냐하면 윤달은 오는 해나 순서도 불규칙하기 때문이다.

그리고 달의 干(간)은 갑기(甲己)년, 을경(乙庚)년, 병신(丙申)년, 정임(丁壬)년, 무계(戊癸)년에 따라 달라지게 된다. 갑기(甲己)년이란 간(干)에 갑이나 기가 붙는 해를, 을경(乙庚)년은 간에 을이나 경이 붙는 해를 가리킨다. 병신(丙申)년, 정임(丁壬)년, 무계(戊癸)년도 다 이와 같다. 이하 월건법에 대해서는 방법이 복잡하기 때문에 여기서 생략한다.

이에서 보는 것처럼 월건은 그 규칙이 매우 어렵고 또 윤달은 그 이름이 없다. 이것이 축문에서 월건을 쓰지 않는 이유가 된 것이다.

축식(祝式)에서 해는 태세로 일컫고 날짜도 일진으로 하는데 달만은 무슨 삭(朔)이라 하여 '초하루 삭(朔)' 자를 쓰는 연유를 삭(朔 초하루)과 월건법에서 살펴보았다. 옛날에는 삭이 역법상 매우 중요한 의미를 지녔고, 또 월건법은 매우 복잡하고 윤달에는 월건을 붙이지 않는 불규칙성 때문에, 월건 자리에 초하루의 간지를 넣어 '○○朔'이라 표현한 것이다. '○○'에는 물론 초하룻날의 간지(干支)가 들어간다.

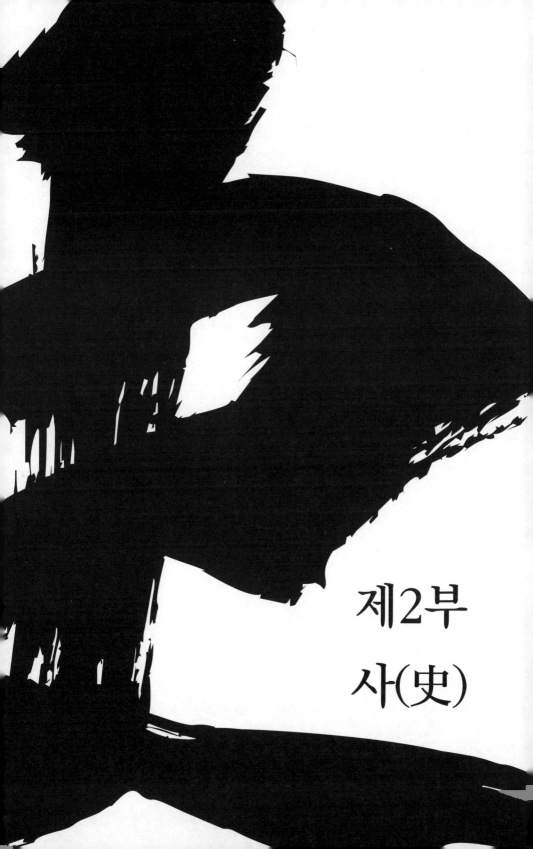

제2부

사(史)

1 단군신화에 대한 몇 가지 생각

① 신화란 무엇인가

신화는 설화(신화, 전설, 민담)의 한 갈래로, '제의(祭儀)의 구술적 상관물'이라 정의한다. 종교적 교리 및 의례에서 무조나 시조의 신성성을 언어로 진술하는 것이란 의미다.

이러한 성격의 신화가 오늘날에까지 전하여진 것으로는, 고조선·신라·고구려 및 가락의 건국 신화와 각 성씨의 시조 신화, 여러 마을의 수호신에 관한 마을 신화, 그리고 무당사회에 전승된 무속 신화 등을 들 수있다. 이렇게 네 묶음이 될 한국의 신화는 그 차이에도 불구하고 약간의 공통성을 지니고 있다.

한국의 네 가닥 신화들은 창시자의 본풀이인 신화·전설 복합체라는 공통의 속성을 지니고 있는 것이다. 본풀이란 근본 내력에 관한 이야기 풀이라는 뜻이다. 어떤 신격(神格)이 어떤 내력을 지니고 어떤 과정을 밟아서 신격을 향유하게 되었는가에 관한 사설이 본풀이이다. 그것은 이야기로 진술된 신 또는 신령의 이력서이다. 따라서, 당연히 신 또는 신령의 전기 내지 생애 이야기라는 성격을 가지게 된다.

무속 신화는 태어나서 무엇인가를 성취하고 신격에 오르는 과정을 포함하는 일군의 신화이고, 건국 신화는 애초부터 신격을 타고난 인물이 범상을 넘어선 과업을 성취하는 일군의 신화다. 그런데 본풀이란 용어가 주로 쓰이는 것은 무속 신화에서다.

그리고 역사가 있기 이전의 신화로만 알려져 있는 시대를 신화시대라한다. 우리나라의 건국 신화도 시대의 흐름에 따라 신화성은 약화된다. 단군신화, 동명왕 신화, 혁거세 신화를 거쳐 고려의 작제건 신화와 조선의 용비어천가가 그 과정을 잘 보여 준다.

또 신화는 탈신화화하여 역사화된 신화가 되어 간다. 단군신화에 나타나는 '홍익인간'이념, 박혁거세 신화에 보이는 '제세이화(濟世理化)' 등의 이념을 담게 된 것은 그러한 예다.

② 단군신화

단군신화는 『삼국유사』, 『제왕운기』, 『응제시주(應製詩註)』, 『세종실록』 지리지, 『동국여지승람』 등에 실려 전하는데, 그 내용은 부분적으로 약간의 차이점을 보인다.

『삼국유사』에는 "삼위태백을 내려다보니 인간 세계를 널리 이롭게 할 만하여 천부인 세 개를 주어 내려가 다스리게 했다."고 되어 있는데, 세종실록 지리지와 동국여지승람에는 "내려가 인간이 되고 싶었다."라 되어 있다. 또 유사와 『동국여지승람』에는 "웅녀가 단수 아래에서 아이를 갖고자 해서 환웅이 인간으로 화하여 아이를 낳았다."라 하였으나, 『제왕운기』와 『세종실록』 지리지에서는 "손녀로 하여금 약을 먹여 사람이 되게 하여 단수신(檀樹神)과 혼인하여 아들을 낳았다."고 되어 있다.

그러면 『삼국유사』 고조선 조에 실려 있는 내용을 보자.

『위서(魏書)』에 이렇게 말하였다.

지금부터 2000년 전에 단군왕검(壇君王儉)이 있어 아사달(阿斯達)에 도읍을 정하고 나라를 열어 조선이라고 불렀으니, 요[堯 (高)] 임금과 같은 시기다.

『고기(古記)』에는 이렇게 말하였다.

옛날에 환인(桓因)의 서자 환웅(桓雄)이 자주 천하에 뜻을 두고 인간 세상을 탐내어 구하였다. 아버지가 이를 알고 세 봉우리의 태백산[三危太白]을 내려다보니 인간 세계를 널리 이롭게 할 만했다. 이에 천부인 세 개를 주어 내려가 다스리게 했다. 환웅은 무리 3천 명을 거느리고 태백산 꼭대기에 있는 신단수(神壇樹) 아래로 내려와서 이곳을 신시[神市/(神市)]라 불렀다. 그가 바로 환웅천왕(桓雄天王)이다.

그는 풍백(風伯), 우사(雨師), 운사(雲師)를 거느리고 곡식, 목숨, 질병, 형벌, 선악 등 인간의 360여 가지 일을 주관하여 세상을 다스렸다. 이때 곰 한 마리와 호랑이 한 마리가 같은 동굴에서 살았는데, 둘은 환웅에게 늘 사람 되기를 기원[呪願]하였다. 때마침 환웅이 영험한 쑥 한 묶음과 마늘 스무 개를 주면서 말했다.

"너희들이 이것을 먹고 백일 동안 햇빛을 보지 아니하면 사람의 형상을 얻으리라."

곰과 호랑이는 이것을 받아먹었다. 곰은 금기를 잘 지켜 21일[忌三七日] 만에 여자가 되었으나, 범은 지키지 못해 사람이 되지 못했다.

여자가 된 곰은 결혼할 상대가 없었으므로 매일 신단수(神壇樹) 아래에서 아이를 가질 수 있도록 해 달라고 빌었다. 환웅이 잠시 사람으로 변하여 그녀와 혼인하여 아들을 낳았으니, 이름을 단군왕검(壇君王儉)이라 하였다. 단군왕검은 요임금[唐高]이 왕위에 오른 뒤 50년이 되는 경인년에 평양성에 도읍하고 비로소 조선이라 일컬었다.

다시 도읍을 백악산(白岳山) 아사달로 옮기니, 그곳을 궁홀산(弓忽山) 또는 금미달(今彌達)이라 불렀다. 그는 1500년 동안 여기서 나라를 다스렸다. 주나라 무왕이 왕위에 오른 기묘년에 기자를 조선에 봉하였다. 단군은 장당경(藏唐京)으로 갔다가, 다시 돌아와 아사달에 숨어서 산신이 되었는데 이때 나이는 1908세였다고 한다.

당나라 『배구전(裴矩傳)』에는 이렇게 말하였다.

"고구려는 본래 고죽국(孤竹國)이었는데, 주나라에서 기자를 봉하면서 조선이라 하였다. 한(漢)나라가 이곳을 세 곳으로 나누어 다스렸는데, 이것이 현도, 낙랑, 대방이다."

『통전(通典)』에도 역시 이런 말과 같다.(한서에는 진번, 임둔, 낙랑, 현도의 네 군으로 되어 있는데, 여기서는 세 군으로 되어 있고 그 이름도 같지 않으니 무슨 이유인가?)

③ 알아야 할 몇 가지

가. 단군신화는 일연이 지어낸 것일까?

단군의 조선 건국을 최초로 기록하고 있는 책 이름은 무엇인가?

이렇게 물으면 많은 사람들이 『삼국유사』라고 답한다. 너무나 쉽고 상식적인 질문들이라는 듯이 그저 웃는 이도 더러 있다. 그러면 이 문제의 답을 찾기 위해 『삼국유사』 고조선 조 첫머리를 다시 한번 읽어 보자.

　『위서(魏書)』에 이렇게 말하였다.
　금부터 2000년 전에 단군왕검(壇君王儉)이 있어 아사달(阿斯達)에 도읍을 정하고 나라를 열어 조선이라고 불렀으니, 요(堯) 임금과 같은 시기다.

　『고기(古記)』에는 이렇게 말하였다.
　옛날에 환인(桓因)의 서자 환웅(桓雄)이 자주 천하에 뜻을 두고 인간 세상을 탐내어 구하였다. 아버지가 이를 알고 세 봉우리의 태백산[三危太白 삼위태백]을 내려다보니 인간 세계를 널리 이롭게 할만 했다. 이에 천부인 세 개를 주어 내려가 다스리게 했다. 환웅은 무리 3천 명을 거느리고 태백산 꼭대기에 있는 신단수(神壇樹) 아래로 내려와서 ……

이를 보면 단군의 건국 사실과 그 연대를 기록하고 있는 책이 『위서』와 『고기』라는 것을 알 수 있다. 일연선사는 『삼국유사』를 지으면서 이 두 책에 실린 내용을 옮겨 적었을 뿐이다. 그러니 위의 문제에 대한 답 즉 단군의 조선 건국을 최초로 기록하고 있는 책 이름은 『위서』와 『고기』다. 위서는 중국의 역사책이고 고기는 우리나라 역사책이다.

위서는 위(魏)나라의 역사서다. 중국 역사상 '위'라는 나라는 여러 개 있었다. 전국시대 진(晋)나라의 대부 위사(魏斯)가 진나라를 삼분해 세운 왕조와 삼국시대 조조(曹操)의 아들 조비(曹丕)가 세운 왕조, 그리고 탁발규(拓跋珪)가 세운 왕조[後魏 후위] 등이 있다.

이와 더불어 『위서(魏書)』도 여러 종류가 있다. 어환(魚豢)의 『위략(魏略)』, 왕침(王沈)의 『위서(魏書)』, 진수(陳壽)의 『삼국지(三國志)』 위서 등 10종이 있다. 이 가운데 현재 전하는 것은 왕침의 『위서』와 진수의 『삼국지』 위서뿐이다. 현전하는 이들 『위서』 가운데 단군의 고조선 건국에 관련된 기록을 전하는 것은 없다.

그러나 『위서』 가운데에는 현재까지 전해지지 않는 것이 더 많다. 위서 중 8종이 전하지 않고 단지 2종만 전할 뿐이다. 그러므로 지금은 비록 전해져 오지 않지만, 단군의 고조선 건국 내용을 기재한 『위서』가 있었을 것이라 생각할 수 있다.

그리고 『고기(古記)』를 단순한 '옛날의 기록'이란 뜻으로 이해하는 사람들이 있으나, 이는 아주 잘못된 것이다. 『삼국사기』와 『삼국유사』에도 전대의 여러 사서를 인용했는데, 그중에 『고기』가 등장한다. 즉 『고기』, 『해동고기』, 『삼한고기』, 『본국고기』, 『신라고기』 등의 이름이 등장하는데, 만약 『고기』가 책 이름이 아닌, 단순한 '옛 기록'의 뜻이었다면, 여타 『해동고기』, 『삼한고기』, 『본국고기』, 『신라고기』 등의 사서 이름과 나란히 함께 세워 사용할 수는 없었을 것이다.

그런데 아까운 것은 『고기』를 비롯한 이러한 책들이 지금은 모두 전하지 않고 있다.

나. 우리 민족 최초의 나라 이름과 건국자
우리 민족이 최초로 세운 나라 이름과 건국주는 누구인가?

환웅은 무리 3천 명을 거느리고 태백산 꼭대기에 있는 신단수 아래로 내려와서 이곳을 신시(神市)라 불렀다. 그가 바로 환웅천왕(桓雄天王)이다.

다음으로 『제왕운기』도 읽어 보자.

환웅이 천부인 세 개를 받고 귀신 3천을 거느리고, 태백산 마루에 있는 신단수 아래에 내려왔으니 이분을 단웅천왕(檀雄天王)이라 한다.

이들 기록을 보면, 우리 민족을 다스린 최초의 왕은 단군이 아니라 환웅이며, 최초의 나라 이름은 고조선이 아니라 신시(神市)다.

널리 인간을 이롭게 한다는 홍익인간을 건국이념으로 한 나라는 일찍이 어디에도 없었다. 그만큼 환웅천왕은 성스럽고 우리 민족 또한 위대하다. 이런 신성한 환웅천왕을 제쳐두고 단군을 먼저 내세우는 것은 옳지 않다. 앞서 있는 환웅천왕을 놓아두고 뒤에 있는 단군을 국조로 받드는 것은 합당하지 않다. 그렇게 하는 것은 우리의 유구한 역사의 한 자락을 끌어내리는 것이 된다. 이웃 나라 일본은 아득한 옛날부터 없는 것도 만들어서 역사를 끌어올리려고 애쓰고 있는데, 우리는 엄연히 기록으로 남아 있는 것을 스스로 끌어내리고 있으니 이 얼마나 어리석은 일인가?

단웅(檀雄)의 단(檀)은 뜻 그대로 우리말 '붉달'을 적은 것이다. 곧 '밝은 땅'이란 뜻이다. 우리가 잘 알다시피 이 '붉달'은 후대에 와서 '배달'이란 말이 되었다. 환웅(桓雄)의 환(桓)도 단(檀) 자와 같이 한자 말 아닌 우리말을 나타낸 글자다. 곧 '환(桓)'은 말 그대로 '환'한 것을 나타내는 표기다. 밝은 것[檀]이 곧 환한[桓] 것이다. 그러니 단웅과 환웅은 같은 뜻이다.

다음으로 최초의 나라 이름인 신시(神市)에 대하여 살펴보자.

이를 논의하기에 앞서 밝혀 말할 것은 '신시'란 이름은 잘못된 것이라는 점이다. 정확한 이름은 '신불'이다.

이때까지 '신불'을 '신시'로 잘못 읽어 온 까닭은, 아마도 초기 학자들이 나라라고 하면 우선 사람들이 많이 모이는 것이 일차적인 요소이므로, 이에 유추되어 이 글자를 '저자 시' 자로 읽은 것 같다. 그러나 이것은 목판본의 글자 모양을 보면 '저자 시' 자가 아닌 '슬갑 불' 자다.

그뿐만 아니라, 이 글자는 뜻으로 보아도 그러하다.

슬갑이란 바지 위에 늘어뜨려 무릎을 덮는 옷을 가리키는 말인데, 이것은 고대의 예제(禮制)에서 천자, 제후들이 착용하던 옷이다. '슬갑 불'

자는 그것의 모양을 본뜬 글자다. 허신의 『설문해자(說文解字)』에는 천자는 주색(朱色)의 슬갑을 하고, 제후는 적색(赤色)의 슬갑을 한다고 되어 있다. 슬갑을 옛적에는 '韍·紱(슬갑 불)' 등의 글자로도 나타내었다. 어떻든 슬갑은 고대에 천자나 제후들이 입던 예복으로 신성한 것임엔 틀림없다. 이로 보아도 환웅천왕이 세운 최초의 우리나라 이름은 신시가 아니라, 신성성을 지닌 '신불(神市)'임에 틀림없다.

요약해서 말하면, 우리 민족 최초의 나라 이름은 '신불'이고, 그것을 다스린 임금은 환웅천왕이시다.

다. 단군이 세운 나라 이름

단군이 세운 나라 이름은 무엇인가? 이렇게 물으면 고조선이라고 답하는 사람이 많을 것이다. 이게 과연 정답일까? 이와 관련하여 『삼국유사』 고조선 조를 다시 한번 보자.

　『위서(魏書)』에 이렇게 말하였다.
　지금부터 2000년 전에 단군왕검이 있어 아사달에 도읍을 정하고 나
　라를 열어 조선이라고 불렀으니, 요(堯) 임금과 같은 시기다.

이 기록을 보면 단군이 세운 나라 이름은 고조선이 아니라 조선이다. 그런데 『삼국유사』에는 왜 단군 관계의 글을 실으면서 글의 제목을 고조선(古朝鮮)이라 했을까?

이에 대한 연유를 『삼국유사』의 판본 간행에서 찾으려는 주장이 있다. 고려 때 지어진 『삼국유사』는 필사본으로 전해 오다가 조선 초기에 와서 비로소 목판본으로 인쇄되었는데, 이때 목판으로 새기면서 자신들이 속

해 있는 이름인 조선과 옛날의 조선을 구분하기 위하여 '고(古)' 자를 앞에 새겨 붙였다는 것이다. 그러나 이것은 속단하기 어렵다.

그것은 아마도 일연의 주체 사관과 관련이 있는 듯하다. 일연은 단군 신화의 말미에 기자 조선과 위만 조선에 대해 간단히 덧붙이고 있는데, 그는 이들 양 조선과 구분하기 위하여 단군이 세운 조선을 고조선이라 한 것 같다. 즉 중국인들과 관련 있는 기자·위만 조선보다 훨씬 앞선 옛날에 우리가 주체적으로 조선이라는 나라를 세웠음을 강조하여 나타내고자 한 것이다. 거듭 말하자면, 기자와 위만이 세운 조선은 단군이 세운 조선을 계승한 것이라는 생각을 표현한 것이다. 고조선이라 적은 제목 바로 밑에 잇달아서 왕검조선(王儉朝鮮)이라 부기한 것도 그런 이유 때문이라 생각된다. 이것은 마치 이승휴가『제왕운기』에서 단군 조선과 기자·위만 조선을 구분하여, 전자를 전기 조선이라 하고 후자를 후기 조선이라 한 것과 유사하다.

어떻든 단군이 세운 나라 이름은 고조선이 아니라 조선이다. 우리 선인들도 단군 조선을 조선이라 하였을 뿐, 고조선이라고 부른 적은 한 번도 없다.『삼국사기』신라본기 제1 시조 혁거세거서간 조에도 "일찍이 조선의 유민들이 이곳에 와서 산곡 간에 헤어져 여섯 촌락을 이루었다."고 하였고, 제왕운기에도 "단군이 조선의 땅을 차지하여 왕이 되었다."고 하였다.

이성계는 1392년 고려 왕조를 무너뜨리고 새 왕조를 세우면서, 새로운 나라 이름을 정하기 위해 예문관 학사 한상질을 명나라로 보내어, 명나라 황제에게 '조선(朝鮮)'과 '화령(和寧)' 가운데 하나를 새로운 국명으로 채택해 줄 것을 요청했다. 이에 주원장은 "동이의 이름은 오직 조선이라고 부르는 것이 아름다우며, 그것이 오래된 이름이니 이 명칭을 근본으로 삼으라."고 하였다.

명이 '조선이 오래된 이름'이니 그것을 사용하라고 한 의도는 기자 조선을 의식하고 내린 결정이었다. 논어에 등장하는 은나라의 현인 기자가 조선으로 망명하여 백성을 교화시켰으며, 이에 주나라가 기자를 조선의 제후로 봉했다는 한서의 내용을 염두에 두었던 것이다. 새로 세운 조선이 자기네들의 제후국임을 넌지시 암시한 것이다.

이상에서 말한 바를 요약하면, 단군이 세운 나라는 조선이고 고조선은 시대적 명칭이다.

라. 우리는 모두 단군의 자손인가

우리는 모두 단군의 자손이라고 한다. 또 곰 할머니의 자손이라고도 한다. 과연 이 말은 맞는 말일까? 그러면 단군신화의 해당 부분을 다시 한번 보자.

　　이때 곰 한 마리와 호랑이 한 마리가 같은 동굴에서 살았는데, 둘은 환웅에게 늘 사람 되기를 기원[呪願 주원]하였다. 때마침 환웅이 영험한 쑥 한 묶음과 마늘 스무 개를 주면서 말했다.
　　"너희들이 이것을 먹고 백일 동안 햇빛을 보지 아니하면 사람의 형상을 얻으리라."

이 기록을 보면, 단군이 탄생하기 전에 이미 이 땅에는 많은 사람이 살고 있었음을 알 수 있다. 왜냐 하면, 단군 출생 이전에 이미 환웅이 풍백(風伯), 우사(雨師), 운사(雲師)를 거느리고 곡식, 목숨, 질병, 형벌, 선악 등 인간의 360여 가지 일을 주관하여 세상을 다스리고 있었기 때문이다. 여기서 우리는 단군신화의 성격을 명확히 할 필요가 있다.

단군신화는 천지가 창조되거나 개벽하는 것을 말한 창세 신화가 아니다. 건국 신화다. 곰 토템을 신봉하는 사람들이 만들어 낸 건국 신화다. 단군은 환웅의 나라를 이어받아 조선이라는 나라를 세운 임금이지 천지를 창조한 사람이 아니다.

그러므로 우리는 모두가 단군의 자손이라고 하는 것은 이치에 맞지 않다. 그중에는 단군의 자손도 있을 터이지만, 단군 탄생 이전부터 이미 이 땅에 살고 있으면서 단군을 왕으로 모시고 살았던, 이런저런 많은 사람들의 자손이다.

사실은 사실대로 바르게 아는 것이 진정한 앎이다. 다시 말하거니와, 우리 모두가 단군의 자손은 아니다.

마. 단군과 웅녀가 말해 주는 것

흔히들 단군은 실재한 인물이 아닌, 꾸며진 이야기 속의 가공적 인물이라고 이야기들 한다. 그리하여 한동안 우리의 국사 교과서에서도, 신화 속의 인물을 정사로 취급할 수 없다 하여, 단군신화를 빼어 버리기까지 하였고, 지금도 이에 동조하고 있는 사람이 있다고 알고 있다.

단군은 과연 한낱 가공적 인물에 지나지 않는 것일까?

무릇 신화라는 것은, 어떤 위대한 인물이 실제로 존재할 경우에 이 인물을 신성시하고 숭상하기 위하여, 뒤에 덧붙여지는 이야기라는 것을 우리는 먼저 기억할 필요가 있다. 다시 말하면, 실존 인물이 없이 황당무계한 신화가 먼저 생긴 뒤에, 부차적으로 어떤 인물이 기존의 이야기와 결부되는 것이 아니라는 것이다. 어떤 훌륭한 인물이 실재했을 때, 이를 신성시하기 위해서 여러 가지 신이한 이야기가 첨가되고, 그의 일생이 윤색되는 것이 신화다.

그런데 신화에 나타나는 신이성의 요소 중에서 가장 두드러진 특징의 하나는, 주인공들의 출생 과정이 보통 사람과는 다르다는 점이다. 그렇게 꾸며짐으로써 그 신화 속의 주인공은 보통 사람이 아닌, 신성한 인물로 상승될 수 있기 때문이다.

신라 시조 박혁거세는, 천마가 내려다 준 알에서 태어났으며, 고구려 시조 동명왕은, 유화 부인의 몸에 햇빛이 비추어져 잉태하였고, 김수로왕, 김알지도 다 알에서 태어났다. 이것은 모두가 이들의 출생이 범상인과는 다른 난생임을 이야기하여, 그 신성성을 높이기 위한 사후의 부회다.

또 후백제의 견훤은 아버지가 지렁이였으며, 백제 무왕의 아버지는 연못의 용이었다는 삼국유사의 기록들도, 모두 이와 궤를 같이하는 것이다. 또 예수가 동정녀 마리아의 몸에 성령으로 잉태한 것이나, 석가모니가 모후 마야 부인의 옆구리를 뚫고 나와 천상천하 유아독존을 외쳤다고 한 것이나, 케사르가 어머니의 배를 가르고 나왔다는 이야기 등은, 정도의 차이는 있으나 모두가 비정상적인 출산이라는 과정을 제시함으로써, 신성성을 부여하려 하고 있다는 점에서는 일치한다.

단군은 단군(檀君) 또는 단군(壇君)으로 문헌에 따라 그 표기가 약간씩 다르게 기록되어 있는데, 이는 원래 한자어 아닌 순수한 우리말을 한자로 빌어 표기한 것이기 때문이다. 단군의 어의는 알타이어에 널리 분포되어 있는 Tangry(터키어), Tengri, Tanggut(몽고어)에서 온 것으로, '하늘·태양의 신'을 가리키는 칭호이다. 즉 단군은 고대의 제사 의식을 관장하는, 신성한 자에게 붙이는 칭호였던 것이다.

일본은 저들의 신공 황후가 신라를 정벌하였다는 그야말로 허황된 고

대 신화를, 자기들 좋은 대로 해석하여 정사로 굳히고 있으면서, 우리의
단군은 단순한 가공인물로 처리하였고, 게다가 단군에 관한 기록 20만
여 점을 모아 불태우기까지 하면서, 단군의 실재를 까뭉개려 하였다.

여성의 창조에 얽힌 신화는 대체로 여성에 대해 부정적이다.

성경의 창세기에 나오는 최초의 여성 이브는, 남성의 무료함을 달래
주기 위해 아담의 갈비뼈 하나를 빼내어 만들었다고 되어 있고, 뱀의 유
혹을 받아 따먹지 말라고 했던 선악과를 따먹음으로써, 에덴동산에서 추
방되는 원죄를 저지른 죄인으로 나와 있다.

인도의 신화에도 최초의 여성은 더위의 괴로움을 안겨 주는 태양신으
로 묘사되어 있고, 불교의 극락세계에는 아예 여자가 없다.

그리스 신화에 나오는 최초의 여성 판도라도, 열지 말라고 했던 약속
을 참지 못하고 '판도라의 상자'를 열어봄으로써, 인류의 갖가지 불행과
질병을 가져다 준 장본인으로 되어 있다.

그런데 단군 신화에 나오는 최초의 여성 웅녀는 어떠한가?

맛이 쓰디쓴 쑥과 매운 마늘을 먹어 가며, 어두운 동굴 속에서 21일
동안 엄청난 고통과 시련을 겪어 내고, 사람으로 화하여 단군이란 아들
을 잉태하고 출산한다. 우리의 웅녀는 이브나 판도라처럼 인내력이 약한
연약한 여성이 아니다. 고난을 이겨 내고 신의를 끝까지 지키는 굳건함
을 보여 주는 여인이다.

외국의 한 유명한 스포츠 트레이너는 한국 여자 선수의 우수성에 대
해 말하기를, '한국 여성은 여느 외국의 여성들과는 달리 감독의 하드 트
레이닝을 순종하며 잘 받아들이는 미덕이 있다'고 평하였다. 이러한 것
역시 웅녀의 유전자를 받은 것이다.

2 삼국유사여 유사여

유사(遺事)라는 용어는 '빠진 일'이란 뜻으로, 기존의 역사서에 누락된 일을 적는다는 의미다. 그러기에 『삼국유사』는 정사인 『삼국사기』가 빠뜨린 일을 적어 넣은 책이다. 그러면 『삼국유사』는 『삼국사기』의 어떤 유사(遺事)를 보충한 것일까?

『삼국사기』는 김부식이 유교적 합리주의와 교훈주의 사관에 의거하여 지은 책이다. 그가 지은 『삼국사기』를 임금에게 바치면서 쓴, 진삼국사표(進三國史表)에 그러한 생각이 잘 드러나 있다.

> 엎드려 생각하건데, 성상 폐하께서는 요(堯) 임금의 문사(文思 천지를 두루 살펴봄을 文, 도덕을 한결로 완비함을 思라 함)함을 본받으시고, 우(禹) 임금의 부지런함을 체득하사 정치하는 여가에 과거의 서적과 역사책을 널리 보시고……고기(古記)는 문장이 엉성하고 사적이 누락되어 임금의 선악과 신하의 충성과 간사함, 나라의 안위와 인민의 다스림과 어지러움 등이 모두 드러나 있지 못하여 교훈으로 남길 수 없다.

무릇 역사서는 올바른 정치와 교훈을 담아야 한다는 것이다. 그러므로 『삼국사기』에는 유교적 교훈을 줄 수 없거나 합리적으로 이해할 수 없는 것은 서술 대상에서 제외되었다. 그래서 신화와 전설, 민담 등의 설화는 버리거나 축소했다.

그는 또 세계의 중심인 중국의 선진문화를 도입하여 우리나라를 중국과 같은 문화국으로 변화시켜야 한다고 생각했다. 그래서 삼국시대의 역사 가운데 우리 고유의 문화적 전통을 보여 주는 것들은 그리 중요하게 생각하지 않았다. 그래서 그의 사대주의 사관은 어쩌면 당연한 것이었다.

이와 관련하여 이규보의 서사시 '동명왕편(東明王篇)'의 서문을 읽어 보자.

세상 사람들은 동명왕의 신기하고 기이한 일들에 대해서 많이들 말하기 때문에, 비록 어리석은 남녀들까지도 그 일에 대해서 말한다. 내가 일찍이 그 이야기를 듣고 웃으면서 말하기를, "선사(先師) 중니(中尼 공자)께서는 괴이한 힘을 쓰거나 어지러운 신의 이야기는 말하지 않으셨다. 동명왕의 일 또한 실로 황당하고 기괴하므로, 우리 같은 선비가 얘기할 거리가 못 된다." 하였다.

그 뒤에 『위서(魏書)』와 『통전(通典)』(당나라 두우가 쓴 역사서)을 읽어 보니, 역시 동명왕의 일을 실었으나 간략하여 자세하지 못했으니, 이는 자기 나랏일은 자세히 기록하고 외국의 일은 소략하게 기록하려는 의도 때문이 아닌가 싶다. …… (동명왕의 일은) 처음에는 역시 믿지 못하고 귀(鬼)나 환(幻)이라고 생각하였는데, 세 번 반복하여 읽으면서 점점 그 근원을 따져 보니, 그것은 환(幻)이 아니고 성(聖)이며, 귀(鬼)가 아니고 신(神)이었다.

국사는 사실을 사실대로 쓴 글이니 어찌 허황한 것을 전하겠는가. 김부식이 삼국사기를 다시 편찬할 때에 그 일을 크게 생략해 버렸는데, 아마도 그가 국사는 세상을 바로 잡는 책이므로 크게 괴이한 일을 후세에 보일 수는 없다고 생각하여 생략했을 것이다.

이규보는 대서사시 '동명왕편'을 쓰면서, 주몽이 강가에 이르렀을 때 물고기와 자라 떼들이 나와 다리를 놓아 주어 물을 건넜다는 등의 괴이한 일들이 처음에는 도깨비 같은 허황된 일로 보였으나, 다시 보니 그것은 환상이 아니라 성스러운 것이었다는 것이다. 그런데 『삼국사기』는 세상을 바로 잡는 책이므로 그러한 괴이한 일들을 생략했을 것이라 평하고 있다.

그러면 이에 대한 일연의 생각을 더듬어 보자. 일연은 『삼국유사』의 서문이라 할 수 있는 기이편의 첫머리에서 다음과 같이 적고 있다.

무릇 옛날 성인들은 바야흐로 예악(禮樂)으로 나라를 일으키고, 인(仁)과 의(義)로 교화했으니, 괴력난신(怪力亂神)에 대해서는 말하지 않았다.

그러나 제왕이 장차 일어날 때는 하늘의 명령과 예언서를 받게 된다는 점에서, 반드시 보통 사람과는 다른 일이 일어났고, 그런 일이 있은 후에야 큰 변화를 타고 제왕의 자리에 올라 큰 일을 이룰 수가 있었다.

그러므로 황하에서는 그림이 나오고, 낙수(洛水)에서는 글이 나오면서 성인들이 일어났다. 무지개가 신모(神母)를 둘러싸서 복희(伏羲)씨를 낳았고, 용이 여등(女登)이란 여인과 관계를 맺고 신농(神農)씨를 낳았다. 황아(皇娥)가 궁상(窮桑)의 들판에서 노닐 때, 자칭 백제(白帝)의 아들이라는 신동과 관계를 맺고서, 소호씨(小昊氏)를 낳았고, 간적(簡狄)이 알을 삼키고 설(契)을 낳았다. 강원(姜嫄)은 거인의 발자국을 밟고 기(棄)를 낳았고, 요(堯)의 어머니는 임신한 지 14달

만에 요를 낳았으며, 큰 연못에서 용과 교합하여 패공(沛公)을 낳았
다. 누대의 역사에서 이와 같은 일들을 어찌 다 기록할 수 있겠는가?

　그러한즉 삼국의 시조가 모두 다 신비스럽고 기이한 데서 났다고
하여 어찌 괴이하다 하겠는가? 이것이 기이편을 모든 편의 첫머리로
삼는 까닭이요 주된 의도다.

　일연 역시 괴력난신(怪力亂神)을 말하지 않는다는 공자의 이야기를 인
용하고 있다. 그렇지만 보통 사람이 아닌 신이한 인물이 탄생할 때는, 언
제나 기이한 일이 반드시 먼저 일어났다는 이야기를 중국의 예를 들어
설명하고, 이어서 우리나라도 중국과 같이 그와 같은 신이한 일들이 일
어났다는 이야기를 강조하고 있다.

　이와 같이 일연은 합리적으로 이해할 수 없는 신이한 일이 얼마든지
일어날 수 있다고 언급하고, 또 이러한 신비한 일은 중국의 제왕뿐 아니
라, 우리나라 제왕도 마찬가지라고 말함으로써, 중국과 우리나라가 대등
하다는 주체 의식 즉 주체적 사관을 함께 나타내고 있다.

　이에서 보듯, 『삼국유사』는 한 말로 『삼국사기』가 빠뜨린 괴이한 일을
기록함으로써, 유교적 합리주의에 어긋난 괴이한 사실을 배척한 『삼국
사기』의 유사(遺事)를 보충하는 데 그 목적이 있다.

　그러면 일연은 왜 그러한 유사들을 기록하려 했을까?

　일연이 『삼국유사』를 쓰던 시대는 몽고의 침입으로 우리의 온 국토가
폐허화 되었을 때다. 그는 임금을 모시고 피란하면서 나라의 피폐함을
두루 살폈던 사람이다. 황룡사와 대장경의 소실을 직접 보면서 불자로서
의 엄청난 아픔도 맛보았다. 힘없는 백성의 고달픔을 가슴으로 품으면
서, 꺼져가는 이 민족의 수난을 아파했던 사람이다.

그래서 그는 민족의 정체성을 확인하고, 우리 민족은 신이한 힘을 지닌 위대한 민족임을 다시 한 번 불어 넣고 싶었다. 풍전등화 같은 나라의 위난 앞에서 민족혼을 고취하고 싶었다. 이것이 바로 그가 신이한 이야기를 유사의 첫머리부터 담고자 했던 가장 큰 이유다.

그 신이와 주체적 사관의 단적인 예가 바로 단군신화와 향가의 기록이다.

단군신화는 따지고 보면 괴이하기 짝이 없는 이야기다. 환인의 아들 환웅이 이 땅에 내려오는 것도, 곰이 삼칠일 만에 사람이 되는 것도 다 기이하다. 그러나 우리는 이 이야기를 통하여, 우리 민족이 중국과 대등한 하늘의 자손이며, 홍익인간의 위대한 이념을 가진 뿌리 깊은 민족이라는 자부심을 갖게 되었다. 기이하고 허탄하다 하여 이것을 버렸다면, 우리는 민족의 뿌리와 정신적 고향을 어디서 찾을 수 있겠는가?

향가 역시 마찬가지다. 우리가 잘 아는 처용가는 황탄하기 그지없는 이야기를 그 배경설화로 하는 향가다. 헌강왕이 개운포를 순행하다가 얻은 용왕의 아들이 처용인데, 왕은 그를 서울로 데려와 급간(級干)이란 벼슬을 주어 정사를 돕게 하였다. 그러던 어느 날, 역신(疫神)이 사람으로 화하여 처용의 아내를 범하므로 처용이 노래를 불러 역신을 물리쳤는데, 이때 부른 노래가 바로 처용가다. 이 또한 허탄하고 기이한 이야기지만 그 속에 역신을 물리치는 신이한 힘이 있다.

유사가 없었다면 우리는 우리 시가의 모태가 되었던 향가라는 문화유산을 가지지 못했을 것이다. 중국은 아득한 옛날의 노래 300여 수를 시경에 담아 가지고 있고, 일본은 『고사기』, 『일본서기』, 『만엽집』 등에서 4530수의 노래를 갖고 있다. 우리는 일연이 쓴 『삼국유사』 덕분에 14수나마 아쉬운 대로 고귀한 시가를 갖게 되었다. 『삼국유사』가 없었다면 어쩔 뻔했을까. 생각만 해도 아찔하다.

일연의 이와 같은 주체적 사관은 왕의 죽음을 기록한 사실에서 확연히 드러난다. 통상 천자의 죽음을 붕(崩)이라 하고, 제후의 죽음을 흥(薨)이라 한다. 그래서 중국의 왕이 죽은 사실은 붕으로 기록하고, 우리나라의 임금이 죽은 사실은 흥으로 적었다. 그러나 일연은 이러한 틀을 과감히 내던지고, 유사에서 우리나라 왕들의 죽음을 붕으로 적었다. 중국과 우리나라가 대등하다는 것이다.

일연은 또 유교적 사관을 지닌 김부식이 소홀히 다루었던 불교 관계 기록도 보충하여, 당시 고승들의 수행과 불경의 전래와 포교, 그리고 사찰의 모습 등을 실증을 통해 소상히 기록하고 있다. 유사가 없었다면 우리는 당시의 찬란했던 불교문화를 어디서 찾을 수 있겠는가?

유사는 일연이 발로 뛰면서 자료를 찾고 직접 고증하여 지은 책이다. 그러기에 그는 일반 서민들에 대한 기록이 엉성한 『삼국사기』의 단점을 기워 보탰다. 유사가 없었다면, 홀로 된 어머니를 봉양하는 데 방해가 된다 하여, 자기의 아이를 묻으려 한 효자 손순(孫順)의 이야기나, 남의집 살이를 하면서 눈이 먼 어머니를 지극정성으로 봉양하는 효녀인 빈녀(貧女) 이야기를 우리는 어디서 들을 수 있겠는가?

이상에서, 일연이 『삼국사기』가 빠뜨린 사실을 어떻게 인지했으며, 이를 『삼국유사』에서 어떻게 보충하려 했는지를 단편적이나마 살펴보았다.

『삼국유사』는 역사서요 문화사다. 사관이 기록한 『삼국사기』에 비해 체재가 다소 허술하지만, 이는 한 사람의 승려 힘으로 저술한 책이기에, 그것은 오히려 애정으로 덮어야 할 사항이다. 그러기에 『삼국유사』는 우리 모두가 애정을 가지고 읽어야 할 필독서다.

김부식은 『삼국사기』를 지어 올리면서 아뢰기를, "오늘날의 학사 대부들은 오경(五經)이나 제자백가의 책들과 진한 역대의 역사에 대해서는 널리 통달하여 상세히 알고 있다. 그러나 정작 자기 나라의 역사에 대해서는 도리어 그 시말(始末)을 알지 못하니 심히 탄식할 일이다."라고 하였다. 이 말은 『삼국유사』를 대하는 오늘의 우리에게 진실로 유효한 말이라 생각된다.

3 '불함(不咸)'은 '붉'을 숭상하던 문화권

불함문화론(不咸文化論)은 최남선이 일제의 식민사관에 대항하여 한국 고대문화의 세계사적 위치를 밝히려고 전개한 사론이다.

당시 제시된 식민사관의 대표적 사례로는 일선동조론(日鮮同祖論), 만선사관(滿鮮史觀), 정체성론(停滯性論) 등이다. 일선동조론은 태고시대 한국과 일본이 같은 혈연집단에 속했음을 논하되, 일본은 부강한 본가이며 한국은 빈약한 분가라는 것이다. 만선사관은 한민족의 역사적·문화적 독립성을 부인하고 한반도와 만주를 하나의 역사 단위·문화 단위로 보되, 한반도 지역에서 형성된 정치 권력과 문화는 만주 지방에서 패주한 세력에 의해 형성된 것이며, 한반도는 만주에 종속적 존재임을 주장하는 이론이다.

정체성론은 19세기 후반의 한국 사회가 일본의 12세기에 해당하는 사회상황에 정체되어 있고 스스로의 발전 능력이 상실되어 있음을 말하였다. 이러한 식민사관에 대항하기 위하여 신채호는 일선동조론의 분쇄를 목적으로, 한국 고대사를 연구하였고, 최남선은 단군 조선을 비롯한 고대 한국사의 연구에 투신하였다. 최남선은 1925년에 저술한 불함문화론을 통하여 집중적으로 표현되었다.

그는 식민사학에 의해 왜곡된 한국사를 바로잡기 위하여 동방 문화의 연원을 밝히고자 하였다. 그리하여 그는 동방 문화의 원류로 '붉'사상을 주목하였고, 이 사상의 발원지가 단군신화에 등장하는 태백산(太白山)이며, 단군은 그 중심인물임을 제시하였다. 그리고 '붉'의 가장 오랜 자형인 '불함(不咸)'이란 말을 빌려 '붉'을 숭상하던 문화권을 불함문화로 규정하고 그 문화권의 중심이 조선임을 말하였다. 즉, 그가 제시한 불함문화는 조선을 중심으로 하여 그 인근지역에 존재하고 있던 '붉 사상'을 가진 고대사회의 대문화(大文化)를 뜻한다.

그는 조선이 불함문화권의 중심임을 논증하기 위해 조선의 도처에 분포되어 있는 태백산·소백산(小白山) 등 '백(白)'자 계열의 지명에 주목하였다. 그리고 '백(白)'은 '붉'의 대자(對字)로서 태양·신·하늘을 뜻하는 옛말이며, 태양신을 숭배하던 고대문화를 반영하는 어휘로 판단하였다.

백두산의 최초 이름도 불함산(不咸山)이다. 중국 전국 시기(기원전 475~221년), 서한 시기 초(기원전 206~23년), 동진 16국 시기(317~439년)까지 불함산이라 불렸다. 『진서통전(晋書通典)』에서는 백두산을 '불함산'이라 기록하였다. 전국과 서한 초년의 지리서 『산해경(山海經)』은 "숙신은 불함산 북쪽에서 살고 있다."고 했고 또한 "대황 가운데 산이 있는데 산 이름은 불함산이고 숙신국에 있다."고 하였다.

최남선은 동이족(東夷族)의 거주지에 다수 분포되어 있는 '백산(白山)'은 태양신을 제사하던 곳이었으며, 여러 지역에 산재해 있던 이 소신산(小神山) 중 태백산, 즉 백두산이 가장 중심적인 곳임을 논하였다. 또한, 하늘을 의미하는 고어인 Taigar에 주목하여 여기에서 단군의 칭호가 유래된 것으로 파악하였다. 즉, 단군은 '천(天)을 대표하는 군사(君師)의 호칭'이며 몽고어에서 배천자(拜天者)를 뜻하는 Tengri의 음사(音寫)로 해석하였고, '백산'은 단군이 유래한 곳이므로 '붉'과 Taigar은 긴밀한 관계가 있는 것으로 보았다.

최남선은 '붉' 사상의 분포지를 추적하기 위해 한반도 인근지역의 지명분석을 시도하였다. 그리하여 그는 일본의 고대문화도 이 사상을 나타내는 것이며, 중국의 동부 및 북부 일대도 불함문화의 계통에 포함되고, 몽고와 중앙아시아 일대까지도 불함문화와 관계되는 지역으로 설정하였다. 그리하여 그는 일본의 고대문화도 이 사상을 나타내는 것이며, 중국의 동부 및 북부 일대도 불함문화의 계통에 포함되고, 몽고와 중아아시아 일대까지도 불함문화와 관계되는 지역으로 설정하였다. 그리고 불함문화의 잔존요소가 오늘날 이 지역에 분포되어 있는 샤머니즘을 통하여 검출될 수 있다고 주장하였다.

그는 이 불함문화론을 제시하면서 일본문화에 포함되어 있는 한국문화의 요소를 지적하였고, 중국 문화의 형성에 미친 동이문화(東夷文化)의 요소를 밝히고자 하였다. 그는 일본의 식민사관에 대한 정면 도전을 감행하였고, 한반도가 동방 문화의 진정한 중심지로 부각되고 당시 만주를 비롯한 중국의 일부와 조선을 지배하고 있던 일본은 종속적으로 규정하였다.

그의 불함문화론은 한민족의 문화적 독창성과 인류문화에 대한 커다란 기여를 한 이론이었다. 최남선의 불함문화론은 조선 왕조가 전통적으로 견지해 오던 중국 중심의 역사 이해에 대한 부정을 의미한다.

4 지명과 그에 얽힌 전설의 의미

지금 마을 이름이나 산 이름, 고개 이름, 골짜기 이름, 들 이름 등에 속칭으로 불리는 우리말 이름들이 많다. 그런데 지금 이러한 속칭들이, 한자로 된 행정명에 눌려 하나 둘 사라져 가고 있다. 참으로 아까운 일이다.

게다가 이런 속칭들이 원래 무엇을 뜻하는 말인지를 모르는 경우가 많다. 속칭의 뜻이나 그 유래를 알고 있는 연로한 세대들이 떠나고 나면 점점 더 그 말뜻을 잃어버릴 것이다.

일 예로, 경북 경산시 남산면의 동네 이름을 언뜻 보아도, 쪽골, 갈말, 들기, 무너미, 이르실, 솔안, 서리골 등 10여 곳이 있는데, 이 속칭 마을의 행정명에서 그 뜻을 어렴풋이 짐작은 하나, 그것이 원래 의미에 맞는지 그른지는 정확히 알 수가 없다.

쪽골은 '쪽 람(藍)' 자와 '골 곡(谷)' 자로 된 남곡(藍谷)이란 행정명을 쓰고 있는데, 그것이 '쪽풀이 많은 골'이란 데서 지어진 이름인지, '쪽' 즉 작은 골짜기라서 그렇게 지어진 이름인지는 알 수가 없다. 갈말의 행정명인 갈지(葛旨) 또한 '칡'이 많아서 지어진 이름인지, 아니면 '갈풀'을 많이 재배해서 생긴 이름인지를 알지 못한다.

솔안의 행정명은 송내(松內)다. 글자대로 하면 '소나무 골'이란 뜻이다. 그러나 그 마을에 가 보면 소나무가 없다. 서리골의 행정명은 반곡(盤谷)이다. 글자대로라면 널찍한 반석(盤石)이 있는 골이라야 한다. 이곳 역시 그런 반석과는 거리가 멀다. 혹시 서리(써리의 경상도 방언, 써레질하는 농기구 이름)를 만드는 마을이란 뜻인지, '서리가 많이 내리는 골짜기'라는 것인지 명확하지 않다. 또 서리는 사이라는 뜻을 지니고 있는 말이니, 사이에 있는 고을을 말하는지도 모른다.

이처럼 우리말 땅이름을 한자로 바꾸어 놓았는데, 그것이 담고 있는 한자가 원래 속칭이 의미하는 것과 맞는지 안 맞는지 알 수가 없다. 우리 말 뜻에 꼭 맞게 바꾼 게 아니라 아무렇게나 적당히 옮긴 것이 많기 때문 이다.

우리나라의 지명이 한자로 바뀐 것은 크게 두 차례다.

그 첫 번째는 신라 경덕왕이 쇠약해진 왕권을 강화하기 위하여 중국 식 지명으로 바꾼 것이다. 그때 지금 우리가 쓰는 큰 고을들의 이름이 대 부분 한자로 바뀌었다. 『삼국사기』 권34에 "영동군(永同郡)은 본래 길 동군(吉同郡)인데 경덕왕이 이름을 고쳤으며, 지금 이를 그대로 쓰고 있 다."고 적혀 있는데, 이는 바로 그러한 예이다.

이를 좀 더 자세하게 설명하면, '길다'의 뜻인 '길(吉 long)'을 그런 뜻 을 지닌 한자 '영(永)' 자로 바꾸었음을 알 수 있다. 즉 우리말 '길동군'이 한자어 '영동군(永同郡)'으로 바뀐 것이다.

그리고 그 후의 지명들은 그런 추세에 맞추어 중국을 모델로 하여 점 차 이름을 확대해 나갔다. 그리고 조선에 이르면, 그러한 한자 이름들이 점차 각 지역에서 힘을 더해 갔다. 'ᄀ룸이 '江'으로, '뫼'가 '山'으로 바 뀌었음은 모두가 잘 아는 바다.

두 번째 크게 바뀐 것은 일제강점기 때다.

일본은 우리의 혼을 빼버리기 위하여, 원래의 지명을 마음 내키는 대 로 아무렇게나 바꾸어버렸다.

인왕산의 한자 표기는 원래 인왕산(仁王山)이었다. 그런데 일제는 이를 '인왕산(仁旺山)'으로 바꾸었다. 왕(旺) 자는 일본을 뜻하는 日과 王을 합 친 것으로, 일본이 조선의 왕을 누른다는 뜻이다. 종로도 마찬가지다. 조선 시대 종로의 한자는 '鐘路(종로)'로 썼다. 보신각종이 있었기 때문이다. 그런데 일본인들이 민족정기를 말살하고자 '종' 자를, 쇠북을 의미하는 '鐘(종)' 자에서 술잔 즉 작은 종지를 뜻하는 '鍾(종)' 자로 바꾸어 鍾路(종로)로 고쳐버렸다. 큰 북이 아니라 작은 술잔으로 깎아내린 것이다.

인천의 송도(松島)는 일본의 군함 이름인 마츠시마(松島)호를 그대로 따와서 붙인 이름이다. 송도호는 러일전쟁을 일본의 승리로 이끄는 데 주역을 담당했던 전함이다. 당시 인천은 일본의 해군 기지로 쓰였다. 그래서 인천의 곳곳을 일본의 장군이나 제독, 그리고 군함 이름을 따와서 지명으로 삼았다.

그리고 우리말 지명을 아무런 원칙도 없이, 상부의 명에 의하여 면서기 마음대로 바꾸었다. 시쳇말로 엿장수 맘대로 바꾼 것이다. 그래서 우리는 고유한 우리말 땅이름을 많이 잃어버렸고, 그나마 그럴듯하게 한자로 바꾼 이름도 원래와는 전혀 다른 뜻을 가진 한자어로 우리 앞에 남아 있게 되었다. 이처럼 '송도(松島)는 소나무와는 아무런 관련이 없는 엉뚱한 이름이 되었다.

일제강점기에 잘못 붙여진 이름이 지금껏 사용되는 지역도 부지기수다. 동학농민혁명의 주역 전봉준 장군의 옛집이 있는 정읍시 이평면(梨坪面)은, 동진강 배가 드나든 들판이라 해서 '배들'이라 불렸는데, 일본인들이 먹는 배로 착각해 이평(梨坪)이라 이름 붙였다. 바다를 오가는 배가 터무니없는 먹는 과일 이름인 배로 바뀐 것이다.

우리나라의 땅이름에는 여러 가지 재미난 전설이 깃들여 있는 곳이 많다. 그 대표적인 것이 신선이나 선녀와 관련된 이야기, 충신, 효자 · 효부, 정절을 지킨 부인의 이야기, 이루지 못한 애절한 사랑의 이야기 등 그 종류도 다양하다. 그 외에도 계급의 상하에 따른 갈등이나 일상사의 고뇌에 얽힌 이야기 등 그 갈래가 수없이 많다.

그런데 이들 전설은 우리들의 삶과 그에 따라 빚어지는 한을 담고자 하는 바람에서, 원래의 지명이 가진 뜻과는 거리가 멀어진, 가공의 사실로 윤색된 것이 많다. 이를테면, 아리랑 고개란 이름이 자기 정조를 지키려다 억울하게 죽은 '아랑' 낭자의 이름에서 왔다는 전설이나, 달래강의 이름이, 옷이 물에 젖은 누나의 모습을 본 남동생이 솟아나는 정욕을 참지 못하여 자신의 성기를 짓이기고 죽자, 그것을 본 누나가 어이없고 애석한 나머지, '달래나 보지'하고 말했다는 전설에서 나온 이름이라고 하는 것 따위가 그런 것이다. 이러한 전설은 사람들이 그럴듯하게 꾸며낸 이야기지 실제 그 지명과는 아무런 관련이 없다.

그러면 이러한 예에 속하는 지명 설화 몇 가지를 보기로 하자.

먼저 손돌목 전설을 들어보자.

손돌목은 경기도 김포군과 강화군 사이에 있는 손돌목이라는 여울 이름이다. 손돌목 전설은 이 지명에 얽힌 유래담이다. 손돌목은 원래 우리말로 된 지명인데, 사람들이 그 속에 담긴 말뜻을 잃어버리자, 손돌목을 손돌목(孫突項, 孫乭項)이란 어떤 사람 이름으로 이해하고, 거기에 갖다붙여 만든 이야기가 손돌목 전설이다. 그러면 그 전설을 들어보자.

고려 시대 몽고군의 침입으로 왕이 강화로 피난을 할 때, 손돌이란 뱃사공이 왕과 그 일행을 배에 태워서 건너게 되었다. 손돌은 안전한 물길을 택하여 초지(草芝 지명이다)의 여울로 배를 몰았다. 마음이 급한 왕은 손돌이 자신을 해치려고 배를 다른 곳으로 몰아가는 것으로 생각하고, 신하를 시켜 손돌의 목을 베도록 명하였다.

이때 손돌은 왕에게, 자신이 죽은 뒤 배에 있는 박을 물에 띄우고, 그것을 따라가면 몽고군을 피하며 험한 물길을 벗어날 수 있다는 말을 남기고 죽었다. 손돌을 죽이자 적이 뒤따라오므로, 왕과 그 일행은 손돌의 말대로 박을 띄워 무사히 강화로 피할 수 있었다.

왕은 손돌의 충성에 감복하여 그의 무덤을 만들고 제사를 지내 그 영혼을 위로하였다. 손돌이 억울하게 죽은 날이 10월 20일이었는데, 그 뒤 이날이 되면 손돌의 원혼에 의하여 매년 추운 바람이 세차게 불어오므로, 이를 손돌바람, 손돌추위라 하고, 이 여울목을 손돌목이라 하게 되었다. 이로 인하여 어부들은 이날 바다에 나가는 것을 삼가고, 평인들은 겨울옷을 마련하는 풍습이 생기게 되었다.

그런데 이 이야기는 앞에서 말했다시피, 사람들이 그럴싸하게 지어낸 이야기다. 그러면 '손돌목'이란 말의 본래 뜻을 하나하나 살펴보자.

손돌이란 지명은 '용비어천가'에도 나오는데, 한자로는 착량(窄梁)이라 표기하고 있다. 착량이란 '좁은 물목'이란 뜻이다. 손돌목의 '손'은 '좁다'의 뜻인 '솔다'의 관형사형이다. '멀다'의 관사형이 '먼'이고 '놀다'의 관형사형이 '논'이 되는 것과 같다. 그러니 '손'은 '좁은'이란 뜻이다. '바지통이 솔다', '저고리 품이 솔다' 또는 '버선볼이 솔다'와 같이 지금도 쓰는 말이다.

'돌'은 물목이란 뜻인데 한자로 표기할 때는 량(梁 돌 량) 자를 쓴다. 울돌목을 명량(鳴梁)이라 하고, 노돌(강)을 노량(露梁)이라 적는 것도 이런 예에 속한다. '돌'은 현대어 '도랑'에 그 흔적이 남아 있다.

그리고 '목'은 '(다른 곳으로는 빠져나갈 수 없는) 중요한 통로의 좁은 곳'을 뜻하는 말이다. '길목, 골목, 나들목' 등과 같이 합성어를 만들기도 하는 말이다. 그러니 '손돌목'은 '좁은 물목'이란 뜻이다. 오랜 세월을 지나면서 사람들은 '손돌목'의 이런 뜻을 잃어버리고, 그것을 손돌(孫乭), 또는 손돌목(孫突項, 孫乭項)이란 사람 이름으로 둔갑시켜, 위에서 본 바와 같은 전설을 지어낸 것이다.

우리나라 지명에 아차산현, 아차산, 아차고개, 아차섬 등과 같이 '아차'가 붙은 것들이 있다. 앞의 손돌목 전설에서 본 바와 같이 이 아차가 붙은 땅이름에도 그에 따른 전설이 붙어 있다.

서울시 광진구 중곡동에 있는 아차산의 전설을 들어보자.

조선 시대에 용하기로 소문난 점쟁이가 있었다. 그는 이 세상에서 모르는 것이 없다는 사람이었다.

이 소문을 들은 왕이 점쟁이를 불러들여 명했다.

"네가 그렇게 용하다면, 이 궤짝 안에 무엇이 들어 있는지 맞혀 보아라."

"이 안에는 쥐 아홉 마리가 있사옵니다. 전하."

그러나 궤짝에는 단지 두 마리의 쥐가 있었을 뿐이었다.

"네 이놈, 역시 사기꾼이었구나. 백성을 현혹한 죄로 사형에 처한다."

점쟁이가 끌려 나간 후, 왕은 왠지 찜찜한 기분이 들었다. '혹시 저 쥐 두 마리가 암컷과 수컷이라면 ……?' 이런 생각이 든 왕은 서둘러 쥐의 배를 갈라보니, 두 마리 중 한 마리가 새끼 일곱 마리를 밴 암컷이었다.

왕은 급히 형을 중지하려고 신하를 보냈지만, 이미 점쟁이의 목이

달아난 후였다. '아차, 내가 잘못했구나!' 하고 왕은 크게 후회하였다.

점쟁이가 죽은 곳인 광나루 응화대를 끼고 있는 산을 그때부터 '아차산'이라고 부르게 되었다.

다음으로 아차고개에 대한 전설을 보기로 하자.

서울 동작구 노량진 사육신묘 마루터기로 올라가는 고개를 '아차고개'라 불렀다.

전설에 따르면, 세조 때 영등포 남쪽 시흥에 살던 어떤 선비가 사육신을 처형한다는 소식을 들었다. 그는 민심을 대변하여 이를 막고자 도성을 향해 말을 몰았다. 이 고개에 이르렀을 때, 육신은 이미 노들나무 건너 맞은편 새남터에서 처형되었다는 비보에 접하고, '아차! 늦었구나'하고 탄식하고는 울면서 돌아갔다.

그 뒤부터 '아차' 하고 탄식한 고개라 하여 이 고개를 '아차고개'라 불렀다.

그런데 이 전설의 내용이 조선 때 유명한 점술사인 홍계관과 얽혀진 이야기로 되어 있는 것도 있다.

조선 명종 때 홍계관이라는 사람이 있었는데 그는 점을 잘 치기로 유명하였다. 한번은 자신의 운명을 점쳐보니 아무 해 아무 날에 비운으로 죽을 운수였다. 그래서 살아날 방법을 궁리해보니 용상 밑에 숨어 있어야만 죽음을 면할 수 있었다.

이에 그런 뜻을 임금에게 올려서 그날 용상 밑에 숨어 있었다. 이때 마침 쥐가 한 마리 지나가자 임금은 홍계관에게

"마루 밑으로 지금 쥐가 지나갔는데 몇 마리였는지 점을 쳐보라"고

물었는데,

"세 마리인 줄로 아뢰나이다"라고 답하자, 임금은 홍계관이 임금을 기만했다 하여 노하여 사형에 처하도록 명하였다.

홍계관은 도리 없이 새남터로 끌려갔다. 형장에 도착한 홍계관은 다시 점을 쳐보고 형관에게,

"잠깐 동안만 여유를 주면 내가 살 길이 있으니 사정을 들어 주시오"

하니 형관도 불쌍히 생각하여서 잠시 기다리기로 하였다. 임금은 홍계관을 형장으로 보낸 뒤 그 쥐를 잡아 배를 갈라보니 그 뱃속엔 새끼 두 마리가 들어 있었다.

그것을 본 임금은 깜짝 놀라서 곧 승지를 불러 홍계관의 처형을 중지하라고 일렀다. 급히 말을 달려간 승지가 당현 고개에 올라보니 막 형을 집행하려는 순간이었다. 승지는 크게 "처형을 중단하라."고 소리를 질렀으나 그 말소리는 그곳까지 들리지 않았다. 승지는 다시 손을 들어 중지하라고 손을 저었으나, 형 집행관은 도리어 그 시늉을 속히 처형하라는 줄로 알고 곧 처형을 단행했다.

승지가 그 사실을 임금께 보고하니, 임금은 '아차' 하고 무척 애석해 했다. 그리하여 그 고개 이름을 '아차고개'라 부르게 됐고, 지금의 워커힐 뒷산을 '아차산'이라고 부르게 되었다.

이들 전설을 보면 '아차'가 붙은 지명은 어떤 사람을 무지하게 죽인데 대하여, 그것을 안타깝게 생각하거나 후회하여 '아차'하는 감탄의 말을 한 연유로 붙여진 이름이라고 하고 있다. 그러나 이는 말 그대로 하나의 전설일 뿐이다. '아차'의 원뜻은 그런 것이 아니다.

'아차'의 뿌리말은 '앗/앛'이다. '앗'은 '작다, 새로, 덜 된'의 뜻이다.

이러한 말뜻은 얼핏 보면 서로 다른 것 같으나, 실상은 하나로 연결되어 있다. 즉 '새로' 된 것은 아직 완전하지 못하고 '덜 되어[미숙]' 있고, 따라서 '작다'. 이러한 뜻을 가진 '앗'이 음운 변화로 인하여 '앛, 앗, 앚' 등이 되었고, 일본말의 '오토[弟]'도 여기서 생겨난 것이다.

작은 사람을 '아시 → 아이(아우)'라 하고, 작은어머니를 '앛어머니 → 아주머니' 작은 아버지를 '앛아비 → 아자비'라 하는 것은 거기서 유래한 말이다. '아시빨래', '아시갈이'도 마찬가지다. 처음 새로 하는 빨래가 아시빨래다. 처음 논을 가는 것이 '아시갈이'다. '아침'도 마찬가지다. '앗첨'이 변한 말이다. '새로' 시작되는 때가 '앗첨 → 아침'이기 때문이다. 일본어의 '아사[朝]'도 '앗아'가 건너간 것이다.

단군신화에 나오는 '아사달(阿斯達)'도 '앗달'을 표기한 것으로 '새 땅'이란 뜻이다.

그러면 '앗'에서 변한 '앚'의 예를 보자. 세밑의 옛말이 '아츤설'인데 이는 '작은 설'이란 뜻이다. '츤아들'은 조카이며, '아츤딸'은 조카딸이다. 신라 때의 벼슬 이름인 '아찬(阿湌), 아비한(阿比干)은 '앚찬, 앚한'인데 여기서의 '앚'은 '작은'의 뜻을 지닌다. 즉 아찬, 아비한은 '작은 제상'의 의미다.

그러므로 '아차산'은 '앚아산' 즉 작은 산이란 뜻이다. '앚아산'의 '-아-'는 문법적인 조음소다. 아차고개는 '작은 고개'이고, 강화도 서쪽에 있는 섬인 아차섬(阿次島)은 작은 섬이란 뜻이다.

아차산(阿嵯山 · 峨嵯山 · 阿且山) 기슭에 사는 사람들은 아차산을 '아끼산·액끼산 · 에께산 · 액계산 · 액개산' 등으로 다양하게 불렀는데, 이는 모두 '아기'를 세게 말한 데서 생긴 말들이라 생각된다. '아기산' 곧 작은 산이다.

그러니 아차산과 아찬고개 전설은, '작다'는 뜻인 '앛(아)'가 시대를 내려오면서 그 뜻을 잃어버리고, 감탄사 '아차'로 이해한 언중(言衆)들이 만들어 내었던 재미난 이야기다.

다음으로 달래강 전설을 보자. 달래강은 충주 단월동을 관통하고 있는 강이다.

　　옛날 오누이가 이 강을 건너다 소나기를 만났는데, 얇은 옷이 비에 젖자 몸에 찰싹 달라붙었다. 누이의 드러난 몸매를 보고 남동생이 불측스런 정을 느꼈다. 동생은 이 욕망을 저주한 나머지 자신의 남근을 돌로 쪼아 죽고 말았다. 앞에서 가고 있던 누이가 남동생이 따라오지 않는 것을 이상히 여겨 되돌아가 보니 남동생이 피를 흘리고 죽어 있었다. 전후 사정을 안 누이가 "달래나 보지. 달래나 보지." 하고 울었다 하며, 그 후부터 이 강을 달래강이라 부르게 되었다고 한다.

달래강 전설은 달래고개 전설과 더불어 근친상간 모티프를 가지고 있는, 우리 광포전설(廣布傳說 널리 분포되어 있는 전설)의 하나이다. 근친상간의 금기 때문에 오누이가 죽었다는 이야기로, 인간의 본능과 윤리적 가치관에 대한 갈등이 그 지배 요소로 깔려 있다.

달래강 전설은 지금 전하는 종류가 20여 가지나 된다. 그러나 기본적인 서사구조에서는 크게 차이가 없고 전체적으로 등장인물의 관계는 누나와 남동생인 경우가 많고 오빠와 여동생으로 간혹 나타나기도 한다. 소나기를 맞아 옷이 젖는 바람에 몸맵시가 드러나는 경우가 많지만 강물이 불어서 옷을 벗고 건너느라 몸을 보게 되는 경우로 나타나기도 한다.

그러면 달래강의 원의미를 더듬어 보자. 먼저 달래강의 '래'를 보자. 이 '래'는 '내[川]'의 변한 말이다. 이 달래강을 덕천·달천·달천강 등으로도 부르는 것을 봐도 그것을 알 수 있다. '달의꽃'이 달래라는 말에 이끌려 '달래꽃'으로 변한 이치와 같다.

다음으로 '달래강'의 '달'을 보자. '달'은 원래 고구려어로서 산이란 뜻이었는데, 후대로 내려오면서 '들'이란 뜻을 함께 갖게 되었다. 단군신화에 나오는 '아사달(阿斯達)'의 '달'도 바로 그런 뜻이다. 이 '달'이 '땅'이란 말을 낳았다. '달'이 산이나 들 곧 땅을 의미했음은 지금의 '양달, 응달'이란 말에 그 흔적이 남아 있다.

그러니 달내는 '들 가운데로 흐르는 내[川]'라는 뜻이다. 곧 '들의 내'라는 의미다. 이 '달내'가 '달래'로 변하여 '달래강'이 되고, '달래(나 보지)'란 말과 관련 지어 시대를 내려오면서 그런 설화를 만들어 낸 것이다.

다음으로 공주의 '곰나루' 전설을 보자.

아득한 옛날 지금의 곰나루 근처 연미산에 큰 굴이 있었다. 이 굴에는 커다란 암 곰 한 마리가 살았다. 어느 날 잘생긴 사내가 지나가는 것을 보고 그를 물어다 굴속에 가두었다. 곰은 사내를 굴에 가둬 놓고 숲으로 사냥을 나갔다. 그리고 짐승을 잡으면 굴속으로 가져와 사내와 함께 먹었다. 곰과 함께 굴속에서 살아야만 하는 사내는 기회를 보아 도망치려 하였지만, 곰이 밖으로 나갈 때에는 항상 바위로 굴 입구를 막아놓아 어쩔 수 없이 굴속에 갇혀 있어야만 했다.

이렇게 하루 이틀을 지나, 어느덧 이 년 동안 곰과 함께 살게 되자, 사내는 곰과 정을 나누게 되고 그 결과 곰이 새끼를 낳았다. 그로부터 또 일 년이 되어 둘째를 낳자 곰은 사내를 믿기 시작하였다. 사내가 새끼들과 어울려 즐겁게 노는 것을 보면서 더더욱 사내에 대한 믿음이 쌓여갔다.

그날도 곰이 사냥을 나가게 되었다. 곰은 사내를 믿고 이전처럼 굴 입구를 막지 않았다. 자식이 둘이나 되는데 설마 도망가랴 생각하였던 것이다. 그런데 사냥터에서 한참 사냥을 하고 있는데, 멀리 사내가 강변 쪽으로 도망가는 것이 보였다. 곰은 서둘러 굴로 돌아와 두 새끼를 데리고 강변으로 달려갔다. 사내는 이미 배를 타고 강을 건너고 있었다. 곰은 강가에 다다라 사내를 향하여 돌아오라고 울부짖었다.

하지만 사내는 곰의 애원을 외면하고 강을 건넜고, 그것을 보고 있던 곰은 새끼들과 함께 강물에 빠져 죽었다. 이후로 사람들은 사내가 건너온 나루를 고마나루 또는 곰나루[熊津 웅진]라고 불렀다 한다.

공주의 북쪽에서 흐르는 금강의 원래 이름인 곰나루에 얽힌 전설이다. 지금의 웅진(熊津)이다. 그런데 이 곰나루의 '곰'은 동물 이름이 아니라, 어원인 '굼'에서 갈라져 나온 말이다. '굼'은 '신(神)'이란 뜻으로, 후대에 '감, 검, 곰, 금, 고마, 개마' 등의 말로 분화되었고, 이를 한자로는 검[儉, (黑, 玄)], 곰[熊], 금(金), 개마(蓋馬), 금마(金馬), 가마[釜], 고모(顧母) 등으로 표기했다. 단군왕검의 '검'이나 단군신화의 '곰'도 여기서 비롯된 것이다. 이 '굼'이 일본으로 건너가서 '가미'가 되었다.

그러니 '곰나루'는 '신성한 나루(강)'란 뜻이다. 그러니 곰나루는 짐승 이름인 곰과는 아무 관련이 없다. '곰'의 원래 뜻인 '신'이란 뜻을 잃어버린 후세 사람들이 '곰'을 짐승 이름인 곰[熊]으로 인식하여 꾸며낸 이야기가 곰나루 전설이다. 곰나루에 얽힌 전설은 아마도 그 이름이 지닌 신성성을 높이기 위하여 후세인이 그렇게 지어낸 것이 아닌가 싶다.

그런데 이 곰나루 전설은 신화학적으로 볼 때, 인간과 곰이 결혼하는 이물교혼(異物交婚)이란 모티프(motif)를 볼 수 있다.

인간과 동물의 결연은 신화적 상징성을 함축하여 설화상에 심심치 않게 등장하는 소재이다. 이와 같은 유형에는 단군신화와 김현감호(金現感虎), 구렁덩덩신선비 설화 등이 있다. 김현감호 설화는 김현이란 사람이 호랑이 처녀와 사랑을 나누는 이야기고, 구렁덩덩신선비 설화는 사람과 뱀이 혼인하는 이야기다.

다음으로 '지리산 피아골'에 대한 이야기를 살펴보자.

'지리산'이란 지명에 대해 현재 남아 있는 역사물로 가장 오래된 것은, 통일신라 때 최치원이 쓴 쌍계사 진감선사 비문에 등장하는 '智異山(지이산)'이다. 고려 시대 편찬된 『삼국사기』에는 통일신라 흥덕왕 828년 "당에 들어갔다가 돌아오는 사신 대렴이 차나무 씨앗을 가지고 오니, 왕이 지리산(地理山)에 심게 하였다."는 기록이 보인다. 『삼국사기』의 기타 기사에도 地理山(지리산)으로 표기되어 있다. 조선 시대에 편찬된 『고려사』에는 오늘날과 같이 智異山(지이산)으로 표기되어 있다. 고려 시대 이후 지리산은 또 다른 이름인 두류산(頭流山)으로 개인 문집이나 유람기 등에 등장한다. 그 후 조선 시대 영남학파들도 '두류산'이라는 이름을 많이 사용했다.

그런데 지리산이란 이름이 생긴 연유에 대한 전해오는 이야기는 다음의 두 가지로 요약된다.

그 첫째는, '어리석은 사람이 머물면 지혜로운[智] 사람으로 달라진다[異]' 하여 智異山이라 하였다는 것이고.

둘째는, 조선 태조 이성계가 왕위를 찬탈하려고 명산에 기도를 드리러 다닐 때, 백두산과 금강산 신령은 쾌히 승낙하였는데 지리산 신령은 승낙하지 않았다. 그래서 지혜(智慧)가 다른[異 이] 신선이 사는 산이라 하여 지리산[智異山]이라 부르게 되었다고 하는 것이다.

그러나 이들 전설은 다 그 근거가 없는, 말 그대로의 전해오는 이야기다. 기록된 한자 풀이에 갖다 붙인 전설일 뿐이다.

지리산의 '지리'는 원래 '두리'에서 왔다. '두리'는 '두리다(두르다)'가 어근이다. 삥 두르고 있다는 뜻이다. 한자어 '두류산(頭流山)'은 이 '두리' 산을 표기한 것이다. 이 '두리'가 호남지방의 방언인 '디리'가 되고, 이 '디리'가 구개음화를 일으켜 '지리'로 된 것이다. 그러니 지리산이란 이름은 넓게 '빙 둘러 있는 산'이란 뜻이다.

위에서 본 바와 같은 지리산에 대한 지명 전설은 우리말의 본뜻을 잊어버리고, 전해오는 한자의 뜻에 따라 갖다 붙인 이야기일 뿐이다.

피아골이란 이름은, 6·25를 전후해서 아군과 빨치산의 치열한 전투에서 피를 많이 흘린 데서 생긴 것이라고 이야기들 한다. 그러나 이 이야기는 그야말로 허황된 이야기에 지나지 않는다. 왜냐하면, 피아골이란 이름은 6.25 전에도 그렇게 불렸기 때문이다. 피아골의 '피[稷 직]'는 사람의 피[血]란 뜻이 아니라, 식물 이름인 볏과의 일년초 이름에서 왔다. 피는 논밭이나 습한 땅에서 자라는 잡초로, 옛날에는 구황작물로 재배하였다. 지금은 새의 먹이로 가끔 쓰인다.

피아골은 한 말로 피밭골이 변한 말이다. 여기에는 우리말의 ㅂ → ㅸ → 오 라는 음운의 변화 법칙이 개입되어 있다. 즉 '피밭골[피받골] → 피받골 → 피앗골 → 피아골'로 변화한 것이다.

이것은 그 아랫마을의 한자명이 직전(稷田)임에서 확인할 수 있다. 또 피아골 골짜기를 직전계곡이라고도 한다. 그러니 한국전쟁 등 싸움이 벌어질 때마다 이곳에서 피를 많이 흘려 '피의 골짜기'라는 뜻에서 붙여진 이름이 아니다.

다음으로 박달재에 대한 이야기를 들어보자.

박달재는 조선조 중엽까지 이등령(二登嶺)이라고 불리었다. 이는 천등산(天登山)과 지등산(地登山)이 연이은 영마루라는 뜻이었다고 한다. 이 박달재에는 비운의 전설이 숨어 있다. 그 사연은 이러하다.

영남에 사는 박달은 과거 합격이라는 청운의 꿈을 안고 한양을 찾아가다, 평동 마을의 한 농가에서 유숙을 하게 되었다. 그런데 박달 도령의 늠름하고 준수한 태도에 그 집의 딸 금봉이는 그만 마음을 빼앗기고 말았다. 박달 도령도 금봉이의 절절하고 연연한 자태에 넋을 잃고 말았다. 뜻과 뜻이 맺어지고 마음과 마음이 이어져, 누가 먼저랄 것도 없이 달빛이 호젓한 밤 두 청춘남녀는 사랑을 맹세하고 장래를 약속하였다.

그러나 이들은 곧 이별하지 않을 수 없었다. 박달 도령이 과거를 보러 떠나야 했기 때문이다. 박 도령은 금봉이가 싸준 도토리묵을 허리춤에 달고, 이등령 아흔아홉 구비를 꺾어 돌며 과거 길에 올랐다.

한양에 도착한 박달은 만사에 뜻이 없고 오로지 자나 깨나 금봉이 생각뿐이었다. 연연한 그리움을 엮으면서 과거를 보았으나 결과는 낙방이었다. 며칠을 두고 고민하는 날이 계속되었다. 그리움이 내키는 대로 평동을 가자니 낙방의 초라한 모습을 금봉이에게 보일 수 없었다.

한편 금봉이는 박달을 보낸 날부터 성황님께 빌고 빌기를 석 달 열흘, 그러나 박도령의 소식은 끝내 없었다. 금봉이는 아흔아홉 구비를, 그리운 박달의 이름을 부르며 오르고 내리다, 마침내 실신하여 상사의 한을 안고 불귀의 객이 되고 말았다.

박달은 뒤늦게 금봉이의 삼우 날 평동에 도착하여 금봉이의 허망한 죽음 앞에서 실의와 허탈감에 그만 의식을 잃고 말았다. 얼마나 지났을까? 눈을 뜬 박달의 앞에 금봉이가 애절하게 박달을 부르며 앞으로 지나갔다. 앞서가던 금봉이가 고갯마루 정상 벼랑에서 박달을 부르며 몸을 솟구치는 찰나, 박달은 금봉이를 잡았으나 그것은 허상일 뿐 벼랑에서 떨어지는 몸이 되었다.

이러한 전설을 배경으로, 반야월이 작사하고 박재홍이 부른 노래가 '울고 넘는 박달재'다.

천등산 박달재를 울고 넘는 우리 님아
물항라 저고리가 궂은비에 젖는구려
왕거미 집을 짓는 고개마다 구비마다
울었소 소리쳤소 이 가슴이 터지도록

부엉이 우는 산골 나를 두고 가는 님아
돌아올 기약이나 성황님께 빌고 가소
도토리묵을 싸서 허리춤에 달아주며
한사코 우는구나 박달재의 금봉이야

박달재 하늘고개 울고 넘는 눈물 고개

돌부리 걷어차며 돌아서는 이별 길아

도라지꽃이 피는 고개마다 구비마다

금봉아 불러보나 산울림만 외롭구나

그러나 이렇게 애틋한 사랑의 얘기를 담고 있는 박달재 전설은 말 그
대로 전설일 뿐 사실이 아니다. 박달재의 박달을 한 도령의 이름으로 각
색한 이야기일 뿐이다.

여기의 '박달'은 우리말 '붉달'에서 온 것이다. '붉달'의 '붉'은 '밝다'
의 어근이다. 그리고 '달(達)'은 산 혹은 들을 가리키는 우리 옛말이다.
그러니 박달은 '밝은 산'이란 뜻이다. 단군 조선을 세운 단군왕검의 단
(檀)은 흔히 '박달나무 단' 자로 읽고 있는데, 이는 박달(붉달) 즉 밝은 산
[白山]을 의미한다. 우리 민족은 '밝음'을 지향한 겨레다. 단군신화의 태
백산(太白山)도 '한붉뫼'란 우리말을 한자로 적은 것이다. '한'은 '큰'이
란 뜻이니 이는 '크게 밝은 산'이란 의미다. 고구려 동명왕(東明王)의 동
명은 '새붉'을 표기한 것이고, 신라 박혁거세(朴赫居世)의 '박혁'도 '붉'
을 표기한 것이며, 원효(元曉)의 이름 또한 '새붉(새벽)'이란 뜻이다. 단
군신화에 나오는 백악산(白岳山)도 역시 '한붉뫼'를 한자로 적은 것이다.
신라 건국 설화에 보이는 광명이세(光明理世)는 '밝음으로써 세상을 다
스린다'는 뜻이다. 이처럼 '붉'은 우리 민족의 가치 지향점이었다.

그러니 박달재는 아마도 아득한 옛날 우리 민족의 시원과 함께 하늘
에 제사를 올리던 성스러운 곳이라 생각된다. 박달은 결코 사람 이름이
아니다. 밝은 산이란 이름인 '박달'을 과거보러 가는 도령 이름으로 바꾸
고, 이에 곁들여 금봉이라는 처녀와의 사랑 이야기로 꾸민 것이다.

다음으로 임진강의 한 갈래인 한탄강(漢灘江)에 얽힌 전설을 보자. 이 강에는 다음과 같은 두어 가지 전설이 전해 온다.

　　후고구려를 세운 궁예는 철원군의 넓은 들을 배경으로 거기다 도 읍을 정하고 나라 이름을 태봉이라 하였다. 그런데 그는 국가를 세우 고 나서 백성들을 위하기보다는 자만에 빠져 독선적인 다스림으로 군림하였다.

　　그가 남쪽으로 내려가 후백제와 싸우다 패해 철원으로 후퇴하던 어느 날, 이 강을 건너다가 강가의 돌들이 모두 구멍이 숭숭 뚫려 있 는 것을 보고는 이렇게 한탄하였다.

"아, 돌들이 모두 좀 먹고 늙었구나. 내 몸도 저 돌들처럼 늙고 좀 먹 었으니 나의 운도 다했도다."

　　그 후부터 이 강 이름을 한탄강이라 했다는 것이다.

　　그리고 또 8·15 광복 후 월남하던 북한의 반공 인사들이, 이 강에 서 크게 한탄했다고 해서 이 같은 이름이 붙었다고도 하고, 6·25 전 쟁 중 최대의 격전지였던 김화, 평강, 철원을 잇는 철의 삼각지대를 흐르는 이 강에서 많은 생명들이 한탄을 하며 스러졌다고 해서 한탄 강이라는 이름이 붙었다고도 한다.

그러나 한탄강은 이런 연유들에서 생긴 이름이 아니다. 그것은 한탄 강의 한탄(漢灘)을 다른 한자어 한탄(恨歎)의 뜻으로 생각하여 꾸며낸 이 야기에 불과하다. 한탄강은 원래 '한여울'이라고 불렀다. 지금도 노인들 은 그렇게 부르고 있으며, 옛 지도에도 한여울로 표기되어 있다.

이 한여울을 한자로 바꾸면서, '한'을 한자 '漢' 자로, '여울'은 한자

'여울 탄(灘)' 자로 옮겨 적었다. 그래서 한탄강이란 이름이 생긴 것이다. 그런데 '한여울'의 '한'은 고유어로 '큰[大]'이란 뜻이다. 그러니 한여울은 '큰 여울'이란 뜻이다. 한탄(恨歎)이란 말과는 아무런 관련이 없는 것이다.

다음으로 탄천(炭川)에 얽힌 이야기를 보자.

이 이야기에는 중국과 우리나라 고전에 삼천갑자(三千甲子)를 살았다는 동방삭(東方朔)이 등장한다.

동방삭은 원래 한(漢) 나라 때 살았던 실존 인물로, 성이 장(張), 자는 만천(曼倩)이며, 평원군(平原郡) 염차현(廉次縣 지금의 산둥성 링(陵)현) 사람이다.

야심만만한 무제가 즉위하여 사방으로 인재를 구할 때 동방삭이 글을 올려 스스로를 추천함으로써 낭(郎)이 되었다. 그 뒤 상시랑(常侍郎), 태중대부(太中大夫) 등의 벼슬을 거쳤다.

그는 성격이 유머러스하고 말솜씨가 뛰어났으며, 지혜롭고 익살스러워 늘 무제 앞에서 우스갯소리로 무제를 즐겁게 했다. 그러면서도 황제의 기분을 잘 살펴 때에 맞춰 적절하게 바른 소리를 했다고 『한서』 '동방삭전'에 기록되어 있다.

동방삭의 유유자적한 달관의 경지는 훗날 도교 사상에도 적지 않은 영향을 미쳐 그를 신선으로 추앙하기에 이르렀고, 마침내 삼천갑자를 살았다는 설화가 생기게 되었다. 삼천갑자를 살았다면 18만 년을 살았다는 뜻이다.

동방삭의 설화에는, 동방삭은 하늘 도둑이요 희대(稀代)의 사기꾼으로 나온다. 옥황상제가 살고 있는 천상의 나라에, 옥황상제만 드시는 비밀

주식인 천도복숭아를 훔쳐 가지고 이승으로 도망쳐 왔다. 옥황상제의 천도복숭아를 훔쳐 먹은 효과로 18만 년을 이 땅에 살았다.

그러한 동방삭을 천상의 세계로 잡아 오라고 옥황상제가 무릉 도령을 저승사자로 삼아 이승으로 내려보냈다.

동방삭은 갖은 변신과 도술로 누구도 알아보지 못하게, 남몰래 천도복숭아를 먹으며 이승 세계에서 18만 년이나 살고 있었다. 그래서 무릉 도령이 이승으로 파견와서 동방삭을 찾아다녔으나 도무지 찾을 길이 없어 머리를 굴리다, 지금의 경기도 성남시 분당구 탄전이라 불리는 강가에 와서 숯을 씻었다.

잘생긴 도령이 성남시 대장동에서 선녀들을 춤을 추게 하고선, 숯을 물에 씻고 있다는 소문이 나자, 너도나도 구경을 하려고 모여들었다. 선녀들이 춤을 춘다니 천상 세계가 그립기도 하고 궁금하기도 한 동방삭이 여기에 나타났다.

동방삭이 숯을 씻는 도령에게 왜 숯을 씻느냐고 물으니, 숯을 씻어서 하얗게 하려고 한다고 대답했다. 동방삭이 자기도 모르게 내가 삼천갑자를 살았어도 이런 일은 처음 본다라고 말해 버렸다. 이에 무릉 도령은 네 놈이 동방삭이구나 하며 천상 세계로 잡아갔다고 한다.

그래서 무릉 도령이 숯을 씻었다는 내를 탄천(炭川)이라 이름하고, 이승에서 저승으로 잡혀간 곳을 분당이라 명명하게 되었다.

그러나 실제 탄천은 이러한 얘기와는 거리가 멀다.

탄천(炭川)은 한강의 지류로서, 경기도 용인시 기흥구 청덕동에서 발원해 성남시와 서울특별시 송파구·강남구를 거쳐 한강으로 유입되며, 절반이 넘는 약 25㎞ 구간이 성남시의 중심부에 걸쳐 있다.

우리말로는 숯내라고 하며, 탄천은 성남시의 옛 지명인 탄리(炭里)에서 유래되었다. 탄리는 지금의 성남시 태평동·수진동·신흥동 일대에 해당하는 곳으로, 예전에는 숯골·독정이 등의 자연마을이 있었다. 조선 경종 때 남이 장군의 6세손인 남영이 이곳에 살았는데, 그의 호가 탄수(炭叟)이고 탄수가 살던 골짜기라 하여 탄골 또는 숯골이라 불렸으며, 탄골을 흐르는 하천이라는 뜻으로 탄천이라 부르게 되었다는 것이다.

이상에서 우리나라 지명에 얽힌 몇 가지 전설을 살펴보았다. 그런데 대부분의 전설들이 실제의 땅이름이 갖는 의미와는 아무런 관련이 없는, 가공적 이야기임을 알았다. 이것은 본래의 지명이 갖는 의미가 시대를 내려오면서 그 지역 사람들에게 잊혀진 것이 일차적 이유가 될 것이다. 후대로 내려오면서 지명의 본뜻은 잃어버리고 전설이 주는 의미가 주인자리를 차지하게 된 것이다.

이와 같이 본래의 지명이 갖는 의미와 관련이 없다고 해서, 지금 우리가 물려받고 있는 전설의 가치가 떨어지는 것은 결코 아니다. 왜냐하면, 거기에는 우리의 역사가 배어 있고 선인들이 영위했던 삶의 고뇌가 서려 있으며, 올바른 사회가 요구하는 윤리가 숨 쉬고 있는가 하면, 우리가 바라는 꿈이 녹아 있기 때문이다.

조상들은 그러한 이야기를 지명 전설로 정착시켜서, '이렇게 좋은 일을 후세 사람들은 본받아야 하느니라' 하는 교훈을 나타내려 한 것이다. 여기에 지명 전설이 갖는 유의성이 있다. 곳곳에 널려 있는 효자각과 열녀문, 그리고 의우총(義牛塚)과 개무덤 같은 것이 다 그러한 연유로 생긴 것이다.

충청남도 천원군 병천면 개목고개[狗項嶺]는 술 취한 주인이 쓰러져 있는 곳에 불길이 옮겨 오는 것을 보고, 개가 제몸에 물을 적셔 와 불을 꺼서 살렸다는 의견설화(義犬說話)의 근거지이며, 충청남도 서산군 부석면 대두리의 말 무덤은 전쟁에서 죽은 주인의 옷을 말이 물고 와서 죽은 곳이라는 내력이 있는데, 이들 설화는 다 동물의 의로운 행동을 만물의 영장인 인간이 본받아야 한다는 뜻을 담고 있는 것이다.

이와 같이 지명 전설은 소중한 가치를 지닌 또 하나의 무형문화재다. 소중히 보존하고 되새겨야 할, 조상들의 입김이 서린 가치 높은 유산이다.

5 아사달산은 왜 구월산이 되었나

우리가 지은 땅이름 중에는 긴 세월이 흘러오면서 본뜻과는 전혀 다른 의미로 바뀐 것이 매우 많다. 그러므로 우리는 지금 쓰고 있는 한자 이름을 보고 섣불리 그 뜻을 추정해서는 안 된다.

그러한 예는 우리말을 적을 수 있는 문자가 없어서, 고유지명을 한자로 표기하는 과정에서도 발생했다. 우리 역사의 기록에 나타나는 최초의 우리말 땅이름인 '아사달(阿斯達)'도 그런 범주에 속한다.

『삼국유사』의 고조선조에,

지금부터 2000년 전에 단군왕검이 있어 아사달에 도읍을 정하고 나라를 열어 조선이라 불렀으니, 바로 요임금과 같은 시기이다. ……
다시 도읍을 옮기니, 그곳을 궁홀산(弓忽山) 또는 금미달(今彌達)이라 부르기도 한다.

란 구절이 있다.

또 단군에 대한 이야기를 적은 이승휴의 『제왕운기』에도,

은나라 무정 팔년 을미년에 / 아사달에 입산하여 산신이 되었으니

란 구절이 있다.

단군 이야기를 기록한 권람(權覽)의 『응제시주(應制詩註)』에도 "상나라 무정 8년 을미에 아사달산(阿斯達山)에 들어가 신이 되었는데, 지금의 황해도 문화현 구월산(九月山)이 그곳이다. 그 사당이 지금도 있다."

고 하였다.

또 『세종실록지리지』 황해도 문화조에는,

"이곳의 진산(鎭山) 구월(九月)은 세상에 전해오기를 아사달산이라 한다."고 되어 있다.

황해도 문화현은 본래 고구려 때는 궐구현(闕口縣)이었다. '궐구'란 이름은 단군신앙과 관련하여, 천제가 하늘로 올라갔던 관문이 있었다는 전설에서 유래했다. 문화현의 구월산 지맥인 남쪽의 아사달봉에는 단군이 신으로 승천했다는 단군대(檀君臺)가 있으며, 신라 때에는 궐산(闕山)이라 불려졌다. 궐산이란 이름은 단군의 궁궐터가 있었기 때문에 그렇게 불렸다고 전해 온다.

이상의 여러 문헌 기록과 전설을 참조하면, 아사달(산)은 궁홀산, 금미달, 구월산, 궐산 등으로 불리어 왔음을 알 수 있다. 그러면 이들 이름들 간에는 어떤 관계가 있을까? 그 수수께끼를 풀려면 먼저 아사달의 본뜻부터 알아야 한다. 아사달에 대해서는 앞의 글에서 간략히 언급한 바 있지만 한 번 더 살펴보자.

아사달은 우리말을 한자의 음과 뜻을 빌려서 표기한 것인데, 이 중 '斯(사)' 자는 그 첫소리 'ㅅ'이나 그 계열 즉 'ㅈ, ㅊ'등을 나타내는 데 쓰인 글자다. 그러니 '아사(阿斯)'는 우리말 '앗, 앚, 앛'을 표기한 것이다. 이 '앗, 앚, 앛'은 '작다, 아우, 첫, 다음(次)'의 뜻을 가진 말이다. 이런 뜻은 다 '작다'라는 의미와 관련이 있다. 그래서 '앗이(아시), 앚이(아지)'는 아우란 뜻이며, 처음 하는 빨래를 아시(앗이)빨래라 한다, 또 '소+아지'가 송아지가 되고, '말+아지'가 망아지, '돋+아지'가 '도야지(돼지)'가 된 것도 그런 연유며, '앚+어머니'는 작은어머니 곧 아주머니고, 앛은 설(아춘설)이 작은설(까치설)을 의미하는 것도 그러한 이유다.

손자나 조카, 생질을 '아춘아들'이라 한 것도 또한 같다. 벼슬 이름 아찬(阿飡)은 대상(大相 큰 제상)에 대하여 소상(小相) 또는 차상(次相 次는 長보다 작다)이란 뜻이다. '앛옴(아침)'은 그날의 처음(처음은 무엇이든 크지 않고 많지 않다)이란 뜻이다. 이 '앗'이 일본으로 건너가 아침이란 뜻인 아사 (朝 あさ)가 되었다.

그러면 아사달의 '달(達)'은 무슨 뜻일까? 이는 고구려어로 '산' 혹은 '땅'이란 뜻이다. '달'이 땅임은 현재의 '양달, 응달' 등에 그 흔적이 남아 있다. 그러니 아사달은 '앗달'로 '작은 산' 또는 '첫 땅'이란 뜻이다.

서울특별시 광진구와 경기도 구리시에 걸쳐 있는 아차산도 이런 뜻에서 유래한 이름이다. 높이가 287m로 그리 높지 않은 산으로, 현재 아차산의 한자 표기는 '阿嵯山', '峨嵯山', '阿且山' 등으로 혼용되어 쓰인다.

그러면 아사달에 대한 본 이야기로 돌아가자.

아사달이 궐산으로 불린 것은 위에서 이미 살펴보았다.

즉 아사달산이 있는 황해도 문화현은 본래 고구려 때는 궐구현(闕口縣)이었는데, 궐구란 이름은 단군신앙과 관련하여, 천제가 하늘로 올라갔던 대궐의 입구가 있었다는 전설에서 유래했다. 또 문화현의 구월산 지맥인 남쪽의 아사달봉에는 단군이 신으로 승천했다는 단군대(檀君臺)가 있어서, 신라 때에는 궐산이라 불려졌다고 한다.

그럼 '앗달' 즉 아사달(산)은 궁홀산, 금미달, 구월산, 궐산 등과 어떤 의미의 관계가 있을까?

'앗달'이 구월산으로 불린 것은 '앗달'이 '아홉달'의 줄어진 음이기 때문이다. 아홉달이 아옵달 → 압달 → 앗달로 음이 줄어져 사용되었기 때문이다. 지금도 경상도에서는 '다섯' 달을 '닷 달'로 '여섯 달'을 '엿 달'로 소리내어 쓴다. 그래서 '앗달' 즉 아홉달을 한자인 구월산(九月山)으로 나타낸 것이다.

그리고 궐산이란 이름도 구월산을 줄여 발음한 것이다. '구월'이 '궐'로 줄어진 것이다. 단군이 거주하던 대궐(大闕)이 있다 하여 생긴 이름이라는 것은 민간에서 떠도는 이야기일 뿐이다.

궁홀산(弓忽山)도 마찬가지다. '궁홀산'을 빨리 발음하면 '구올산'이 되고, 이것이 '구월산'이 되는 것이다.

그러면 금미달은 어디서 연유한 이름일까?

금미달(今彌達) 역시 순수한 우리말을 한자를 빌려 표기한 것이다. 금미달의 '미(彌)' 자는 바로 앞의 글자 '금(今)' 자의 끝소리가 'ㅁ'으로 끝난다는 것을 '미'의 첫소리인 'ㅁ'을 취해 쓴 글자다. 이와 같은 향찰 표기를 말음첨기(末音添記)라 한다. 신라 향가 모죽지랑가에 보이는 '去隱春'이 '간봄'을 나타낸 것도 그러한 예다. '은(隱)' 자는 '간[去]'의 끝소리가 'ㄴ'으로 끝난다는 것을 명확히 하기 위하여 '은' 자의 끝소리 'ㄴ'을 취해 쓴 글자다.

그러면 금미 즉 '금'은 무슨 뜻인가? '금'은 단군왕검(檀君王儉)의 '검'과 같은 것으로 '신'이란 뜻이다. 신의 뜻인 '곰'을 한자로 표기한 것이다. '곰'은 '검, 금, 곰, 고마, 즘' 등으로 분화되었다. '달'은 산의 뜻이다.

그러므로 금미달은 '금산' 즉 '신의 산'이란 뜻이다. 곧 환웅천왕, 단군 같은 신적인 존재가 사는 산이라는 의미다. 즉 아사달은 신이 사는 산이라는 뜻이다.

아사달산은 원래 '작은 산', '첫째가는 산'이었는데, 시대를 내려오면서 그러한 원래의 뜻은 잃어버리고, '구월의 산'이 되어버렸다. 우리말로 된 앗달산이란 이름 또한 잃어버리고, 엉뚱하게도 한자로 된 구월산으로 변신한 것이다.

공동경비구역이 있는 판문점(板門店)의 원래 이름은 널문리였다. 원래 이곳에 '널빤지[板]로 된 문(門)을 단 점방[店]'이 있던 곳이라 하여 판문점이란 이름이 생겼다고 한다. 그러나 이것은 우리말 널문리를 한자로 바꾼 후에 갖다 붙인 이야기다. 우리 땅이름 연구자인 배우리는 '널문'이 원래 '널물'인데 이는 '너른 물'의 뜻이라고 하였다.

이곳에 회담장을 만들면서 우리는 우리 고유 지명인 '널문리'로 하자고 하였으나, 회담에 참여한 중국 때문에 이를 한자어로 바꿔 판문점(板門店)으로 적었다 한다. 민족의 비운 때문에 우리말 지명 하나를 잃게 되었다.

이처럼 우리는 우리 고유어 지명을 한자로 바꾸면서, 우리말이 지닌 귀중한 참의미를 잃어버렸다. 알맹이는 빠뜨리고 엉뚱한 껍데기만 갖게 된 것이다.

이런 현상은 지금도 벌어지고 있다.

독도는 동해 바다 멀리 떨어진 외딴곳에 홀로[獨] 있는 섬[島]이라 하여 붙여진 이름이라고 생각하는 사람들이 많다. 그러나 실상은 그렇지 않다. 독도는 성종 때는 삼봉도(三峰島), 정조 때는 가지도(可支島)로 불리다가, 19세기 말 이후 돌섬, 독섬, 석도(石島), 독도(獨島)로 불려졌다. 독도의 '독'은 '돌[石]'이란 뜻이다.

다시 말하면 '독'은 '돌'의 옛말이다. 전라도와 경상도에서는 지금도 돌을 독이라고 쓰는 이가 많다. 제주도에서는 지금도 돌을 '독'으로 쓰고 있다. '독'이 '돌'의 뜻으로 붙은 지명은 전국적으로 분포하고 있다.

독도는 우리말 독섬(돌섬)을 한자로 음을 따서 표기한 것이다. 독도는 외로이 홀로 있는 섬이 아니라, '돌로 된 섬'이란 뜻이다. 지금도 울릉도 사람들은 독섬으로 부르고 있는 이가 많다. 그런데 우리는 지금, 한자말인 독도(獨島)로 적고 있어서 본래의 바른 의미를 잃어 가고 있다.

그러므로 독도가 우리 땅임은 그 이름에서도 확연히 증명된다. 실제 독도는 말 그대로 돌로 된 섬이기 때문이다. 일본은 이 섬을 다케시마(竹島)라 한다. 대나무 섬이란 뜻이다. 그런데 독도에서 대나무는 눈을 씻고 찾아봐도 없다. 이것만 봐도 그들이 얼마나 허황되게 가짜이름을 붙이고, 음흉한 거짓 주장을 늘어놓고 있는지를 알고도 남는다.

달구벌은 대구의 옛 이름임은 모두가 아는 바다. 달구벌은 문헌에 달벌(達伐), 말불성(達弗城), 달구벌(達句伐), 달구화(達句火) 등으로 적혀 있다. 그러나 달구벌의 말뜻을 바르게 아는 사람은 좀 드물다.

말 뿌리인 '달(達)'을 들, 원(圓), 주(周) 등 곧 넓은 공간의 뜻으로 풀이하는 이가 많아서 대개 그렇게 알고 있다. 그러나 이것은 잘못된 것이다.

달구벌은 '달'과 '벌'이 말 뿌리가 되어 이루어진 것이다. 그러면 '벌'의 뜻부터 살펴보자. '伐, 火'는 다 같이 '벌'을 표기한 것이다. '伐(벌)'은 음을 빌린 것이고 '火(화)'는 뜻을 빌려 적은 것이다. '불'의 옛말이 '블'이었기 때문이다. 이 '벌'은 지금 우리가 쓰고 있는 벌판의 '벌[原]'이다. '벌이 넓다' 할 때의 그 벌이다. 신라 서울 '서라벌'이나 '서벌'의 '벌'도 같은 뜻이다.

그럼 '달'은 무슨 뜻일까? 종래의 주장처럼 원, 주 등 곧 넓은 공간의 뜻일까? 이는 설득력이 없다. 왜냐하면 '달' 뒤에 이어지는 '구'를 설명할 수 없기 때문이다. 결론부터 말하면 '달'은 '닭[鷄]'의 뜻이다. 닭을 경상도에서는 아직도 '달'이라고 한다. 닭을 단독으로 발음할 때는 그 끝소리 'ㄱ'을 묵음화하는 것이다. 닭을 뜻하는 일본어 '도리(とり)'도 신라말 '달'이 건너가 이루어진 것이다.

다음으로 '구(句)'에 대해 살펴본다. '구'는 닭의 끝소리 'ㄱ'에 관형격 조사 '우'가 결합된 말이다. '우'는 표준어의 관형격 조사 '-의'에 해당하는 경상도 말의 조사다. 경상도 말에서 '닭'이란 말이 단독으로 쓰일 때는 '달'이라 하지만, 뒤에 명사가 이어질 때는 관형격 조사 '우'를 붙여 표현하는데, 이때 묵음화되었던 'ㄱ'이 나타난다. 즉 '닭의 똥', '닭의 통', '닭의 대가리'를 가리킬 때는 '달구똥', '달구통', '달구 대가리'와 같이 표현하는 것이다. 'ㄱ'과 '우'가 합해져 '구'가 되는 것이다. 경상도 말에서 '남의 집'을 '남우집'이라 하는 것도 그와 같다. 또 대구 지방에서는 맨드라미를 '달구비실'이라 하는데 그 꽃 모양이 '닭의 볏'과 비슷한 데서 온 이름이다. 그러니 '달구'는 '닭의'란 뜻이다.

달구벌의 '구'도 바로 이러한 '구'다. 그리고 조사 '우'를 생략하고 그냥 말할 때는 '달벌'이라 하는 것이다. 줄여서 달벌(達伐), 달불(達弗)이라 기록한 것은 그것을 반영한 것이다. 그러니 달구벌은 '닭의 벌'이란 뜻이다. 대구가 위치한 벌[原]에 '닭[鷄]'을 붙여 이름 지은 것이다. 그러니 달구벌의 달(達)은 들, 원, 주 등 곧 넓은 공간의 뜻이라고 하는 주장은 달구벌의 참뜻과는 어긋난 것이다.

지금 속칭이라 불리는 우리말 고유 지명은 한자 이름으로 된 행정명에 의해 점점 그 참모습을 잃고 있다. 이를테면 '쪽골'은 남곡(藍谷)으로, '이르실'은 조곡(부谷)으로, '서릿골'은 반곡(盤谷) 등과 같이 우리말로 된 속칭은 한자어로 바뀌어 사용되고 있다. 순수한 우리말 지명이 오랜 역사 속에서 아무렇게나 한자화한 까닭으로, 본래 가졌던 땅이름의 뜻이 왜곡된 것이 수없이 많다. 우리말 땅이름의 뿌리를 잃어가고 있다.

실로 안타까운 일이 아닐 수 없다. 우리말 땅이름은 국어학의 소중한 대상을 넘어 귀중한 우리 문화자산이다. 그동안 이에 대하여 많은 관심을 갖고 조사, 수집한 학자나 기관이 있긴 하나, 그 넓이나 깊이에서 제한적일 수밖에 없었다. 방방곡곡에 묻혀 잠자는 우리말 땅이름의 수는 헤아릴 수 없이 많다. 하루라도 빨리 국가가 나서서 거국적인 조사와 연구를 벌여 그것을 기록하고, 그에 곁들인 뜻을 바로잡았으면 한다.

그리고 우리말로 된 이 속칭을 앞으로 되살려 썼으면 좋겠다. 읍과 면을 통합하여 시로 통합한 어느 곳에 가보니, 마을 이름이 한자어로 아무데1리, 아무데2리, 아무데3리 식으로 같은 이름을 번호 매기듯이 단순 나열한 곳이 있었다. 너무 메마른 이름이다. 아무 의미가 없을 뿐만 아니라, 안이한 생각으로 붙인 이름이란 생각마저 들었다. 이곳에도 각 마을마다 전해오는 속칭이 있었다. 우리말 이름으로 된 그 속칭을 살려서 마을 이름으로 삼았으면 얼마나 좋을까.

6 우리 옛 나라 이름에 담긴 뜻

우리는 수천 년 동안 고유문자를 갖지 못했기 때문에 부득이 중국의 한자를 빌려 언어·문자 생활을 해 왔다. 그러나 그것은 너무나 어려운 일이었다. 우리말은 교착어이고 중국어는 굴절어이기 때문에 그로 인해 빚어지는 언어 구조상의 차이 및 음운상의 차이 때문에, 우리말 소리를 있는 그대로 적기에는 너무나 맞지 않았다.

이 같은 어려움을 조금이나마 극복하기 위하여 고안한 장치로 나온 것이 이두요, 향찰이요, 구결이다. 한자의 음과 뜻을 차용하여 우리말을 표기하려는 시도로 고안된 것이다. 그러나 이것 또한 껄끄럽기는 마찬가지였다.

향찰로 기록된 신라의 향가를 정확히 해독하기란 실로 어렵다. 이를테면, 찬기파랑가에 나오는 '雪是(설시)'를 '눈이'로 읽어야 할지 '서리'로 읽어야 할지 얼른 분간이 되지 않는다. 이와 같은 어려움을 세종 때의 학자 정인지는 일찍이 '네모 난 자루를 둥근 구멍에 끼우는 것 같이 어긋난다'란 말로 표현하였다.

그런데 우리말로 된 이름 즉 나라 이름, 땅이름, 왕명이나 인명 등은 비록 한자의 음과 뜻을 빌려 적더라도 고유어 그대로 적지 않을 수 없다. '길동이'를 '바위'라 부를 수는 없기 때문이다. 음을 빌려서 길동이를 '吉童(길동)'이라 적고, 뜻을 빌려서 바위를 '岩'이라 적을 수밖에 없다.

그러면 우리의 대표적 역사책인 『삼국사기』와 『삼국유사』에 적힌 옛 나라 이름과 왕 이름, 그리고 땅 이름에 담긴 우리말 뜻을 한번 새겨보기로 하자. 그런 이름들을 살피기 위해서는 우선 한자와 우리말 그리고 음차(音借 음 빌리기), 훈차(訓借 뜻 빌리기) 등에 대하여, 약간의 사전 지식이 필요하다. 그에 대한 몇 가지 사항을 적어 보면 다음과 같다.

1. 한자의 고음은 현재와는 다른 것이 있다.

麗는 지금은 '려'로 읽히지만 고음에서는 '리'다. 그러니 高麗(고려)의 원래 이름은 '고리'다. 또 壤은 지금은 음이 '양'이지만 고음은 'ᄂ.ㅣ'다. 평양의 옛 이름은 '블ᄂ.ㅣ'로 '넓은 벌의 땅'이란 뜻이다.

2. 낱말의 자음과 모음은 시공간적 차이에 따라 바뀐다.

신의 뜻인 검[儉]은 '감, 곰, 김, 금, 즘' 등으로 변함에 따라, 그것을 적는 한자도 다르게 된다.

3. 한 글자를 그와 통용되는 다른 글자로도 적었다.

耶는 음이 '야'지만 '라'를 적기도 하였다. 그래서 伽耶, 迦耶, 加耶는 모두 '가라(加羅)'를 표기한 것이다. 良도 현재의 음은 '량'이지만 '라'를 적는 데 썼다.

5. 글자 전체의 음뿐 아니라 음의 일부분만 빌릴 수도 있다.

次(차)는 '차' 뿐만 아니라 'ㅊ, ㅈ'을 적는 데도 사용되었다. 餘(남을 여)는 '남'이나 'ㄹ'을 적는 데 함께 쓰였다. 樂浪(낙랑)이 '나라'를 나타내는 것도 이와 같다. 駕洛(가락)을 '가라 (加羅)'와 같은 뜻으로 적은 것도 또한 같다.

6. 한 음을 적는 데 여러 가지의 글자가 사용되었다.

들 즉 '벌'을 나타내는데, 伐(칠 벌), 原(벌 원), 火(블 화), 夫里(부리), 夫婁(부루), 羅(벌일 라), 列(벌일 렬) 등 그와 유사한 음이나 뜻을 가진 여러 글자로 표기되었다.

7. 한 낱말의 뜻을 적는데, 그와 비슷한 음이나 뜻을 지닌 여러 글자가 쓰였다.

밝음을 뜻하는 '붉'을 나타내는데, 白, 百, 明, 渤, 夫里 등이 쓰였다. 또 동쪽을 나타내는 '식'를 나타내는데, 東, 新, 徐, 鐵(쇠 철), 金(쇠 금) 등이 쓰였고, 신라를 나타내는 '식벌'을 표기하는데, 斯羅(사라), 徐羅(서라), 斯盧(사로), 尸羅(시라), 徐那(서나), 徐耶(서야), 鷄林(계림), 始林(시림) 등이 쓰인 것도 그러한 예다.

8. 땅, 지방, 부락을 뜻하는 옛말 '뉘/나/리/리'를 나타내는 데는, 內(내), 耐(내), 那(나), 壤 (양), 禮(례), 麗(려), 羅(라) 등의 글자가 쓰였고, 땅을 뜻하는 고구려 말 '달'은 達(달) 자를 썼다. '달'이 땅의 뜻임은 현대어 양달, 응달에 그 흔적이 남아 있다.

그러면 이러한 예비지식을 갖추고 옛 나라 이름부터 새겨보기로 하자.

① 조선(朝鮮)

조선은 단군왕검이 평양에 세운, 우리나라 최초의 나라다. 양주동은 이를 '붉신' 곧 '밝게 샌'이라는 뜻이라 하였다. 그러나 朝(조)를 '밝음'으로 풀이한 것은 거리가 먼 것 같다.

朝(조)는 아침 즉 처음의 뜻인 '앗'이다. 단군이 도읍을 평양에서 옮겼던 아사달(阿斯達)도 '앗달' 즉 '아침 땅'이란 의미다. 이 '앗'이 일본으로 건너가 아침을 뜻하는 '아사'가 되었다. '앗'은 처음을 뜻하는 말로 현대어 '아시 빨래'란 말에 아직 남아 있다.

처음은 작은 데서 시작하기 때문에 '앗'은 아우를 뜻하게도 되었다. 경상도 방언에는 아우를 뜻하는 '아시'가 지금도 쓰이고 있다. '아시 탄다'는 말이 있는데, 어머니가 동생을 배었기 때문에 젖이 일찍 떨어져, 먼저 난 아이가 영양 부족인 상태가 되어 몸이 여위었을 경우에 쓰는 말이다. '아우를 탄다'는 뜻이다. 중세어에서도 '앗'은 아우의 뜻으로 그대로 쓰였다. 앗 → 앞 → 아슨 → 아우로 변한 말이다.

조선의 鮮은 '신/샌'을 표기한 것이라 생각된다. 날이 샌다는 의미다. 새 날이 왔다는 뜻이다. 그러므로 조선은 '앗신' 곧 '첫샌'의 의미다. '처음 샌', 즉 '새 아침'의 뜻이다. 새 날이 열리는 희망에 찬 나라, 그것이 바로 조선이라는 것이다. 이성계가 세운 나라 조선도 역시 그러한 의미를 이어받아 국호로 삼았다.

② 신라(新羅)

신라를 나타낸 표기는 매우 다양하다. 이를 다음과 같은 두 가지 부류로 나누어 생각해 볼 수 있다.

斯羅(사라), 徐羅(서라), 尸羅(시라), 서벌(徐伐), 鷄林(계림), 始林(시림)
斯盧(사로), 徐那(서나), 徐耶(서라)

이와 같이 여러 가지 이름으로 불리다가 22대 지증왕 때 新羅(신라)로 확정되었다. 『삼국사기』 지증마립간 조에는 덕업일신(德業日新 덕업이 날로 새로워지다)의 신(新) 자와 망라사방(網羅四方 사방을 망라하다)의 라(羅) 자를 각각 따서 新羅(신라)로 지은 것이라 하였다. 그러나 이는 김부식의 유교중심주의적 사관에서 지어낸 견강부회로 보인다.

그러면 이들 표기는 무슨 뜻일까?

결론부터 말하면, 위의 이름들은 모두 '시벌'을 표기한 것이다.

斯(사), 徐(서), 尸(시) 자는 모두 '시'를 표기한 것이다. 그리고 羅(벌일 라), 伐(칠 벌) 자는 들, 벌(판)을 뜻하는 '벌'을 적은 글자다. 그래서 이들은 합하여 新羅(신라) 곧 '시벌'을 나타내었다. 시벌의 '시'는 동쪽이라는 뜻이다. 지금도 동쪽에서 부는 바람을 '샛바람'이라고 하는 것은 그 흔적

이다. '높새바람', '새벽'이란 말의 '새'도 그러한 뜻이다. 그러니 '시벌'
은 동쪽 벌이란 뜻이다.

계림의 계는 '닭 계' 자다. 닭은 곧 새(시)다. 始林(시림)의 '시'도 '시'
를 나타낸 글자다. 그러니 이들 글자는 모두 '시벌'의 '시'를 표기한 글
자다. 그리고 林(림)의 뜻 수풀이란 말은 원래 '숲벌'이었기로 여기서의
'벌'을 차용한 것이다. 그러니 계림, 시림도 다 '시벌'을 표기한 것이다.

여기서 한 가지 유의할 것이 있다. 땅을 뜻하는 '벌, 늬, 리, 재(城)' 등
은 '나라'와 동의어라는 사실이다. 땅(영토)이 곧 나라이기 때문이다. 그
러므로 신라 곧 시벌은 '새 나라'라는 의미를 아울러 갖고 있다.

③ 고구려(高句麗)/고려(高麗)

고구려의 국명을 중국 문헌에서는 高麗(고려), 句麗(구려), 句驪(구려)
로 적었다. 『삼국사기』 본기에서는 고구려라 하고 지리지에는 구려라 적
고 있다. 이것으로 보아 고구려의 본래 이름은 고려, 구려였음을 알 수
있다. 이것이 후대로 내려오면서 고려와 구려를 합쳐 고구려라 적은 것
으로 보인다. 고구려를 계승한다는 이념을 나타낸 왕건이 세운 나라 이
름이 고려라는 것을 보아도 이를 짐작할 수 있다.

'삼국사기' 고구려 본기 신대왕조(新大王條)에 왕의 휘를 伯固(백고)
또는 伯句(백구)로 적고 있는데, 이는 '고'와 '구'가 서로 통하고 있음을
나타내는 증좌다. 그러므로 고려나 구려는 서로 전용되는 이름이라 할
수 있다.

麗는 본래 고음이 '리'다.

그러면 구려 곧 구리는 무슨 의미일까? '리'는 위에서 말한 바와 같이
'늬, 나, 라' 등과 같이 땅(국토, 나라)을 가리키는 말이다. 그럼 高/句는

무슨 뜻일까? 이에 대해서는 그 밑에 깔려 있는 배경적 설명이 좀 필요하다.

고대 국어에서 신을 나타내는 어휘는 두 계열이 있다. 그것은 '검'과 '굿'이다. 검은 알타이어의 Kam에서 온 것이고, 굿은 스키타이 족을 통하여 들어온 인도유럽어 Guth(Goth)에서 유래한 것이다. 영어의 God도 여기서 분화된 것이다. 우리나라에서 무당이 벌이는 의례를 '굿'이라 하는 것도 여기에 연원한다.

이 검과 굿은 시공간의 흐름과 확대에 의하여 그와 비슷한 소리의 말로 갈라지게 된바. 그것을 표로 보이면 다음과 같다.

알타이어 Kam →   검 … 감, 김, 곰, 금, 거미, 즘, 일본어 가미

인도유럽어 Guth →   굿 … 구, 가, 갓, 가시, 구시

구려의 '구'는 Guth에서 온 신이란 뜻이다. 그러므로 '고구려' 곧 '고리/구리'는 '신의 나라'란 뜻이다. 일본이 백제를 구다라(くだら)라고 하는데 이는 '구달(神達)' 즉 신의 땅(나라)이란 뜻이다. 일본이 백제를 '신의 나라'라고 지칭한 데는 그럴 만한 연유가 있다. 백제가 자기들의 고향이었기 때문이다. 이때의 달(達)은 땅이란 뜻이다.

『일본서기』에는 백제를 본국(本國)이라는 뜻으로 쓴 대목도 있고, 백제는 조상의 무덤이 있는 곳이란 내용도 적혀 있다. 660년 백제가 패망하자 그 후예들이 일본에 망명했는데, 이를 『일본서기』는 이렇게 적고 있다.

백제가 곤궁하여 우리에게 돌아왔네. 본국이 망하여 없어지게 되

었으니 이제 더 이상 어디에 의지하고 어디에 호소한단 말인가.

그리고 3년 후, 백제 부흥 운동까지 실패로 끝나고 주류성이 함락되자,

"주류성이 함락되고 말았구나, 어찌할꼬 어찌할꼬, 백제의 이름이 오늘로 끊어졌으니, 조상의 무덤을 모신 곳 이제 어찌 다시 돌아갈 수 있으리."

라고 슬퍼하는 기사가 나온다. 백제는 자신들 조상의 무덤을 모신 곳이고 본국으로 섬기는 나라였다. 그래서 그들은 백제를 극존칭하여 '구다라' 즉 '신의 나라'라고 부른 것이다.

④ 백제(百濟)

百은 밝다의 어근 '붉'을 표기한 것이고, 濟(제)는 재[城]의 뜻인 '잣'을 표기한 것이다. 그러니 백제는 '붉잣'을 적은 것이다. '붉'은 밝다의 어근으로 광명을 뜻한다. 고대부터 우리 민족은 광명(붉)을 지향하였다. 태백산은 한붉산이요, 박달은 밝은 땅이며, 혁거세는 붉뉘(밝은 누리), 동명왕은 새붉임금, 원효는 새붉(새벽)이다.

그리고 '잣'은 '재' 곧 성(城)이다. 성은 도성으로 나라를 의미한다. 지금도 '성내에 갔다 왔다'나 '성내 사람'이라 하는 말을 쓰곤 하는데, 이때의 '성'은 도시(도성 도읍)를 뜻한다. 그래서 백제는 밝은 성 곧 '밝은 나라'라는 뜻이다.

광개토대왕비에 나오는 백제의 딴 이름 백잔(百殘)은 '붉잣 나라'를 발음할 때 자음동화를 일으켜 '붉잣'이 '붉잔'으로 소리 나므로 그렇게 기록한 것이다. 또 백제의 초기 국호인 십제(十濟)는 '열[開]잣'을 기록한

것인바, '열린 나라'라는 의미다.

⑤ 가야(加耶)

가야는 伽耶(가야), 伽倻(가야), 加羅(가라), 駕洛(가락), 伽落(가락), 加良(가량) 등으로 표기하였는데 이들은 모두 '가라'를 표기한 것이다. 또 구야(狗邪)로 표기한 것도 있는데 이 또한 같다. 邪 자는 耶 자와 같이 쓰는 글자이기 때문이다. 여기서의 '가'나 '구'는 앞에서 말한 바와 같이 신의 뜻이다. 그리고 뒷글자 '라(耶)'는 '나(那), 라(羅), 너(壤)' 계열의 땅(국토)을 뜻하는 말이다. 그러므로 가야는 '신의 땅(나라)'이란 뜻이다.

⑥ 부여(夫餘, 扶餘)

부여의 夫/扶는 음 그대로 '부'를 나타내고, 餘(여)는 'ㄹ'을 나타낸다. 여의 훈인 '남을'의 끝소리 'ㄹ'을 취한 것이다. 그러니 부여는 '불'을 표기한 것이다. 붉다, 밝다 등의 말은 모두 '불'에서 나온 것이다. 불이 곧 밝음이고 붉은 것이 불이다. 그러므로 부여 역시 '불 나라'요 '붉은 나라'다.

부여를 세운 사람은 해부루(解夫婁)다. 解(해)는 해(태양)를 나타낸 글자이고, 夫婁(부루)는 '부'와 '루' 의 'ㄹ'을 합친 '불'이다. 그러니 해부루는 '해불' 곧 '해붉'이다. 밝은 해라는 의미다. 이처럼 해부루는 부여와 관계있는 이름이다.

⑦ 진한(辰韓)·마한(馬韓)·변한(弁韓)

삼한의 이름에 담긴 뜻을 알려면 먼저 '한(韓)'에 대한 의미를 먼저 알아야 한다. 이 '한'은 Khan에서 유래한 말이다. Khan은 원래 페르시아, 아프가니스탄, 터키 지방의 원수(元帥)나 고관을 일컫는 칭호인데, 이것이 몽고, 달단(韃靼)을 거쳐 우리에게 들어왔다. 우리가 잘 아는 징기스칸의 '칸'도 바로 이것이다.

이 Khan을 한자로는 干[간 Kan], 汗[Han], 韓(한) 등으로 적었다. 이렇게 '간/한'으로 적은 것은 [Kh]의 음가가 ㄱ과 ㅎ의 중간음으로 ㅋ이 섞인 소리였기 때문이다. 오늘날의 발음기호로는 [X]로 나타내는 소리다. 이것을 훈민정음에서는 [ㆅ]으로 썼다. 사실 우리말의 크다[大]나 많다[多]의 뜻인 '하다'도 여기서 갈라져 나온 말이다.

ㆅ … ① 하다[h] (많다의 뜻)
　　② 크다[k]

그러므로 干[간 Kan], 汗[Han], 韓(한)은 다 크다, 높다, 우두머리(왕)의 뜻을 머금고 있는 말이다. 삼한(三韓)의 '한(韓)'도 바로 이런 뜻이다.

馬韓(마한)의 '마'는 남쪽이라는 뜻이다. 마파람은 남쪽에서 부는 바람이다. 그러니 마한은 '남쪽의 한'이다. 辰韓(진한)의 '진'은 음이 '신, 진'이지만 여기서는 '신'과 통하는 '신' 곧 동쪽을 나타낸다. 동쪽의 옛말은 'ᄉᆡ'다. 날이 '새다'나 '새벽', 동풍을 '샛바람'이라 하는 말들의 '새'는 동쪽을 뜻하는 'ᄉᆡ'에 뿌리를 둔 말임은 위에서 말했다. 그러니 진한은 곧 '동쪽의 한'이다.

弁韓(변한)은 '가ᄅ한' 곧 '갈한'이다. 弁(변)은 지금의 뜻은 고깔이지만 옛말은 '갈, 곳갈'인바, 이때의 '갈'을 취한 것이다. '가ᄅ'는 '가ᄅ다' 곧 '가르다[分]'의 고어다. 변한은 진한과 마한을 '가르는' 지역에 위치하므로 이런 뜻을 품은 것이다.

⑧ 임나(任那)

'임나'라는 말은 광개토왕릉비에 보이는 임나가라(任那加羅)가 가장 최초로 보이는 기록이다. 『삼국사기』 강수전에는 "신은 본래 임나가라 사람입니다."라는 기록이 있다. 그리고 924년(경명왕 8)에 신라 경명왕의 명으로 세워진 「진경대사탑비」에 '임나'라는 말이 쓰여 있다.

우리나라에서는 특정한 하나의 가야(금관가야)를 임나라고 부른 데 대해서, 『일본서기』에서는 여러 가야를 총칭해 임나라고 하였다. 임나를 『일본서기』에서는 彌麻奈(mima-na)라 적고 있다. 이는 고대의 우리말에 있어 n과 m음이 서로 넘나드는 음운법칙에 따른 것이다.

'님나(임나)'의 '님'은 주(主), 왕(王)의 뜻이고, 나(那)는 위에서 누차 말한 바와 같이 'ᄂᆡ, 나, 라'의 한자표기로서 평야, 나라 등의 뜻을 지닌다. '님'은 원래 '앞머리'를 뜻하는 말이다. 사람의 이마(니마)나 배의 앞머리를 가리키는 '이물', 앞쪽을 가리키는 '임배(곰배)'라는 말에 그 흔적이 남아 있다.

그러므로 임나는 '님의 나라'라는 뜻으로 해석된다. 즉, 여러 가야의 맹주국인 대가야를 '님나라'라고 부른 것이다.

그런데 일본에서는 『일본서기』에 있는 '임나일본부(任那日本府)'라는 말로, 일본인들에 의해 임나에 일본의 통치기관이 있었던 것처럼 역사를 왜곡하고 있다.

⑧ 발해(渤海)

발해는 한자 뜻 그대로 풀이하면, '물 솟는 바다', '안개 자욱한 바다'라는 말이 된다. 그러나 이런 해석은 말이 안 된다. 발해가 섬나라도 아닌데, 누가 나라 이름을 그렇게 지었겠는가.

발해의 '발'은 '붉, 블(불)'을 음을 빌려 표기한 것이고, 해는 '해(태양)'를 음차 표기한 것이다. 그러니 발해는 '밝은 해'의 나라라는 뜻이다.

7 우리나라 왕명에 담긴 뜻

① 단군왕검(檀君王儉)

단군은 단군(檀君) 또는 단군(壇君)으로 문헌에 따라 그 표기가 약간 다르게 기록되어 있는데, 이는 원래 한자어 아닌 순수한 우리말을 한자로 빌어 표기한 것이기 때문이다. 단군이란 말의 어의(語義)는 몽고어 Tengri에서 온 것으로, 천(天)을 대표하는 군사(軍師)의 칭호이다. 즉, 단군(Tengri)은 고대의 제사 의식을 관장하는, 제사장 곧 무당을 이르는 말이다.

단군은 고대 제정일치 시대에, 정치권과 제사권을 함께 지닌 우리 민족의 신권 계승자였던 것이다. 이러한 제의를 행하는 우리의 고유 신앙은 무속(巫俗) 즉, 샤머니즘을 배경으로 행하여졌음은 물론이겠는데, 이러한 제사권자로서의 단군의 명칭은, 현재 호남 일원에서 제의를 관장하는 무당을 가리켜, '단골, 당골, 당갈'이라 하는 데서 그 흔적을 찾을 수 있다.

단군이 제사권을 행사하는 자의 이름이라면, 왕검은 정치권을 행사하는 자의 이름이다. 그런데 임금을 왕이라 하면 될 것을 왜 '왕' 뒤에 '검'을 붙여 왕검이라 했을까? 이 '검'은 앞에서도 이야기했다시피 신을 뜻하는 고대어다. 그러니 단군왕검은 단군왕이 신이란 것이다. 극도의 존칭이다. 사실 제정일치 시대에는 왕이 제사장을 겸하였기 때문에 신과 동일시되는 것은 당연하다.

이 '검'은 뒷날 '곰, 김, 감, 금, 즘' 등으로 분화하였다. 임금이란 말의 '금'도 바로 그런 뜻이다. '감'이 일본으로 건너가서 '가미(神)'가 되었다.

③ 동명왕(東明王), 주몽(朱蒙)

고구려의 시조 동명왕(東明王)의 東(동)은 '시'요 明(명)은 '붉'을 표기한 것이다. 동명은 '시붉'임금이란 뜻이다. '시'는 동쪽이란 뜻이고 '붉'은 밝다는 뜻이다. 이 말이 변하여 '새벽'이 되었으니 동명왕에 함축된 의미를 대강 짐작할 수 있겠다.

또 삼국사기에는 동명왕의 이름은 주몽(朱蒙) 또는 추모(鄒牟)라고 한다고 기록되어 있다. 이것은 주(朱), 추(鄒)의 고음 '즈'에 몽(蒙), 모(牟)의 첫소리 'ㅁ'을 합하여 '즘'을 표기한 것인데, '즘'은 신의 뜻인 '금'의 변한 말이다. 지금도 ㄱ과 ㅈ은 서로 바뀌는 현상을 띈다. 그러니 주몽은 신 곧 임금의 뜻이다.

또 주몽은 활을 잘 쏘는 사람을 가리킨다는 기록이 보이는데, 이는 당시에 활을 잘 쏘는 사람을 '신'과 같다고 생각했기 때문이다. 지금도 무엇을 잘 맞히는 사람을 보고 '귀신' 같다고 하는 것과 상통한다.

④ 박혁거세(朴赫居世)

신라 시조 혁거세(赫居世)는 삼국유사에 "혁거세는 방언으로서 불구내(弗矩內)라고도 하는데, 이는 세상을 밝게 다스린다는 말이다."라고 적혀 있다. 혁거세와 불구내는 같은 말인데, 앞엣것은 주로 한자의 뜻을 따서 적었고, 뒤엣것은 한자의 음을 빌려 적은 것이다.

	밝음	의	세상(누리)
혁거세	赫('붉을 혁'의 '붉')	居(거)	世(세상)
불구내	弗(붉)	矩(구)	內(누리의 준말 닉(뉘)

'居(거)/矩(구)'는 경상도 방언의 관형격 조사 '우'에 '붉'의 끝소리 'ㄱ'이 결합된 것이다. '우'는 표준어 '-의'에 해당한다. 이를테면 '닭의 똥'을 경상도에서는 '닭우 똥[달구 똥]'으로 '남의 집'을 '남우 집'이라 한다.

그러므로 혁거세나 불구내는 다 같이 '밝은 세상'을 나타낸 것이다. 그러니 혁거세(불구내)는 고유어 '불ㄱ뉘' 곧 '밝은 누리'란 뜻이다. 이로써 우리 민족은 '붉[光明]'을 추구하는 겨레임을 알 수 있다. 박혁거세의 성인 '박(朴)'도 '붉'을 표기한 것이다. 김대문이 박처럼 둥근 알에서 나왔다고 해서 박(朴)을 성으로 삼았다고 했는데, 이는 갖다 붙인 이야기다. 이로 보면 동명왕, 혁거세는 모두 '식붉(새벽)을 연다'는 뜻인 광명이세(光明理世)의 의미다.

④ 차차웅(次次雄) 자충(慈充)/거서간(居西干) 거슬한(居瑟邯)
신라 2대 남해왕은 차차웅(次次雄)이라 불렸는데, 『삼국사기』에는 자충(慈忠)이라 적혀 있다. 『삼국사기』에는 김대문의 말을 인용하여 "차차웅은 제사를 주관하는 무당을 가리키는 우리말인데 세인은 무당이 귀신을 위하고 제사를 숭상하는 까닭으로 외경하여 점차 존장자를 가리키는 자충이라 하였다."라는 설명이 적혀 있다. 제정일치 시대에는 왕이 곧 제사장이었다. 그러니 남해는 왕이자 제사장인 무(巫)였다.

차(次) 자는 고음이 'ㅊ ㅈ ㅅ ㅿ' 등을 표기하는 데 쓰인 글자다. 차차웅(次次雄)은 '스승'을 표기한 것인데 이 스승은 두 가지 말로 바뀌었다. 하나는 '스승'이요 다른 하나는 '중[僧]'이다. 곧 'ㅿ승'의 'ㅿ'이 'ㅅ'으로 바뀐 것이 '스승'이요, 'ㅿ'이 'ㅈ'으로 변한 것이 '자충' 즉 '중'이다. '자(慈)' 자의 첫소리 'ㅈ'과 '충(充)' 자의 가운뎃소리와 끝소리인 'ㅇ'자가 결합하여 '중'을 나타낸 것이다. '스승'은 원래 무(巫)의 뜻으로 후대에 스승[師 사]의 뜻으로 바뀌었다. 외경하던 무당의 의미가 역시 존경하는 스승의 의미를 갖게 된 것이다. '중'도 원래는 무(巫)의 의미다. 그 뒤 불교가 들어오자 무당이 맡고 있던 사제자의 역할을 승려가 맡게 됨으로써 그를 '중'으로 부르게 된 것이다.

이와 같이 '중'은 원래 종교적 행사를 주관하던 임금이나 무당 같은 존장자를 가리키는 말이었다. 이러한 뜻을 지닌 '중'이란 말이 뒷날 불교가 들어오자 의미가 확대되어 그 사제자를 '중'이라 일컫게 된 것이다. 이 말이 시간의 흐름에 따라 의미론적인 축소를 일으켜, 지금은 승려를 가리키는 말로만 쓰이고 있다.

'삼국유사'에는 차차웅을 거서간(居西干) 또는 거슬한(居瑟邯)으로도 적고 있다. 이는 모두 '긋한'을 표기한 것으로 '긋'은 신의 뜻인 '굿'의 또다른 표기다. '한'은 큰 우두머리란 뜻임을 앞에서 말했다. 현대어 '한길, 한물, 한사리, 한숨' 등에 그 흔적이 남아 있다. 그러니 거서간·거슬한은 '긋한'을 표기한 것으로 '우두머리 신'이란 의미다. '서(西), 슬(瑟)' 자는 우리말 '사이 ㅅ'을 표기하는 데 쓰인 글자다.

⑤ 니사금(尼師今) 니질금(尼叱今) 이질금(爾叱今) 치질금(齒叱今)

신라 3대 임금 노례(弩禮)부터 16대 걸해(乞解)까지 쓰인 니사금(尼師今)은 니질금(尼叱今), 이질금(爾叱今), 치질금(齒叱今)으로도 적었는데, 모두 '닛금'을 표기한 것이다. 여기서의 사(師), 질(叱) 자는 모두 우리말의 '사이 ㅅ'을 적는 데 쓰인 글자다. 여기서 우리는 '닛금'이라는 말이 '니'와 '금'이란 말의 합성어임을 알 수 있다.

닛금은 임금의 옛말이다. 닛금이 잇금으로 변하고, 잇금이 또 임금으로 변한 것이다. 그러면 이 말의 뿌리가 되는 '니(이)'는 무슨 뜻일까? 결론부터 말하면, 이것은 '앞'이나 '위'를 뜻하는 말이었다. '앞'을 뜻하는 말로는 현대어 '이마(니마)'와 '이물(니물)'에 남아 있다. 이마는 사람의 '앞쪽에 있는 마루'요, 이물은 '배의 앞머리'를 뜻하는 말이다.

그리고 '이(니)'가 '위'를 뜻하는 말로는 현대어 '(머리에) 이다'에 남아 있다. 건물 위의 지붕을 덮는 것을 '지붕을 이다'라 하는 것도 같다. '이다'란 말에는 이와 같이 '위'의 뜻을 그 속에 함축하고 있는 것이다.

'닛금(잇금)'의 '금'은 앞에서 말한 바와 같이 신을 뜻하는 '굼'의 한 갈래말이니, '닛금'은 '앞에 있는 신', '위에 있는 신'이란 뜻이 된다. 이로써 보면, '닛금'이란 말은 왕을 아주 높여 부르는 순우리말 경칭어임을 알 수 있다.

'닛금'은 노례와 탈해 중에서 이[齒理 치리]가 많은 사람을 가려 임금을 삼은 데서 유래했다는, 『삼국유사』 남해왕조에 실려 있는 기록은 어디까지나 민간에서 전해오던 허탄한 이야기(민간 어원설)에 지나지 않는 것이다.

⑥ 마립간(麻立干)

17대 나물(奈勿)왕부터 22대 지증(智證)왕까지는 마립간(麻立干)이 쓰였는데, 마립은 '무르'를 표기한 것이고 '간(干)'은 '한'을 표기한 것이다. '무르'는 꼭대기란 뜻인데 뒷날 '마루'로 변하였다. 지금의 '산마루, 고갯마루' 등에 그 흔적이 남아 있다. '한'은 앞에서 말한 몽골어 Khan과 같은 말인데, 우두머리란 뜻이다. 징기스칸의 '칸' 즉 성길사한(成吉思汗)의 그 '한'이다. 그러니 '무르한'은 꼭대기 혹은 우두머리라는 뜻이다.

위에서 우리나라 고대 국가명과 왕명에 대해 일별해 보았다. 그것들의 이름은 대체로 한자의 음과 뜻을 빌려 우리말을 표기한 것이었다. 국명에 나타난 가장 두드러진 점은 '밝음'을 지향하고 '신국'임을 선포한 것이라고 할 수 있다. 이것은 나라의 신성함과 광명이세(光明理世)의 국시를 보인 것이라 할 수 있다.

왕명 또한 대체로 '붉'과 '우두머리[君長 군장]'를 표방하는 내용으로 짜여 있다. 백성들의 삶을 밝게 살피고 아울러 자신의 권위를 최대로 높이 내걸려는 의도가 그 밑에 깔려 있다.

8 대왕암은 살아 있다

사적 제158호인 대왕암은 문무왕의 무덤으로 알려져 있다.

삼국통일을 완수한 문무왕은 통일 후 불안정한 국가의 안위를 위해 죽어서도 국가를 지킬 뜻을 가졌다. 그리하여 지의 법사에게 유언으로, 자신의 시신을 화장하여 유골을 동해에 묻으면, 용이 되어 국가를 평안하게 지키도록 하겠다고 하였다. 이에 따라 유해를 육지에서 화장하여 동해의 대왕암 일대에 뿌리고 받침돌[臺石 대석]에 장례를 치렀다. 사람들은 왕의 유언을 믿어 그 돌을 대왕암이라고 불렀다.

대왕암은 육지에서 불과 200여 미터 떨어진 가까운 바다에 있다. 큰 바위가 주변을 둘러싸고 있고, 중앙에 약간의 넓은 공간이 있는데, 이 공간에 대석을 배치한 것으로 보인다. 중앙의 대왕암은 그 주변을 큰 바위가 둘러싸고 있는데, 네 방향으로 물길이 나 있어 주변 바위는 네 부분으로 구분되어 있다. 자연적으로 물길이 나 있는 상태이나 약간의 인공을 가하여 튀어나온 부분을 떼어내어, 물길이 난 가운데 공간을 약간 가다듬은 흔적이 발견되었다.

문무왕은 또 그 아들 신문왕에게 만파식적(萬波息笛)이라는 피리를 주어, 그가 죽은 후 바다의 용이 되었다가, 만파식적을 불면, 용으로 나타나 국가의 평안을 지키도록 하겠다고 하였다. 아들 신문왕은 바다에서 떨어진 동해변에 부왕을 기리는 감은사를 지어, 절의 금당 밑까지 바닷물이 들어오도록 설계하였다. 이는 용이 된 부왕이 쉽게 접근하도록 하기 위함이었다.

감은사의 동쪽에 약간 높은 언덕이 있다. 이곳은 대왕암을 정면으로 바라다 볼 수 있는 곳인데, 여기에 이견대를 짓고 신문왕은 이곳에 수시로 와서 대왕암을 바라보며 절하였다.

신문왕 2년에 바다를 관리하는 관원이 동해안에 작은 산이 감은사로 향하여 온다고 하여 일관으로 하여금 점을 쳐 보니, 바다용이 된 문무왕과 천신이 된 김유신이 성을 지킬 보배를 주려고 하니 나가서 받으라 하였다.

이견대에 가서 보니, 떠 있는 산의 모양은 거북 머리 같고 그 위에 대나무가 있었는데, 낮에는 둘로 나뉘고 밤에는 하나로 합쳐졌다. 풍우가 일어난 지 9일이 지나 왕이 그 산에 들어가니, 용이 그 대나무로 피리를 만들면 천하가 태평해질 것이라 하여, 그것을 가지고 나와 피리를 만들어 보관하였다. 나라에 근심이 생길 때 이 피리를 불면 평온해져서, 만파식적이라 이름을 붙였다. 그 뒤 효소왕 때 이적이 거듭 일어나, 만만파파식적(萬萬波波息笛)이라 하였다.

문무왕은 살아서 삼국통일을 이루고, 죽어서도 나라를 지키기 위해 자신을 화장한 유골을 동해 바다에 장사지내라 한 것이다. 그는 유언대로 죽어서 용이 되어 왜구를 물리쳤을 뿐만 아니라, 소리를 내면 나라가 편안해진다는 만파식적이란 피리를 만들어 주기까지 하였다. 세계 역사 어디에 이런 왕이 있었는가? 동서고금에 이런 왕은 없었다.

문무왕이 죽어서 된 용은 지금도 살아서 꿈틀거리고 있다. 우리의 두 눈으로 그것을 똑똑히 볼 수 있다. 동해가의 조선소에서 만든 군함이 지금 바다 위에 둥둥 떠다니면서 영해를 지키고 있지 않은가! 그 군함 중엔 문무대왕함도 있다. 문무대왕함은 현대중공업이 자체 설계해 건조한 한국 최초의 스텔스 구축함으로, 삼국통일을 이루고 동해의 용이 되어 죽어서까지 나라를 지키겠다며 해중릉에 묻힌 문무왕의 호국 의지를 계승한다는 뜻에서 이런 이름을 붙였다. 한국 최초로 전자파·적외선 및 소음이 거의 노출되지 않는 스텔스 기술을 적용해 생화학 방사선 공격에 효과적으로 대처할 수 있어 한국 해군이 보유한 기존의 함정에 비해 성능이 뛰어나다고 한다.

그것이 바로 바다를 지키는 용이 아니고 무엇인가? 그뿐만 아니다. 조선 1위국이 되어 우리가 만든 배가 전 세계를 누비고 있으니, 이것이 그냥 이루어진 것이 아니다. 위대한 조상의 영혼이 돕지 않고는 있을 수 없는 일이다.

우리의 조상 중에 문무왕과 같은 훌륭한 지도자가 있었다는 것은 정말로 자랑스러운 일이다. 지금 우리나라는 분단이라는 거대한 파도 속에서 일렁이고 있다. 훌륭한 지도자가 진실로 필요한 시대다. 온전히 자기 자신을 던져 나라를 구하는 데 한 몸을 던지는 지도자가 필요하다.

지금은 장묘제도도 화장으로 가야 한다는 목소리가 커지고 있다. 많은 국민들이 이를 따르고 있다. 그러나 우리나라 지도자 중 이와 같은 작은 것을 앞장서서 실천해 보이는 지도자는 없다. 일반 국민에게는 사치라 하여 화환 사용을 규제하면서 자기가 죽으면 영구차 전체를 꽃으로 장식한다. 묘는 보통 사람의 묘보다 훨씬 크고 영역도 넓다. 또 명정에는 누구누구의 자궁(梓宮)이라 쓴다. 자궁은 재궁의 변한 말로서 왕이나 왕비, 왕세자 등의 시체를 넣던 관을 가리키는 말이다. 지금은 민주의 시대로 지도자는 백성의 공복이지 군림하는 자가 아니므로 그런 용어는 합당하지 않다.

살아서는 이 나라를 통일하고, 죽어서는 자신의 몸을 불살라 호국의 영이 되고, 새로운 만파식적을 만들어 조국의 번영을 이루게 할 지도자가 하루 빨리 나왔으면 한다.

,9 백제는 왜 건국 신화가 없을까

국가를 창건한 군주에 대한 신성함과 위대함을 부여하기 위하여 만든 이야기를 건국신화라고 한다. 건국신화는 왕가의 시조에 관한 것이므로 시조신화를 겸하고 있기도 하다. 건국 신화는 건국주의 신성성과 위대성을 높여 일반 백성들로 하여금 그를 높이 받들고 잘 따르도록 하기 위하여 만들어 낸 이야기다. 신성성을 높이기 위해서는 건국주가 보통 사람과는 다른 신이한 출생의 과정을 거치는 것이 일차적 요소다.

그래서 우리나라의 건국신화 즉 고조선의 단군신화, 부여의 해모수 신화, 고구려의 주몽 신화, 신라의 박혁거세 신화, 석탈해 신화, 김알지 신화, 가락국의 김수로왕 신화가 모두 그런 범주 속에 있다.

고려왕조는 신화시대를 벗어나는 시대였으므로, 왕건 자신은 역사적 인물로 기록되고 그의 조상들만 신이한 인물로 짜여 있다. 그리고 조선은 용비어천가에서 보듯이, 신성성은 제거되고 육조의 위대성만 부각되어 있다. 이미 신화시대를 훨씬 벗어났기 때문에 전설의 성격이 강하다.

우리가 잘 아는 옛 조선의 단군은 하늘에서 내려온 환웅과 곰에서 변신한 여인 사이에서 태어났고, 부여는 천제인 해모수가 하늘에서 내려와 세운 나라이며, 고구려의 동명왕은 하백의 딸 유화가 햇빛을 받아 잉태한 알에서 태어났다. 신라의 혁거세는 백마가 낳은 알에서 태어났고, 가락국의 수로왕 역시 하늘에서 내려온 알에서 태어났다. 석탈해나 김알지도 신이하긴 마찬가지다. 이들은 모두가 보통 사람들과는 다른 신이한 출생 과정을 지니고 있다.

그런데 같은 신화시대인 백제는 이러한 건국 신화가 없다. 시조 온조왕은 신이성을 갖지 않은 역사적 인물로만 나와 있다. 무슨 이유일까?

『삼국사기』 백제본기 온조왕 조는 그 첫머리를 이렇게 적고 있다.

　　백제의 시조 온조왕은 그 아버지가 추모(鄒牟)인데 혹은 주몽(朱
　蒙)이라고도 한다.

이에서 보듯이 백제는 부여족의 정통성을 계승하고 있다는 것을 강조
하고 있다. 온조는 주몽이 북부여에서 도망하여 졸본부여로 와서, 졸본
부여의 둘째 공주와 혼인하여 낳은 아들이다. 주몽은 이미 북부여에 있
을 때 예(禮)씨와 결혼하여 유리를 낳았다. 이 사람이 바로 주몽의 뒤를
이은 고구려 2대 유리왕200이다. 이처럼 왕위 계승에서 패한 온조는 위
례성에 내려와 백제를 건국하였다.

　그래서 그는 비록 주몽의 뒤를 잇지는 못했지만, 부여의 정통성을 계
승하였음을 내외에 표명하여 유리왕과의 차별성을 드러내려 하였다. 그
런 정통성을 확보하기 위하여 온조는 동명왕을 모시는 시조묘(始祖廟)를
세웠다. 시조묘는 통상 2대나 3대 왕이 시조의 신주를 모시기 위하여 세
우는 것이다. 고구려의 3대 대무신왕이 재위 3년에 동명왕묘를 세웠고,
신라 또한 2대 남해왕이 재위 3년에 시조묘를 세웠다.

　그런데 온조왕은 자신이 동명왕을 모시는 시조묘를 세웠다. 이는 온
조왕 자신이 동명왕의 정통성을 이어받고 있음을 강조·천명하기 위한
조치로 보인다. 이러한 정통성 계승 의식은 후대로 이어졌다. 개로왕이
북위에 보낸 국서에서 '백제의 근원이 고구려와 더불어 부여에서 나왔
다'는 것을 강조하였고, 성왕이 사비로 천도하면서 일시적으로 국호를
남부여로 개칭한 것들이 그러한 예다. 지금도 부여라는 이름이 옛 백제
땅에 그대로 남아 있다.

여기서 우리는 중요한 사실 하나를 읽을 수 있다. 백제는 이미 부여의 정통성을 이어받았다고 자부하며, 동명왕을 시조묘에 모셨다. 이로써 백제는 그 시조의 신성성을 이미 확보했다고 믿고 있는 것이다. 그러므로 백제는 별도로 신화를 만들어 자신들의 신성성과 위대성을 따로 나타낼 필요가 없었던 것이다. 새로운 신화를 만드는 것은 오히려 자신들의 정통성을 잃게 만드는 것이 된다. 이것이 바로 백제가 신이한 건국 신화를 별도로 갖지 않은 이유다.

10 일연은 왜 삼국유사에 향가를 실었나

『삼국유사』가 없었다면 우리는 신라 향가를 맛볼 수 없을 것이다. 그래서 『삼국유사』는 그만큼 중요한 책이다. 일연이 『삼국유사』에 향가를 실은 것은 그가 승려인데다 향가가 갖는 주원성과 관련이 있다.

유사(遺事)라는 말은 '빠진 일'이란 뜻으로, 기존의 역사서에 누락된 일을 적는다는 의미다. 그렇기에 『삼국유사』는 정사인 『삼국사기』가 빠뜨린 일을 적어 놓은 책이다. 그러면 삼국유사는 삼국사기의 어떤 유사를 보충한 것일까?

『삼국사기』는 김부식이 유교적 합리주의와 교훈주의 사관에 의거하여 지은 책이다. 그가 지은 삼국사기를 임금에게 바치면서 쓴, 진삼국사표(進三國史表)에 그러한 생각이 잘 드러나 있다.

> 엎드려 생각하옵건대, 성상 폐하께서는 요 임금이 천지를 두루 살피고 도덕을 완비한 것을 본받으시고, 우 임금의 부지런함을 체득하사 정치하는 여가에 과거의 서적과 역사책을 널리 보시고……고기(古記)는 문장이 엉성하고 사적이 누락되어 임금의 선악과 신하의 충성과 간사함, 나라의 안위와 백성의 다스림과 어지러움 등이 모두 드러나 있지 못하여 교훈으로 남길 수 없사옵니다.

무릇 역사서는 올바른 정치와 교훈을 담아야 한다는 주장이다. 그러므로 삼국사기에는 유교적 교훈을 줄 수 없거나 합리적으로 이해할 수 없는 것은 서술 대상에서 제외되었다. 그래서 신화와 전설, 민담 등의 설화는 버리거나 축소했다. 그러므로 괴이한 힘이나 신령스런 이야기가 담긴 향가 따위는 아예 거기에 실릴 수가 없었다.

그는 또 세계의 중심인 중국의 선진문화를 도입하여 우리나라를 중국과 같은 문화국으로 변화시켜야 한다고 생각했다. 그래서 삼국시대의 역사 가운데 우리 고유의 문화적 전통을 보여 주는 것들은 그리 중요하게 생각하지 않았다. 그의 사대주의 사관은 어쩌면 당연한 것이었다. 이러한 세계관은 유교를 신봉했던 조선의 학자들도 마찬가지였다. 성리학적 이념이나 유교적 합리성에 어긋난 신이한 이야기는 취하지 않았다. 그래서 그들은 『삼국유사』를 허황하고 거짓된 것이라 하여 배척하였다.

그러면 이와 관련한 이규보의 서사시 '동명왕편'의 서문을 한번 읽어 보자.

세상 사람들은 동명왕의 신기하고 기이한 일들에 대해서 많이들 말하기 때문에, 비록 어리석은 남녀들까지도 그 일에 대해서 말한다. 내가 일찍이 그 이야기를 듣고 웃으면서 말하기를, 선사(先師) 중니(仲尼 공자)께서는 괴이한 힘을 쓰거나 어지러운 신의 이야기는 말하지 않으셨다. 동명왕의 일 또한 실로 황당하고 기괴하므로, 우리 같은 선비가 얘기할 거리가 못 된다 하였다.

그 뒤에 『위서』와 『통전』(당나라 두우가 쓴 역사서)을 읽어 보니, 역시 동명왕의 일을 실었으나 간략하여 자세하지 못했으니, 이는 자기 나랏일은 자세히 기록하고 외국의 일은 소략하게 기록하려는 의도 때문이 아닌가 싶다. …… (동명왕의 일은) 처음에는 역시 믿지 못하고 잡귀나 허깨비라고 생각하였는데, 세 번 반복하여 읽으면서 점점 그 근원을 따져 보니, 그것은 허깨비가 아니고 성스러움이며, 잡귀가 아니고 신령스러움이었다.

국사는 사실을 사실대로 쓴 글이니 어찌 허황한 것을 전하겠는가. 김부식이 『삼국사기』를 다시 편찬할 때에 그 일을 크게 생략해 버렸는데, 아마도 그가 국사는 세상을 바로 잡는 책이므로 크게 괴이한 일을 후세에 보일 수는 없다고 생각하여 생략했을 것이다.

이규보는 대서사시 '동명왕편'을 쓰면서, 주몽이 강가에 이르렀을 때 물고기와 자라 떼들이 나와 다리를 놓아 주어 물을 건넜다는 등의 괴이한 일들이 처음에는 도깨비 같은 허황된 일로 보였으나, 다시 보니 그것은 허깨비가 아니라 성스러운 것이었다고 이야기한다. 그런데 삼국사기는 세상을 바로 잡는 책이므로 이런 괴이한 일들을 생략했을 것이라 평하고 있다.

그러면 이에 대한 일연의 생각을 더듬어 보자. 일연은 『삼국유사』의 서문이라 할 수 있는 기이편의 첫머리에서 다음과 같이 적고 있다.

무릇 옛날 성인들은 바야흐로 예악(禮樂)으로 나라를 일으키고, 인(仁)과 의(義)로 교화했으니, 괴력난신(怪力亂神, 괴이한 힘과 어지러운 귀신)에 대해서는 말하지 않았다.

그러나 제왕이 장차 일어날 때는 하늘의 명령과 예언서를 받게 된다는 점에서, 반드시 보통 사람과는 다른 일이 일어났고 그런 일이 있은 후에야 큰 변화를 타고 제왕의 자리에 올라 큰일을 이룰 수가 있었다. 그러므로 황하에서는 그림이 나오고, 낙수에서는 글이 나오면서 성인들이 일어났다. 무지개가 신모를 둘러싸서 복희씨를 낳았고, 용이 여등이란 여인과 관계를 맺고 신농씨를 낳았다. 황아가 궁상이란 들판에서 노닐 때, 자칭 백제의 아들이라는 신동과 관계를 맺고서 소호씨를 낳았고, 간적이 알을 삼키고 설을 낳았다. 강원은 거인의 발자국을 밟고 기를 낳았고, 요의 어머니는 임신한 지 14달 만에 요를 낳았으며, 큰 연못에서 용과 교합하여 패공을 낳았다. 누대의 역사에서 이와 같은 일들을 어찌 다 기록할 수 있겠는가?

그러한즉 삼국의 시조가 모두 다 신비스럽고 기이한 데서 났다고 하여 어찌 괴이하다 하겠는가? 이것이 기이편을 모든 편의 첫머리로 삼는 까닭이요 주된 의도다."

일연 역시 괴이한 힘을 쓰거나 어지러운 신을 말하지 않는다는 공자의 이야기를 인용하고 있다. 그렇지만 보통 사람이 아닌 신이한 인물이 탄생할 때는 언제나 기이한 일이 반드시 먼저 일어났다는 이야기를 중국의 예를 들어 설명하고, 이어서 우리나라도 중국과 같이 신이한 일들이 일어났다는 이야기를 강조하고 있다.

이와 같이 일연은 합리적으로 이해할 수 없는 신이한 일이 얼마든지 일어날 수 있다고 언급하고, 또 이러한 일은 중국의 제왕뿐 아니라 우리나라 제왕도 마찬가지라고 말함으로써, 중국과 우리나라가 대등하다는 주체 의식 즉 주체적 사관을 나타내고 있다.

이에서 보듯, 『삼국유사』는 한 말로 『삼국사기』가 빠뜨린 괴이한 일을 기록함으로써, 유교적 합리주의에 어긋난 괴이한 사실을 배척하고자 한, 『삼국사기』의 '빠진 일'를 보충하는 데 그 목적이 있다.

그러면 일연은 왜 이러한 유사들을 기록하려 했을까?

일연이 『삼국유사』를 쓰던 시대는 몽고의 침입으로 우리의 온 국토가 폐허가 되었을 때다. 그는 임금을 모시고 피란하면서 나라의 피폐함을 두루 살폈던 사람이다. 황룡사와 대장경의 소실을 직접 보면서 불자로서의 엄청난 아픔도 맛보았다. 힘없는 백성의 고달픔을 가슴으로 품으면서, 꺼져가는 이 민족의 수난을 아파했던 사람이다. 그래서 그는 민족의 정체성을 확립하고, 우리 민족은 신이한 힘을 지닌 위대한 민족임을 다시 한번 불어 넣고 싶었다. 풍전등화 같은 나라의 위난 앞에서 민족혼을 고취하고 싶었다. 이것이 바로 그가 신이한 이야기를 유사의 첫머리에 담고자 했던 가장 큰 이유다.

그 신이와 주체적 사관의 단적인 예가 바로 단군신화와 향가의 기록이다.

단군신화는 따지고 보면 괴이하기 짝이 없는 이야기다. 환인의 아들 환웅이 이 땅에 내려오는 것도, 곰이 삼칠일 만에 사람이 되는 것도 다 기이하다. 그러나 우리는 이 이야기를 통하여, 우리 민족이 중국과 대등한 하늘의 자손이며 홍익인간의 위대한 이념을 가진 뿌리 깊은 민족이라는 자부심을 갖게 되었다. 기이하고 허탄하다 하여 이것을 버렸다면, 우리는 민족의 뿌리와 정신적 고향을 어디서 찾을 수 있겠는가?

향가 역시 마찬가지다. 우리가 잘 아는 처용가는 황탄하기 그지없는 이야기를 배경 설화로 하는 향가다. 헌강왕이 개운포를 순행하다가 얻은 용왕의 아들이 처용인데, 왕은 그를 서울로 데려와 급간이란 벼슬을 주어 정사를 돕게 하였다. 그러던 어느 날 역병의 신이 사람으로 화하여 처용의 아내를 범하므로 처용이 노래를 불러 역신을 물리쳤는데, 이때 부른 노래가 바로 처용가다. 이 또한 허탄하고 기이한 이야기지만 그 속에 역신을 물리치는 신이한 힘이 있다. 이러한 신이성은 처용가뿐만 아니라 여타 향가의 밑바탕에 전부 깔려 있다. 그래서 일연은 그러한 향가를 취택하여 유사에 실었다.

유사가 없었다면 우리는 우리 시가의 모태가 되었던 향가라는 문화유산을 가지지 못했을 것이다. 우리는 일연이 쓴 『삼국유사』 덕분에 14수 나마 아쉬운 대로 고귀한 시가를 갖게 되었다. 『삼국유사』가 없었다면 어쩔 뻔했을까, 생각만 해도 아찔하다.

11 임금님 귀는 왜 당나귀 귀가 되었나

'임금님 귀는 당나귀 귀' 설화는 우리나라뿐만 아니라 전 세계에 걸쳐 널리 구전되고 있다. 설화를 주요한 항목별로 분류한 아르네와 톰슨도 '당나귀 귀를 가진 사람'을 하나의 모티프(motif, 설화에 반복적으로 나타나는 주요한 요소)로 설정하고 있다.

이 이야기의 가장 오래된 기록은 아리스토파네스가 소아시아 반도의 프리지아 왕 마이더스에 관하여 쓴 것이다. 마이더스 왕의 귀도 당나귀 귀로 되어 있어서 우리나라의 이야기와 비슷하다. 그러나 프랑스, 루마니아, 러시아, 그리스, 아일랜드, 칠레와 같은 지역에선 당나귀 귀 외에 말이나 산양의 귀로 나타나기도 한다.

아시아권에서는 인도, 몽골, 튀르키예 등에 분포하는데, 내용상으로 약간의 차이는 있으나, 주인공이 모두 당나귀 귀를 하고 있다는 점에서는 같다. ㅋ우리나라의 '임금님 귀는 당나귀 귀' 설화는 『삼국유사』권2 48 경문대왕조에 다음과 같이 실려 있다.

> 경문왕은 임금 자리에 오른 뒤에 갑자기 귀가 길어져서 당나귀의 귀처럼 되었다. 왕후와 나인들도 그 사실을 몰랐으나, 오직 왕의 복두장이(幞頭匠— 왕이나 벼슬아치가 머리에 쓰던 두건을 만드는 사람)만은 알고 있었다.
>
> 그는 평생 그 사실을 남에게 말하지 않았다. 그가 죽을 때에 이르러 도림사라는 절의 대밭 속으로 들어가 소리를 내었다. '임금님 귀는 당나귀 귀'라고 소리쳤다. 그 뒤부터는 바람이 불면 대밭으로부터, '임금님 귀는 당나귀'라는 소리가 났다. 왕은 이것을 싫어하여 대

를 베어 버리고 산수유를 심었더니, 바람이 불면 이런 소리가 났다.

"임금님 귀는 길다"

왕의 침전에는 매일 저녁에 무수히 많은 뱀들이 모여들었다. 궁인들이 놀라고 두려워하며 몰아내려고 했지만, 왕은 이렇게 말하였다.

"과인은 뱀이 없으면 편히 잘 수가 없다. 그러니 마땅히 금하지 말라."

왕이 잠을 잘 때면 매번 뱀들이 혀를 내밀어서 왕의 가슴을 덮었다. 국선 요원랑, 예흔랑, 계원, 숙종랑 등이 금란(지금의 강원도 통천)을 유람했을 때, 은연중에 임금님을 위해 나라를 다스릴 뜻을 품었다. 그래서 노래 세 수를 지어서, 심필사지(心弼舍知 신라 관직명)에게 초벌 원고를 주며 대구화상에게 보내게 하여 노래 세 곡을 짓도록 하였다. 첫째 노래의 이름은 현금포곡이고, 둘째는 대도곡이고, 셋째는 문군곡이었다. 궁궐에 들어가 왕에게 아뢰었더니, 왕이 크게 기뻐하고 칭찬하며 상을 주었는데, 노래는 전하지 않아 자세히 알 수 없다.

이 설화는 크게 세 부분으로 짜여 있다. ①복두장이가 임금님 귀는 당나귀 귀라는 비밀을 몰래 대밭에 가서 토해내는 것 ②왕은 잘 때 항상 뱀과 같이 잔다는 것 ③세 화랑이 나라를 다스리는 뜻을 담은 노래 세 수를 지어 올렸다는 것으로 되어 있다. 얼른 보아, 이들 세 개의 에피소드 사이에는 아무런 관련이 없는 듯하다.

아무 관련이 없다면 일연은 왜 이들 이야기를 한데 실어 놓았을까라는 의문을 떨칠 수 없다. 세 화소 간에는 과연 아무 연관이 없을까, 아니면 그 안에 무언가를 들려주려는 속뜻이 숨어 있는 것일까?

그러면 그 비밀의 통로를 한번 찾아가 보기로 하자.

이 설화가 우리들에게 일차적으로 들려주고자 하는 바는 아마도 '인간은 말을 참기 어려운 동물'이라는 것이 아닐까 한다. 얼마나 참기 어려웠으면 그냥 죽지 못하고, 죽을 임시에 대나무밭에까지 가서 '임금님 귀'의 비밀을 토해냈을까?

서양의 설화에서는 땅을 파고 거기에다 소리를 지르고 나서, 흙으로 그 구덩이를 메우는 것으로 나와 있다. 봄이 되자 초원에는 갈대가 무성하게 자랐는데, 바람이 불 때마다 이발사가 불어 넣은 이야기가 바람결을 타고, 미다스 왕의 귀는 당나귀 귀라고 속삭였다고 되어 있다.

그만큼 인간에게는 듣거나 보거나 한 것을 참지 못하고, 누구에게 드러내어야 직성이 풀리는 본능을 가지고 있다는 것이다.

그리고 이 설화의 부차적인 주제는, 말이란 아무리 비밀스럽게 하려 해도 끝내는 그것이 새어나간다는 것이다. 낮말은 새가 듣고 밤말은 쥐가 듣는다는 것이다. 아무도 모를 것이라 생각하고 대나무밭에 가서 외쳤지만 대나무도 바람이 불면 그 말을 전했고, 대나무를 베어버리고 산수유를 심었지만 산수유마저 그 비슷한 소리를 질러대는 것이다. 땅을 파고 묻어도 거기서 난 갈대가 바람결을 타고 그 말을 퍼뜨리는 것이다.

그야말로 말은 조심해서 해야 할 것임을 깨우치고 있다.

그런데 『삼국유사』의 경문왕 설화는 단순히 이러한 말의 속성을 전하는 데 있는 것은 아니라 생각된다. 『삼국유사』에 실려 있는 설화는 겉으로 보기에는 산만한 것 같지만, 실상 그것을 자세히 살펴보면, 하나의 '짜여진 구조'로 되어 있는 것이 특징이다. 이 경문왕 관련 설화도 전편을 잘 읽어 봐야 그 얼개를 알 수가 있다. 헌안왕의 뒤를 이은 경문왕은 그 아들이 아니고 사위다. 그의 본래 이름은 응렴인데 화랑 출신이다. 그가 왕위에 오르게 된 내력은 『삼국사기』와 『삼국유사』에 다 같이 실려 있는데, 그 중 『삼국유사』의 기록을 인용하면 다음과 같다.

왕의 이름은 응렴인데, 18세에 국선이 되었다. 20세가 되자 헌안 대왕이 낭을 불러 궁전에서 잔치를 베풀면서 물었다.

"낭이 국선이 되어 사방을 두루 유람하면서 이상한 일을 본 적이 있는가?"

낭이 아뢰었다.

"신이 아름다운 행실이 있는 자 셋을 보았습니다."

왕이 말하였다.

"그 이야기를 듣고 싶구나."

"다른 사람의 윗자리에 앉을 만한 능력이 있는데도 겸손하여 다른 사람의 아래에 앉은 사람이 그 첫째이옵니다. 세력이 있고 부자이면서도 옷차림을 검소하게 하는 사람이 둘째이옵니다. 본래 귀하고 세력이 있으면서도 그 위세를 부리지 않는 사람이 그 셋째입니다."

왕은 그의 말을 듣고 그가 어질다는 것을 알았다. 그래서 자신도 모르게 눈물을 떨구며 말하였다.

"짐에게 두 딸이 있는데, 그대에게 시집을 보내고 싶다."

낭이 절을 하고 머리를 조아린 채 물러 나왔다. 그리고 부모에게 이 사실을 말하였다. 부모는 놀랍기도 하고 기쁘기도 해서 자식들을 모아 놓고 의논하였다.

"임금님의 맏공주는 얼굴이 매우 못생겼고 둘째 공주는 매우 아름다우니, 둘째에게 장가를 가는 것이 좋겠다."

그런데 낭의 낭도 중에 우두머리 범교사(範敎師 삼국사기에는 흥륜사 중이라 되어 있다)가 그 소문을 듣고는 낭의 집에 와서 물었다.

"대왕께서 공주를 공에게 시집보내려고 하신다는데 정말입니까?"

낭이 말하였다.

"그렇습니다."

"어느 공주에게 장가를 드시렵니까?"

낭이 말하였다.

"부모님께서 저에게 의당 동생에게 장가들라 하셨습니다."

그러자 범교사가 이렇게 말하였다.

"낭이 만약 동생에게 장가를 든다면, 저는 반드시 낭의 얼굴 앞에서 죽을 것입니다. 하지만 그 언니에게 장가든다면 반드시 세 가지 좋은 일이 있을 것이니 잘 생각해야 합니다."

"시키는 대로 하겠습니다."

이윽고 왕이 날을 택하여서 낭에게 사신을 보내어 물었다.

"두 딸은 오로지 그대가 명하는 대로 할 것이오."

사신이 돌아가서 낭의 뜻을 아뢰어 말하였다.

"맏공주님을 받들겠다고 합니다."

그 후 세 달이 지나서 왕의 병이 위독하게 되자, 여러 신하들을 불러 이렇게 말하였다.

"짐은 아들이 없으니, 내가 죽으면 마땅히 맏사위 응렴이 자리를 잇도록 하라."

그리고 다음 날 세상을 떠났다. 낭은 명을 받들어서 왕위에 올랐다. 그러자 범교사가 왕이 된 응렴에게 나아가 아뢰었다.

"제가 말씀드린 세 가지 좋은 일이 지금 모두 다 이루어졌습니다. 맏 공주에게 장가들어서 지금 왕위에 오른 것이 하나요, 예전에 흠모하였던 둘째 공주도 이제 쉽게 얻을 수 있으니 두 번째요, 언니에게 장가들었기 때문에 왕과 왕비께서 기뻐하신 것이 셋째입니다."

왕은 그 말을 고맙게 여기고 그에게 대덕 벼슬을 내리고 금 130냥을 하사하였다. 왕이 세상을 떠나자 시호를 경문이라고 하였다.

이에서 보는 것처럼 경문왕은 비록 어렸지만 지혜가 뛰어났다. 화랑으로 사방을 유람하면서 본, 행실이 아름다운 자 셋을 왕에게 아뢰어 감동을 사서 부마가 되고 마침내 왕위에까지 오르게 된 인물이다. 행실이 아름다운 자 셋을 왕에게 아뢸 때의 나이를, 『삼국유사』에는 18세라고 하였지만 『삼국사기』에는 15세라 적고 있다. 그는 어릴 때부터 매우 똑똑하고 인품이 출중했음을 알 수 있다.

그런데 그의 재위 기간 15년은 순탄치 않았다. 역사서에 기록된 천문이변, 이상기후, 역병의 유행 등은 통상 국가의 불길한 조짐을 나타내는데, 『삼국사기』에는 이 같은 변괴가 그의 치세 기간 중 열한 차례나 기록되어 있다. 돌아간 해에만도 세 번이나 보인다. 지진이 일어났고, 요성이 나타나 20일이나 머물렀으며, 궁전의 우물에 용이 나타나 안개가 사방에 끼기도 하였다. 이러한 사실들은 그 앞의 헌안왕 대나 뒤의 헌강왕 대에는 전무하다.

이에 덧붙여, 가장 큰 변란인 모반 사건이 세 번이나 일어났다. 즉위 6년 10월에 이찬 윤흥이 그 아우 숙흥, 계흥과 더불어 모반하였고, 8년 정월에 이찬 김예, 김현 등이 모반하였으며, 14년 5월에는 이찬 근종이 모반하였다.

그토록 명민한 왕이 다스리는 치세 기간에 왜 그런 모반이 자주 일어났을까? 자세히는 알 수 없지만, 아마 그가 적통이 아니었기 때문에 빚어진 일이 아니었을까 싶다. 적자가 아닌 사위였기 때문에 여타 세력들이 불만을 품었음 직하다. 요샛말로 하면 정통성이 없는 왕이어서 그러한 사태가 발생한 것이라 생각된다.

아들을 얻기 위해 갖은 노력을 기울이는 경덕왕의 이야기가 『삼국유사』에 실려 있는데, 그것은 왕권의 정통성을 확보하기 위해 선왕이 얼마나 고뇌하는가를 보여 주는 이야기다. 이로 미루어 보아, 경문왕의 입지가 그와 같은 사태를 불러온 요인이었음을 충분히 추론해 볼 수가 있다.

그런데 여기서 우리가 유의해야 할 사항이 하나 있다. 여러 차례 모반 사건을 겪은 왕의 심적인 궤적을 더듬어 봐야 한다는 것이다. 자기의 권좌를 찬탈하고자 하는 일대 변고를 겪은 사람이라면, 누구나 그 같은 사건의 재발을 막기 위한 조치에 힘쓸 것이다.

그것은 일차적으로 감시를 강화하고 정보망을 확대하는 일이 될 것이다. 또 언로를 열고 귀를 기울이는 데 노력을 경주할 것이다. 많은 정보원을 두고 그들로부터 여러 가지 사전 정보를 취할 것이다. 이것을 상징적으로 나타낸 것이 '당나귀 귀'라 생각된다. 위험을 느낀 왕은 가까이 있는 복두장이에게도 어떤 정보를 얻으려고 수시로 귀를 기울였을 것이다. 보통 사람이 생각하는 것보다 지나칠 정도로 측근에게 귀를 기울여 그에게 갖다 댔을 것이다. 바꾸어 말하면, 왕의 귀는 보통 사람보다 길어질 수밖에 없다. 여러 차례 모반 사건을 겪으면서 신변의 위협을 느낀 사람은, 더 많은 정보를 얻기 위하여 당나귀 귀가 될 수밖에 없다. 왕의 귀가 본래부터 길어진 것은 아니었다. 『삼국유사』의 설화 첫머리에, '경문왕은 임금 자리에 오른 뒤에 갑자기 귀가 길어져서 당나귀의 귀처럼 되었다.'고 되어 있다. 이로 보아도 당나귀 귀가 된 것은 여러 번의 모반 사건으로 인하여, 정보에 민감하게 된 후의 일임을 짐작할 수 있다.

왕에게서 수시로 정보를 강요당한 복두장이는 때로는 심히 귀찮기도 했을 것이다. 그러나 그 답답함을 틀어 놓을 수도 없었다. 그것은 보통 스트레스가 아니었을 것이다. 그래서 그는 극단의 선택을 할 수밖에 없었다. 즉 대나무밭에 가서 그것을 풀 수밖에 없었던 것이다.

당나귀 귀가 정보와 관련된 사실이란 것은 '임금님 귀는 당나귀'라는 삽화 다음에 이어져 있는 다음과 같은 뱀 이야기에서도 읽어 낼 수 있다.

왕은 왜 밤에 뱀과 같이 잤을까? 뱀들이 왜 혀를 내밀어 왕의 가슴을 덮었을까?

성경에도 뱀이 나온다. 날름거리는 혀로써 이브로 하여금 선악과를 따 먹게 한다. 왜 하필이면 뱀일까? 그것은 단적으로 말해 뱀에게는 내미는 혀가 있기 때문이다. 혀는 곧 말이다. 말은 정보다. 항상 신변의 위협을 느끼는 경문왕은 밤에도 정보를 소홀히 할 수 없었다. 그래서 혀를 내밀어 정보를 주는 사람을 곁에 두고 그걸 청취했던 것이다.

뱀은 지혜의 상징이기도 하다. 헤르메스의 지팡이에 뱀이 새겨진 것은 그 때문이다. 경문왕은 그러한 뱀같이 민첩한 정보원을 밤낮으로 항상 곁에 두었던 것이다. 이것이 설화에서 말하는, '혀를 내미는 뱀'과 함께 잔다는 의미다.

뱀은 왕을 지키는 수호신으로 등장하는 것도 그러한 것과 관련되어 있다. 신라 문무왕 때, 전 가야국 김수로왕의 왕묘(王廟)에 금과 옥이 많이 있다 하여 도적들이 그것을 훔쳐가려 하였다. 이때 30여 척이나 되는 큰 뱀이 나와 8, 9명의 도적들을 물어 죽였다는 '가락국기'의 기록도 그런 궤적이다.

이러한 추론은 그다음의 토막이야기에서도 엿볼 수 있다. 위에서 보듯이 『삼국유사』에는 이 설화의 말미에 왕에게 '노래 세 수'를 지어 바치는 이야기가 적혀 있다.

본 이야기 끝에, 얼른 보기에 생소한 '노래 세 수' 이야기가 말미에 붙어 있다. 왜 이런 이야기가 덧붙어 있을까? 앞에서 말한 바와 같이 『삼국유사』 소재 설화는 일견 무질서한 것 같이 보이지만, 자세히 보면 긴밀하게 '짜여진 구조'로 되어 있다. 반드시 이야기해야 할 무엇이 있어서 기록되고 있는 것이다. 위에 있는 '노래 세 수' 관련 이야기도 그런 맥락에서 살펴야 한다. 요원랑 등 세 사람이 임금을 위해 나라를 다스리는 뜻을 담은 가사를 지어 올리니, 왕이 이를 기뻐하여 칭찬하고 상을 내렸다는 것이다.

이것 역시 언로를 열고 귀를 기울이며, 좋은 정보를 주는 사람에게 상을 내리는 장려책을 쓴다는 것을 의미한다. 보통 귀가 아닌, 크게 귀를 기울이는즉 '당나귀 귀'를 가진 임금이기 때문에 그런 정책을 폈다는 것이다.

경문왕의 당나귀 귀 이야기는 단순한 설화가 아니다. 말을 참지 못하는 인간의 속성만을 이야기하는 것이 아니다. 외국의 당나귀 귀 이야기와 다른 점이 여기에 있다. 몽골의 왕 여이한(驢耳汗)은 태어나면서부터 나귀처럼 기다란 귀를 가졌다. 평소에는 머리털을 길게 늘여 귀를 가렸지만, 머리를 깎을 때가 문제였다. 그래서 왕은 평민 이발사를 불러 머리를 깎은 뒤에는 모두 죽였다.

그러나 우리의 설화 경문대왕 이야기는 그런 일차적인 귀 이야기에만 머문 것이 아니다. 그러기에 거기에는 당나귀 귀와 관련된 잔악한 살인 따위는 아예 존재하지 않는다. 경문대왕 이야기 속에는 정통성을 갖지 못한 한 치자의 콤플렉스가 들어 있고, 그 속에는 또 한 시종자의 스트레스가 짙게 배어 있다. 한 임금의 고뇌가 거기에 서려 있고, 한 신하의 아리는 고민이 거기에 녹아 있다. 경문대왕조 이야기는 글자 그대로 역사의 설화화다.

12 귀신을 부리는 비형(鼻荊) 설화는 왜 만들어졌나

귀신을 물리치는 능력을 가진, 두 사람의 이야기가 『삼국유사』에 전해 온다. 비형과 처용이 그들이다. 처용은 동해 용의 아들로서 나라의 안정을 위해 헌강왕을 도왔으며, 처용가를 지어 그의 아내를 침범한 역신을 물리쳤다. 역신이 물러가면서 말하기를, "맹세코 오늘 이후로는 그대의 형상을 그린 그림만 보아도 그 문 안에 절대로 들어가지 않겠습니다." 하였다. 그래서 나라 사람들은 문에 처용의 형상을 붙여 사악함을 물리치고 경사스런 일을 맞이하고자 하였다.

비형 또한 처용과 비슷한 역할을 했던 인물이다. 비형에 대한 이야기가 실려 있는 『삼국유사』 기이 제1의 도화녀 비형랑(桃花女鼻荊郎) 설화를 읽어 보자.

제25대 사륜왕의 시호는 진지대왕으로, 성은 김씨이며, 왕비는 기오공(起烏公)의 딸 지도부인(知刀夫人)이다. 대건(大建, 陳나라 宣帝의 연호) 8년 병신(丙申)에 왕위에 올랐다.

나라를 다스린 지 4년에 주색에 빠져 음란하고 정사가 어지럽자 나라 사람들은 그를 폐위시켰다.

이보다 앞서, 사량부(沙梁部)의 어떤 민가의 여자 하나가 얼굴이 곱고 아름다워 당시 사람들은 그녀를 도화랑(桃花郎)이라 불렀다.

왕이 이 소문을 듣고 궁중으로 불러들여 잠자리를 같이하고자 하니 도화녀가 말하였다.

"여자가 지켜야 하는 것은 두 남편을 섬기지 않는 일입니다. 그런데 남편이 있는데도 남에게 시집가는 일은 비록 천자의 위엄을 가지고

도 맘대로 하지는 못할 것입니다." 했다

　왕이 말하기를,

"너를 죽인다면 어찌하겠느냐?" 하니

　여인이 대답하기를,

"차라리 거리에서 베임을 당하더라도 딴 데로 가는 일은 원치 않습니다."

하니, 왕은 희롱으로 말했다.

"남편이 없으면 되겠느냐?"

"그러면 되겠습니다."고 하니, 왕은 그를 놓아 보냈다.

　이 해에 왕은 폐위되고 죽었는데, 그 후 2년 만에 도화랑(桃花郎)의 남편도 또한 죽었다. 10일이 지난 어느 날 밤중에, 갑자기 왕은 평시와 같이 여인의 방에 들어와 말하였다.

"네가 옛날에 허락한 말이 있지 않으냐? 지금은 네 남편이 없으니 되겠느냐?" 하니

　여인이 쉽게 허락하지 않고 부모에게 고하니, 부모는 말하기를,

"임금의 말씀인데 어떻게 피할 수가 있겠느냐?"

하고, 딸을 왕이 있는 방에 들어가게 했다.

　왕은 7일 동안 머물렀는데 머무는 동안 오색 구름이 집을 덮었고, 향기는 방안에 가득하였다. 7일 뒤에 왕이 갑자기 사라졌으나, 여인은 이내 태기가 있었다. 달이 차서 해산하려 하는데 천지가 진동하였다. 이어 한 사내아이를 낳았는데, 이름을 비형(鼻荊)이라고 했다.

　진평대왕이 그 이상한 소문을 듣고, 아이를 궁중에 데려다가 길렀다. 15세가 되어 집사라는 벼슬을 주었다.

　그러나 비형은 밤마다 멀리 도망가서 놀곤 하였다. 왕은 용사 50

명을 시켜서 지키도록 했으나, 그는 언제나 월성을 날아 넘어가 서쪽 황천 언덕 위에 가서는, 귀신들을 데리고 노는 것이었다. 용사들이 숲속에 엎드려서 엿보았더니, 귀신의 무리들이 여러 절에서 들려오는 새벽 종소리를 듣고 각각 흩어져 가 버리면, 비형랑(鼻荊郎)도 또한 집으로 돌아왔다. 용사들은 이 사실을 왕에게 보고했다. 왕은 비형을 불러서 말하기를,

"네가 귀신들을 데리고 논다니 그게 사실이냐?"고 하니, 낭이 말하기를, 그렇다고 했다.

왕이 말하기를,

"그렇다면 너는 그 귀신의 무리들을 데리고 신원사 북쪽 개천에 다리를 놓도록 해라."고 했다.

비형은 명을 받아 귀신의 무리들을 시켜서 돌을 다듬어 하룻밤 사이에 큰 다리를 놓았다. 그래서 다리를 귀교(鬼橋)라고 했다.

왕은 또 물었다.

"그들 귀신들 중에서 사람으로 출현해서 조정 정사를 도울 만한 자가 있느냐?"

하니 비형이 이르기를,

"길달(吉達)이란 자가 있사온데 가히 정사를 도울 만합니다."

"그러면 데리고 오도록 하라."

이튿날 그를 데리고 와서 왕께 뵈니 집사 벼슬을 주었다. 그는 과연 충성스럽고 정직하기가 비할 데 없었다. 이때 각간 임종이 아들이 없었으므로, 왕은 명령하여 길달을 그 아들로 삼게 했다. 임종은 길달을 시켜 흥륜사 남쪽에 문루(門樓)를 세우게 했다. 그리고 밤마다 그 문루 위에 가서 자도록 했다. 그리하여 그 문루를 길달문이라고

했다.

어느 날 길달(吉達)이 여우로 변하여 도망쳤다. 이에 비형은 귀신의 무리를 시켜서 잡아 죽였다. 이 때문에 귀신의 무리들은 비형의 이름만 들어도 두려워하여 달아났다.

당시 사람들은 글을 지어 말했다.

성제(聖帝)의 넋이 아들을 낳았으니
비형랑의 집이 바로 그곳일세
날고뛰는 모든 귀신의 무리
이곳에는 아예 머물러 있지 말라

민가에서는 이 글을 써 붙여 귀신을 쫓곤 한다.

이 이야기의 주인공인 진지왕은 진흥왕의 아들이다. 진흥왕은 동륜(銅輪), 금륜[金輪 사륜(舍輪)이라고도 함], 구륜(仇輪) 등의 세 아들과 월륜(月輪), 하양(河陽), 태양(太陽), 은륜(銀輪) 등의 네 딸을 두었다.

그런데 이들 아들딸의 이름에 유독 '륜(輪)' 자가 많이 들어가 있음을 볼 수 있다. 진흥왕은 자식들의 이름을 동륜(銅輪)과 금륜(金輪) 등으로 지음으로써, 왕권을 불교의 이상적 제왕인 전륜성왕(轉輪聖王)과 동일시하려 했던 것으로 보인다.

전륜성왕은 원래 인도 전설에 등장하는 이상적 제왕으로, 줄여서 전륜왕 또는 윤왕이라고도 한다. 이 왕이 세상에 나타났을 때는 하늘의 수레 곧 차륜이 출현하고, 왕은 그것을 타고 무력을 이용하지 않고 전 세계를 다스린다고 한다.

전륜성왕에는 금륜왕(金輪王)·은륜왕(銀輪王)·동륜왕(銅輪王)·철륜왕(鐵輪王)의 네 종류가 있는데 경전에 따르면 그 역할이 다 다르다. 진흥왕은 독실한 불자로서 자신이 스스로 전륜성왕이 되고자 하였다.

경주 황룡사의 창건 설화에도 보이듯, 진흥왕은 인도의 아소카 왕을 전륜성왕의 모델로 삼고, 두 왕자에게도 각각 동륜성왕과 철륜성왕을 가리키는 동륜, 금륜, 구륜이라는 이름을 지었고, 딸에게도 월륜, 은륜이라는 이름을 지어주었다. 말년에는 머리를 깎고 스스로 출가하였는데, 이는 인도의 전륜성왕이라는 아소카 왕이 말년에 승려로 출가하였다는 전승을 그대로 따르고 있다.

그런데 맏아들인 동륜은 진흥왕 27년에 태자로 책봉되었으나, 6년 만에 죽었다. 그리고 그가 죽은 뒤 아우인 금륜(사륜)이 왕위를 계승하였는데 이가 곧 진지왕이다. 그런데 진지왕은 나라를 다스린 지 4년 만에 주색에 빠져 음란하고 정사를 어지럽혀, 그로 인해 백성들에 의해 폐위되었다.

그래서 579년 8월에 둘째 아들 동륜의 아들인 백정(白淨)이 왕위에 올랐으니, 그가 26대 진평왕이다. 진평왕부터 선덕, 진덕여왕까지는 동륜의 후손들이 신라의 왕위를 계승하였다. 성골이 계속 왕위를 이어간 것이다. 그런데 진덕여왕이 결혼했는지 안 했는지, 왕위를 이을 자식이 있었는지 없었는지는 역사 기록에 없다. 이것은 아마도 후대 왕위를 이은 김춘추의 힘 때문에, 그 유무가 가리어진 것이 아닐까 싶다.

김춘추는 성골 아닌 진골 출신이다. 그가 이렇게 세력을 구축한 것은 김유신과 결속한 때문이다. 그는 왕위 찬탈을 목적으로 일으킨 비담의 난을, 김유신과 합세하여 진압하면서 큰 발언권을 갖게 되었다.

마침내 김춘추는 대세의 힘을 빌려 51세의 나이로 등극하였다.

그는 재위 7년째인 660년, 당나라 군대를 끌어들여 백제 정벌의 비원을 이룩하였다. 고구려까지 통합하고자 하는 삼국통일의 대업은 아들인 문무왕에게 물려주고 이듬해 세상을 떠났다. 무열왕이라는 시호에 더하여 신라 왕실에서 유일하게 태종이라는 묘호를 받았다.

그런데 이 태종무열왕 김춘추는 용춘(龍春)의 아들인데, 용춘은 바로 비형랑 설화의 주인공으로 등장하는 진지왕의 아들이다. 그러니 김춘추는 폐위된 왕의 손자다. 명예롭지 못한 가족력을 가진 자손이다. 게다가 그는 성골 아닌 진골 출신이다. 왕위를 이을 적통은 아니다. 한말로 말하면 그는 떳떳한 정통성을 갖고 있지 못하다. 이런 것이 그를 짓눌렀던 콤플렉스였다.

이러한 약점을 만회하기 위하여 김춘추의 무리는 신화를 만들어 내었다. 신화란 보통 '제의(祭儀)의 상관적 구술물'이라 정의한다. 어느 특정 인물의 신성성을 높이기 위하여 제의를 행할 때 지어 부르는 이야기가 신화라는 것이다. 그 신화를 통하여 건국주의 위상을 신성하게 만드는 것이 건국 신화의 주된 목적이다. 바꾸어 말하면, 그것을 통하여 일반 백성들에게 자신은 보통 사람이 아니라, 신이한 인물임을 드러내고자 한다. 곧 치자로서의 권위를 확보하려 한다.

김춘추도 신화의 이러한 목적 달성을 위해 하나의 신화를 만들고 싶었다.

가슴 한구석에 가계에 대한 콤플렉스를 지녔던 김춘추는, 방탕하여 폐위당했던 조부 진지왕에게 신성성을 부여함으로써 그것을 씻어내고자 하였다. 그 방법으로 나타난 것이 바로 신화 창조이고, 그 신화가 바로 '도화녀와 비형랑' 이야기다.

도화녀를 단순히 겁탈한 것이 아니라, 도화녀의 남편이 죽은 후에 죽은 진지왕의 혼이 나타나 정당한 절차를 거쳐 그녀와 통정하고, 신이한 인물 비형을 낳았다는 신화를 만든 것이다. 그렇게 탄생한 비형은 왕정을 보좌했을 뿐만 아니라, 민가의 나쁜 귀신을 물리치는 신이한 인물임을 내세웠다.

이 신화를 통해서 진지왕은 단순히 방탕한 왕이 아니라, 신비적인 왕으로 자리 매김 된다. 이로 인해 김춘추 자신도 평범한 진골의 인물이 아니라, 신비한 왕의 자손으로 상승된다.

이러한 신화 만들기 작업은 김유신의 누이 문희와 결혼이 맺어지는 것에서도 잘 나타난다.

『삼국유사』 태종 춘추공 조에는 김유신의 여동생인 문희와 김춘추가 결혼하게 된 이야기를 이렇게 적고 있다.

김유신의 누이 보희가 서악에 올라가 오줌을 누니 오줌이 서울에 가득 차는 꿈을 꾸었다. 다음날 아침 동생 문희에게 이 이야기를 전하니, 비단 치마 한 폭에 꿈을 팔라 하였다. 열흘 후 김유신이 김춘추와 함께 집에서 공을 차다가, 일부러 춘추의 옷끈을 밟아 떨어뜨리고 누이 보희에게 꿰매라 하였으나, 보희가 거절하였고 대신 문희가 꿰매었다.

그 후 김유신이 문희가 임신한 것을 알고 꾸짖으며, 누이를 태워 죽인다고 불을 피웠다. 선덕 여왕이 이 연기를 보고 김춘추에게 자초지종을 물어, 문희를 구하게 하여 둘은 결혼하게 되었다.

여기에 등장하는 선류몽(旋流夢 오줌이 흘러넘치는 꿈)은 주요한 신화의 모티프다. 후대의 왕건과 관련된 '작제건 탄생 설화'와 '헌정왕후 황보씨' 설화에도 등장하는 신화의 한 요소다. 이러한 요소를 빌려 김춘추를 신화화하고 있다. 김춘추는 국조는 아니지만 통일신라 최초의 왕이 될 신화적 인물로 상승시키고 있다. 그리하여 그가 지닌 핸디캡인 비정통성을 덮으려 한 것이다. 문희의 비범함을 강조해서 기술하는 것은 무열왕의 신성성을 강화하기 위한 하나의 보조 장치라 할 수 있다. 즉 문희가 산 꿈은 신성한 인물과 결혼할 것을 예시하기 위한 배치다.

김춘추는 통일신라라는 새로운 국가 체제의 수장이 된 왕이기에, 그의 비범함을 기술하는 신화가 더욱 필요했을 것이다. 진골 출신으로 처음 왕이 된 김춘추는 어떻게든 혈연적인 적통성의 문제를 해결해야 했다. 게다가 쫓겨난 진지왕의 자손이라는 오점을 씻어내야 하는 강박관념에서도 벗어나야 했다. 이러한 복합적인 문제를 해결하기 위하여 만들어진 신화가 바로 비형랑 설화다. 이 신화를 통하여 김춘추의 조부 진지왕은 폐군이 아니라 신성한 왕으로 자리 매김 되었다. 그 결과로 김춘추는 신성한 왕의 직계라는 신성성을 확보하게 되었다.

요컨대, 김춘추 관련 신화는 조부인 진지왕의 방탕성과 진골 출신이라는 가계상의 흠결을 묻어버리고, 후대 삼국통일의 위업을 닦은 현군으로서의 격을 높이기 위해 창작되었다. 비형랑 설화는 바로 그러한 맥락에서 만들어진 설화다.

13 원효와 혜공 이야기

인간은 말을 가진 유일한 동물이다. 인간은 이 말을 가지고 의사를 교환하고 문화를 전달함으로써 만물의 영장이 되었다. 그런데 이 말이란, 날카로운 양날을 지닌 칼 같아서, 잘 쓰면 유익하기 짝이 없지만, 잘못 쓰면 큰 화를 불러오게 된다. 잘 쓰면 천 냥 빚도 갚을 수 있지만, 잘못 쓰면 몸을 찍는 도끼가 된다.

그런데 이러한 말의 기능은 따지고 보면, 그것을 쓰는 우리 인간이 가지고 있는 속성에 기인한다. 근본적으로 인간은 가슴속에 지닌 생각을 밖으로 드러내고 싶어 하고, 또 들은 것에 대하여는 자기의 생각을 거기에 덧붙이고 싶어 한다.

임금님의 귀가 당나귀 귀처럼 길다는 사실을 혼자서만 알고 있던, 관(冠) 만드는 사람이 그것을 발설하지 않고 평생 참으면서 감추어 오다가, 끝내는 참지 못하고 죽을 때에 이르러, 절의 대밭 속으로 들어가 대나무를 향하여 '임금님 귀는 당나귀 귀'라고 소리친 것은, 인간이 가슴속의 생각을 얼마나 밖으로 드러내고 싶어 하는가를 여실히 보여주는 예화다.

또 우리 속담에 '말은 보태고 떡은 뗀다'거나 '말은 할수록 늘고 되질은 할수록 준다'는 것이 있는데, 이것은 모두 말 보태기를 좋아하는 우리 인간들의 속성을 잘 표현하고 있다. 그런데 이러한 말 보태기에도 좋은 것과 나쁜 것이 있다. 남의 흠집을 더 크게 부풀리는 것은 좋지 않지만, 상상력을 발휘하여 좀 더 재미있게 꾸미거나, 보다 유익하게 윤색하는 것은 굳이 나쁘다 할 수는 없는 일이다.

그러면 좋게 꾸민 이야기 두어 가지를 보기로 하자.

포항시 운제산에 오어사(吾魚寺)란 절이 있다. 오어사는 원래 이름이

항하사(恒河寺)였는데, 오어사로 바뀌게 된 사연을 삼국유사는 이렇게 적고 있다.

어느 날, 원효와 혜공 두 스님이 개울가에서 물고기와 새우를 잡아먹은 뒤 바위 위에 똥 을 누었다. 혜공이 그것을 가리키며, "그대의 똥은 내[吾] 고기[魚]이다."하고 놀려댔다. 이 일로 인하여 절 이름을 오어사라 부르게 되었다.

그런데 후대로 내려오면서 여기에 덧보태진 새로운 전설이 생겨나게 되었다.

신라 고승 원효와 혜공이 함께 이곳의 계곡에서 고기를 잡아먹고 똥을 누었더니, 고기 두 마리가 나와서, 한 마리는 물을 거슬러 올라가고 한 마리는 아래로 내려갔는데, 올라가는 고기를 보고 서로 자기 고기라고 하였다는 데서 오어사라는 이름이 생겼다.

또 이어서 이보다 좀 더 재미난, 다음과 같은 전설이 생겨났다.

수도를 하던 원효와 혜공이 어느 날 절을 끼고 흐르는 계곡의 상류에 있는 반석에서 만나, 그동안 수도한 법력을 겨루게 됐다. 개천에서 노는 고기를 한 마리씩 잡아먹고 그것을 다시 살려내는 내기였다. 원효와 혜공은 같이 물고기를 한 마리씩 잡아먹고는 개천에다 똑같이 똥을 누었다. 그런데 개천에 떨어진 둘의 대변 중, 물고기로 변한 것은 한 마리뿐 이었다. 그 한 마리를 두고 서로 자기가 되살린 것이라고 주장하며, 서로 '내 고기' 곧 오어(吾魚)라 우기었다. 그래서 절 이름이 오어사로 바뀌었고, 그 고기를 놓아준 곳이 바로 절 아래 있는 오어지(吾魚池)다.

이들 이야기를 들여다보면, 삼국유사에 실린 처음 이야기보다, 후대로 올수록 이야기는 더 길어지고 또 재미를 더하게 됨을 알 수 있다. 처음의 기록에는 두 사람이 단순히 고기를 잡아먹고 똥을 누었다고만 했는데, 후대로 내려오면서 똥이 물고기로 살아나고, 또 여기에 두 사람이 서로 내기를 겨루는 구체적인 이야기로 불어나고 있다.

이러한 예는 우리가 잘 아는 원효의 '해골 물' 이야기에서도 볼 수 있다. 석문임간록(石門林間錄)이라는 책에 실려 전하는 그 이야기의 줄거리를 간추리면 대략 이러하다.

원효가 의상과 함께 불법을 배우기 위해 당나라로 가던 길에, 날이 저물어 굴에서 잠을 자다가 목이 말라 손으로 더듬으니, 마침 한 바가지의 물이 있어 마시니 그 맛이 한량없이 좋았다. 그런데 날이 새고 나서 보니, 어젯밤에 먹은 물이 바가지에 담긴 물이 아니라, 해골에 고인 물이었다. 갑자기 속이 메스껍고 토할 것 같았다. 그런데 한 순간을 넘기고 나서 생각해 보니, 모든 현상은 외물에 의하여 결정되는 것이 아니라, 오직 마음에 달렸다는 이른바 일체유심조임을 깨닫게 되었다.

그런데 이 임간록보다 110여 년 전에 나온 송고승전 의상전에는 이와는 좀 다른 이야기가 실려 있다.

의상이 약관의 나이에, 원효 법사와 뜻을 같이하여 당을 향해 길을 나섰다. 중도에서 궂은비를 만나고 날이 어두워, 길가에 있는 땅굴 속으로 들어가서, 비바람을 피하여 잠을 잤는데, 이튿날 아침에 그곳을 살펴보니, 땅굴이 아니라 무덤 속이었으며, 곁에 해골이 있었다.

하늘은 아직 개지 않고 비가 계속 내리며 땅도 질퍽해서 걸음을 옮기기가 어려웠으므로, 그들은 그곳에서 하룻밤을 더 지내게 되었다. 그날 밤에는 갑자기 귀신이 나타나는 듯하여 잠을 잘 이룰 수가 없었다. 이에 원효는 탄식하기를, '전날 여기에서 잤을 적에는 땅굴이라 생각하고 자니 편안했는데, 오늘 밤은 귀신의 집인 무덤에서 잠을 잔다고 생각하니, 기괴함이 심한 것이다. 곧 마음이 일어나므로 갖가지 사상(事象)이 일어나고, 마음이 멸하므로 땅굴과 무덤이 둘이 아님을 알았다.

여기서는 후대에 나온 임간록에 보이는, 해골 물 이야기는 전혀 나오지 않는다. 땅굴이라고 여기고 잤을 때는 편안했는데, 무덤이라는 것을 알고 자니 귀신이 나타나는 것 같았다는 것이다. 그리고 무덤이라는 사실을 확인시키는 사실로 '곁에 해골이 있었다'는 말만 적고 있을 뿐이다.

그런데, 송고승전의 '해골'이 뒷날 임간록에는 '해골 물'을 마신 것으로 바뀌고, 이에 따라 이야기 내용도 달라지게 되었다. 이렇게 내용이 바뀌게 된 연유는, 아마도 임간록의 저자 덕홍(德洪)이 모본(母本)의 송고승전보다 좀 더 흥미로운 내용으로 개작하고자 한 때문이라 생각된다.

저자의 그러한 의도는 매우 적중하여, 사실과는 달리 후세의 사람들에게 모두 그렇게 알도록 만들어 버리게끔 힘을 발휘하였다.

누가 보아도, 그냥 해골이 있었다는 이야기보다는 해골 물을 마셨다는 이야기에서 더 큰 흥미를 느끼게 한다. 원래의 내용을 바꾸고 보태고 하여, 일체유심조라는 불법의 이치를 더한층 강화하고 승화시키는 효과를 거두고 있다.

앞의 오어사 전설도 뒷날의, 보태어 꾸민 이야기 덕분에 원효와 혜공의 종교적 신비성이 강화되고, 오어사의 이름도 더욱 친근해지게 되었다.

그러므로 이러한 말 바꾸기나 끼워 넣기는, 비록 사실과는 다르다고 하더라도, 그 목적이 순수할 뿐만 아니라, 효율을 극대화하고 있으니 그것을 나무랄 사람은 아마도 없을 것이다.

그런데 언어의 개변이 이처럼 플러스적인 역할만 한다면 참으로 좋을 터인데, 대개의 경우, 자신의 비리를 덮거나 남을 해치는 데 이용된다는 것이 문제이다. 이른바 국민의 공복이 된 사람이 허물을 저질러 놓고, 그 비행을 감추기 위하여 온갖 거짓말로 꾸며대는 것은 이제 일상으로 대하는 일이 되었다. 또 일반 국민이 보아도 뻔한 사실을 요리조리 꾸며대면서, 국면을 벗어나려고 발버둥 치는 낮도깨비들을 화면에서 마주하는 일은 이제 다반사가 되었다. 그러한 말 꾸미기는 듣는 이의 마음을 어지럽히고, 보는 이의 가슴을 답답하게 한다.

한 사람을 건널수록 칭찬이 불어나고, 보태질수록 더 사람을 즐겁게 하는 이야기가 많아지는, 그런 좋은 세상은 언제쯤 올까?

14 원효 탄생지 불지(佛地)는 어디일까

원효는 100부 200여 권의 저작을 남겼고, 귀족 중심의 불교를 민중의 불교로 펼치는 데 큰 기여를 한 위대한 인물이다. 불교는 중국으로부터 들어왔기 때문에 경전을 비롯한 많은 가르침을 중국에서 들여왔다. 그런데 원효가 지은 금강삼매경론은 그 내용이 너무나 오묘해서 중국으로 수출되었다.

그는 또 있음과 없음, 선과 악, 미와 추, 성스러움과 속됨을 분별하는 것은 그릇된 것이며, 모든 존재는 서로를 향해 열려 있고 또 서로를 껴안고 있다는 화쟁(和諍)의 논리를 전개하여 해동불교의 길을 열었다.

이러한 원효의 인물됨이나 학적인 업적에 대해서는 연구가 많아서 일반 사람들에게도 잘 알려져 있다. 그런데 그의 출생지에 대해서는 이런저런 말이 있을 뿐 확증된 바가 없다. 원효의 탄생지에 대한 종래의 주장들 중에는 단편적인 근거나 추측을 들어 비정하는 예가 많았다. 그러면 이 위대한 인물의 고향을 찾아가 보자.

원효의 탄생지에 대한 기록은 『삼국유사』 제4권 의해 제5 원효불기(元曉不羈) 조에 잘 나타나 있는데, 탄생지 추정은 더 이상의 구체적인 기록이 나오지 않는 이상, 반드시 이 기록에 의거해야 한다. 이 조에 나타난 기록은 다음의 세 가지다.

① 원효는 처음에 압량군(押梁郡)의 남쪽[지금의 장산군(章山郡)이다] 불지촌(佛地村) 북쪽 밤나무골 사라수(裟羅樹) 아래에서 태어났다. 마을 이름이 불지인데 혹은 발지촌(發智村)[세속에서는 불등을촌(弗等乙村)이라고도 한다]이라고도 한다. 사라수에 대해 민간에는

이러한 말이 있다.

법사의 집은 본래 이 골짜기 서남쪽에 있었다. 어머니가 아기를 가져 만삭이 되었을 때 이 골짜기를 지나다 밤나무 아래에서 갑자기 해산하게 되었다. 너무나 급해서 집에 가지 못하고 남편의 옷을 나무에 걸고 그 속에 누워 아기를 낳았기 때문에 사라수(裟羅樹)라고 한다.

② 불지촌은 지금의 자인현(慈仁縣)에 속해 있는데, 곧 압량군에서 나누어진 것이다.

③ 그가 태어난 마을을 불지촌이라 하고, 절을 초개사(初開寺)라 하였으며, 스스로의 이름을 원효(元曉)라 한 것은, 아마도 불교를 처음으로 빛나게 하였다는 뜻일 것이다. 원효라는 이름도 역시 우리말이다. 당시 사람들은 모두 우리말로 원효를 일러 '새벽[始旦]'이라고 하였다.

이들 기록을 종합하면, 원효는 지금의 경산시 자인면 불지(佛地)에서 출생했다. 그리고 '불지'는 세속에서 '발지' 혹은 '불등을'이라 불린다는 것이다. 원효의 탄생지에 대한 어떠한 주장도 이 기록을 벗어날 수는 없다. 그러면 불지(佛地), 발지(發智), 불등을(弗等乙)은 어디일까?

원효(元曉)라는 이름이 우리말을 한자로 적은 것이듯이, 佛地, 發智, 弗等乙도 모두 우리말, 특히 자인 지방의 방언을 향찰식으로 표기한 것이다. 기록자 일연도 이 지역 출신이므로 이 지방의 방언을 정확히 알고 기록했을 것이다. 그러므로 원효의 탄생지는 단순한 추측에서 더듬을 것이 아니라, 향찰 표기에 나타난 자인 지방 방언을 정확하게 해독하여, 이를 바탕으로 하여 고구하여야 할 것이다. 다시 말하면, 기록에 나와 있는 원효의 탄생지인 '佛地, 發智, 弗等乙'이란 말의 정확한 해석을 통하여 탄생지를 찾아야 한다.

그러면 원효 탄생지에 대한 종래의 주장들을 살펴본다.

경산시 자인면에 있는 제석사(帝釋寺) 부근이라는 설이 있다.

제석사 부근을 원효의 탄생지로 추정하는 것은, 이 절이 '불땅절'로 불리어져 온 것과 그 부근의 작은 고개를 불땅 고개라 하는 것을 근거로 삼고 있다. 그러나 이에는 다시 살펴봐야 할 점이 있다. 우선 불땅을 佛地로 적었다면, 이는 첫음절은 음을 빌리고[音借 음차] 끝음절은 뜻을 빌려[訓借 훈차], 중세 표기법으로는 '불짜'를 적은 것이다. 그렇다면 '불짜'는 發智, 弗等乙과의 음운상의 유사성을 전혀 설명할 수가 없다. 왜냐하면 佛地는 일면 發智라고도 하고 속칭으로는 弗等乙이라고 하였다는 유사의 기록을 충족시킬 수가 없기 때문이다.

地의 뜻은 15세기 중세국어에도 땅이 아니라, '짜'로 나타난다. 그러므로 일연 당시의 佛地(불짜)가 음운상으로 弗等(불등)이나 發智(볼디)가 될 수는 없다.

또 지금의 경산시 압량면 유곡동(油谷洞) · 여천동(麗川洞) 부근이라는 설이 있다.

지금의 경산시 유곡동과 여천동 또는 그 인근지를 원효 탄생지로 주장하는 근거는 자인지(慈仁誌)에, "홍유후(弘儒侯) 설총(薛聰) 선생은 자인현의 서쪽 유천촌(柳川村)에서 태어났다."는 기록과 설홍유후실기(薛弘儒侯實記)에 "유곡(油谷)에서 태어나서 유촌(柳村)에서 자랐으며 도수암(道修庵)에서 공부했다."는 구절을 근거로 내세우고 있다. 이 기록의 유촌은 지금의 유곡, 여천이라 보는 것이다.

그러나 이러한 주장에는 하나의 의문점을 안고 있다. 그것은 설총의 출생지를 곧 원효의 탄생지와 동일시하고 있다는 점이다. 단언컨대, 이들 기록은 설총의 탄생지에 대한 기록일 뿐, 원효의 탄생지에 대한 기록이 아니다. 원효의 탄생지는 상대(上代) 기록인『삼국유사』의 기록을 원본으로 하여야 한다. 원효의 탄생지는 佛地(불지)이지 유곡(油谷)이나 유천(柳川)이 될 수 없다.

설령 유사의 기록을 넘어서서, 자인지(慈仁誌)의 기록을 따른다 하더라도, 설총의 출생지가 반드시 원효의 탄생지라고 단정할 수도 없다.

원효가 요석공주와의 사이에서 설총을 낳은 것은 655년에서 660년, 즉 원효의 나이 39세에서 44세 사이라고 보고 있다. 그러니까 원효의 탄생과 설총의 출생은 최대 44년의 상거가 있다. 그렇다면 이 사이, 원효의 탄생지인 佛地(불지)에서 원효의 부모가 유곡 부근으로 이사했을 수도 있다. 佛地(불지)로 추정되는 곳과 유곡과 여천은 불과 4km 정도 떨어져 있으니 그럴 가능성도 있다. 지금의 유곡동과 여천동 또한 1km 정도 떨어져 있다.

또 이들 기록대로 과연 설총이 요석궁에서 태어나지 않고, 그 조부모가 살고 있는 시골인 유곡으로 와서 그를 낳았는지도 사실상 의문이 없지 않다.

이와 관련하여, 弗等乙(불등을)을 버들로 역독하여 유촌(柳村)과 결부시키기도 하나, 이 또한 무리가 있다. 弗(불) 자가 '버(브)'로 음독되는 예는 종래의 향찰 기록이나 이두문 어디에서도 찾을 수 없다.

그러므로 지금의 유곡 · 여천동 부근을 원효의 탄생지로 보는 데는 무리가 있다.

그 밖에 신월동(新月洞)이라는 주장이 있다.

경산시 압량면 신월동 부근이 원효 탄생지라고 주장하는 근거는 신월동이 佛地村(불지촌)의 통속어인 弗等乙村(불등을촌)과 음운학적으로 가깝다는 것을 들고 있다. 그러나 新月洞(신월동)과 弗等乙村(불등을촌)의 음운학적 유사성은 전혀 발견할 수가 없다.

그러면 유사 기록의 '佛地, 發智, 弗等乙' 등에 대하여 살펴보기로 하자. 첫머리에서 지적한 것처럼, 이들은 모두 우리말을 한자로 표기한 것이다. 다시 말하면 한자의 음과 뜻을 빌려 적은 향찰 표기다.

① 佛

佛(불)은 '붉다[赤]'의 어근인 '불'의 음차다. 이를 '불'의 훈차인 '화(火), 혁(赫)' 등으로 표기하지 않고 '佛(불)' 자로 표기한 것은 원효가 승려였고 또 기록자 일연도 불자였기 때문인 것으로 보인다. 이는 일연이 '원효라는 이름이 불교를 빛내었다는 뜻'이라고 풀이한 것으로도 충분히 짐작할 수 있다.

뿐만 아니라, 원효불기 조에 나오는 사라수(裟羅樹)와 관련된 탄생 설화가 석가의 탄생 설화와 유사한 점도 이를 잘 말해 준다.

즉 율곡을 지나다가 산기를 느껴 밤나무에 옷을 가리고, 거기서 원효를 낳았는데 이를 사라수라 했다고 하는데, 이는 석가의 탄생 설화와 너무나 유사하다. 석가의 모후 마야 왕비는 당시의 풍습에 따라 해산을 하기 위해 친정인 콜리성으로 가던 중, 산기를 느껴 룸비니 동산의 무우수(無憂樹) 아래에 휘장을 쳐 산실을 마련하고, 거기서 석가를 출산했다. 게다가 사라수라는 나무도 석가가 그 아래서 입적했던 나무 이름이다.

② 發

發(발)은 '볼'의 음차 표기다. '볼/블'은 '불'과 동계로 이는 음운 변화에 따른 것이다. '볼/불/블'은 다 같이 赤, 明의 의미를 지니는 '볼(갉)다/불다/블다'의 어근이다. '볼'이 후대로 내려오면서 '불/블' 등으로 분화되었는데, 일연의 기록 당시에 경산지방에서는 이미 이들이 혼용되어 쓰인 것 같다. '볼'의 분화과정을 보이면 다음과 같다.

	볼[赤, 明]
볼	불[赤, 火]
	블[赤, 火]

③ 地 / 智

地(지), 智(지)는 '디'를 음차한 것이다. 고개를 나타내는 자인 지방의 방언 '등(嶝)'의 파생어인 '등이'의 줄어진 형태인 '디'를 표기한 것이다. 이 지방에서는 작은 고개를 가리키는 말을 단독으로 쓸 때는 '등'을 쓰기도 하나, 통상 '등이'의 준말 '디'(정확히는 디이)를 쓴다. '등'과 '디'를 섞어 쓰고 있는 것이다.

'디'는 '등'에 접사 '-이'가 붙은 형태이다. '-이'는 자음으로 끝나는 일부 고유 명사에 붙어, 어조를 고르는 구실을 하는 접사인바, '길동이, 영숙이' 등에 쓰인 그 '-이'다. 地, 智는 바로 이 '등이'의 준말 '디'를 표기한 것이다.

말음이 ㅇ으로 끝나는 지명에는 '-이'를 붙여 부르는 것이 이 지방의 언어적 관습이다.

새방 → (새방+이)새배이 (경산시 남천면 신방동)

남방 → (남방+이)남배이 (경산시 압량면 남방동)

원당 → (원당+이)원대이 (경산시 자인면 원당동)

'방이'가 '배이'가 되고 '당이'가 '대이'로 된 것은 ㅣ모음 역행동화로 일어난 현상이다. '등이'가 '디이/디'로 변화한 것도 이와 같은 음운현상이 적용된 것이다. 즉 '등+이'는 '등이 → 듸이 → 디이/디'로 변한 것이다.

'등이'가 줄어져 '디[디이]'가 된 지명의 용례를, 간략히 보이면 다음과 같다.

깨등에 갔다.	→ 깨디에 갔다. (경산시 남산면 사림리 소재)
개미등에 있다.	→ 개미디에 있다. (〃)
질등	→ 질디(이) (〃)
모장등	→ 모장디(이) (경산시 남산면 홍정리 소재)

地(지), 智(지)의 고음 '디'는 '등이'의 줄어진 말 '디(이)'를 표기한 글자다. 또 중요한 사실의 하나는 '디'가 신라 때부터 고개나 등(嶝), 재[峴, 嶺]를 나타내는 말로 쓰였다는 것이다. 삼국사기 지리지에 기록된 다음의 예는 이것을 잘 말해 주고 있다.

闕城郡 本闕支郡 (삼국사기 권34 지리1) 闕城은 본래 闕支다.
儒城郡 本百濟奴斯只縣 (삼국사기 권35 지리2) 儒城은 본래 백제 奴斯只다.

이 기록을 보면, 城=支=只라고 되어 있다. 城(성)은 우리말 등(嶝), 고개의 뜻인 '재'를 한자로 표기한 것이고, 支, 只는 현재음은 '지'이지만 옛 음은 '디'이다. 그러니 '재'[城]는 곧 '디'[支, 旨]라는 것이다. 그러므로 '불디'(佛地, 發智)는 다음에 설명할 불등(弗等)과 같은 말이 된다.

④ 佛地 / 發智

佛地(불지)는 '불디' 發智(발지)는 '불디'를 각각 표기한 것이다. 의미는 양자가 똑같다. 양주동도 그의 『고가연구(古歌研究)』에서 그렇게 읽었다.

이에서 보는 바와 같이, '불디/불디'는 '불등이'의 준말을 표기한 것임을 알 수 있다. '불디'는 '불디'와 더불어 다 같이 붉은 고개 즉 붉은 등이라는 뜻을 가진 말이다.

⑤ 弗

弗(불)은 향가 우적가(遇賊歌)에 유일하게 쓰였다. 여기에서도 弗은 '블'로 음차되었고, 그 후 弗은 지명에 '블/불'의 차자(借字)로 관용되었다. 세종실록 지리지 경주부 조에 '驛 阿火 古作阿弗(역 아화 고작아불)'이 보인다. '아화' 역은 옛날에는 '아블(불)'역이라 불렀다는 것이다. 火[불]와 弗(불)이 대응함을 보아 이를 알 수 있다.

또 이 弗(불)은 지명 표기에 佛/沸 등과 통용되었다. 여기서의 弗도 '블/불'의 음차(音借)로서, 역시 '불다(붉다)'와 관련이 있다.

⑥ 等

等(등)은 '등'을 음차한 것이다. 등은 작은 고개[嶝]를 이르는 말이다. 표준국어대사전에는 '등'을 산등성이의 북한말이라고만 풀이해 놓고 있지만, 자인 지방에서는 고개, 재의 뜻으로 널리 쓰인다. '등 너머 작은 마을'과 같은 말을 상용하고 있을 뿐만 아니라, 고개 이름에 '~등'이라는 곳이 수없이 많다.

弗等(불등)은 '불등'의 음차다. 弗(불) 역시 '붉다[赤]'의 어근인 '불'을 적은 것이다. 곧 '불등'은 붉은 고개(재)란 뜻이다.

이로써 보면 弗等(불등)은 '불등이' 곧 '불디(佛地)'로 줄어지기 이전의 형태인 '불등'을 표기한 것이다. 그러니 불등은 불디와 같은 말이다. 이 곳이 바로 원효가 출생한 곳이다.

⑦ 乙

乙(을)은 조사 '을'을 음차한 것이다. 이 지방에서는 처소격 조사 '에' 와 향진격 조사 '으로'의 뜻으로 '을'을 함께 쓴다. 아래의 마을은 모두 인근의 남산면 소재의 마을 이름이다.

> 먹실을 가가 (먹실에 가서/먹실로 가서)
> 솔안을 가가주고 (솔안에 가서/솔안으로 가서)
> 쪽골을 댕기왔다. (쪽골에 다녀왔다./쪽골로 다녀왔다.)

弗等乙(불등을)의 乙(을)은 이런 경우에 쓰인 '을'을 붙여 표기한 것이 라 보인다. 즉 '불등'(弗等)을 평소에 쓰던 '불등을'(弗等乙)이란 말을 기 록자가 부기한 것으로 보인다. 그래서 모두의 『삼국유사』 인용문에서 보 듯이, '세속에서는 弗等乙村(불등을촌)이라고 한다'는 말을 협주(夾註)로 넣은 것이라 생각된다.

이상에서 살핀 바와 같이 佛地(불지), 發智(발지), 弗等(불등)은 다같이 '불디(불등)' 곧 붉은 등(고개)을 음사한 것이다.

그러면 불디는 지금의 어디쯤일까? 지금 속칭으로 쓰이는 불디는 경산시 남산면 소재지에서 오목내를 지나, 자인면 원당리(元堂里) 입구에서 자인면 소재지로 넘어가는 데 있는 작은 고개로, 현재 행정구역상 원당리에 속해 있다. 이 고개는 옛날부터 불디(불등)로 불리어 왔다. 지금도 물론 이 근방의 주민들은 불디란 속칭을 그대로 쓰고 있다. 이 고개의 흙이 붉기 때문에 그렇게 불렀다. 지금은 포장이 되어 그것을 잘 볼 수가 없다. 아마도 이 일대를 일연 생존 당시에도 '불디'라 부른 것 같다.

이런 점을 고려해 볼 때, 원효의 탄생지는 바로 이 불디 부근 즉 지금의 원당리(元堂里) 주위라 생각된다. 원당(元堂)이란 이름 자체도 원효(元曉)와 관계가 있지 않을까 싶다. '원효의 집'이라는 뜻으로 해석할 수도 있기 때문이다.

또 원효의 어릴 때 이름이 세당(誓幢), 신당(新幢)이라 한 것과도 유관하다고 생각된다. 왜냐하면 원효(元曉)라는 이름이 '새벽'을 훈차(訓借)한 것이고, 대승기신론별기(大乘起信論別記) 끝에 보이는 그의 이름 새부(塞部)와 더불어 誓幢(세당), 新幢(신당)의 塞·誓·新 자의 음 또는 훈이 모두 새벽의 '새'와 통하기 때문이다. 그렇게 보면 誓堂(세당), 新幢(신당), 元堂(원당)이 모두 원효의 아명인 '시당'으로 읽힐 수도 있다.

또한 원당 마을의 뒷산 이름이 탑골 또는 탑만리라 부르며, 앞들은 장승배기라 부르는데, 지난날 그곳에 각각 사탑(寺塔)과 많은 장승이 서 있었기 때문에 붙여진 것이라고 한다. 지금은 탑이나 장승이 다 없어졌는데, 거기에 있는 석물을 마을 사람들이 허물어 전답의 둑이나 집의 축대를 쌓는 데 써버렸다는 것이다. 이로 보아 원당리의 앞과 뒤에 각각 절이 있었음을 알 수 있다.

원효는 출가하면서 자기 집을 희사하여 절로 삼고 초개사(初開寺)라 하였다는 기록은, 바로 이곳 탑골, 탑만리와 관계가 있는 듯하다.

이 마을 촌로 최경진(崔慶鎭) 씨(壬午生)의 말에 의하면, 탑만리 앞을 지나가는 사람들은 지위 고하를 막론하고, 그 앞에서 반드시 절을 하고 지나갔다고 한다. 그렇다면 탑만리는 그만큼 위대한 인물과 관련이 있는 곳이란 이야기가 되겠는데, 아마도 그곳이 원효나 설총 같은 위대한 인물을 모신 절이나 전각이 아니었을까 하는 생각이 든다.

또 원효의 집은 그의 어머니가 지나다가 해산했다는 밤나무가 있는 골짜기[栗谷]의 서남쪽에 있다고 하였는데, 율곡(栗谷)이라고 비정(比定)되는 지금의 밤골은 자인면 단북리(丹北里) 부근이다. 원당리는 단북리 밤골에서 보면 거의 서남쪽에 위치하여 유사의 기록과 일치한다.

이상에서 살펴본 여러 가지 정황으로 보아, 원효의 탄생지는 속칭 '불디'로 불리는 지금의 자인면 불디 곧 원당리 일대라 생각된다.

15 세자를 죽인 아버지의 심리

조선 왕조에서 비운의 왕세자로 회자되는 인물은 소현세자(昭顯世子)와 사도세자(思悼世子)다. 왕좌를 이을 세자로 일찍이 책봉되었음에도, 왕위에 오르지 못하고 죽은 비극의 주인공들이다. 부왕이 자신의 아들을 죽인 데는 그 나름의 이유가 있을 것이다.

그러면 먼저 사도세자부터 그 요인을 더듬어 보자. 사도세자의 죽음에 대해서는 두 갈래의 주장이 있다. 하나는 정치적인 데 그 원인이 있다는 것이고, 다른 하나는 개인적인 문제에 요인이 있다는 것이다.

정치적인 문제로 파악하는 주장은, 영조 편을 드는 노론과 세자 편을 드는 소론의 파쟁 속에서 사도세자가 희생된 것이라고 본다. 이에 비하여, 개인적인 측면으로 보는 주장은 세자의 광기 어린 행패로 빚어진 결과물로 본다. 또 어떤 이는 그 두 가지가 뒤섞인 요인에서 발생한 것이라고도 한다. 보는 이에 따라 시각의 차이는 있으나, 모두가 근거를 가지고 있음에는 틀림이 없다.

그러면 그러한 근거들의 가장 밑바탕이 되는 제일 요인은 무엇일까?

영조는 정비에게서 태어난 대군이 아니라, 하찮은 무수리의 몸에서 태어난 사람이다. 그래서 그는 평생 동안 이 콤플렉스를 가슴에 품고 살았다. 그런데 그 역시 정비에게서는 후사를 보지 못했고, 후궁에게서 아들을 두었다.

정비인 이 씨와의 사이에서 태어난 효장세자는 9세로 요절하고, 그 7년 뒤에 둘째이자 마지막 아들인 이선이 태어났다. 이가 곧 사도세자다. 이때 영조의 나이는 41세였으니 국왕의 기쁨은 매우 컸을 것이다.

영조는 곧 왕자를 중전의 양자로 들이고 원자로 삼았으며, 이듬해에는 왕세자로 책봉했다. 그냥 세자로 삼은 것이 아니라, 정비의 아들로 입적하는 과정을 거친 것을 보아도, 영조 자신이 후궁의 소생임을 얼마나 의식하고 있었는가를 미루어 알 수 있다.

세자는 매우 총명했고, 부왕의 기쁨은 그만큼 더 커졌다. 그런데 세자는 영특했지만 기본적으로 무인적(武人的) 기질이 강했다. 어릴 때부터 군사놀이를 즐겨 하고 병서도 즐겨 읽었다. 게다가 신체적 조건과 무예도 뛰어났다. 기운도 셌고, 활을 쏘면 반드시 명중시켰으며, 말타기에도 매우 능했다.

영조는 이를 못마땅히 여겼다. 군왕이 갖추어야 할 문사(文思)의 자질에 흠결이 있다고 생각했기 때문이다. 그래서 아버지는 아들을 꾸짖기 시작했고, 아들은 아버지를 무서워하며 꺼리게 되었다.

어느 날, 영조는 "글을 읽는 것이 좋은가, 싫은가"를 물었고 세자는 "싫을 때가 많다"고 대답했다. 그러자 부왕은 세자를 크게 꾸짖어, 자신은 세자 때 놀지 않고 학문에 정진하였으며 술도 마시지 않았다고 하면서, 아침부터 저녁까지 한 일을 빠짐없이 적어 보고하라고 엄한 지시를 내렸다. 자신이 신분상의 약점을 보완하기 위해 취했던 완벽주의를 세자에게도 강요한 것이다. 계속된 부왕의 질책에 세자는 점점 더 부왕이 두려워 피하게 되고, 끝내는 공포감에 휩싸이게 되었다.

세자는 서연(書筵, 왕세자에게 경서를 강론하던 자리)에서는 글 읽는 소리가 컸지만, 부왕 앞에서는 점차 작아졌다. 불안과 공포가 그를 그렇게 만들었다. 게다가 영조가 총애하는 숙의(淑儀) 문씨와 화완 옹주는 세자를 끊임없이 모함하며 영조에게 고자질을 해 댔다. 영조는 이들의 말만 믿고, 세자의 말은 무조건 거짓으로 돌리고 질책하였다.

사도세자는 마침내 강박증 환자가 되었다. 완벽주의는 강박증의 주요

원인이다. 병은 점점 깊어져 발작할 때는 계집종과 내시를 죽이는 일까지 벌어졌다. 옷을 갈아입지 못하는 의대증도 앓게 되었다. 관복을 갈아입는 것이 곧 부왕을 대면하는 것으로 무의식중에 연상되었기 때문이다. 불안을 견디지 못하여 그런 행동으로 불안을 해소하려 한 것이다. 그러한 행동을 하는 연유를 묻는 영조의 질문에 대하여, 세자는 부왕이 꾸중하므로 무서워서 화가 되어 그렇다고 대답하였다.

세자는 입시하라는 명령만 들으면 두려워 벌벌 떨며, 잘 알고 있는 일도 즉시 대답하지 못했다. 임금은 일이 있을 때마다 엄하게 나무라니, 세자의 불안증은 더욱 심해졌다. 강박증은 극도의 불안과 공포를 수반하는 정신질환이다. 외견상으로 보아 남들은 이해하지 못하는 병이다. 의학의 한계를 갖고 있던 당시에는 더욱 그러했을 것이다. 세자는 그러한 자기의 증세에 대하여 고뇌하는 모습을 군데군데 글로 남기고 있다.

영조 37년에 세자는 답답함을 이기지 못하여 관서지방을 여행하고 돌아왔다. 이 사실을 뒤늦게 안 영조는 세자의 이런 행위가 변란을 모의하려는 중대한 정치적 의도를 가진 것이라고 생각했다. 그렇게 의심이 쌓여 마침내는 세자를 뒤주 속에 가두어 굶어 죽이는, 이른바 임오화변이 일어났다.

영조는 자신이 가졌던 콤플렉스를 세자에게 그대로 전이시키고, 완벽주의를 강요하였다. 무수리의 아들인 그가 가진 신분적 열등감을 후궁의 아들로 태어난, 같은 처지의 세자에게 투사하였다. 구스타프 융이 말한 '그림자(열등한 무의식)'를 세자에게 쏟아부은 것이다. 물론 그의 가슴 밑바닥에는, 세자에게는 자기가 가진 열등감을 갖게 하지 않으려는 심리적 기제가 작동하였을 것이다. 모름지기 군왕은 무(武)보다 문사(文思)에 밝아야 한다는 점에 비추어 세자에게 실망하고 세자를 걱정했다. 그러나 그 집착이 과도하여 아들을 희생시키고 만 것이다.

된 시어머니 밑에서 시집살이를 한 며느리가, 뒷날 자기도 모르게 된 시어머니가 되어 화를 저지른 격이라 할 수 있다. 이것이 세자를 죽인 제일 요인이다. 당파의 대립이나 변란 모의에 대한 의심 등은 그 위에 켜켜이 쌓인 제이, 제삼의 요인이라 볼 수 있다.

다음은 소현세자의 경우를 보기로 하자.

소현세자는 1612년에 인조의 장남으로 태어났다. 인조반정으로 부친이 왕위에 오르자 14세의 어린 나이로 세자로 책봉되었고, 병자호란 후 아우인 봉림대군과 함께 청나라에 인질로 끌려갔다. 인질로 잡혀간 지 8년 만에 귀국하였지만, 귀국한 지 두 달 만에 사망하였다.

세자의 죽음에는 석연치 않은 점이 많은데, 치료한 지 4일 만에 죽은 것으로 보아 독살된 것으로 보는 이가 많다. 세자의 주치의는 이형익이란 신출내기였는데, 그는 세자와 사이가 좋지 않았던 인조의 애첩 소용 조씨의 친정에 출입하던 자였다. 신하들이 그를 조사, 처벌해야 한다고 진언했으나 인조는 그런 일은 흔히 있을 수 있는 일이므로 처벌할 필요가 없다고 하면서 거절하였다. 뿐만 아니라, 장례조차 격에 맞지 않을 정도로 간소하게 치르게 하였다.

심양으로 끌려갔던 세자는 청과의 원만한 관계를 정립하기 위하여 힘쓰는 한편, 자금을 마련하여 잡혀간 백성들을 구출하는 데도 많은 노력을 기울였다. 세자빈 강씨도 여러 가지 사업을 벌여 자금을 모으는 데 힘을 보탰다. 청은 명나라를 멸하기 위하여 조선의 도움이 필요했으므로 세자를 호의적으로 대한 반면에 한편으로는 세자를 통하여 조선에 대한 인적, 물적 요구를 해 왔으므로 세자는 업무 처리에 많은 어려움을 겪었다. 말하자면, 세자는 조선의 대사 역할을 담당하였다.

병자호란 때 청군의 길 안내까지 하면서 청에 빌붙어 놀아나던 정명수란 자가 있었다. 정명수는 광해군 때 명나라가 조선에 원병을 요청하여 출병한 강홍립 휘하의 일개 병졸이었다. 강홍립이 청에 전략적인 항복을 한 결과로, 군사들은 잠시 포로로 묶여 있다가 대부분이 해제 조치되어 귀국했다.

그러나 정명수는 돌아오지 않고 거기에 남아, 청나라 말을 익혀 뒷날 역관 노릇을 하면서 매국노가 되었다. 병자호란 때 청군에게 길을 안내하면서 본국에 들어온 정명수는 거드럭거리며 갖은 행패를 부렸다. 심지어는 조정의 고관을 몽둥이로 때리는 일까지 함부로 저질렀다. 온갖 악행을 저지르며 날뛰는 모습을 본 사람들이 참지 못하여, 그를 암살하고자 했으므로 정명수는 청나라로 달아났다. 소현세자는 이러한 정명수를 그냥 둘 수 없어서 천신만고 끝에 정명수를 잡아 죽이는 데 성공했다. 세자는 이런 세세한 문제에까지도 관심을 쏟았다.

소현세자는 신흥 청나라의 힘을 보았고, 앞서 있는 여러 가지 문물을 보고 느낀 바가 많았다. 세자는 북경에 와 있던 독일인 신부 아담 샬과도 친분을 쌓아, 그에게서 천주교와 새로운 학문을 배웠다. 천문학을 비롯한 각종 서적과 관측기구도 선물 받았다. 세자는 국내로 돌아오면 그러한 신문물을 적극적으로 받아들이기로 마음먹었다.

그러나 명나라에 대한 보은과 삼전도의 굴욕만을 마음에 새기고 있던 인조는 소현세자와 생각이 달랐다. 또 광해군의 명·청 등거리 외교정책에 반대하여 반정을 일으킨 서인 세력은 소현세자의 그러한 입장에 대하여 불만을 품었다.

오랜 고난의 세월을 보내면서 새로운 국제질서를 직접 체험하고 돌아온 세자를 인조는 반가워하지 않았다. 인조는 세자가 청나라에 깊이 경도된 것을 보고, 청과 결탁하여 왕위를 찬탈할까 오해하며 두려워한 것이다. 자신이 반정으로 즉위한, 정통성 없는 정권이었기 때문에 그런 쪽에 많은 신경을 썼다. 요인들의 행동을 항상 감시하고 뒷조사를 하기 위한 기찰(譏察)제도를 실시한 것도 그런 연유였다. 반정의 공신인 이괄에게도 예외가 아니어서, 심한 기찰을 실시하여 그로 하여금 난을 일으키는 하나의 원인을 제공하기도 하였다.

인조의 그러한 두려움의 대상은 세자빈 강씨와 그 피붙이에게로 확대되었다. 앞에서도 말했지만, 강빈은 부지런하고 수완이 뛰어나, 세자가 필요로 하는 자금을 모아 제공하는 데 크게 기여하였다.

인조는 강빈을 죽이기 위하여 음모를 꾸몄는데, 그것이 바로 전복구이 사건이다.

어느 날 인조에게 올린 전복구이 안에 독약이 들어 있었는데, 이를 강빈이 인조를 독살하기 위하여 행한 짓이라 덮어씌운 사건이다. 이를 빌미로 강빈에게는 사약을 내리고, 강빈의 어머니와 형제들도 참살하였다. 또 손자 3명도 제주도에 유배를 보내 그중 두 사람을 죽게 했다.

소현세자는 현실을 인정하며 청나라와 새로운 관계를 세우려고 애썼던 사람이다. 이것이 인조의 의심을 사 끝내는 처참한 죽음을 당하였다. 만약 세자가 즉위하여 서양 문물을 받아들이고, 광해군처럼 현명한 외교정책을 썼더라면, 우리의 근대화도 빨라졌을 것이다.

아들을 죽인 영조와 인조는 다 같이 콤플렉스를 가지고 있었다는 점에서는 같다. 영조는 무수리의 몸에서 났다는 태생에 대한 콤플렉스에, 인조는 쿠데타에 의한 비정통성의 콤플렉스에 시달렸다.

그러나 영조는 고뇌했던 자신의 처지를 아들에게 답습시키지 않으려는 심리적 기제에서 그것을 투사했고, 인조는 순전히 왕좌를 확고히 유지하기 위해 그것을 투사했다. 영조는 아들을 현명한 군주로 만들려는 욕심과 집착에 가려 아들을 죽인 데 비하여, 인조는 오직 자신의 자리를 지키고 유지하기 위해 아들을 죽였다. 그리고 영조는 아들을 죽이고 후회하여 사도(思悼)라는 칭호를 내리고 손자를 애지중지 보살폈지만, 인조는 손자까지 죽이는 매정함을 보였다. 한 사람은 과욕으로 자식을 죽였고, 한 사람은 비정으로 자식을 죽였다.

16 예송(禮訟)의 배경

예송은 조선 후기 효종과 효종비에 대한 자의대비(慈懿大妃 인조의 계비)의 복상기간(服喪期間)을 둘러싸고 일어난 서인과 남인 간의 두 차례에 걸친 논쟁을 말한다.

표면적으로는 단순한 왕실의 전례문제(典禮問題)이지만, 내면적으로는 성리학의 핵심 문제이면서 왕위계승의 원칙이자 사회구성의 근간을 이루는 종법(宗法 제사의 계승과 종족의 결합을 위한 친족제도의 기본이되는 법)의 이해 차이에서 비롯된 서인과 남인 사이에 일어난 성리학 이념논쟁이었다.

그러면 이러한 예송에 대한 개략을 살펴보자.

우리 역사상 가장 치욕적인 삼전도 굴욕을 겪었던 인조는 자기 대신 청나라에 볼모로 끌려갔던 소현세자가 돌아오자 그를 의심하고 끝내는 죽인다. 소현세자는 서구의 발달된 문물을 들여와 조선을 개혁하고자 했으나 그 꿈을 이루지 못하고 아버지에게 살해당하고 말았다.

그리고 소현세자의 동생이었던 봉림대군이 인조의 뒤를 이어받으니, 그가 바로 효종이다.

1차 예송은 효종이 죽은 뒤 그의 계모인 자의대비가 효종의 상에 어떤 복을 입을 것인가를 두고 일어난 논란이었다. 조선 사회의 지배이념인 성리학에 근거한 예론(禮論)에서는 자식이 부모에 앞서 죽었을 때, 그 부모는 그 자식이 적장자(嫡長子)인 경우는 3년상을, 그 이하 차자일 경우에는 1년상을 입도록 규정하였다. 인조는 첫째아들인 소현세자가 죽은 뒤 그의 아들이 있었음에도, 차자인 봉림대군을 세자로 책봉하여 왕통을 계승하게 하였다. 따라서 효종이 왕위에 오름으로써 왕통은 인조-효종으로 이어졌지만 적장자가 왕위를 승계하는 관념에서는 벗어난 일이었다.

　여기에 1차 예송의 예론적 배경이 있다. 즉, 왕가라는 특수층의 의례가 종법(宗法)에 우선할 수 있는가 그렇지 않은가 하는 관점의 차이가 반영되어 있었다. 효종의 즉위와 같은 왕위계승에 나타나는 종통의 불일치가 문제로 등장한 것이다. 즉 이는 왕위계승이 종법의 원리에 맞지 않는다 하더라도 이를 종법 체계 내에서 이해하고자 하는 것으로, 왕가의 의례라 할지라도 원칙인 종법으로부터 벗어나서는 안 된다는 관념의 표현이었다. 따라서 이러한 규정에 의거할 경우, 효종은 왕통상으로는 인조의 적통을 이었지만 종법상으로는 인조의 둘째 아들이므로 효종의 계모인 자의대비는 당연히 종법에 따라 1년상을 입어야 할 일이었다. 하지만 자의대비가 1년 상복을 입게 되면 효종이 인조의 왕위를 계승한 적장자가 아니라 차자라고 인정하는 일이 되었다.

　송시열을 중심으로 한 서인 계열에서 1년상을 주장한 데 반하여 남인 계열에서는 윤휴·허목·윤선도 등이 그러한 주장을 반박하고 나옴으로써 1차 예송이 본격화되었다. 남인측의 주장은 차자로 출생하였더라도 왕위에 오르면 장자가 될 수 있다는 허목의 차장자설에 따른 것이다. 이러한 논리는 천리인 종법이 왕가의 의례에서는 변칙적으로 적용될 수 있다는 것이었다. 이러한 남인측의 주장은, 왕이 된 자는 일반 선비와 같지 않다라는 것이다. 이러한 논리에 따르면 효종은 당연히 장자가 되는 것이며, 자의대비는 효종을 위하여 3년의 복을 입어야 할 것이었다. 서인과 남인의 왕실 전례에 대한 이러한 입장의 차이는 단순한 예론상의 논란이 아니라, 그들이 우주 만물의 원리로 인정한 종법의 적용에 대한 해석의 차이였으며, 이는 현실적으로는 권력구조와 연계된 견해 차이였으므로 민감한 반응으로 대립한 것이다.

1차 예송은 예론상으로는 종통 문제를 변별하는 것이 핵심을 이루었으나, 결국 경국대전에 장자와 차자의 구분 없이 1년복을 입게 한 규정에 의거하는 것으로 결말지어졌다. 결과적으로는 서인의 예론이 승리를 거두었으므로 서인 정권은 현종 연간에 계속 유지될 수 있었다. 그러나 종법 질서에 있어서 효종의 위상에 대한 논란은 결론을 보지 못하였으며, 이 문제는 결국 2차 예송의 빌미가 되었다.

2차 예송은 효종의 비인 인선왕후가 죽자 자의대비가 어떤 상복을 입을 것인가 하는 문제를 놓고 벌어졌다. 1차 예송에서는 국제기년복(國制朞年服)이 채택됨으로써 효종의 장자·차자 문제가 애매하게 처리되었으나, 인선왕후가 죽으면서 이 문제가 다시 표면으로 떠올랐다. 즉 효종을 장자로 인정한다면 인선왕후는 장자부(長子婦)이므로 대왕대비는 기년복(1년)을 입어야 하지만, 효종을 차자로 볼 경우는 대공복(大功服 9개월)이 되어야 하기 때문이었다. 예조에서는 처음에 기년복으로 정하였다가, 다시 꼬리표를 붙여서 대공복으로 복제를 바꾸어 올렸다. 현종은 예조에서 대공복제를 채택한 것은 결국 효종을 차자로 보고 있음을 의미하는 것이라 하여 잘못 적용된 예제로 판정하였다. 2차 예송에서는 남인 중심의 주리론이 이겼다. 결국 자의대비가 1년 동안 상복을 입어야 하는 것으로 결정되었고, 논쟁에서 승리한 남인과 이에 동조한 세력이 권력을 잡았다.

예송은 17세기에 율곡학파로 대표되는 서인과 퇴계학파로 대표되는 남인이, 예치(禮治)가 행해지는 이상사회를 건설하기 위해 실현 방법을 둘러싸고 전개한 성리학 이념논쟁으로, 조선 후기 가장 이상적인 정치형태였던 붕당정치를 대표하는 정치적인 사건이었다.

이러한 서인과 남인의 대립은 그들 간의 철학적 입장 차이에서 비롯된 것이다. 서인들이 취했던 주기론의 입장에서는 왕도 엄연히 선비에 속한다. 반면 영남을 근거지로 한 남인들의 주리론은 왕의 지위는 일반 선비들과는 다르다. 주기론은 이(理)의 절대성을 인정하면서도 이(理)가 기(氣)와 동떨어진 초월적 존재라고 여기지는 않는다. 그러나 주리론에서는 이의 절대성을 강력히 주장하면서 이에는 기와 다른 무언가 초월적 성격이 있는 것처럼 생각한다.

임금은 이(理)의 상징이다. 주기론자들은 임금 곧 이를 기의 현실 속에서 이해하고자 했던 반면, 주리론자들은 임금 곧 이를 기라는 현실과는 분리된 초월적인 존재로 이해하고자 했다.

이에 따라 주기론자들은 임금 또한 선비와 같은 부류의 인물로 간주하고자 했던 반면, 주리론자들은 임금의 지위를 선비와는 다른 차원의 것으로 이해하고자 했던 것이다. 이것이 바로 예송의 본질이다.

17 광해군은 폭군인가

조선 왕조에서 폭군이라 하여 쫓겨난 왕은 연산군과 광해군이다. 그래서 그들은 죽은 후에도 '실록'이란 이름을 얻지 못하고, '일기'라는 이름으로 조선왕조실록의 한 모퉁이를 차지하고 있다.

역사란 원래 산 자와 이긴 자의 기록이기 때문에, 거짓인 글이 많아 그 기록을 곧이곧대로 다 믿을 수는 없다. 특히 광해군에게는 이 점이 더욱 두드러져 있는 것 같다. 인조 1년(1623)에 이수광 등이 광해군 당시의 시정기(時政記)에 이런 점이 많다는 것을 지적하고 수정할 것을 제의하였으나, 재정이 부족하여 시행되지 못했다는 것을 보면 더욱 그러하다.

이런 면에서 볼 때, 반정으로 쫓겨났다고 하여, 연산군과 광해군을 똑같이 생각하여 폭군이란 이름으로 한데 묶는 것은, 다시 한번 되돌아봐야 할 문제라 생각된다. 기록의 이면은 그만두더라도 '일기'에 나타난 사실의 표면만이라도 바르게 보고 형평성에 맞게 평가해야 하기 때문이다.

그런 입장에서 보면 연산군과 광해군은 여러 가지 면에서 다르다.

연산군은 천성부터가 포악하였다. 성종에게는 뒷날 중종이 된 정실 소생의 아들이 있었으나, 태어나기 전이라 연산군의 무도함을 알고도 어쩔 수 없이 그냥 세자로 삼았다. 연산군일기에는 '그는 시기심이 많고 모진 성품을 가지고 있었으며, 자질이 총명하지 못한 위인이라, 문리에 어둡고 사무 능력도 없다'고 기록되어 있다.

또 그의 됨됨이를 총체적으로 알 수 있는 기록이 연산군일기의 첫머리에 이렇게 나온다.

만년에는 더욱 황음하고 패악한 나머지 학살을 마음대로 하고, 대신들도 많이 죽여서 대간과 시종 가운데 살아난 사람이 없었다. 심지어는 포락(炮烙 불에 찌짐), 착흉(斲胸 가슴 빠개기), 촌참(寸斬 시체를 토막 냄), 쇄골표풍(碎骨飄風 뼈를 가루 내어 바람에 날림) 등의 형벌까지 벌였다.

그러나 광해군은 맏이인 임해군의 성질이 패악하였기 때문에, 둘째 아들이었지만 세자로 책봉되었고, 세자 시절부터 성실하고 과단성 있게 맡은 일을 처리했던 인물이다. 그의 성품이 광폭하다는 기록은 어디에도 없다.

또 연산군은 모후인 윤씨 폐비 사건을 빌미로 삼아, 오직 사감으로 무자비한 살육행위를 저질렀고, 이를 충고하는 할머니인 인수대비까지도 구타해서 죽게 한 패륜아였다. 그가 일으킨 두 번의 큰 사화도, 사실은 그의 모진 성품과 관련이 있다. 무오사화는 훈구파들이 선비를 싫어하는 연산군의 성품을 교묘히 이용한 데서 발생한 것이고, 갑자사화도 그의 사치와 향락을 위한 재정적 확보를 위함이 그 뿌리가 된 것이다. 그러니 그가 저지른 모든 사건 뒤에는 항상 패악한 그의 성질이 밑바닥에 숨어 있다.

광해군도 사람을 죽이긴 하였으나, 대부분 소북과 대북, 대북과 서인 간의 정치적 세력 다툼이 그 배경에 크게 깔려 있다. 지나친 바가 있긴 하나, 그 안을 들여다보면 한 가닥 수긍이 가는 점도 없지 않다.

선조가 병이 위독하자 그에게 선위하는 교서를 내렸다. 그러나 소북파인 유영경이 이를 공표하지 않고 몰래 감추었다. 정비 소생인 어린 영창대군을 옹립하려는 술책이었다. 뒤에 이 음모가 밝혀져 유영경은 사사하고 임해군은 유배하였다. 영창대군이 태어나기 오래전에, 그것도 임진왜란이라는 초미의 혼란 속에 있는 국정의 긴박성 때문에 세자로 책봉되었고, 게다가 선조의 선위 교서까지 받은 정통성을 갖고 있는 사람을 제치고, 대군이라는 명분 하나로 영창대군을 옹립하려고 교서를 감춘 것은 일종의 역모 행위라 할 수 있다. 광해군의 그러한 행위를 폭군의 행패로 치부할 수는 없다.

대비인 인목왕후의 아버지 김제남을 죽이고 영창대군을 유배시킨 것도 대북파의 꾐에 빠져 일어난 사건이다. 서출이라 하여 벼슬길이 막힌 데 불만을 품고 있던 명문가의 서자들이 강변칠우라는 단체를 만들고, 이들이 조령에서 은상인(銀商人)을 습격, 살해하고 은 수백 냥을 약탈한 사건이 있었다. 일당과 함께 잡힌 박응서가 대북파의 이이첨, 정인홍 등에게 속아, 영창대군의 장인인 김제남과 함께 역모를 하기 위한 자금을 마련하기 위하여 한 것이라고 거짓으로 고변하였다. 이러한 거짓 진술에 따라, 김제남을 사사하고 영창대군을 서인으로 강등하여 강화도에 위리 안치한 것이다.

또 인목대비를 폐비시킨 것도 이이첨 등의 폐모론에 따른 조치였다. 이와 같이 광해군의 실정은 모두가 대북파의 책동에 의한 것이었다.

광해군의 실정을 전부 당쟁의 탓으로 돌릴 수는 물론 없다. 명민함을 잃고 대북파의 책동에 빠져든 것은 분명히 그의 잘못이다. 그러나 그것은 연산군의 광패한 짓거리와는 분명히 거리가 있다. 어쩌면 그가 처한 시대 상황을 감안한다면 수긍이 가는 바가 없지도 않다.

정치적인 업적에서도 두 사람은 엄청난 차이가 있다.

결론부터 말하면, 광해군은 내치나 외교정책에 있어서 긍정적인 면이 많지만, 연산군은 이러한 요소가 거의 없다. 연산군은 비융사(備戎司)를 두어 병기를 정비하고, 국조보감(國朝寶鑑)과 여지승람(輿地勝覽) 등의 수정을 치적으로 든다면 들 수가 있겠으나 보잘것이 없다.

그는 직간을 귀찮게 여겨 사간원, 홍문관 등을 없애버리고, 성균관, 원각사 등을 주색장으로 만들고, 선종의 본산인 흥천사를 마구간으로 만들었다. 또 한글 투서 사건을 기화로 한글 사용도 금지시켰다.

그런 반면, 광해군의 치적은 특기할 만한 것이 많다.

임진왜란이 일어나자 광해군은 분조[分朝 선조가 요동으로 망명할 것에 대비하여 임금을 대신하여 나라를 다스리라는 왕명에서 나온 소조정(小朝廷)]로 조정의 일부 권한을 위임받아 의병 모집에 힘을 쏟았고, 임란 후 전화 복구에도 적극 힘을 기울였다. 선혜청을 두어 대동법을 시행한 것도 그 일환이다.

후금이 명을 침범하자, 명이 후금을 치기 위해 원병을 요구하므로, 임란 때의 원군에 보답한다는 뜻으로 그에 응하면서도, 강홍립에게 군사 1만을 내주면서 형세를 보아 향배를 결정하도록 조치하였다. 그 결과, 명군이 패하자 강홍립은 후금에 항복하여 명분상의 출병임을 후금에 알려 후금의 침략을 모면하였다. 명나라에게는 명분을 살리고 금에게는 항복함으로써, 양쪽에 다 미움을 사지 않은 현명한 외교를 구사하였던 것이다.

일본과도 조약을 맺어 임란 후 중단되었던 외교를 회복하고, 소실된 서적의 간행에도 많은 노력을 기울였다. 허균의 홍길동전과 허준의 동의보감도 이때 나온 저술이다.

또 당쟁을 없애려고 노력도 했으나, 오히려 대북파의 꾐에 빠져 편중된 인사를 단행함으로써, 반대파들의 시기를 사서 김류, 김자점 등의 인조반정으로 폐위되었다.

역사에 '만약'이라는 말은 통하지 않는다고 하지만, 만약 인조반정이 없었다면, 그처럼 가혹한 병자호란의 환란을 우리는 겪지 않았을 것이다. 우리 역사에서 가장 치욕적이라는, 임금의 삼배구고두례(三拜九叩頭禮 청나라 왕에게 세 번 절하고 아홉 번 고개를 숙이는 예)를 행하는 이른바 삼전도의 수치도 당하지 않았을 것이다. 반정으로 뒤를 이은 인조는 솟아오르는 금나라를 제대로 보지 못하고, 지려는 명나라에 대해 사대라는 철 지난 골동품을 한쪽으로 안으면서, 한쪽으로는 정통성이 없는 정권의 입지 때문에 항상 역모를 겁내어, 변방의 장수들에 대한 기찰을 강화한 나머지 수비력을 스스로 약화시켜, 마침내 병자호란을 가져오게 하였다. 아마도 광해가 그 자리를 지켰다면 그런 일은 일어나지 않았을 것이다.

광해군은 인조반정을 정당화하기 위하여 폭군으로 규정되었지만, 연산군과 광해군은 염연히 다르다. 연산군은 포악한 성품에서 나온 고의적인 학정을 휘둘렀지만, 광해군은 왕권을 위해 어쩔 수 없이 그런 정황을 빚었다고 볼 수 있다. 정치적인 목적에서 행해진 처형이라면, 광해군은 태종이나 세조, 영조, 그리고 반정으로 그의 뒤를 이은 인조에 비하여 그 정황이 너무나 미약하다.

인륜이라는 면에서 볼 때, 자신의 피붙이를 죽이는 것보다 더 참혹한 일은 없을 것이다. 태종은 친형제와 장인 및 처남들을 죽였고, 세조는 친형제와 어린 조카를 죽였다. 인조는 아들과 며느리와 손자까지 죽였으며, 영조는 아들을 직접 참살하였다. 이것은 다 그들의 왕권 확보와 유지를 위해 취한 조치들이었다. 광해에게 영창대군과 김제남을 죽인 사건에 갈음하여 폭군이란 이름을 씌운다면, 저들부터 먼저 그런 이름을 붙여야 할 것이다.

요약컨대, 연산군은 살육과 패륜을 함께 저지르고, 황음과 향락에 빠져 국고를 텅 비게 한 장본인이지만, 광해군은 세자 시절부터 성실하고 과단성 있게 맡은 일을 잘 처리하려고 노력했던 사람이고, 백성들의 삶을 걱정했던 인물이다.

그러므로 광해군을 연산군과 같은 반열에 놓고 혼음한 폭군으로 치부하는 것은, 모름지기 재고해야 할 하나의 역사적 범주에 속한다.

18 식민사관(植民史觀)이란 무엇인가

우리는 식민사관이라는 말을 흔히 듣는다. 그러나 이 말이 의미하는 내용을 잘 알지 못한 채 쓰고 듣는다. 식민사관이란 일제가 한국침략과 식민지배의 학문적 기반을 확고히 하기 위하여 조작해 낸 역사관이다.

식민사관에 기초를 둔 한국사 연구는 19세기 말 도쿄제국대학에서 시작되었다. 이들은 신공왕후의 신라정복설과 임나일본부설(任那日本府說), 한국 역사를 만주에 종속된 것으로 보는 만선사(滿鮮史) 이론, 당시의 한국 경제를 일본 고대의 촌락경제 수준으로 보는 이론 등을 내세웠다. 이러한 논리는 20세기 초 조선 침략이 본격화되자 일선동조론(日鮮同祖論), 정체성론(停滯性論), 타율성론(他律性論)으로 대표되는 식민사관의 토대가 되었다.

신공왕후의 신라정복설은 일본서기에 기록되어 있는 내용인데, 신공와후가 임신한 몸으로 바다를 건너 신라를 정복했다는 설이다. 그러면 서기에 기록된 그 일단을 보자.

10월 3일에 화이진(쓰시마섬 북단 소재)에서 출발했다. 이때 풍신이 바람을 일으키고, 해신은 파도를 치게 하였다. 그리고 바닷속 고기들이 모두 떠올라 배를 떠받쳤다. 순풍이 불어 범선이 파도를 타니 노를 젓는 수고로움 없이도 곧 신라에 이르렀다. 그때 배를 따라온 파도가 멀리 나라 안에까지 미쳤다.

신라왕은 '건국 이래 바닷물이 나라 안까지 들어온 일은 없었다. 천운이 다해 나라가 바다가 되는것이 아닌가'하며 전전긍긍했다.

정사체의 기록이 아니라 신화체의 문장으로 기술되어 있다. 신공황후가 삼한을 아우른 대단한 인물이었다면, 한국이나 중국의 역사에 그 존재가 나타나야 되는데, '일본서기' 외에는 어디에도 이런 기록은 존재하지 않는다. 현대에 와서, 일본, 한국, 중국의 사료들에 대한 깊이 있는 비교 연구가 진행되면서, 이 '일본서기' 기사의 대부분이 허구이거나 왜곡된 것으로 이해되고 있는데, 신공황후의 경우, 실존 인물이 아닌 것으로 여겨지고 있다.

임나일본부설(任那日本府說)은 '남선경영론(南鮮經營論)'으로도 불리는데, 1720년에 완성된 '대일본사(大日本史)'에서 최초의 전형을 살펴볼 수 있다. 이 책에는 '신공황후(神功皇后) 때 삼한과 가라를 평정하여 임나일본부를 두고 통제하였다.'라는 기술이 보인다.

왜의 대화조정(大和朝廷)이 신공황후 섭정 49년인 369년에, 가야 지역을 정벌하여 임나일본부를 성립시켰고, 이후 그것을 매개로 약 200여 년간 한반도 남부 지방을 경영하였으며, 562년 신라에 멸망당했다고 주장하였다. 이러한 주장은 한일 양국 학자들로부터 비판을 받았고, 현재는 입론의 근거를 상당 부분 잃었지만 변형된 형태로 지금까지 존속하고 있다.

조선총독부는 임나일본부설을 증명하고자 금관가야 왕릉을 찾기로 하고 김해 곳곳을 샅샅이 뒤졌다. 하지만 기왕에 알려진 수로왕릉을 제외하고는 아무런 흔적도 찾지 못하였다.

또 이 지역에서 발견된 옹관묘나 전방후원분(前方後圓墳 앞은 네모지고 뒤는 둥근 분묘)이 임나일본부설을 증명한다고 하나, 이 지역 옹관묘가 일본 야요이[彌生]시대와는 판이하게 다른 토착적 묘제이고, 옹관묘에 묻힌 사람들은 영산강 수계의 풍부한 물산을 토대로 주변의 다양한 문화를 폭넓게 수용하며 성장을 거듭하였음을 밝혀낼 수 있었다.

근래까지 해남, 광주 등에서 전방후원분 14기가 확인되었다. 그 가운데 여러 기를 발굴한 결과, 대부분 5세기 후반에서 6세기 초에 만든 것으로 밝혀졌다. 그들이 주장하는 시기와 맞지 않는 것이다. 일본학계에서 이 전방후원분이 임나일본부설의 흔적일 가능성을 고려하기도 하나 학술적 근거가 뒷받침되지 않는 주장이다.

그리고 일선동조론은 본래 한국과 일본은 같은 민족으로, 한국은 외세의 침략으로부터 일본의 보호와 도움을 받아야 한다는 주장이다. 이 주장은 한민족의 독자성을 부정하고 일본과의 합병이나 식민지 지배를 당연한 일로 받아들이게 하여 1930년대 일본이 펼친 내선일체(內鮮一體)의 근거로 이용되었다.

정체성론은 한국이 여러 정치적, 사회적 변화를 겪으면서도 능동적으로 발전하지 못하였으며, 당시의 조선 사회가 12세기 말 고대 일본의 수준과 비슷하다고 보는 주장이다. 특히 근대사회로 이행하는 데 필수적인 봉건사회가 형성되지 못하여 사회경제적 낙후를 면치 못한다고 주장하였는데, 이 논리는 한국의 근대화를 위하여 일본의 역할이 필요하다는 침략 미화론으로 이어졌다.

타율성론은 한국이 역사를 스스로의 주체적인 역량으로 전개시키지 못하고 중국이나 몽골, 만주, 일본 등 주변 외세의 간섭과 힘에 좌우되어 왔다는 논리이다. 한국사는 그 형성에서부터 중국 등의 식민지배에서 출발하였다고 보았는데, 이는 한민족의 적극적이고 자율적인 성향을 부정하고 타율적인 부분만을 강조하는 주장이다. 이러한 논리는 한민족의 부수

된 주변성으로 대표되는 반도적 성격론과 사대주의론에 관한 주장으로 더욱 강조되었다.

이와 함께 당파성론(黨派性論)도 제기되었는데, 이 주장은 조선의 문화 수준이 낮다는 것을 전제로 하고 이처럼 발전하지 못한 까닭은 잘못된 민족성을 지닌 탓으로 자신의 이익을 위하여 파벌을 만들어 싸웠기 때문이라고 주장하면서 당쟁과 사화를 그 예로 들었다.

일제는 한국사 재구성 작업에도 힘을 기울였는데, 1922년에는 조선사편찬위원회, 1925년에는 조선사편수회를 설립하여 식민사관에 입각한 '조선사'를 발간하였다. 이러한 식민사관은 우리 민족이 열등의식과 무력감에 사로잡히는 심리적 근거가 되기도 하였다.

19 우리에게도 창세 신화가 있다

창세 신화 하면 누구나 먼저 성경의 창세기를 떠올릴 것이다. 각 나라나 민족마다 나름대로의 창세 신화를 가지고 있다. 이웃 나라 중국과 일본도 마찬가지다.

그런데 유독 우리에게는 창세 신화가 없다고 하였다. 단군신화를 우리의 창세 신화로 아는 이가 더러 있다. 그러나 그것은 세상을 창조하는 이야기가 아니라 나라를 세우는 건국 신화다. 그래서 여태까지 우리에게는 창세 신화가 없다는 것이 통설로 받아들여져 왔다.

그런데 이러한 주장은 문헌에 기록되어 있는 신화만을 보고 한 일면적 주장이었다. 무릇 문학이란 기록문학과 구비문학으로 대별된다. 구비문학이란 문자로 기록되지는 않았지만 뭇사람들의 입으로 전해오는 문학을 가리킨다. 신화, 전설, 민담, 속담, 민요, 무가(巫歌 무당 노래), 수수께끼 등이 이에 속한다.

우리의 창세 신화는 이 중 무가 속에 찬연히 담겨 있다. 곧 우리의 창세 신화는 문헌에 기록되어 전해오지는 않았지만 구전으로는 완벽하게 전해 온 것이다. 이 중 대표적인 창세 신화는 제주도의 '천지왕본풀이'와 함경도의 '창세가'이다. 그러면 천지왕본풀이부터 보기로 하자.

천지왕본풀이는 큰굿의 첫머리에 신들을 청해 모시는 제의 절차인 초감제에서 불리는 무가다. 초감제란 처음으로 신을 내려오게 하는 강신제라는 뜻이다. 즉 신을 청할 때 부르는 청신의례(請神儀禮)다. 큰굿에서는 옥황상제 이하 모든 신을 청하는데, 천지왕본풀이에 나오는 천지왕은 우주 기원과 관련되는 신이기 때문에 초감제에서 가장 먼저 불린다. 그러면 그 내용을 한번 보자.

태초에 천지는 혼돈 상태로 있었다. 하늘과 땅은 떨어지지 않아 서로 맞붙어 있었고, 암흑으로 휩싸여 한 덩어리로 되어 있었다. 이 혼돈 천지에 개벽의 기운이 돌기 시작했다. 갑자년 갑자월 갑자일 갑자시에 하늘의 머리가 자방(子方)으로 열리고, 을축년 을축월 을축일 을축시에 땅의 머리가 축방(丑方)으로 열려 하늘과 땅 사이에 금이 생겼다. 이 금이 점점 벌어지면서 땅덩어리에서 산이 솟아오르고 물이 흘러내려 하늘과 땅의 경계가 점점 분명해졌다.

이때 하늘에서는 청이슬이 내리고 땅에서는 흑이슬이 솟아서 서로 합수되어 음양의 상통으로 만물이 생겨나기 시작했다. 먼저 별이 생겨나고, 아직 태양이 없을 때 천황닭이 목을 들고 지황닭이 날개를 치고 인황닭이 꼬리를 치니 갑을동방에서 동이 트기 시작했다. 이때 하늘의 옥황상제 천지왕이 해와 달을 두 개씩 내보내어 천지가 개벽하게 되었으며, 아직은 질서가 없어 혼란스럽기만 했다.

어느 날 천지왕은 좋은 꿈을 꾼 후 지상으로 내려가 총명부인을 배필로 맞고자 했다. 며칠간의 동침 후에 천지왕이 하늘로 올라가려 하자 총명부인이 자식을 낳으면 어찌할지를 물었다. 이에 천지왕이 아들을 낳거든 이름을 대별왕·소별왕이라 짓고, 딸을 낳거든 대월왕·소월왕이라 지으라고 했다.

그리고 박씨 세 개를 내주며 자식들이 자신을 찾거든 이를 심어 하늘로 뻗쳐 올라간 줄기를 타고 올라오라 하였다. 천지왕이 하늘로 올라간 후 총명부인이 아들 형제를 낳으니 이름을 대별왕과 소별왕이라 하였다. 형제는 자라나서 아버지를 만나고자 박씨를 심었다. 박씨에서 움이 돋아 덩굴이 하늘로 뻗어 올라갔다. 이에 형제는 그 덩굴을 타고 하늘에 올라가 천지왕을 만났다.

천지왕은 형인 대별왕에게 이승, 아우인 소별왕에게 저승을 각각 차지하도록 했다. 그러나 소별왕은 욕심이 많아 이승을 차지하고 싶었다. 그리하여 형에게 서로 경쟁하여 이기는 자가 이승을 차지하자는 내기를 청했다. 동생은 먼저 수수께끼로 다투었으나 이기지 못하자, 한 번 더 하자고 졸라서 서천꽃밭에 꽃을 심어 더 번성하게 한 이가 이승을 차지하자는 내기를 청하였다.

꽃을 가꾸는 데 있어 대별왕의 꽃은 번성했지만 소별왕의 꽃은 번성하지 못했다. 이에 소별왕이 대별왕에게 잠을 자자고 하고는, 대별왕이 잠든 사이에 몰래 대별왕의 꽃을 자기 앞에 가져다 놓고, 자신의 꽃을 대별왕 앞에 가져다 놓았다. 잠에서 깬 대별왕은 꽃이 바뀐 것을 알았으나 소별왕에게 이승을 차지하도록 하고 자신은 저승으로 갔다.

소별왕이 이승에 와서 보니 해도 두 개가 뜨고 달도 두 개가 뜨고, 초목이나 짐승도 말을 하고, 인간 세상에는 도둑·불화·간음이 성행하고 있었다. 그리고 사람을 부르면 귀신이 대답하고 귀신을 부르면 사람이 대답하는 실정이었다. 이에 소별왕은 형에게 이 혼란을 바로잡아 주도록 부탁했다. 대별왕은 활과 살을 가지고 해와 달 하나씩을 쏘아 바다에 던져 하나씩만 남기고, 송피 가루 닷 말 닷 되를 뿌려서 짐승들과 초목이 말을 못하게 하였다. 또한 귀신과 인간은 저울질을 하여 백 근이 넘는 것은 인간, 못한 것은 귀신으로 각각 보내어 인간과 귀신을 구별하여 주었다.

다음으로 함경도의 창세가를 보자. 이 창세가는 함경도 함흥 지역의 무녀 김쌍돌이[金雙石伊]가 구연한 무속의 창세 신화인데, 민속학자 손진태가 1923년에 채록하여 1930년에 『조선신가유편(朝鮮神歌遺篇)』이라는 책에 그 내용을 소개한 것이다. 그 줄거리는 이러하다.

하늘과 땅이 나뉘지 않은 상태였다가 하늘이 가마솥 뚜껑처럼 볼록하게 도드라지자, 그 틈새에 미륵이 땅의 네 귀에 구리 기둥을 세워 천지가 분리되었다. 이 시절에는 해와 달이 둘씩 있었는데, 미륵이 해와 달을 하나씩 떼어 북두칠성과 남두칠성 그리고 큰 별, 작은 별들을 마련했다.

미륵은 칡넝쿨을 걷어 베를 짜서 칡 장삼을 해 입었다. 그런 연후에 물과 불의 근본을 알아내기 위하여 쥐의 말을 듣고 금덩산으로 들어가서 차돌과 시우쇠를 톡톡 쳐서 불을 만들어 내고, 소하산에 들어가서 샘을 찾아 물의 근본을 알아내었다.

미륵이 금쟁반·은쟁반을 양손에 들고 하늘에 축수하여 하늘로부터 금벌레·은벌레를 다섯 마리씩을 받았다. 그 벌레가 각각 남자와 여자로 변하여 다섯 쌍의 부부가 생겨나 인류가 번성하게 되었다.

미륵이 인간 세상을 다스리고 있을 때에, 석가가 등장하여 미륵에게 인간 세상을 내놓으라 했다. 미륵은 석가의 도전을 받고 인간 세상 차지 경쟁을 하게 되었다. 미륵이 계속 승리하자 석가는 잠을 자면서 무릎에 꽃을 피우는 내기를 제안하고, 미륵이 잠든 사이에 미륵이 피운 꽃을 가져다 자기 무릎에 꽂아 부당하게 승리한다.

미륵은 석가에게 인간 세상을 내어주고 사라진다. 석가의 부당한 승리로 말미암아 인간 세상에는 부정한 것들이 생겨나게 되었다.

그러면 위에서 본 두 편의 창세 신화에 나타난 우리 신화의 근본 사상과 특색은 무엇인가를 더듬어 보기로 하자.

성서의 창세기에는 "태초에 하느님이 천지를 창조하시니라. …… 하느님이 빛이 있으라 하시매 빛이 있었고"라 하여 창조주가 이 세상 만물을 창조하였다고 되어 있다. 중국 신화에도 "여와가 황토를 빚어 사람을 만들었다."고 하였고, 또 "여와가 정월 초하룻날에 닭을 만들고, 이튿날에는 개를 만들고, 사흘날에는 양을 만들고 …… 이렛날에는 사람을 만들었다."고 하여 여와가 창조의 주체가 되어 있다. 알타이 지방의 달단족과 시베리아의 야쿠트족, 바이칼 호수 주변의 부리아트족 등의 인류시조 신화들도 한결같이 창조주가 먼저 존재한다.

그러나 우리 신화에서는 위에서 보듯이 그러한 창조주가 없다. 모든 사물의 존재에 우선하여 태초부터 존재하는 창조주의 실체가 설정되어 있지 않다.

천지왕본풀이에는, "태초에 천지는 혼돈 상태로 있었다. 하늘과 땅이 떨어지지 않아 서로 맞붙어 있었는데, 하늘의 머리가 자방(子方)으로 열리고, 땅의 머리는 축방(丑方)으로 열려 하늘과 땅 사이에 금이 생기고, 이 금이 점점 벌어지면서 땅덩어리에서 산이 솟아오르고 물이 흘러내려 하늘과 땅의 경계가 점점 분명해졌다."고 하였다. 이어서 "하늘에서는 청이슬이 내리고 땅에서는 흑이슬이 솟아서 서로 합수되어 음양의 상통으로 만물이 생겨나기 시작했다. 이때 하늘의 옥황상제 천지왕이 해와 달을 두 개씩 내보내어 천지가 개벽하게 되었다."고 하였다.

창세가에서도, "하늘과 땅이 나뉘지 않은 상태였다가 하늘이 가마솥 뚜껑처럼 볼록하게 도드라지자, 그 틈새에 미륵이 땅의 네 귀에 구리 기둥을 세워 천지가 분리되었다. 이 시절에는 해와 달이 둘씩 있었는데, 미륵이 해와 달을 하나씩 떼어 북두칠성과 남두칠성 그리고 큰 별, 작은 별들을 마련했다."고 했을 뿐 어느 특정한 창조주는 없다.

여기에 미륵이 등장하지만, 미륵은 하늘과 땅이 붙지 않도록 기둥을 받치는 거인신에 불과할 뿐 창조주는 아니다. 카오스 즉 혼돈의 상태가 음양의 원리에 의하여 하늘과 땅이 분리되고, 하늘의 청이슬과 땅의 흑 이슬이 합수되어 만물이 창조된다. 그러므로 우리의 창세 신화는 창조 신화가 아니라 천지가 개벽하는 신화다. 어느 절대자의 손에 의하여 창조되는 것이 아니라, 음양의 조화에 의하여 전개되는 개벽 신화다.

인간 역시 창조주의 손에 의하여 만들어지지 않는다. 천지왕본풀이에 서는 하늘의 천지왕이 지상에 내려와 총명부인과 결합하여 인간이 만들어지고, 창세가에서는 미륵이 금쟁반·은쟁반을 양손에 들고 하늘에 축수하여, 하늘로부터 받은 금벌레·은벌레가 각각 남자와 여자로 변하여 인류가 생기게 된다. 벌레가 스스로 자력으로 자라고 변신하여 사람으로 변신하는 것이다. 이처럼 우리 신화에 나타나는 인간관은 조물주에 의하여 처음부터 완벽하게 인간으로 만들어진 것이 아니라, 저절로 개벽된 다음 점차 변화되어 지금의 상태와 같이 조화롭게 되었다는 진화론적 세계관이다. 이와 같은 우리 민족의 진화론적 세계관은 현재의 세상이 완벽하다고 보지 않고, 앞으로 더 바람직한 세상으로 발전될 것이라고 보는 미래지향적 세계관이라 할 수 있다.

이것은 불완전한 현세를 설명고자 하는 것과 합리적으로 연결되어 있다. 천지왕본풀이에서는 대별왕과 소별왕이 세상을 다스리기 위해 다툼을 벌이고, 창세가에서는 미륵과 석가가 서로 경쟁한다. 그런데 두 신화에서 보듯이 시합에서 거짓을 행한 소별왕과 석가가 이겨서 이 세상을 다스린다. 그 결과로 지금 인간 세상에는 도둑, 불화, 간음과 같은 부정한 것들이 성행하고 있다고 설명하고 있다. 이러한 비판적 현실 인식의 한켠에는 미래에 대한 기대와 전망이 내포되어 있다. 비록 지금은 부조리하고 혼탕한 세상이지만, 미륵이 다스리는 미래 세상에는 온전하고 바른 세상이 온다는 진화론적 세계관을 나타내 보이고 있는 것이다.

창조론적 신화는 창조주가 우주와 인간 그리고 삼라만상을 완벽하게 창조해 놓았는데, 인간이 잘못을 저질러 이 세상이 부조리한 세상이 되었으며, 그 원죄에 의하여 고통받는 삶이 되었다고 말한다. 즉 아담과 이브가 선악과를 따 먹은 결과로 에덴에서 쫓겨난 것이다. 우리의 진화론적 개벽 신화에서는 모든 사물이 자력적 생명력을 지니며 생성 발전해 가는데, 세상을 차지하려는 신의 욕심 탓에 세상이 잘못되어 여기에 이르렀다는 것이다.

서양의 창조 신화가 현실의 부조리를 인간 탓으로 돌려 인간에게 원죄 의식을 심어 주는 신본주의라면, 개벽 신화는 사람들은 원래 선한데 부정한 신이 세상을 다스리는 탓이라 하여 인본주의에 바탕을 두고 있다. 그래서 저쪽의 창조 신화가 속죄의식으로 신을 섬기도록 하는 종속적 믿음을 요구하는 개별신앙 중심인 데 비하여, 우리의 개벽 신화는 현세의 신이 아닌 미래의 신이 구원자로 나타나, 세상이 다시 개벽 되기를 소망하는 미래세를 꿈꾸고 있는 것이다.

20 속담의 생성 유래

속담은 오랜 생명을 가지고, 우리 생활 속에서 뭇사람들의 지혜로 갈고 닦이어 온 언어의 정수로서, 그 속에 인생 체험의 미묘한 기지와 신랄한 해학과 엄정한 교훈을 담고 있는
구비 문학의 한 갈래이다.

속담이란 용어는 우리나라와 일본에서 쓰이는 것으로 중국에서는 쓰이지 않는 말이다. 중국에서는 속어(俗語)라는 말을 쓰고 있다. 이 속담이란 말이 우리나라 문헌에 나타나기는 선조 때 유몽인이 쓴 어우야담(於于野談)이 처음이다. 그런데 이 속담이란 것은 앞에서도 지적했다시피, 뭇사람들 즉 집단을 전제로 하여 생성되고 통용되는 특성을 갖는 것이기 때문에, 속담에는 자연 그 집단의 사회성과 역사성이 담기게 된다.

① 내 일 바빠 한데 방아

이 속담은 문헌에 나타난 우리나라 최초의 속담이다. 이 속담은 원래는 '내 일 바빠 한댁 방아'였는데, 후대로 내려오면서 지체 높은 대갓집[大家宅]을 뜻하는, '한댁'이 바깥을 뜻하는 '한데'로 바뀌어 전해지고 있다.

이 속담은 삼국유사 욱면비염불서승(郁面婢念佛西昇) 조에 실려 있는데 그 개략은 이러하다.

경덕왕 때 강주(康州)에 사는 아간(阿干) 귀진(貴珍)의 집에 욱면(郁面)이란 계집종이 있었다. 그녀는 미타사에 염불하러 가는 주인을 따라가, 마당에서 열심히 염불을 했다. 그런데 주인이 이를 못마땅히 여겨, 늘 곡식 두 섬을 주어 하룻저녁에 다 찧게 하였다. 염불을

못 하게 하기 위한 조치였다. 그러나 욱면은 그 일을 서둘러 끝내고 염불에 참여하곤 했다. 그녀는 더욱 정진하기 위하여 뜰의 좌우에 긴 말뚝을 꽂아 세운 뒤, 두 손바닥을 뚫어 노끈으로 꿰어 그 말뚝에 매어 두고 합장하였다.

그러던 어느 날, 하늘에서 "욱면 낭자는 당(堂) 안에 들어가서 염불하라."는 소리가 들리므로 중들이 그렇게 조처했는데, 그 후 얼마 되지 않아 욱면은 몸을 솟구쳐 법당의 천장을 뚫고 나가 부처로 화하였다.

'내 일 바빠 한댁 방아'라는 속담은 이래서 생긴 것이다.

이 속담은 '내 앞에 닥친 일이 매우 바쁜데, 그것을 해결하기 위해서, 내키지는 않지만 어쩔 수 없이 남의 일(방아)부터 먼저 해 주어야 한다'는 뜻으로 쓰인다. 지금 우리가 쓰고 있는 '내 일 바빠 한데 방아'라는 속담은 여기서 유래한 것이다.

이어서 전해오는 속담의 생성 유래 몇 가지를 살펴본다.

② 쥐뿔도 모른다
아무것도 모르는 사람이 아는 체하는 것을 빗대어 말할 때 쓴다.

어느 집에 몇백 년 묵은 쥐 한 마리가 살고 있었다. 하루는 주인이 밖에 나가다가 잠깐 변소에 가느라고 갓을 벗어 문간에 놓아두었는데, 그 사이에 쥐가 그 갓을 쓰고 주인으로 변장을 하였다. 변소에 다녀온 주인은 갓이 없자 이를 찾으러 방으로 들어갔다. 그런데 방에서는 자기와 똑같이 생긴 사람이 부인과 이야기를 하고 있는 것이었다.

주인이 깜짝 놀라 호통을 치자, 변장한 쥐도 맞받아서 호통을 쳤다. 두 사람은 할 수 없이 관가에 고소를 하였다. 사또는 부인을 가운데 세워 놓고, "남편의 몸에 어떤 표적이 없는가?" 하고 물었다. 부인은 남편의 좆에 사마귀가 있다고 하였다. 그런데 검사해 보니 두 사람 모두 좆에 사마귀가 있는 것이었다.

사또는 다시 세간살이에 대해 물었는데 진짜 남편이 대답을 못해 쫓겨나게 되었다. 쥐는 이 집 곳곳을 매일 샅샅이 뒤지고 다니므로, 세간살이를 훤히 꿰차고 있었기 때문에 진짜 주인을 이길 수 있었던 것이다. 주인은 산속에 들어가 불도를 닦다가 부처님의 도움으로 고양이 한 마리를 가져와 변장한 쥐를 물리치게 되었다. 그러자 사람들이 "쥐 좆도 몰랐소?" 하며 비웃었다.

쥐가 변신하였는데도 진짜와 가짜를 구별하지 못했던 것이다. 이러한 사건을 계기로 하여, 뭐가 뭔지 식별을 잘못하는 사람이나 아무것도 모르면서 아는 체하는 사람을 보고 '쥐 좆도 모른다'고 했다는 것이다. 그런데 이 '쥐 좆도 모른다'는 표현이 일반적으로 사용하기에 어감상 좋지 않아서 '쥐뿔도 모른다'라는 말로 바꾸어 썼다고 한다.

그러나 이와 같이 '쥐뿔도 모른다'는 속담이 '쥐 좆도 모른다'라는 말에서 왔다는 설명은 옳지 않다. 또 '쥐뿔'도 일반 사람들이 알고 있는 것처럼 '쥐의 뿔[角]'을 이르는 말도 아니다. '쥐뿔'은 '쥐의 불' 즉 '쥣불'이 발음상 굳어져 생긴 말이다. 곧 '쥣불'이 '쥐뿔'로 변형된 것이다. 이때의 '불'은 고환을 가리키는 순우리말이다. 겁결에 소리소리 지르며 뛰어가는 모양을 가리키는 속담에 '불 차인 중놈 달아나듯'이란 것이 있는데, 이 속담 속의 '불'이 곧 그런 뜻을 지닌 말이다. 이 '불'에 '알'이 합해져 '불알'이란 말이 생겨났다.

1938년에 나온 『조선어사전』에 '쥐뿔 같다'는 말이 실려 있는데, 이는 '변변치 못한 사물을 가리키는 말'이란 뜻풀이와 함께 '쥐 불알 같다'와 같은 말이라 적혀 있다. 이를 봐도 '쥐뿔'이 '쥣불'의 굳어진 말임을 알 수 있다. 그러니 '쥐뿔도 모른다'는 속담은 '쥐 좆도 모른다'는 말의 변형이 아니라, '쥐의 불(알)' 즉 '쥣불[쥐뿔]도 모른다'는 말에서 온 말이다. 쥐의 좆이나 쥐의 뿔과는 전혀 관계없는 말이다.

　'쥐 불알 같다'는 속담은 보잘것없는 것을 이를 데 쓰는 것이다. 쥐의 불알은 매우 작아서 잘 보이지도 않기 때문에 생긴 속담이다. 그처럼 잘 보이지도 않는 하찮은 지식을 가지고 아는 체하며 뽐내는 사람을 가리켜 '쥐뿔도 모른다'는 속담을 썼던 것이다. 이 말이 후대로 내려오면서 점차 그러한 말의 뜻이 정확히 전승되지 못하고 잊히거나 왜곡되어, 사람들이 서두에서 보는 바와 같은, 그럴듯한 이야기를 덧붙여 만들어 내게 된 것이다. 쥐뿔도 모른다는 속담이, 쥐는 원래 뿔이 없기 때문에 거기에 연유해서 생긴 것도 아니다.

　그런데 이 '불'에 대해서 몇 마디 첨가하고자 한다. '불'의 원말은 '붇'이다. 지금 방언에 '붇두덩'이란 말이 쓰이고 있는데, 이 말의 '붇'이 바로 그것이다. 우리말에는 'ㄷ'과 'ㄹ'이 서로 넘나드는 현상이 있는데 이를 일러 음운의 호전(互轉) 현상이라 한다. 이러한 호전 현상에 의하여 '붇'이 '불'로 변한 것이다.

　이 말과 관련하여 '불씹장이'란 말에 대하여 약간의 설명을 덧붙인다. 불씹장이는 남자와 여자의 생식기를 둘 다 가지고 있는 사람을 가리키는 말이다. 남녀추니, 어지자지, 고녀(睾女)라고도 한다. 그러니까 불씹장이는 성관계를 할 수 없는 사람이다. 그래서 사람들은 불씹장이란 말의 '불'이 '불(不)'의 뜻인 줄 대부분 알고 있다. 그러나 그 '불'은 '불(不)'이 아니라, '불(알)'의 뜻이다. 그러므로 '불씹장이'는 '씹 불(不)능자'가 아니라, '불(알)과 씹을 가진 장이'란 뜻이다.

③ 같은 값이면 다홍치마

모든 속담이 다 그렇듯이, '같은 값이면 다홍치마'란 속담도 우리의 문화적 배경을 깔고 생성된 것이다. 이 속담의 배경담을 모르는 이는 '같은 값이면 흰 치마보다 붉은 물감을 들인 무색 치마가 낫다'라는 뜻으로 생각하겠지만 실상은 그렇지 않다.

우리나라 부녀자들의 전통적 의상 색깔을 보면, 양가집 규수는 녹의홍상(綠衣紅裳)이라 하여 녹색 저고리와 다홍색 치마를 입었고, 과부나 기생 등은 청상(靑裳) 즉 푸른 치마를 입었다.

그러므로 이 속담은 '같은 값이면 과부를 데려오기보다는 처녀를 데려오는 것이 낫다'라는 뜻에서 유래한 속담임을 알게 된다.

④ 찢어지게 가난하다

매우 가난하다는 것을 나타낼 때 '찢어지게 가난하다'고 한다. 왜 딴말 다 제쳐두고 '찢어지게'란 말을 붙여서 표현할까? 이에는 그럴 만한 연유가 있다.

가장 험하고 넘기 어려운 고개는 보릿고개라고 한다. 먹는 것이 부족하던 시절에 배고픔을 참으며 넘어야 하는 보릿고개, 그것은 정녕 생사를 넘나드는 험하디험한 고개였다. 5,60년대만 하더라도 초근목피(草根木皮)로 연명한다는 말은 일상으로 듣던 말이었다. 말 그대로 풀뿌리와 나무껍질을 먹으며 명을 이어 갔던 것이다. 그런데 그 초근목피 중에 대표적인 것이 칡뿌리와 소나무 껍질이었다.

그중 소나무의 껍질은 겉껍질을 벗겨내고 속껍질을 이용했는데 이를 송기(松肌)라 한다. 이 송기를 절구나 디딜방아에 찧어 부드럽게 하여, 곡식 가루와 섞어 쪄서 먹거나 나물과 섞어 죽을 끓여 먹었다.

그런데 이 송기에는 타닌 성분이 많아서, 먹고 나면 변비가 생기기 마련이었다. 예부터 솔잎과 송기는 민간에서 설사를 멈추게 하는 약으로 써 왔는데, 그 근거는 바로 소나무의 이러한 효능 때문이었다. 어떻든 이 송기로 만든 음식을 먹고 나면 심한 변비가 생겨 변을 보기가 어려웠고, 또 어렵게 변을 보고 나면 항문이 찢어지게 되었다. 이렇게 항문이 찢어지게 된 근원적인 연유는 가난 때문에 생긴 것이다. 그래서 '똥구멍이 찢어지게 가난하다'는 말이 생기게 되었고 '가난하다'는 말로 쓰이게 되었다.

⑤ 말짱 도루묵

이 속담의 근원설화는, 흔히 선조가 피란 시절에 먹었다는 고기 이름에서 유래했다고 이야기하는 사람들이 많다.

임진왜란 때 선조가 몽진하면서 '묵'이라는 고기를 먹어 보니 너무나 맛이 좋아 고기 이름을 물으니, '묵'이라 하였다. 선조가 그 말을 듣고, 고기의 좋은 맛에 비해 이름이 맞지 않다 하여 '은어'라고 해라 하였다. 전쟁이 끝나고 선조가 환궁하여 그 맛이 생각나서 다시 먹어 보니, 전번에 먹었던 맛이 나지 않아 '도로 묵이라 해라'고 하여, '도루묵'이란 새 이름이 생겼다는 것이다.

그러나 이것은 사람들이 그럴듯하게 꾸며낸 이야기다. 도루묵은 옛 문헌에 '돌목'으로 나온다. 돌목은 함남 방언에 지금까지 남아 있는 말이다. 이 돌목이 돌묵으로 변하고, 돌묵이 다시 도루묵으로 변한 것이다. 돌목 → 돌묵 → 도루묵의 과정을 거친 것이다.

돌목의 '돌'은 질이 떨어지거나 모양이 좋지 않은 것에 붙는 접두사다. 돌배, 돌미나리, 돌팥이, 돌복숭아 등에 붙어 있는 그 '돌'이다. 그런데 고기 이름에도 돌가자미, 돌상어, 돌농어, 돌잉어, 돌돔, 돌고래와 같이 '돌'이 붙는 것이 많다. 돌목도 이와 같이 '목'이라는 고기에 '돌'이 붙어 된 말이다. '목'보다 맛이 떨어지는 고기 이름이다. 맛이 좋은 목은 안 잡히고, 맛도 값도 떨어지는 돌목 즉 도루묵만 가득 잡히니 기분이 좋을 리가 없을 것이다. 이와 같이 어떤 일이 하고자 하는 기대에 못 미치는 경우를 빗대어 그런 말이 생겨난 것이다.

그러므로 도루묵은 돌목의 다른 이름일 뿐, 도로 물린다는 뜻을 담고 있는 말이 아니다. 선조가 피란 시절에 먹던 것보다, 환궁하여 배부를 때 먹어 보니 영 맛이 없어 도루묵이란 이름이 생겼다는 것은 그저 꾸며 낸 이야기다.

⑥ 십년공부 도로 아미타불

이 말은 오랫동안 기울여 왔던 노력이 수포로 돌아갔을 때 쓰는 속담이다. 이 속담에도 그런 듯한 민간어원설이 따라다닌다.

옛날 어느 고을에 동냥을 하러 나갔던 중이, 한 아름다운 처녀를 만나 홀딱 반하여 청혼을 하게 되었는데, 처녀가 말하기를 십 년 동안 동거하되 손도 잡지 않고 바라만 보며 공부에 열중하면 결혼하겠다고 하였다. 그런데 십 년이 되기 하루 전날, 그만 이를 참지 못하고 처녀의 손을 잡으니, 처녀는 한 마리 파랑새가 되어 날아가 버렸다.

그러나 이 속담은 그런 데서 생긴 것이 아니다.

원래는 이 말이 염불 수행의 진수를 이르는 표현이었는데, 이를 잘못 이해하고 꾸민 데서 그런 속담이 생기게 되었다. 이 말의 뿌리가 되는 말은 본래 '십념공부 도로 아미타불(十念工夫 都盧 阿彌陀佛)'이다. 십념(十念)은 아미타불을 열 번 부른다는 뜻이다. 죽을 때 아미타불을 정성을 다하여 열 번을 외우면 극락왕생한다는 말이 경전에 나와 있다.

공부(工夫)는 원래 불교에서 유래된 말로 수행을 뜻하는 말이고, 도로(都盧)는 불교 용어로 '단지, 다만'의 뜻이다. '십념공부 도로 아미타불'을 글자 그대로 해석하면, '열 번을 열심히 불러야 하는 수행은 단지 아미타불이다'란 뜻이 되는데, 이는 '아미타불을 다만 열 번만 외우면 극락 간다'는 말이다. 그런데 이 '도로'를, 지금 쓰는 속담에서는 '다시(도로)'나 '도로(徒勞 헛수고)'란 뜻으로 바꾸어 끌어댄 것이다. 이와 같이 '십년 공부 도로 아미타불'은 '십념공부 도로 아미타불'을 비틀어서 꾸며낸 이야기다.

⑦ 호떡집에 불난 것 같다

주위가 갑작스럽게 소란해질 때 '호떡집에 불난 것 같다'란 속담을 쓴다. 호떡은 중국 음식점에서 만들어 파는 음식이다. 지금의 호빵이란 말에 그 흔적을 남기고 있다. 우리나라의 화교는 임오군란 때 파병으로 온 청나라 군사들을 따라 들어온 것이 처음이라고 하는데, 이들은 주로 호떡과 만두를 만들어 팔며 생활했다. 우리나라 사람들의 입에 맞는 짜장면을 개발한 것도 이때쯤이다.

그런데 이 속담이 생긴 것은 일제의 간악한 계교가 숨어 있는 만보산 사건과 관련되어 있다. 이 사건은 1931년 만주의 길림성 만보산 지역에서 한인과 중국인 사이에 수로 개설 문제로 충돌이 일어난 사건이다. 이 사건이 일어나자, 국내 주요 신문들이 이 사건은 만주에 있는 한인들에 대한 중국인의 조직적인 박해에 의하여 발생한 것이라고 보도하면서, 민족감정을 자극하자, 우리나라에 거류하는 중국인을 적대시하고 박해하는 사건이 벌어졌다.

평양에서는 대낮에 중국인 상점과 가옥을 파괴하고 구타 학살하는 사건이 며칠간 계속되는 등 잔인한 폭동으로 확산되었다. 그래서 말 그대로 호떡을 파는 중국집에 불이 나고 시끄럽게 된 정황이 벌어져 그런 속담까지 생겨나게 되었다.

그런데 이 사건의 본질은 일본이 만주에 진주하면서, 중국인과 한인들의 반일 투쟁을 분열시키기 위하여, 일제가 꾸민 치밀한 계교에 의한 것이었다. 양자 간의 충돌을 뒤에서 조종하여 그들의 만주 침략을 쉽게 함과 더불어, 국제적으로 정당화하려는 술책으로 빚어진 사건이었다.

⑧ 미역국 먹다

'미역국 먹다'란 말은 시험에 떨어졌다는 뜻으로 쓰는 말인데, 미역이 미끌미끌하다는 것에서 유래된 말이라고 아는 이가 많다. 그러나 이 말은 그런 데서 나온 것이 아니라, 그 연원이 매우 깊은 말이다.

이 말은 한말 일제가 국권 침탈의 일환으로 실시한 군대 해산과 관련하여 생긴 말이다.

통감 이토는 헤이그 밀사 파견을 구실로 삼아 고종을 퇴위시키고, 1907년 7월 31일에는, 융희 황제로 하여금 군대 해산에 관한 칙어를 내리게 한 뒤, 8월 1일을 기하여 군대 해산식을 거행하였다. 이날 참령 박성환이 자결로써 항거의 뜻을 보이자, 전국 각처에서 군인들이 무장 항쟁에 돌입하여 그 후 5년이나 계속되었다.

이와 같이 군대 해산은 엄청난 파장을 던져 준 사건이었다. 나라를 빼앗기는 위기감을 실감케 하는 일이 아닐 수 없었다. 그래서 사람들은 군대 해산(解散)이란 말의 해산을, 동음이의어인 아이를 낳는 산고의 해산이란 말을 따와서, 해산하면 먹는 미역국을 먹어야 할 일이라고 빗대면서 가슴을 아파하였다. 국권을 지키지 못하고 실패한 고통을, 해산의 고통으로 여기면서, 아울러 미역국을 떠올린 것이다.

⑨ 묻지 마라 갑자생

'묻지 마라 갑자생'은 물어 볼 필요도 없이 틀림없다는 뜻으로 쓰고 있는 말이다. 그런데 여기에 나오는 갑자생은 보통 육십갑자를 말할 때 첫 번째로 나오는 말이기 때문에, 무의미하게 그냥 쓰인 것이라고 생각하기 쉽다.

그러나 여기에도 이유가 있다. 이 말에는 일제의 악랄한 강제 징용에 희생된 그 당시 청년들의 아픔이 배어 있다. 처음에는 지원병 제도로 모집하던 일제는, 전쟁 말기 즉 1944년경부터는 강제 징용으로 우리 젊은이를 붙잡아다가 그들의 총알받이로 내몰았다. 이때 20살이던 갑자생[1924년생] 청년들은, 심한 장애인이 아니면 무조건 신체검사에서 합격 판정을 내려, 전장으로 끌고 갔던 것이다. 그야말로 갑자생은 물어볼 것도 없었다. '묻지 마라 갑자생'이란 말은 이래서 생긴 슬픈 전설이다.

⑩ 마산상고 나왔나

계산이 틀리거나 맡은 일을 제대로 정확하게 처리하지 못하는 사람을 가리켜, 흔히 "마산상고 나왔나?"라는 말을 쓰는 경우를 간간히 본다. 마산상고가 전국의 상고 실력 대회에서 꼴찌를 한 일이 있어서, 이런 말이 생겨났다고 하는 사람도 있다.

그러나 사실은 이와 전혀 다르다. 마산상고는 이 지역의 명문고인데, 어느 해에 큰 화재가 발생하여 졸업생들의 호적부라 할 수 있는 생활기록부가 전부 소실되었다.

그런데 세상인심은 고약한 것이어서, 마산상고 출신이 아닌 어중이떠중이 같은 못난이까지, 모두가 마산상고 출신이라고 우겨댔다. 호적부가 없어졌으니 모두가 일류가 되고 싶었던 것이다. 실제 마산상고 출신은 그렇지 않은데, 이 가짜 출신은 실력이 부족한 까닭에 매사에 실수 투성이었으므로, 이러한 말이 생겨나게 되었다.

⑪ 삼천포로 빠지다

일을 하다가 도중에 실수하거나 실패할 경우에, '잘 나가다가 삼천포로 빠졌다'라는 말을 자주 쓴다. 이 말이 생긴 배경담에는 몇 가지가 있으나, 그 중 두어 가지를 소개하면 이러하다.

부산에서 진주로 가는 기차는, 처음에 출발할 때는 삼천포로 가는 손님과 진주로 가는 손님이 함께 타고 가다가, 차가 계양역에 닿으면 거기서 진주행과 삼천포행의 객차로 갈라져 타야 했다. 여기서 승객들은 반드시 진주행 차량과 삼천포행 차량으로 각각 옮겨 타야 하는데, 그때 잠이 들었거나 술에 취해서 제대로 갈아타지 못한 사람은 엉뚱한 방향으로 가게 되었기로 이 속담이 유래되었다는 것이다.

또 다른 유래담은 진해에 있는 해군 기지와 관련된 이야기다. 휴가를 나온 장병들이 경부선을 타고 부대로 돌아갈 때는, 삼랑진에서 내려 진해행 기차를 갈아타야 했는데, 그만 잘못하여 삼천포행 기차를 타 버려 늦게 귀대하는 경우가 종종 있었기로, 이런 말이 생겨났다는 것이다.

⑫ 엿 먹어라

1964년 12월에 시행한 중학교 시험에, 엿을 만들 때 엿기름 대신에 사용해도 되는 것을 고르라는 문제가 출제되었는데, 디아스타제가 정답이었다. 그런데 그 문제의 선택지로 나온 무즙으로도 엿을 만들 수 있다고 하여, 무즙을 답으로 쓴 학생의 부형들이 무즙도 정답으로 처리해 달라고 주장하였다. 이때 어떤 학부모들은 실제로 무즙을 이용하여 엿을 만들어, 이것을 들고 교육청에 거세게 항의하였다.

이 사건이 연유가 되어 '엿 먹어라'는 욕설이 생기게 되었다고 한다. 그러나 이 이야기는 견강부회한 감이 없지 않다. 이 욕설은 무즙 사건보다 시대적으로 훨씬 앞선 남사당패의 은어에서 유래한다.

엿은 지난날 남사당패의 은어로서, 여자의 성기를 이르는 말이며, '엿 먹어라'는 남녀 간의 성관계를 가리키는 말이다. 욕설이 성과 관련된 말이 많듯이, 이 말도 그렇게 생긴 말이다.

그런데 속담은 오랫동안 여러 사람의 입을 거치면서, 원래의 쓰임과는 다른 의미로 변하기도 한다. 그런 속담 몇 가지를 살펴본다.

⑬ 하룻강아지 범 무서운 줄 모른다

우리말에는 사람의 나이와는 달리 가축의 나이를 세는 말이 따로 있었다. 태어난 지 1년이 되면 사람은 한 살이라 하고 가축은 하릅이라 하였다. 두 살은 두습·이듭이라 하고, 세 살은 세습·사습, 네 살은 나릅, 다섯 살과 여섯 살은 각각 다습·여습, 일곱 살과 여덟 살은 각각 이릅·여듭, 아홉 살은 아습·구릅, 열 살은 열릅·담불이라 한 것이 그것이다.

지금 쓰는 속담 속의 하룻강아지는 바로 이 하릅강아지가 바뀐 말이다. 이 속담을 오랜 기간 사용하는 과정에서 사람들이 하릅을 하루로 바꾸어 놓은 것이다.

⑭ 강원도 삼척이다

'강원도 하면 삼척' 또는 '강원도 안 가도 삼척'으로도 쓰이는데, 방이 몹시 춥다는 뜻으로 쓰인다. 그런데 여기서의 삼척은 삼청(三廳)을 잘못 발음하여 굳어진 것이다. 삼청은 금군삼청(禁軍三廳)의 준말로, 조선 때 왕실의 호위를 맡은 내금위(內禁衛)·겸사복(兼司僕)·우림위(羽林衛)의 세 군영을 가리킨다. 이들 세 군영에는 잠을 자지 않고 충실히 근무를 하기 위하여 겨울에도 불을 때지 않아 매우 추웠다. 추운 방을 가리켜 삼청냉돌이라고 하는 말도 여기서 유래한 말이다. 추운 방을 가리키는 '강원도 안 가도 삼척'이란 속담의 '삼척'은 바로 이 '삼청'이 변한 말이다.

⑮ 구렁이 제 몸 추듯

자기가 스스로 자신을 자랑하는 것을 이를 때 쓴다. 이 속담을 처음 대하는 이는 인도등지에서 코브라 뱀의 춤을 다루는 장면을 연상할지도 모르겠다. 그러나 이것은 그런 데서 유래한 것이 아니다. 이 속담은 원래 '굴원(屈原)이 제 몸 추듯'이란 말이 바뀌어 이루어진 것이다. '추듯'이란 말은 '자랑하듯'이란 뜻이다. 그러니 이 속담을 말 그대로 풀이하면, '굴원이 제 스스로를 자랑하듯'이란 뜻이다.

그러면 이러한 속담이 왜 생겨났을까?

굴원은 초나라의 대부로, 직언을 하다가 정적들의 모함을 받아 쫓겨난 사람이다. 뒷날 나라가 망하자 그는 멱라수에 몸을 던져 자살하였다. 그가 지었다는 어부사에 이런 구절이 있다.

어부가 굴원에게 왜 추방당했느냐고 물으니, 굴원이 대답하기를, '온 세상이 다 탁한데 나만 홀로 맑고, 뭇 사람이 다 취했는데 나만 홀로 깨어있는 까닭으로 추방을 당했소.'라 했다. 이에 어부가 말하기를, '성인(聖人)은 만물에 얽매이거나 막히지 않고, 능히 세상을 따라 옮겨 가는 것인데, 세상 사람들이 다 혼탁하면 왜 그 진흙을 휘저어 물결을 일으키지 않으며, 뭇사람이 다 취했으면 그 술지게미를 먹고 남은 탁주를 같이 마시지 않았소.' 하였다.

세상과 타협하지 못하고 자화자찬만 하는 굴원을 보고 어부가 탓하는 내용이다. 충언 때문에 죽은 그의 고결함을 너무 애석히 여긴 나머지, 거꾸로 그를 원망스러워 하고 있는 것이다. 너무 강직해서 아까운 사람이 죽고 말았다는 세인들의 안쓰러움을, 어부의 입을 빌려 나타내고 있는 것이다. 다시 말하면, 공연히 자기 혼자서만 절조를 지키려다 억울하게 죽은 그를 애처로이 여겨, 굴원이 자신을 믿고 너무 뽐내어 그렇게 되었다는 식의 역설적인 속담을 지어낸 것이다.

이래서 생긴 '굴원이 제 몸 추듯'이 시대를 내려오면서 '구렁이 제 몸 추듯'이란 말로 바뀐 것이다.

21 범보다 더 사나운 것에 시달린 사람들

예기(禮記) 단궁(檀弓) 편에 이런 이야기가 나온다.

공자가 태산의 곁을 지나가는데, 한 부인이 무덤 앞에서 슬피 울고 있었다. 공자가 수레 앞의 손잡이를 잡고 머리를 숙여 경의를 표하고 듣더니, 제자 자로를 시켜서 그 연유를 물어보게 하였다.
"부인의 곡하는 모습을 보니 무슨 큰 근심이 있는 듯합니다."
이에 부인이 대답하였다.
"그렇습니다. 오래전에 저의 시아버님이 범에 물려 죽었습니다. 그후에 남편도 또 범에게 물려 죽었습니다. 그런데 이번에는 아들까지 범에게 물려 죽었습니다."
이 말을 들은 공자가 물었다.
"그러면 이렇게 무서운 곳을 왜 떠나지 않습니까?"
"모르시는 말씀입니다. 이곳에 살고 있으면 가혹한 세금과 징벌에 시달릴 걱정은 안 해도 되기 때문입니다."
공자는 이 말을 듣고 뼈저리게 느끼는 바가 있어, 함께 따라온 문인(門人)들에게 말을 건넸다.
"제자들아 잘 명심해 두어라. 가혹한 정치는 범보다도 더 사납다는 것을."

가혹한 정치가 끼치는 해독을 호환(虎患)에 비유한 이야기로, 이른바 '가정맹어호(苛政猛於虎)'라는 고사성어가 생기게 된 연유담이다. 가렴주구(苛斂誅求)에 시달리기보다는 차라리 죽는 것이 더 낫다는 것이다.

정치란 두말할 것도 없이, 백성들의 삶을 풍요롭게 하고 그 마음을 편안하게 하는 것이어야 한다. 그런데 백성을 다스린다는 위정자가 백성을 편안하게 하기는커녕, 오히려 그들을 수탈하고 괴롭히어 자신들의 사욕을 채우고, 자신들의 향락을 위한 도구쯤으로 여기는 슬픈 역사는 고래로 끊임없이 이어져 왔다.

관리가 되는 것이 부를 축적하는 수단이 되고, 또 그것을 유지하고 더욱 그것을 공고히 하기 위하여 윗사람에게 아첨하며 상납하는 폐습이 자연히 생기게 되었으며, 마침내는 돈으로 벼슬을 사게 되는 일까지 벌어지게 되었다.

없었으면 좋았을 이러한 일들이 우리의 지난날에도 버젓이 존재하였으니, 부끄러운 일이지만 현재를 바르게 다지고 미래를 경계하는 뜻으로, 이와 관련된 이야기 몇 가지를 더듬어 본다.

먼저 부패한 당대 현실을 풍자한 이규보(李奎報)의 주뢰설(舟賂說)을 보자.

내가 남쪽으로 어떤 강을 건너가는데, 배를 나란히 하고 건너는 사람이 있었다. 두 배의 크기도 같고, 사공의 수도 같으며, 타고 있는 사람과 말의 수도 거의 비슷하였다. 그런데 조금 가다가 보니, 저쪽 배는 떠나가기를 나르는 듯이 달아나서 벌써 서쪽에 닿았는데, 내가 탄 배는 오히려 머뭇머뭇하며 나아가지 않았다. 그 까닭을 물으니 배 안에 있는 사람이 말하기를, '저 배에는 사공에게 술을 대접하여서 사공이 힘을 다하여 노를 젓고 있기 때문이다.'라고 하였다. 나는 퍽이나 부끄러운 일이라 생각되었다. 이에 탄식하기를, '이 조그마한 갈대잎과 같은 배가 가는 데에도 오히려 뇌물이 있고 없는 데에 따라, 빠르고 느리며 앞서고 뒤서는 것이거늘, 하물며 벼슬길에서 경쟁하는 마당에 있어서 내 손에 돈이 없으니, 오늘까지 하급 관리 자리 하나도 얻지 못한 것이 당연하구나.' 하였다.

뇌물을 얻어먹은 뱃사공은 배를 잘 저어 빨리 가는데, 그렇지 못한 사공은 게으름을 피워 배에 탄 사람들을 돌보지 않는 사실에 빗대어, 뇌물을 바치지 않으면 아무리 능력이 있어도 작은 벼슬 하나 얻지 못하는 썩어빠진 세태를 풍자하고 있다.

뇌물을 갖다 바치고 벼슬을 산 사람은, 시쳇말로 본전을 뽑기 위해 탐관오리가 되는 것은 당연한 것이었다.

이렇게 타락한 현실을 서거정은 '돼지가 삼킨 폭포[猪喫瀑布 저끽폭포]'란 글에서 여실히 비꼬고 있다.

한 조관(朝官 조정에서 벼슬살이를 하고 있는 신하)이 일찍이 진양(晋陽) 고을의 수령이 되었다. 그는 가렴주구가 심하여 비록 산골의 과일과 채소까지도 그대로 남겨 두지를 않았다. 그리하여 절간의 중들도 그의 폐해를 입었다. 하루는 중 하나가 수령을 찾아뵈었더니, 수령이 말하기를, '너의 절에 있는 폭포가 좋다더구나.' 하였다. 폭포가 무엇인지 몰랐던 그 중은 그것이 무슨 물건인 줄로 알고, 그것을 세금으로 거두어 가려고 하는가 싶어, 두려워하여 대답하기를, '저의 절의 폭포는 금년 여름에 돼지가 다 먹어 버렸습니다.'라고 하였다.

강원도 한송정(寒松亭)의 경치가 관동지방에서 으뜸이었으므로, 양반들의 발길이 끊이지 않고, 말과 수레가 사방에서 모여들었다. 고을 사람들은 그들을 접대하는 데 드는 비용이 적지 않았다. 그래서 항상 푸념하기를, '저 한송정은 어느 때나 호랑이가 물어갈까.' 하였다. 어떤 시인이 이를 두고 두어 구의 시를 지었다.

폭포는 옛날에 돼지가 먹어버렸네만
한송정은 어느 때에 호랑이가 물어갈꼬.

돼지처럼 달려들어 빼앗아 먹어 치우고 호랑이처럼 맹렬하게 물어가는 벼슬아치들의 시달림에 신음하는 백성들의 한숨 소리가 들리는 듯하다.
이러한 수탈로 인한 피폐한 삶은 정래교(鄭來僑)의 '농가의 탄식[農家歎]'에 더욱 진하게 나타나 있다.

뜨거운 햇볕 아래 김을 매어 서리 내릴 때 거두건만
홍수 가뭄 거친 뒤라 얼마나 거둘는지
등불 아래 실을 켜고 닭 울 때까지 베를 짜며
온종일 애를 쓰도 겨우 두어 자
세금으로 바치고 나면 몸에 걸칠 옷이 없고
빌린 곡식 갚고 나면 입에 넣을 낟알 없네
거센 바람에 지붕 다 벗겨지고 산에는 눈 쌓였네
지게미와 겨죽마저 배불리 못 먹고 소삼장 덮고 자네
백골징포(白骨徵布)는 어찌 이리도 혹독한지
이웃의 일족 모두 화를 당했다네
아침저녁 채찍질로 세금 독촉당해
앞마을 사람 달아나 숨고 뒷마을엔 통곡 소리

개와 닭 다 팔아도 빚 갚기엔 부족한데

사나운 관리 토색질하니 그 돈 어찌 구할꼬

아비 아들 형제도 모두 구하지 못하고

피골이 상접하여 차가운 감옥으로 간다네

18세기의 충청도의 한 농촌을 직접 보고 쓴 것이다. 수확하거나 생산한 것도 없는데, 깡그리 빼앗아 가 버려 마냥 굶주림에 떠는 농민의 참상이 눈에 선하다. 특히 죽은 사람에게까지 구실을 붙여 군포(軍布)를 부과하는, 이른바 백골징포라는 희대의 학정에 시달리는 농민의 삶이 비참하기 이를 데 없다.

이러한 처절한 모습은 19세기 관북 지방의 실상을 직접 그린 조수삼(趙秀三)의 북행백절(北行百絶)이란 글에도 여실히 나타나 있다.

가을에 열 말 알곡을 바치고는

봄에 다섯 말 쭉정이 가져온다네

힘들여 생산한 것 모두 어디로 갔나

날마다 관리들 창자 채우는 데 들어갔네

백성들의 알곡을 받아 가서 쭉정이로 그 반만 주는 수탈로 인하여 굶주림에 시달리는데, 반대로 벼슬아치들은 고깃국 먹으며 배에 기름기를 채우고 있다는 것이다.

이러한 백성들의 참상은 19세기 초반을 살았던 다산 정약용의 애절양(哀絶陽)이란 시에서 그 극치를 본다. 애절양이란 말은, 자신의 성기를 칼로 자르는 애절함을 가리키는 것이다. 다산이 강진에서 유배 생활을 할 때, 노전(蘆田)이란 곳의 한 백성이, 낳은 지 사흘밖에 안 된 아이가 군적에 등록되고, 이를 빌미잡아 군포의 대가로 소를 빼앗아 가자, 아이를 낳은 것이 죄라고 자탄하고는, 스스로 칼을 뽑아 자신의 생식기를 자르는 현장을 목격하고, 이를 시로 쓴 것이다.

갈밭 마을 젊은 아낙 오래오래 슬피 우네
관문 향해 울부짖다 하늘 보고 통곡하네
전쟁 나간 남편 돌아오지 못한 일이야 있을 법도 하지만
스스로 남근 절단했다는 소리 예부터 들은 적 없네
시아버지 삼년상 이미 지났고
갓난아이 배냇물도 안 말랐는데
삼대(三代)의 이름이 군적에 실리다니
달려가서 하소연하려 해도
범 같은 문지기 버티어 섰고
관리는 호통치며 하나 남은 소마저 끌고 갔네
남편 문득 식칼 갈아 방안으로 뛰어들어
선혈이 자리에 낭자하네
스스로 한탄하기를 아이 낳은 죄로구나

여기서도 죽은 사람에게까지 세금을 부과하는 백골징포의 악습이 나타나 있다. 오죽 답답했으면 자신의 성기까지 자르는 자해를 행했겠는가?

이러한 관리들의 수탈과 그로 인한 백성들의 참담한 모습은, 구한말 우리나라를 여행했던 외국인의 눈에도 비취어 있다. 영국의 지리학자인 이사벨라 버드 비숍 여사가 1894년 2월에 처음으로 입국하여, 그 후 4

년 동안 네 차례에 걸쳐 한국을 드나들며 견문을 기록한, 『한국과 그 이웃 나라들(KOREA AND HER NEIGHBOURS)』이란 책에 그러한 면면이 잘 나타나 있다.

그들은 게을러 보인다. 나는 정말로 그렇다고 생각했었다. 그러나 그것은 한국인들이 자기 노동으로 획득한 재산이 전혀 보호되지 못하는 체제 아래 살고 있기 때문이다. 이를테면, 만일 어떤 사람이 돈을 번 것으로 알려지거나, 심지어 사치품인 놋쇠 식기를 샀다고 알려지기만 해도, 근처의 탐욕스러운 관리나 그의 앞잡이로부터 주의를 받게 되거나, 부근의 양반으로부터 대부를 갚도록 독촉당하는 식이었다.

만일 한 사람이 얼마의 돈을 모은 것으로 알려지면 관리는 그것을 빌려달라고 요구한다. 그것을 들어주면 빌려준 사람은 원금 또는 이자를 결코 받지 못한다. 만일 상환을 요구하면 그는 체포되어 조작된 죄목에 의해, 부과된 벌금 때문에 투옥되고 자신이나 친척이 관리들이 요구하는 금액을 낼 때까지 매를 맞는다.

기가 찰 노릇이다. 돈을 벌어 보았자 다 빼앗기고 오히려 고초만 당한다는 것이다.

비숍 여사의 한국에 대한 첫인상은 혐오스럽고 실망스러움으로 가득 차 있다. '게으르다'라는 말이 나오고, 심지어 '야만스럽다(barbaric)', '인간쓰레기(the dregs of humanity)' 라는 극언까지 쓰고 있다. 그러나 한국의 실정을 알게 되면서, 그녀는 이 땅의 백성들이 결코 게으른 민족이 아니라는 사실을 알게 된다. 무엇을 생산해 봐야 관리나 양반들에게 그것을 빼앗기기 때문에, 아예 게으를 수밖에 없었던 실상을 간파한 것이다.

더욱이 이 땅에서 살 수가 없어 간도 지방으로 쫓겨 간 사람들이, 그곳에서 땅을 억척같이 개간하는 근면성을 보고는, 그것을 확신하면서 다음과 같이 쓰고 있다.

여행자들은 한국인의 게으름에 많은 느낌을 가진다. 그러나 러시아령 만주에서의 한국인들의 에너지와 근면함, 그리고 그들의 검소하고 유족하고 안락한 집의 가구들을 보고 난 후에, 나는 그것이 기질의 문제로 오해되고 있는 것이 아닌가 하는 생각이 들었다. 모든 한국 사람들은 가난이 그들의 최고의 방어막이며, 그와 그의 가족에게 음식과 옷을 주는 것 이외에 그가 소유한 모든 것은, 탐욕스럽고 부정한 관리들에 의해 빼앗길 것이라는 사실을 안다.

한국인이 게으른 것은 자의에서 나온 것이 아니라, 노략질을 일삼는 관리들 때문에 빚어진 방어 수단이라는 것이다. 탐관오리가 없는 간도에서, 황무지를 개간하면서 부지런히 살아가는 그들의 모습에서, 우리 민족의 참모습을 발견하고 있다. 글을 읽으면서, 그의 예리한 관찰력에 새삼 놀라움을 금치 못하면서, 다른 한편으로는 가슴에 치미는 한숨을 몰아쉬지 않을 수가 없었다.

백성을 다스리는 사람을 목민관 즉 백성을 기르는 관리라 우리는 부른다. 이 땅의 벼슬아치들은 '백성 기르기'는 그만두고라도, 차라리 순박한 그들을 건드리지나 말고 가만히 있게만 했었더라면, 그들은 스스로 타고난 근면성을 발휘하여 서로 아끼고 도우며 잘 살았을 것이다.

오늘날의 지도자가 갖추어야 할 덕목도 바로 여기에 바탕을 두어야 한다고 생각한다.

우리 민족은 똑똑할 뿐만 아니라 열정을 지니고 있는 우수한 민족이다. 우리말에 '신난다, 신명 난다'라는 말이 있다. 우리 민족은 마음만 맞으면 신나게, 신명 나게 열을 내어 뛰고 일하는 민족이다. 쓸데없이 이래라저래라 간섭하지 말고, 하고 싶은 일에 매진할 수 있도록 기분만 맞추어 주면, 말 그대로 신이 나서 주어진 목표를 향해 뛰어가는 민족이다. 전후의 폐허에서 일어나, IT 강국으로 대변되는 경제 대국을 만들어 낸 것도 모두가 그러한 열정 때문이다.

지도자가 된 사람은 그러한 우리 민족의 우수성을 잊지 말고, 그들을 아끼고 늘 감사히 여기는 마음만 잃지 않는다면, 그는 틀림없이 훌륭한 치자(治者)가 될 것이라 생각한다.

이규보는 '잃었던 산길을 찾다[尋山迷路 심산미로]' 라는 시에서 이렇게 읊었다.

날이 저물어 산골 오두막집 찾다가 방향을 잃고
걷는 발길이 거칠고 우거진 숲 속에 떨어졌다
길을 잃고 헤매다가 문득 나무꾼이 낸 오솔길 만나니
재삼 나무하는 늙은이에게 감사한 마음 가눌 길 없네

산속에서 길을 잃고 헤매다가, 문득 나무꾼이 내놓은 오솔길을 만난 덕분에 그 길을 따라 미로를 벗어나니, 그 나무꾼에게 너무나 감사한 마음이 든다는 내용이다. 여기서 나무하는 늙은이는 백성을 상징한다. 나무꾼이 낸 길 즉 백성의 마음을 따라 길을 가며, 길을 내준 백성의 뜻을 존중하고 감사히 여기는 항심(恒心)을 지도자는 잃지 않아야 한다. 바라건대, 우리에게도 이렇게 유덕한 지도자들만 줄줄이 이어져 나와 날로 번영하는 나라가 되고, 다시는 이 땅에 국민의 마음을 아프게 하는 못된 관리는 한 사람도 나오지 말았으면 한다.

22 역사에서 가르치고 배워야 할 것

수년 전에 어느 대통령이 '역사 바로 세우기'를 제창한 일이 있었다. 이에 대해서 어떤 이가 비판하기를, 역사란 과거에 이미 이루어진 사실들을 말하는데 그것을 어떻게 다르게 세울 수 있는가라고 하는 것을 들은 일이 있다. 그러나 그것은 바른 견해가 아니다. 역사란 단순한 과거의 사실이나 그것을 기록, 나열한 것을 가리키는 것이 아니기 때문이다.

영국의 역사학자 E. H. 카는 그의 역저 『역사란 무엇인가』에서, 역사는 역사가에 의해 항상 다시 쓰여진다는 점을 밝히고, 역사는 역사가와 사실 사이의 상호 작용의 계속적인 과정이며, 현재와 과거 사이의 끊임없는 대화라고 하였다. 즉 역사란 과거의 여러 가지 사실들을 나열하는 것이 아니라, 그 사실에 바탕하여 새로운 해석과 가치를 부여하는 작업이라는 것이다. 그러므로 역사는 과거의 사실에 현재의 생각을 접목시킨 것이라 정의할 수 있다.

그래서 역사를 기록하는 목적은 사실에 대한 직서(直書)와 포폄(褒貶)이다. 즉 사실을 있는 그대로 서술하고 그에 대해 역사가가 옳고 그름이나 선하고 악함을 평가하는 것이다. 춘추필법(春秋筆法)이나 동호직필(董狐直筆)이란 말도 바로 그런 것을 가리키는 말이다. 공자는 과거를 거울삼아 기강이 무너진 천하를 바로잡아야겠다는 취지로 『춘추』를 집필하였다. 칭찬과 비난을 엄격히 하는 포폄(褒貶)의 원칙을 세워, 여기에 어긋나는 것은 철저히 배격했으며, 오직 객관적인 사실에 입각하여 자신의 판단에 따라 집필하였던 것이다.

사마천이 사기를 기록하면서, 중간중간에 '태사공왈(太史公曰)'이란 말을 앞세우고 자신의 생각으로 인물을 포폄한 것도 그러한 연유에서다.

단념하고, 이귀, 최명길 등과 함께 반정을 기도하였다. 1623년 인조반정이 성공하자 1등 공신으로 책록되었는데, 사실 그는 공적보다 실세였던 김 상궁에게 뇌물을 안긴 때문이었다. 1636년 병자호란이 일어나자 도원수로서 임진강 이북에서 청군을 저지해야 할 총책임을 맡고도 전투를 회피하여 적군의 급속한 남하를 방관하였다.

병자호란이 끝난 뒤 군율로 처형해야 한다는 간관들의 비난 속에 강화도에 위리안치 유배에 처해졌으나, 운 좋게 1년 만에 풀려났다. 그 후 인조의 신임 아래 정권을 담당하면서 청나라의 위세에 빌붙어 정치적 입지를 굳혀갔다. 인조가 죽고 효종이 즉위하자 사림(士林)의 세력이었던 송시열, 송준길 등이 대거 조정에 등용되어, 이들을 중심으로 북벌론이 대두되자 친청파인 그는 위협을 느끼고, 청나라의 앞잡이인 역관 정명수, 이형장을 통해 효종과 송시열이 북벌을 추진한다고 청에 밀고했다. 더러운 매국적 행위를 저지른 것이다.

북벌론은 실제 북벌을 위한 것이라기보다는 국내적으로 청에 대한 복수 의식을 고취하면서 자강을 모색하는 슬로건이라 할 수 있다. 북벌론을 둘러싼 싸움은 조선 땅에서 조선인끼리 해야 할 것이었다. 북벌론이 또 다른 호란을 불러오지 않을까 진심으로 걱정했다면 최소한 청에 고자질 따위는 하지 않았을 것이다. 조선에서 권세를 누릴 대로 누린 김자점 부자가 자기 살겠다고 한 짓밖에 되지 않는다.

그 후 김자점은 당시 대간들의 극렬한 탄핵을 받아 인조가 죽은 지 6일 만에 광양으로 유배되었고, 뒤에 아들 김익(金鉽)의 역모 사건이 발생하자 처형되었다.

일제강점기에 일본이 저지른 만행은 수없이 많지만, 그중에서도 가장 태사공은 사마천이 태사 벼슬을 한 데서 유래하는데 사마천을 자칭한 말이다. 그러니 '태사공왈' 이하의 부분은 역사적 사실에 대한 사마천 자신의 의견을 개진한 내용이다. 사족을 덧붙이면, 본래 『사기』는 '태사공서' 또는 '태사공기(太史公記)'라고 일컬어졌다. 이 '태사공기'의 약칭이 바로 『사기(史記)』다. '사기'라는 말은 사마천이 세상을 떠난 지 약 300년 뒤의 일이다.

어떻든 사마천은 여기서 포폄의 사관을 피력하였다. 그 일 예를 항우의 사적에서 읽어 보자.

사마천은 제왕이 되지 못하고 고조 유방에게 패한 항우의 이야기를 열전이 아닌 본기에 실어 '고조 본기' 앞에 배치하였다. 이는 항우가 진(秦)나라를 멸망시킨 공적이 있고 또 실질적인 통치 지위를 확보하고 있음에 유의한 것이다. 즉 진나라를 멸망시킨 항우가 초패왕이 되어 왕이라 지칭되는 제후를 임명하는 등 사실상의 권력을 확보한 것에 주목한 것이다. 우리는 여기서 일반 세인들과는 다른 사가의 안목을 읽을 수가 있다.

이러한 포폄의 정신은 우리의 『삼국사기』도 마찬가지다. 이는 김부식이 올린 진삼국사(進三國史表)에 잘 나타나 있다. 그는 포폄의 정신을 다음과 같이 적었다.

고기(古記)라는 것은 글이 거칠고 졸렬하며 사적이 누락되어 있어서, 임금 된 이의 선함과 악함, 신하 된 이의 충성과 사특함, 나라의 평안과 위기, 백성들의 다스려짐과 혼란스러움 등을 모두 드러내어 경계로 삼도록 하지 못하였습니다.

우리는 여기서 역사서가 지녀야 할 중요한 근간이 포폄에 있음을 다시 한번 되새긴다. 즉 역사서는 좋은 포(襃)만 기록하여 후세에 가르칠 것이 아니라, 좋지 못한 폄(貶)도 반드시 기록하여 그것을 가르쳐야 한다는 것이다. 포와 폄 어느 것도 소홀히 할 수는 없는 것이다. 포도 중요하지만 폄도 그에 못지않게 중요한 것이다. 진(晉)나라의 역사서 이름이 『승(乘)』이고, 초(楚)나라의 역사서 이름이 『도올(檮杌)』임에서 우리는 그것을 또 한 번 확인한다. '승'이란 좋은 것 나쁜 것을 함께 싣는다는 뜻이고, '도올'은 중국 신화에 등장하는 전설상의 동물로 네 가지 흉물 중의 하나이다. 호랑이를 닮은 몸에 사람의 머리를 가지고 있고 멧돼지의 송곳니와 긴 꼬리를 달고 있다. 거만하고 완고한 성격으로 매우 난폭하고 마구 설치며 싸울 때는 죽을 때까지 물러나지 않으며, 평화를 어지럽히는 간악한 동물이다. 또 도올은 좋지 않은 악목(惡木)을 가리키는 이름이기도 하다. 거기에다 악한 일을 한 사람들의 행적을 적어서 후세에 경계로 삼았다는 것이다.

공자가 『춘추』를 편찬하여 그 속에 난신적자(亂臣賊子)를 수없이 기록하였고, 춘추를 해설한 좌구명의 『춘추좌전』에도 멋지고 본받을 만한 인물이 아닌 추악함과 삿된 인간상들을 한정 없이 기록한 것도 다 그러한 연유다. 그로써 후세의 경계로 삼고자 한 것이다. 그래서 맹자는 공자가 『춘추』를 편찬하니 난신적자들이 두려움에 벌벌 떨었다고 하였다.

그러므로 역사서에는 좋은 나무와 악목을 함께 실어 후세에 경계를 삼도록 해야 한다. 그러면 여기서 우리 역사에 나타난 좋은 나무와 악목 몇 가지를 살펴보자. 먼저 좋은 나무인 민영환과 나쁜 나무인 송병준을 보기로 하자.

민영환은 '을사늑약'이 강제 체결되자 비분강개하여 자결한 분임은 우리 모두가 잘 알고 있다. 선생은 을사늑약이 이루어지자 의정 대신 조병세와 함께 조약 체결에 찬성한 매국 대신들을 성토하고 조약을 파기하도록 상소하였다. 어전에 나아가 늑약에 서명한 이완용 등 5적을 처형하고 조약을 파기할 것을 통렬히 읍소하였다.

그러자 일제는 헌병을 출동시켜 백관들을 해산시키고, 선생과 조병세를 잡아 가두고 말았다. 대세가 이미 기울어진 것을 안 선생은, 통곡한 끝에 45세의 한창나이로 2천만 동포와 각국 공사에게 보내는 유서 2통을 남기고 자결, 순국하였다. 선생이 동포에게 남긴 유서의 내용은 이러하다.

> 오호! 나라의 치욕과 백성의 욕됨이 이에 이르렀으니, 우리 인민은 장차 생존 경쟁 가운데서 진멸하리라. 대개 살기를 바라는 사람은 반드시 죽고, 죽기를 기약하는 사람은 도리어 삶을 얻나니 여러분은 어찌 이것을 알지 못하는가. 단지 영환은 한번 죽음으로 황은에 보답하고, 우리 2천만 동포 형제에게 사죄하려 하노라. 그러나 영환은 죽어도 죽지 않고 저승에서라도 제공을 기어이 도우리니, 다행히 동포 형제들은 천만 배 더욱 분려하여 지기를 굳게 하고 학문에 힘쓰며, 한마음으로 힘을 다하여 우리의 자유 독립을 회복하면, 죽어서라도 마땅히 저세상에서 기뻐 웃으리라. 오호! 조금도 실망하지 말지어다. 대한제국 2천만 동포에게 죽음을 고하노라.

이 같은 선생의 죽음과 유서는 온 국민에게 큰 충격을 주어, 전 좌의정 조병세, 전 대사헌 송병선, 전 참판 홍만식, 학부 주사 이상철 등도 자결, 순국함으로써 일제 침략에 대한 강력한 의열투쟁이 자리 잡게 되었다.

1907년 헤이그 밀사 사건이 일어나자 송병준은 이완용과 함께 고종을 퇴위시켰다. 을사오적의 한 사람인 송병준은 이완용과 같은 급의 반민족 매국노이지만 이완용과는 또 다른 궤적을 걸으며 살아온 인물이다. 고종을 퇴위시킬 당시도 이완용은 교언영색으로 고종을 설득하려 하지만, 송병준은 어전에 무엄하게 칼까지 차고 들어가 고종을 이렇게 협박하였다.

일본에 들어가 메이지 천황에게 사죄하든가 통감 이토에게 무릎을 꿇고 사죄해야 하는데, 이토에게 사죄하는 것은 있을 수 없는 일로 만일 그렇게 할 경우에는 폐하를 죽이고 자살하겠습니다. 이 두 가지 다 불가할 경우에는 황태자에게 양위하십시오.

민영환의 유서를 읽는 이라면 누구든지 가슴 한구석이 뭉클해질 것이며 치오르는 한 가닥 분노를 금치 못할 것이다. 또 지금 송병준의 말을 글로나마 읽는 이라면, 누구라도 땅을 치고 통탄할 것이며 그 간악함에 치를 떨지 않을 수 없을 것이다. 그러므로 역사 교과서에는 좋은 나무 이야기를 심어 후세인에게 본받게 하고, 악한 나무 이야기도 함께 실어 후세인들로 하여금 경계를 삼도로 해야 한다. 어쩌면 나쁜 나무 이야기는 좋은 나무 이야기보다 더 중요하다고 생각한다. 이에 우리 역사에 나타나는 나쁜 나무 몇 가지를 떠올려 볼까 한다.

병자호란 때 오랑캐보다 더 나쁜 짓을 한 놈이 정명수(鄭命壽)라는 조선 사람이다. 명나라가 요동을 침범한 후금[淸]을 토벌할 때 조선에 원병을 요청하자, 조선에서는 강홍립으로 하여금 1만 3000명의 군사를 거느리고 출정하게 했는데, 이때 정명수도 강홍립을 따라 출정하였다. 강홍립의 군대는 부차전투(富車戰鬪)에서 거짓으로 패배해 후금에 항복했는데 이때 정명수도 함께 포로가 되었다.

이듬해 조선 포로들은 석방되었으나, 그는 청나라에 살면서 청국어를 배우고 청나라에 우리나라 사정을 자세히 밀고해 청나라 황제의 신임을 얻었다. 그 후 병자호란 때는 청나라 장수 용골대의 통역으로 일하면서, 청나라의 조선 침략에 길을 안내하면서 청군의 앞잡이 노릇을 하였다. 그 뒤 청나라의 세력을 믿고 조정에 압력을 가해 영중추부사까지 올랐다. 그는 걸핏하면 조선 사정을 청나라에 밀고해 충신을 죽였고 간신과 결탁해 국정을 농락했다. 조정이 국방에 힘쓰려 하면 달려가 일러바치는 통에 다들 벌벌 떨었다. 조선에도 충신이 없지 않았지만, 여우같이 간악한 그를 당해낼 수가 없었다. 이웃 강대국을 등에 업었기 때문이다.

이에 조정에서는 그를 두려워해 뇌물을 주고, 친척들에게도 벼슬을 주어 비위를 맞추었다. 그는 인척을 벼슬에 오르도록 강제로 요구하고, 관리들을 구타하는 등 갖은 행패를 부리며 조정을 좌우하다가 청나라로 건너가 살았다. 그곳에서도 왕을 모독하고 갖은 행패를 부렸으며 청나라로 보내는 세폐(歲幣)까지 노략질하는 몹쓸 짓을 저질렀다. 결국 심양에서 이사용에게 죽임을 당하였다.

조선 시대에서 이완용이 나오기 전까지 간신의 대명사로 일컬어져 온 사람이 인조 때의 김자점이다.

김자점은 성삼문과 함께 단종 복위를 도모하다 동지를 배반하고 세조에게 고해바친 김질의 후손이다. 음서(蔭敍)로 벼슬길에 나아가 광해군 때에 병조좌랑에 이르렀다. 인목대비 폐모론이 발생한 이후로 벼슬길을 치가 떨리는 사건이라면 명성왕후 참살 사건이 아닌가 싶다. 한 나라의 궁궐을 마구 짓밟으며 국모인 왕후를 무참히 살해한 것은 고금의 역사에 볼 수 없는 사건이기 때문이다. 우리는 흔히 명성왕후 참살이라고 하면 일본의 무도한 낭인 무리를 이야기한다. 그러나 이보다 더 나쁜 놈이 있는바, 그가 곧 조선인 우범선이다.

그는 1876년 무과에 급제하여 1881년 고종의 별기군에 자원하여 참령이 되고 김옥균이 주도하는 개화파에 가담하였다. 그 후 군국기무처 의원이 되고 갑오개혁에 가담했는데, 일본이 주도한 훈련대가 창설되자 제2대대장으로 임명되었다.

1895년 10월 8일 훈련대가 해산되자, 다음날 우범선은 이두황과 함께 휘하 장병을 이끌고 일본군 수비대와 함께 궁궐에 침입, 명성황후를 참살하는 을미사변에 가담하였다. 우범선은 왕실을 지키는 훈련대 대대장임에도 불구하고 일본군에게 궁궐 문을 열어주고 살육 현장을 호위했다. 전날 일본 공사에게 만행을 재촉한 것도, 칼을 맞고 헐떡거리는 왕후를 불태우는데 앞장선 것도 우범선이다. 그는 명성황후의 시신에 석유를 부어 태우는 마지막 처리 과정까지 가담한 것이다. 고종황제의 아관파천 뒤 일본으로 망명, 도쿄에 거주하였는데, 일본 정부의 보호와 후원을 받았고, 일본 여성 사카이와 결혼하여 2명의 아들을 두었는데, 그중 장남이 농학자 우장춘이다.

결국은 명성황후의 총애를 받았던 고영근, 노원명에게 암살당하였다

이상에서 우리 역사에 나타났던 나쁜 나무 몇 그루를 살펴보았다.

우리는 우리 역사의 고금에서 수많은 '좋은 나무'의 인물을 갖고 있다. 광개토대왕, 양만춘, 을지문덕, 문무왕, 김유신, 원효, 의상, 설총, 강

감찬, 윤관, 이규보, 안향, 세종대왕, 사육신, 이순신, 이황, 이이, 안창호, 김구, 안중근, 윤봉길, 유관순, 이봉창 ……. 이루 한량없이 많다. 우리 후손들은 이와 같은 빼어난 조상들의 지혜와 업적을 이어받고 그분들의 공로를 한시라도 잊어서는 안 될 것이다.

이에 버금하여 몇 안 되는 '나쁜 나무'의 잘못된 행동거지도 하나의 거울로 삼아 깊이 경계로 삼아야 할 것이다. 유럽의 여러 나라들이 2차 대전 후, 나치스가 저지른 갖가지 흔적들을 보존하여 뒷날의 교훈으로 삼고자 보존하는 것도 그러한 이유에서다. 유대인 학살이 벌어진 독일의 아우슈비츠 수용소가 유네스코 세계문화유산으로 등재된 것은 그 대표적이라 할 수 있다. 우리도 일제가 저지른 악행의 자국들을 보존하여 후세의 거울로 삼아야 할 것이 적지 않다. 부끄러운 과거라고 숨기고 없애기보다는 부정적 유산 즉 네그티브 헤리티지(negtive heritage)도 보존해 다시는 오욕을 되풀이하지 말자는 교훈으로 삼는 것이 올바른 자세이기 때문이다.

근자에 역사 교과서의 국정화 시비로 큰 물의를 일으킨 일이 있었다. 역사를 배우는 목적은 뒤를 보고 깨우쳐, 앞의 길을 현명하게 가자는 것에 있다. 지나온 길의 '좋은 나무'만 보고 즐기는 것도 좋지만, 길가의 '나쁜 나무'를 보고 무엇이 잘못된 것인가를 깨우치는 것도 그에 못지않게 중요한 일이다. 나는 역사 교과서에 그러한 관점이 반영되기를 진심으로 바란다. 그러한 눈으로 지금의 현실을 바라보면서 살아가는 것은 더없이 중요한 자세라 할 수 있기 때문이다.

오늘 우리의 눈앞에 제2의 정명수, 제2의 김자점, 제2의 우범선 그리고 제2의 송병준은 없는가를 꼼꼼히 살펴보는 것은 역사가 우리에게 내리는 준엄한 명령이다. 실수는 누구에게나 있다. 그러나 중요한 것은 그러한 실수를 다시 반복하지 않는 것도 우리가 배워야 할 귀감이기 때문이다.

한때 고고도미사일방어(사드) 문제로 세상이 시끄러웠다. 이에 어떤 당은 당론을 정하지 않고 어정쩡한 태도를 유지하였고, 어떤 당은 정면으로 반대하였다. 또 외교 문제를 들어 그 득실을 내세우기도 했다. 민주 국가에서 각기 다른 의견을 표방하는 것은 있을 수 있는 일이며 바람직한 일이다. 그런데 그 주장의 밑동이 되는 것은 역사 속의 '나쁜 나무'가 되지 않도록, 역사의 가르침에서 보고 배워야 함이 바른길이라 생각한다.

제3부
철(哲)

1 한국 성리학을 만든 사단칠정론(四端七情論)

조선을 이끌었던 사상은 성리학이었다. 성리학은 자연과 인간의 본질적인 존재와 그 가치를 파악하려는 철학이다. 이의 밑바탕에 깔린 개념이 이(理)와 기(氣)다.

이와 기는 불교나 도교에 대한 유학의 빈곤한 철학사상을 보완하기 위하여 송나라의 사상가들이 내세운 용어다. 불교의 인연설이나 도교의 도(道) 개념은 다 우주론을 바탕에 깔고 있다. 그러나 그때까지 유학은 불교에 맞설 만한 우주론이 없었다. 이를테면, 불교는 눈에 보이는 현상과 그것을 있게 하는 그 너머의 원리를 정립하고 있는 데 반하여, 유학은 현실(현세)에 대한 논의로만 꽉 차 있을 뿐, 현상을 있게 하는 그 뒤의 본체나 원리를 설명할 수 없는 사상적 빈곤성에 빠져 있었다.

예를 들면, 불교는 우리 앞에 보이는 현상(현실)은, 일시적인 가상(假象 허상)일 뿐이며, 그것은 저 너머의 인연(因緣)이란 원리에 의하여 이루어진다는 것이다. 도교도 우주 자연 만물은 도라는 원리에 의하여 이루어진 것이라 설명한다.

그러나 유학은 현세의 바람직한 윤리와 도덕을 말할 뿐, 그것을 성립시키는 저 너머의 원리에 대해서는 말하는 바가 없었다.

그래서 유학이 불교를 제압하려면, 그러한 형이상학적인 우주론이 필요하게 되었다. 이러한 시대적 요청에 의하여, 송대(宋代)의 철학자들이 만든 학문이 주자학 곧 성리학이다. 덧붙여 말하면, 불교에 대항하기 위하여 만들어진 것이 성리학인데, 그러한 성리학의 이론적 밑바탕은 역설적이게도 불교의 교설을 바탕으로 하여 만들어졌다.

그들은 일차로 유학의 여러 경전을 찾아 입론을 구했는데, 그들이 주목한 최초의 용어가 주역에 나오는 태극이었다. 태극은 우주 생성의 모태로서 서양의 혼돈(chaos)과 유사한 개념이다. 우주의 시원인 이 태극에서 음양과 오행이 생기고 나뉘어 현실세계가 이루어졌다고 주역은 설명한다. 태극은 현상으로 드러나는 음양, 오행, 만물 속에 내재하는 보편의 원리다.

주자는 이 우주의 본바탕인 태극을 받아들여 그것을 이(理)라고 이름하여 만물 생성의 근본원리로 삼고, 태극에서 생성되는 음양, 오행, 만물과 같은 현상적인 세계를 기(氣)라고 이름 붙였다. 이는 불교의 이사론(理事論)에 영향받은 바 크다. 불교에서 이(理)는 현상계를 떠받치는 본질을 가리키고 사(事)는 현상계를 가리킨다. 이(理)는 모든 사물이 존재하게 하는 근본 원인과 이유이며 현실을 지배하는 법칙이다. 다시 말하면 우주를 형성하는 근본 원리다. 그러므로 이(理)는 감각으로 경험할 수 없는 형이상(形而上)에 속한다. 사(事)는 구체적인 사물 즉 현상을 가리킨다. 우주에 널리 존재하는 물질과 에너지를 통칭하는 개념으로 형이하(形而下)다.

이와 마찬가지로, 유학의 이(理)도 우주가 존재하는 원리를 가리키고, 기(氣)는 불교의 사(事)와 같이 드러나 보이는 현상 세계를 가리킨다. 현상이란 눈으로 보거나 감각으로 느낄 수 있는 것이다. 그러니 이는 볼 수도 없고 느낄 수도 없는 것인데 비하여, 기는 보거나 느낄 수 있는 것이다. 덧붙이면, 이는 기의 근원이 되는 것이고, 기는 이의 원리에 의해 생겨나는 구체적 현상이다. 이란 어떤 것이 그것으로 존재할 수 있도록 하는 이치요 본래성이며, 기란 어떤 것의 이치가 실현될 수 있는 재료 즉 물질이요 에너지다. 그러니까 이기(理氣)는 '원리와 그에 따른 현상'이란 개념으로 이해하면 되겠다. 따라서 이기론(理氣論)은 우주의 생성 원리와 그 현상을 다루는 동양의 우주론이요 존재론이다.

이와 같이, 이와 기는 인간을 포함한 우주 전체, 곧 자연과 인간에 대한 존재원리와 현상을 탐구하기 위한 철학적 개념이다. 그러나 우리나라에서는 이와 기를, 우주론보다는 주로 인간의 심성과 관련한 선악 문제를 해결하는 데 주력하였다.

우주에는 하늘의 이치 곧 천리(天理)가 있다. 이 천리는 인간과 모든 개별적 사물에 내재되어 있다. 모든 것은 천리에 의하여 만들어졌기 때문이다. 그중 인간에게 존재하는 천리를 성(性)이라 하였다. 그러므로 인간의 성은 천리다.

그런데 여기서 중요한 것은 인간의 성, 곧 천리는 원래 '선하다'고 본 것이다. 그런데 이 성(性)이 어떤 자극을 받아 흔들려 생기는 감정 상태를 정(情)이라 한다. 하늘의 이치를 받은 인간의 본성은 이이고, 이것이 움직인 감정 즉 정은 기에 속한다. 그러므로 인간의 본성인 이는 선하고, 그것이 흔들린 정은 악을 포함하는 것이 된다.

그러면 이들 이와 기는 어떤 관계에 있을까?

주희는 이에 대하여, 이와 기는 서로 떨어질 수도 없고, 서로 섞일 수도 없다.고 하였을 뿐, 명확한 정의나 구분을 하지 않고 세상을 떠났는데, 그 후 중국의 학자들도 이에 대한 구체적 논의를 하지 않았다. 주자의 그러한 모호한 정의는 조선의 학자들로 하여금 다양한 논쟁을 불러일으키는 기제로 작용하였다. 아무도 하지 않았던 이와 기에 대한 깊이 있는 논의를 조선의 학자들이 앞서서 천착한 것이다. 인간의 본성과 감정이 이기(理氣)와 어떻게 관련되는가를 합리적으로 설명하고자 한, 학자 간의 논쟁이 그 유명한 사단칠정론(四端七情論)이다.

그럼 여기서 먼저 사단칠정에 대하여 살펴보자.

사단(四端)이란 유학의 인성론에서, 인간은 본질적으로 선하다는 덕목 [四德 사덕] 곧 인의예지(仁義禮智)의 단서가 되는 네 가지를 말하며, 칠정(七情)이란 인간이 지닌 7가지 감정을 가리킨다.

사단은 맹자의 용어로서 『맹자』 공손추편에 나오는 말인데, 인간의 선한 본성인 인의예지를 측은지심(惻隱之心), 수오지심(羞惡之心), 사양지심(辭讓之心), 시비지심(是非之心) 등 네 가지 단서(端緒)와 관련지어 설명한 것이다. 즉 측은지심은 남의 불행을 가엽게 여기는 마음으로 인(仁)의 단서가 되고, 수오지심은 자신의 잘못을 부끄러워하고 남의 잘못을 미워하는 마음으로 의(義)의 단서가 되며, 사양지심은 남에게 양보하는 마음으로 예(禮)의 단서가 되고, 시비지심은 선악과 잘잘못을 판별하는 마음으로 지(智)의 단서가 된다는 것이다. 이때 '단서'라는 것은 인간의 마음속에 인의예지의 선한 본성이 있다는 것을 보여주는 증거(실마리)라는 뜻이다.

이를테면, 우물에 빠지려는 아이를 보면, 누구든지 아무런 보상을 받으려는 생각이 없이 무조건 아이를 구하려 드는데, 이것은 측은지심의 발로로서 인간의 성품이 본래 선하다는 것을 보여주는 증좌라는 것이다. 즉 타인의 불행을 보면 그것을 도우려는 마음이 생기는 것은, 인간의 마음 바탕에 선한 인(仁)이 있음을 알 수 있는 단서가 된다는 것이다.

칠정은 예기(禮記) 예운편(禮運篇)에 처음 나오는 것으로, 인간의 감정을 희(喜), 노(怒), 애(哀), 구(懼), 애(愛), 오(惡), 욕(欲)의 일곱 가지로 나누어 말한 것이다.

그런데 이 사단과 칠정이 이기와 관련하여 어떻게 구분되고 관계를 맺는가에 대한 문제가, 조선 성리학의 중요한 담론으로 대두되었다.

사단과 칠정은 원래 별개의 것이었다. 그런데 인간의 성정을 본격적으로 논의하기 시작한 송대에 와서 맹자의 사단설에 대립되는 칠정을 아울러 논의하기 시작하였다. 주자는 맹자의 사단설에 만족할 수가 없었다. 왜냐하면 맹자의 주장대로, 인간이 사덕 곧 선한 인의예지로만 채워져 있다면, 온 세상이 도덕군자로만 가득 차고 도척(盜跖) 같은 악한은 없어야 하기 때문이다. 이를 해결하고자 받아들인 것이 7정이다. 인간의 감정인 7정에는 선한 것도 있고 악한 것도 있기 때문이다. 사단은 순선무악(純善無惡 순수한 선만이 있고 악이 없음)하고, 칠정은 선악이 섞여 있으므로 인간의 현실을 설명하는 데 유용하다.

그런데 앞서도 말했지만, 주자는 사단과 칠정의 관계에 대하여 명확한 설명을 하지 않았다. 그는 "칠정을 사단에 배속시킬 수는 없다. 칠정은 사단 속을 꿰뚫어 지나가고 있다."고도 하고, "본디 사단과 칠정은 서로 비슷한 점이 있긴 있다."고도 하여 일관된 입장을 내놓지 않았다. 그래서 조선의 학자들은 사단과 칠정의 해명에 들어갔다. 우리나라의 사단과 칠정에 대한 논의는 처음에 이황과 기대승 사이에서 벌어져, 뒤에 이이가 기대승의 설을 지지함으로써 논쟁이 확대되어, 성리학의 핵심 문제로 등장하였다.

그러면 여기에 대한 이황의 설을 먼저 보기로 하자.

이황은 이와 기는 엄밀히 구분되며 갈래진 것이라고 주장하였다. 즉 사단은 이의 발(發 움직임)이요, 칠정은 기의 발이라고 하였다. 이도 기도 다 같이 움직인다고 본 것이다. 이른바 이와 기가 다 같이 움직인다[發]는 이기호발설(理氣互發說)을 내세운 것이다. 그리고 이는 순전히 선하고 악이 없는 순선무악(純善無惡)인데 반하여, 기는 선과 악이 혼재한다고 하였다. 이러한 주장을 담은 일군의 학파를 주리파(主理派)라 한다.

이에 대하여 기대승은, 이는 변하지 않는 하늘의 이치(원리)이고, 기는 모든 변화의 근원을 말하는 것인데, 변하지 못하는 이가 움직여서 사단이라는 감정을 만드는 것은 불가능하며, 사단과 칠정은 모두 움직이는 기에서 나오는 것이라고 주장했다. 한 말로 말하면, 이와 기를 분리하며 원리인 이도 움직인다는 이황의 논리는 틀렸다는 것이다.

그는 이어서 마음의 이치는 사물의 이치와 같다는 성리학의 기본 입장을 언급하며, 사물의 이와 기는 서로 떨어지지 않고 작용하는데, 사람의 마음에서만 그 둘이 분리되어 작용한다는 것은 불가하며, 이에 속하는 사단과 기에 속하는 칠정은 분리되는 감정이 아니라, 칠정 중의 선한 부분이 사단을 가리키는 것이라며 이황의 설을 반박하였다. 이와 기는 별개의 것이 아니며, 움직이는 것은 기뿐이며 이는 그 중의 선한 부분일 뿐이라는 것이다.

이에 대하여 이황은, 이와 기는 별개라는 처음의 주장을 보완·수정하여, 인간의 정서 가운데 사단은 우주의 근본원리인 이가 움직인 후 기가 그것을 따른 것이고, 칠정은 기가 발동한 후 이가 거기에 올라타서 생기는 것이라고 하였다. 마음 그 자체는 하나이지만, 이와 기는 나누어 볼 수 있다는 것이다. 이와 기를 나누어 볼 수 없다는 기대승의 주장에 대하여, 그는 사람이 말을 타고 가는 것에 비유하여 이렇게 설명하였다.

사람이 말을 타고 가는 것은 서로를 필요로 하여 서로 떨어질 수 없는 것이다. 한꺼번에 묶어서 말한다면, 사람과 말은 그 가운데 함께 있다. 사람도 가고 말도 함께 간다. 이것이 내가 이와 기를 섞어서 말한 것이다. 그런데 이것을 듣고서 사람과 말은 하나이니 나누어 말할 수 없다고 할 수 있겠는가?

사람과 말이 '간다'는 점에서는 같지만(하나지만), 사람과 말은 '구분'되듯이 사단과 칠정의 구분도 이와 같은 이치라는 것이다. 또 '기가 따른다'는 것과 '이가 올라탄다'는 개념도 사람과 말의 관계에서 볼 때, 말도 가고 사람도 가지만 가는 것의 주체는 역시 이(理)인 사람임을 강조한 것이라 볼 수 있다. 이황은 이처럼 이(사단)와 기(칠정)는 구분되며, 이도 움직인다는 주장을 끝까지 견지하였다.

율곡도 기대성의 설에 동조하여, 이와 기는 분리되어 있지 않다는 주장을 폈다. 곧 이와 기는 하나이면서 둘이요, 둘이면서 하나라 하였다. 그들은 또 움직이는[發 발] 것은 기며, 원리인 이는 결코 움직이지 않는다고 하였다. 이들을 일러 주기파(主氣派)라 한다.

이이는 이황이 주장한, 이가 움직인 후에 기가 그것을 따른다는 것을 부정하고, 기가 움직이면 이가 그것을 올라탄다는 것만[氣發理乘 기발이승] 인정하였다. 이것이 기발이승일도설(氣發理乘一途說)이다. 움직이는 것은 기뿐이고 이는 그것을 타는 오직 한 길뿐이라는 것이다.

즉 움직이는 것은 기요, 움직이는 까닭이 이이다. 기가 아니면 움직일 수 없고, 이가 아니면 움직일 까닭이 없다고 하여 기는 움직이는 기능을 갖고 있고, 이는 기가 움직이는 원인 내지 원리로서만 존재한다고 하였다. 만약 형이상자로서의 이가 움직인다면, 이것은 기와 다를 바 없는 것이 되고, 언제 어디서나 움직인다면, 그것은 결코 이일 수가 없다는 것이다.

또 퇴계가 이는 선한 것으로서 받들어야 할 신성한 것이라 하고, 기는 악하고 방종한 것이어서 경계의 대상이라 한데 대하여, 율곡은 기도 이만큼 중요하다는 등가의 위상으로 파악하고, 나아가 기의 가변성을 인간 심성의 변화와 진보의 원동력으로 보아 이와 기의 상보성을 강조하였다. 이이가 이와 같이, '이와 기는 하나이면서 둘이요, 둘이면서 하나'라는 이기(理氣)의 상보성을 피력한 것은, 그가 일찍이 금강산에 들어가 공부한 불교의 영향이 컸을 것으로 보인다. 왜냐하면, 화엄 사상의 요체인 이사무애(理事無碍)설이 바로 그런 것이기 때문이다. 곧 이(理)와 사(事)는 서로 떨어져 있지 않고 상호관계 속에 있다는 교설이 이사무애다. 의상대사 법성게에도 '하나가 곧 일체요 많은 것이 곧 하나'라 하고, '이와 사는 명연히 분별이 없다'는 말이 있다.

이에 덧붙여, 이는 형체가 없고 기는 형체가 있기 때문에, 이는 모든 것에 두루 통해 있고 기는 개개 사물에 국한(局限)하여 있다고 하여, 이른바 이통기국설(理通氣局說)을 주장하였다.

이와 함께 기도 강조하는 이러한 이론적 전개는 현실 문제에 대한 개혁론으로 나타난다. 그가 주장한 십만양병설도 그러한 맥락에서 나온 것이다. 이러한 현실 문제에 대한 관심이 뒷날 실학으로 이어진다. 철학적인 정합성(整合性 논리적 모순이 없음)이라는 측면에서 보면 주기론은 주리론을 앞서는 것 같다. 그러나 도덕적 실천이라는 면에서 보면 주리론이 강점을 갖는다.

만약 선의 밑바탕이 되는 이가 움직이지 못하고 어떤 규약처럼 정지·고착되어 있다면, 인간이 왜 선행을 하려고 애를 쓰는지를 해명할 수가 없다. 성리학의 수양론은 '존천리 거인욕(存天理去人欲)'을 목표로 하고 있다. 즉 천리를 잘 보존하고 사람의 욕심을 제거하자는 것이다. 천리 즉 인간의 선한 본성을 잘 지키고 키워서, 악에 속하는 욕심을 제거하여 군자가 되고자 하는 것이다. 이렇게 하려면 본성인 이가 움직이지 않으면 불가능하다. 선한 이가 움직여서 천한 기를 제어하지 않으면, 이욕에 매

몰되어 비도덕적인 존재로 떨어질 수 있기 때문에, 주리론자들은 이가 발동하여 우리의 삶을 선의 세계로 견인해야 한다고 생각했던 것이다.

이황과 기대승 간의 사단칠정에 대한 논의는 7년간이나 계속되었는데, 양자 사이에 오간 서간을 모은 책이 사단칠정분이기왕복서(四端七情分理氣往復書)다. 이황은 1501년생이고 기대승은 1527년생이다. 나이가 거의 한 세대나 차이가 나지만, 두 사람은 깍듯이 예의로 대하며 서로 공경함으로써 선비의 풍모를 보여주었고, 이황은 기대승의 논변에 귀를 기울여 자기의 설을 세 번이나 수정하는 학자적 금도를 나타내었다. 또 중국의 주자학이 천리 속의 인간 탐구에 치중한 데 비하여, 우리는 이보다 한 단계 높은 인간 속의 천리를 살피려 하였다.

그러한 논의를 통하여 조선의 학자들은 성리학을 한 단계 더 발전시켜, 한국의 성리학이 중국의 성리학을 능가하게 되었고, 또 한국 성리학에 학파가 성립되는 기념비를 세웠다.

사단칠정론은 그 후 성혼과 이이 그리고 그들의 후학들에게 이어져, 300여 년간이나 계속되었다. 세계 어느 나라도 이처럼 오랜 기간에 걸쳐 철학 문제를 논의한 나라는 없다. 이와 같이 깊이 있는 논의를 통하여, 우리가 철학하는 민족이라는 자부심도 갖게 해 주었다.

　※ 여기서 한 가지 사족을 붙이려 한다. 우리는 흔히 성리학을 가리켜 공리공론의 무용지학이라고 비판한다. 그런데 우리가 분명히 새겨야 할 것은 성리학 자체가 무용한 것이 아니라, 당시의 사람들이 잘못하고 그에 따른 사조가 잘못되었다는 사실이다. 성리학은 인간의 본성을 파악하고 나아가 그것을 갈고 닦아서 참된 인간 세상을 만들려고 한 유용성을 지닌 철학이다. 그런데 조선의 학자

들은 성리학 이외의 다른 학문은 사문난적(斯文亂賊 교리를 어지럽히고 사상에 어긋나는 언행을 하는 사람)이란 이름을 붙여 이단시하며 배척하였고, 또 오직 성리학 한 가지만을 파헤치는 데 몰두했을 뿐, 위학(僞學)이라 하여 다른 것은 일체 행하지 않는 폐쇄성을 보임으로써, 문화의 다양성을 잃게 되었고 역동성이 없는 사회로 만들었다.

2 본연지성과 기질지성

성리학(性理學)이란 무엇인가? 성(性)이 곧 이(理)라는 학문이다. 인격적이고 도덕적인 하늘이 인간에게 명령하여 성을 내렸다. 성은 하늘로부터 온 것이다. 하늘이 내려준 것이라고 하여 천리(天理)라고 한다. 우리 마음에 들어온 이 천리를 '성(性)'이라고 한다. 이 성을 천리의 천(天)을 빼고 이(理)라 하였다. 그러니 성은 원래 이(理)다. 그래서 성리학이다.

이 이(理)가 인간에게만 있지 않고 천지 만물에 다 있다는 것이다. 하늘이 이들 모두에게 이를 주었다는 것이다. 소에도 이가 있고 나무에도 이가 있고 돌에도 이가 있다고 한다. 소의 이, 나무의 이, 돌의 이라 한다. 하늘의 이치가 개개 사물에 다 들어가 있는 것이다. 그런데 인간에게 들어온 이를 이라고 부르지 않고 '성'이라 한다. 성이 곧 이다. 그래서 이를 성즉리(性卽理)라 부른다. 이 성즉리 설은 일찍이 정호·정이 형제가 주장한 것인데 주희가 이를 이어받았다.

그 당시에 유행하고 있던 불교는 연기설을 내세워 우주를 말하고, 도교는 도를 우주 만물의 원리라고 하면서 우주론을 폈다. 그러나 유교에는 이러한 우주론이 없었다. 그래서 이에 천리를 가져와 불교와 도교에 대항하는 우주론을 폈다.

성리학의 우주론은 이(理)와 기(氣)의 두 가지 요소로 설명한다. '이'는 원리, 법칙이란 뜻이다. 곧 우주 자연의 법칙이다. '기'는 원리에 의해 현실에서 발생하는 현상이나 에너지다. 책상은 나름의 원리에 의해 만들어진 물질이니 '기'가 된다.

이러한 우주론에 바탕하여 인간의 인성론이 나오게 된다. 인간의 본성을 '성'이라 하는데, 이 본성을 다른 말로 '본연지성(本然之性)'이라 한다. 이 본연지성의 내용은 사덕(四德) 곧 인의예지(仁義禮智)다. 이 사덕은 순선무악(純善無惡)하다는 것이다. 온전히 착하고 악이라곤 없다는 것이다. 인간의 본성은 온전히 착하다는 것이다. 맹자의 성선설을 그대로 이어받은 것이다.

이 성에 붙은 기질지성(氣質之性)이란 것이 있다. 기질지성이란 만물의 현실적 성격을 말한다. 기질은 각 사물마다 서로 다르다. 따라서 기질지성의 품격 또한 우주 만물이 각기 다르다. 다시 말하면, 기질지성은 육체에 둘러싸인 본성이다. 본질은 본연지성 하나이고, 그걸 둘러싼 육체적 기질을 포함한 것이 기질지성이니 인간의 성은 결국 하나이다. 그러니 눈으로 볼 수 없는 상상의 본성이 본연지성이고, 실질적으로 보이는 것이 기질지성이다. 그러니 성이 두 개가 있는 것은 아니다. 성은 하나인데 기질지성은 기질에 둘러싸인 본연지성이라고 생각하면 되겠다.

육체적 성질에 둘러싸인 본연지성이 기질지성인데 이 기질지성은 선할까 악할까? 원래의 성은 착하지만 육체에 가려져 있기 때문에 악할 가능성이 많다. 육체는 본능과 욕망에 사로잡혀 있기 때문이다. 결국 기질지성은 온전히 착하지만은 않기 때문에 가선가악(可善可惡)하다고 한다. 곧 선할 때도 있고 악할 때도 있다는 뜻이다. 그래서 본성은 순선무악한데 실제로 보이는 우리의 본성은 가선가악하다고 할 수 있다.

착한 본연지성이 있는데, 실제로는 착한 마음이 드러나 있는 것이 아니라, 그 본연지성이 오염된 기질지성으로 둘러싸여 있는 것이다. 사실 같은 것을 두 개의 다른 이름으로 부르는 것이다. 그래서 본연지성은 선천적 본성이라고 할 수 있고, 기질지성은 현실적 본성이라고 할 수 있다. 본연지성은 순선하고, 기질지성은 선할 수도 있고 악할 수도 있다.

기질지성(氣質之性)은 기와 결합된 이(理)를 의미하며, 사람이나 동물에 따라 서로 다른 성(性)을 가진다는 뜻이다. 사람은 가장 바른 기질을 가지고 있고 다른 사물은 치우친 기질을 가지고 있다. 사람 중에서도 기질이 맑거나 흐림, 순수하거나 섞임 등의 요소들로 인해 성인에 가까울 수도 있고 소인에 가까울 수도 있다.

우주 만물이 저마다 다른 기질지성을 갖고 있기 때문에 우주 만물은 도덕적 위계질서 속에 있게 된다. 우주 만물들은 인간, 동물, 식물, 무생물로 범주화된다. 인간의 기질지성이 가장 본연지성과 가까우며 그 다음 동물, 식물, 무생물 순으로 기질지성이 도덕적으로 열등하다고 설명한다.

이황의 '천명신도(天命新圖)'를 보면 이런 위계적 관점을 확인할 수 있다. 인간은 머리가 하늘을 향해 있으므로 가장 기질지성이 맑고 깨끗하다. 동물은 머리가 하늘과 땅의 중간에 수평으로 걸쳐 있다. 개와 호랑이가 네 다리로 걷는 모습을 통해 이런 기질지성의 성격을 알 수 있다. 따라서 동물은 인간보다 기질지성이 탁하고 지저분하다. 반면 식물은 머리, 즉 뿌리를 땅에 처박고 있다. 하늘에 거스르고 있는 형상이다. 당연히 기질지성의 품격이 가장 뒤쳐진다. 무생물은 두말할 것도 없이 본연지성이 거의 드러나 있지 않은 채, 탁하고 더러운 기질지성 뒤범벅이다. 도덕적으로 가장 열등하다.

그런데 이런 신화적 발상은 현실에서 대단히 무서운 결과를 낳는다. 만물의 도덕적 품성, 즉 기질지성이 다르다는 확고한 신념은 신분 질서를 정당화하는 이데올로기로 순식간에 변질된 것이다. 인간과 동식물 사이에 도덕적으로 넘을 수 없는 벽이 있는 것처럼, 인간들 사이에서도 사농공상의 신분에는 그런 벽이 존재한다고 그들은 보았다.

3 정약용, 성리학을 새로 쓰다

정약용은 남인 가문 출신으로, 자는 미용(美鏞), 호는 다산(茶山), 사암(俟菴), 여유당(與猶堂), 채산(菜山) 등을 썼다. 정조(正祖) 연간에 문신으로 벼슬했으나, 청년기에 접했던 서학(西學 천주교)으로 인해 장기간 유배 생활을 하였다.

그는 이 유배 기간 동안 자신의 학문을 더욱 연마해, 육경사서(六經四書)에 대한 연구를 비롯해 일표이서(一表二書) 즉 경세유표(經世遺表), 목민심서(牧民心書), 흠흠신서(欽欽新書) 등 모두 500여 권에 이르는 방대한 저술을 남겼고, 이 저술을 통해서 조선 후기 실학사상을 집대성하였다.

그는 실학의 학통을 이어받아 발전시켰으며, 각종 사회 개혁 사상을 제시하여 묵은 나라를 새롭게 하고자 노력하였다. 정치, 경제, 사회, 문화 등 역사 현상의 전반에 걸쳐 전개된 그의 사상은, 조선 왕조의 기존 질서를 전적으로 부정하는 혁명론은 아니었지만, 파탄에 이른 당시의 사회를 개량하여 조선 왕조의 질서를 새롭게 강화시키려는 의도를 가지고 있었다.

18세기 후반에 오랫동안 정치 참여로부터 소외되었던 근기(近畿) 지방의 남인들은, 기존의 통치방식에 대한 회의를 갖게 되었다. 그들은 정권을 장악하고 있던 노론들이 존중하는 성리학과는 달리, 선진유학에 기초한 새로운 개혁의 이론을 일찍부터 발전시켰다. 정약용은 바로 이와 같은 시대적 배경을 가지고 태어났고, 어릴 적부터 이러한 학문적 분위기를 접하게 되었다.

이러한 다산에 대해서 우리는 일표이서와 여유당전서 등을 통해 그의 정치, 경제, 사회, 문화 등에 대한 사상은 다소나마 모두가 알고 있다. 그러나 그의 철학 사상에 대해서는 생소한 이가 많다고 생각된다. 이에 정약용의 철학사상에 대하여 알아보는 것은 의미가 자못 크다고 생각되므로, 이를 개략적으로 살펴보기로 한다.

우선 그는 기존의 성리학 이론과는 다른 자신만의 논리를 전개하였다. 그래서 그의 철학사상을 이해하기 위해서는 먼저 기존의 성리학에 대한 밑바탕 즉 성(性)과 이기론(理氣論)을 이해할 필요가 있다. 그럼 이에 대한 내용을 잠깐 더듬어 보자.

주자는 이 우주의 본바탕인 태극을 받아들여 그것을 이(理)라고 이름하여 만물 생성의 근본원리로 삼고, 이 태극에서 생성되는 음양, 오행, 만물과 같은 현상적인 세계를 기(氣)라고 이름 붙였다. 이(理)는 모든 사물이 존재하게 하는 근본 원인과 이유이며 현실을 지배하는 법칙이다. 다시 말하면 우주를 형성하는 근본 원리다. 그러므로 이(理)는 감각으로 경험할 수 없는 형이상(形而上)에 속하고, 기(氣)는 구체적인 사물 즉 현상을 가리킨다. 우주에 널리 존재하는 물질과 에너지를 통칭하는 개념으로 형이하(形而下)다.

그러니까 이는 우주가 존재하는 원리를 가리키고, 기는 드러나 보이는 현상 세계를 가리킨다. 현상이란 눈으로 보거나 감각으로 느낄 수 있는 것이다. 그러니 이는 볼 수도 없고 느낄 수도 없는 것인데 비하여, 기는 보거나 느낄 수 있는 것이다. 덧붙이면, 이는 기의 근원이 되는 것이고, 기는 이의 원리에 의해 생겨나는 구체적 현상이다. 이란 어떤 것이 그것으로 존재할 수 있도록 하는 이치요 본래성이며, 기란 어떤 것의 이치가 실현될 수 있는 재료 즉 물질이요 에너지다. 그러니까 이기(理氣)는 '원리와 그에 따른 현상'이란 개념으로 이해하면 되겠다. 따라서 이기론

(理氣論)은 우주의 생성 원리와 그 현상을 다루는 동양의 우주론이요 존재론이다.

이와 같이, 이와 기는 인간을 포함한 우주 전체, 곧 자연과 인간에 대한 존재 원리와 현상을 탐구하기 위한 철학적 개념이다. 그러나 우리나라에서는 이와 기를, 우주론보다는 주로 인간의 심성과 관련한 선악 문제를 해결하는 데 주력하였다.

우주에는 하늘의 이치 곧 천리(天理)가 있다. 이 천리는 인간과 모든 개별적 사물에 내재되어 있다. 모든 것은 천리에 의하여 만들어졌기 때문이다. 그중 인간에게 존재하는 천리를 성(性)이라 하였다. 그러므로 인간의 성은 천리다.

그런데 여기서 중요한 것은 인간의 성, 곧 천리는 원래 '선하다'고 본 것이다. 그런데 이 성(性)이 어떤 자극을 받아 흔들려 생기는 감정 상태를 정(情)이라 한다. 하늘의 이치를 받은 인간의 본성은 이이고, 이것이 움직인 감정 즉 정(情)은 기에 속한다. 그러므로 인간의 본성인 이는 선하고, 그것이 흔들린 정은 악을 포함하는 것이 된다.

그러면 이들 이와 기는 어떤 관계에 있을까?

주희는 이에 대하여, 이와 기는 서로 떨어질 수도 없고[不相離 불상리], 서로 섞일 수도 없다고[不相雜 부잡성] 하였을 뿐, 명확한 정의나 구분을 하지 않고 세상을 떠났는데, 그 후 중국의 학자들도 이에 대한 구체적 논의를 하지 않았다. 주자의 그러한 모호한 정의는 조선의 학자들로 하여금 다양한 논쟁을 불러일으키는 기제로 작용하였다. 아무도 하지 않았던 이와 기에 대한 깊이 있는 논의를 조선의 학자들이 앞서서 천착한 것이다. 인간의 본성과 감정이 이기(理氣)와 어떻게 관련되는가를 합리적으로 설명하고자 한, 학자간의 논쟁이 그 유명한 사단칠정론(四端七情

論)이다.

그럼 여기서 먼저 사단에 대하여 살펴보자.

사단(四端)이란 유학의 인성론에서, 인간은 본질적으로 선하다는 덕목 [四德 사덕] 곧 인의예지(仁義禮智)의 단서가 되는 네 가지를 말한다.

사단은 맹자의 용어로서 맹자(孟子) 공손추편에 나오는 말인데, 인간의 선한 본성인 인의예지(仁義禮智)를 측은지심(惻隱之心), 수오지심(羞惡之心), 사양지심(辭讓之心), 시비지심(是非之心) 등 네 가지 단서(端緒)와 관련지어 설명한 것이다. 즉 측은지심은 남의 불행을 가엽게 여기는 마음으로 인(仁)의 단서(端緒)가 되고, 수오지심은 자신의 잘못을 부끄러워하고 남의 잘못을 미워하는 마음으로 의(義)의 단서가 되며, 사양지심은 남에게 양보하는 마음으로 예(禮)의 단서가 되고, 시비지심은 선악과 잘잘못을 판별하는 마음으로 지(智)의 단서가 된다는 것이다. 이때 '단서'라는 것은 인간의 마음속에 인의예지의 선한 본성이 있다는 것을 보여 주는 증거(실마리)라는 뜻이다.

이를테면, 우물에 빠지려는 아이를 보면, 누구든지 아무런 보상을 받으려는 생각이 없이 무조건 아이를 구하려 드는데, 이것은 측은지심의 발로로서 인간의 성품이 본래 선하다는 것을 보여주는 증좌라는 것이다. 즉 타인의 불행을 보면 그것을 도우려는 마음이 생기는 것은, 인간의 마음 바탕에 선한 인(仁)이 있음을 알 수 있는 단서가 된다는 것이다.

이상에서 성리학의 성과 사단에 대한 대강을 살펴보았다. 그러면 이에 대한 다산의 의견을 들어보기로 하자.

정약용은 먼저 도학의 중요 개념인 태극, 성, 이기 등의 개념들에 대해 전면적이고 근본적인 비판을 하고 있다. 주자는 '태극'을 만물 생성의 근원이라 제시하고 있는데, 정약용은 하늘과 땅이 분리되기 이전의 미분화된 상태로 형체가 있는 시작이 태극이라 하였다. 그런 면에서 태극은 초월적이고 궁극적인 존재가 아니라 분리 이전의 혼돈으로서의 전체를 태극이라고 보고 있는 것이다. 이것은 우주론적인 혼돈의 의미로 태극을 보는 것이다. 정약용은 태극 개념을 천지가 분화되기 이전의 상태로서 음양이 배태되는 생성과정의 시원으로 파악하며 무형의 천과 일치시키기를 거부한다.

성리학 속에서는 '이'와 '기'가 우주의 모든 존재를 그 본체와 현상으로 설명하는 두 범주이며 근원적 실재라고 본다. 이에 비해 정약용은 기를 스스로 존재하는(자립하는) 물체이며, 이는 기에 붙어 있는 속성으로 본다. 따라서 '이'는 스스로 존재할 수 있는 것이 아니라 구체적인 사물에 붙어 있는 법칙 내지 조리가 된다. 이는 이데아와 현상이 별개임을 말한 플라톤의 설을 부정하고, 그것을 형상과 질료로 일원화한 아리스토텔레스의 주장과 유사하다. 다산의 주장은 성리학의 주리론을 거부하는 입장이면서, 동시에 기를 근원적 존재로 인정하지 않는다는 점에서 주기론과도 다르다. 곧 그는 이기론 자체를 거부하는 입장이다.

기존 성리학의 인성론에서는 사덕(四德) 곧 인의예지(仁義禮智)를 선천적인 것으로 여기고 있다. 사덕은 인간의 행위를 통해 얻어지는 것이 아니라, 마음속에 천부적으로 갖추어진 성(性)으로 보기 때문이다.

그러나 다산은 사덕은 선천적인 것이 아니라 인간의 실천적인 노력에 의하여 이루어지는 것이라고 하였다. 즉 기존의 성리학은 사단의 단(端)을 서(緒)로 보아 인의예지가 그 안에 있다는 증거로 본 것이다. 인의예지가 본래 있다는 단서 즉 측은, 수오, 사양, 시비지심은 밖에 드러난 것

[端]으로 보아, 그것으로써 인간이 지니고 있는 본래의 성(性)을 볼 수 있다는 것이다.

그러나 다산은 단(端)을 시(始)로 보아 사단은 안에, 사덕은 밖에 있는 것으로 본다. 즉 사단이 시초(기반)가 되어 이를 실행하여 후천적으로 길러진 것이 인의예지 사덕이라는 것이다. 이를 다산의 단시설(端始説)이라 한다. 사단의 마음은 인간이 나면서부터 지니고 있는 것이며, 인의예지는 그것을 닦고 확충하여 이룬 것이라 본 것이다. 즉 인의예지 네 가지는 도덕의 명칭이지 '성(性)'의 명칭이 아니며, '성'이란 오직 나에게 있는 것으로 천하에 다 통용되는 것이 아니라는 것이다. 사단은 실천의 근본이요 시작이고, 사덕은 실천의 결과로 형성된 덕목이라는 것이다.

그의 단시설은 단(端)을 시(始)로 보고, 인의예지를 열매로 비유하며, 근본을 마음에 둔다. 또 인의예지처럼 효제(孝悌)도 수덕(修德)의 명칭이므로, 그 완성은 바깥에 있지 안에 있는 것이 아니라 하였다. 성리학에서는 인의예지의 도덕성은 인간의 본성에 선천적으로 부여되어 있는 것으로서, 개인의 감정을 통제하고 기질을 억제하여 보편적 본성을 발휘함으로써 도덕성이 실현될 수 있다고 본다. 그러나 정약용은 성품이 마음의 속성이요 본체일 수 없다는 입장에서, 인의예지가 인간의 성품에 선천적으로 내재되어 있는 것이 아니라, 행위의 결과로서 획득되는 것이라 주장한다. 따라서 사단(四端)은 성리학의 해석처럼 인의예지의 성품이 드러나는 실마리로서의 '단서'가 아니라, 인의예지의 도덕성을 실현하기 위한 첫머리로서 '단시(端始)'라 해석하고 있다.

다산은 또 성(性)을 이(理)이자 내면의 본체로 파악한 주자의 설을 부정하고, '성'을 마음의 기호(嗜好) 즉 마음이 좋아하고 싫어함의 정감적 태도를 가리키는 것이며, 어떤 대상이나 가치를 지향하는 자세라 정의하였다. 곧 기호는 꿩이 산을 좋아하고, 사슴이 들을 좋아하는 감각적 기호와 벼가 물을 좋아하고 기장이 건조함을 좋아하는 본질적 기호라 생각했다. 이는 성(性)을 심(心)의 본체로 인식하는 주자학적 임장을 정면으로 거부하고 성을 심의 속성으로 밝히고 있다. 또한 성선설의 의미도 성이 본래 순수한 것이라는 주자학의 견해를 거부하고, 선을 좋아하는 하나의 기호라고 하였다.

왜냐하면, 물이 아래로 흐르고 불이 위로 타오르듯이 자동적으로 선을 행할 수 있다면, 선을 행하는 것이 자신의 노력이 쌓인 공(功)이 될 수 없기 때문이다. 즉 인간에게 자유지권(自由之權) 곧 자유의지를 부여한 것이다. 결국 인간을 도덕적 주체로서 자유의지를 지니는 존재로 확인함으로써, 성리학에서처럼 본연지성이 선하다고 하는 관점을 거부한 것이다. 선은 그것을 쌓으려고 노력한 결과로 얻어지는, 자유의지의 산물이라는 것이다.

그는 인간에게 두 가지 기호(嗜好)가 있다 하였다. 그 하나는 영지(靈知)의 기호, 즉 영성적(靈性的), 지성적(知性的)으로 즐기고 좋아하는 것이고, 다른 하나는 형구(形軀)의 기호, 즉 육체적, 감각적으로 즐기고 좋아하는 것이다. 영지의 기호란 선을 바람직스럽다고 하고 악을 미워하며, 덕행을 좋아하고 더러움을 부끄럽게 여기는 마음이다. 이것은 인간만이 가지고 있는 도덕적 성품이라 한다. 형구의 기호란 인간의 눈이 좋은 빛깔을 좋아하고, 입이 맛있는 음식을 즐기며, 따뜻하게 입고 배부르게 먹는 것을 좋아하는 것을 말한다. 이것은 동물도 가지고 있는 성품이므로 동물의 성품 또는 기질(氣質)의 성품이라 한다.

정약용의 이러한 인성론은 인간의 성(性)을 현실의 구체적인 사물에 대한 성향, 즉 기호로 보기 때문에 성기호설(性嗜好說)이라고 일컫는다.

　성리학에서는 천리가 각 사물에 부여되어 내재하는 것을 일러 성(性)이라 하고, 그 성을 다시 보편성과 특수성의 의미로 나누어 본연지성(本然之性)과 기질지성(氣質之性)으로 나누어 설명했다. 물론 성리학에서 두 가지의 성이 동시에 존재함을 말하는 것은 아니다. 단지 이기(理氣)의 측면에서 순수 '이'로서의 본연지성과 '기'와의 결합으로서의 기질지성을 구분한 것이다. 따라서 본연지성은 천리로부터 부여받은 본래적이고 순선한 성인 데 반해, 이기(理氣)가 공존하는 기질지성은 선악의 가능성을 가진 현실적인 '성'이 되는 것이다.

　다산은 이러한 본연지성과 기질지성으로 나누어 보는 견해에 대해 반대한다. 성리학의 본연지성, 기질지성은 선악이 공존한다는 설을 인정하고 있기 때문이다. 이는 맹자의 성선설에 분명히 위배되는 것이다. 또한 성에는 오직 한 가지밖에 없음을 주장한다. 벼는 물을 좋아하고, 보리는 건조함을 좋아할 따름이라는 것이다. 따라서 다산은 이러한 성리학의 본연·기질지성설이 공맹의 설에 어긋나는 학설임을 분명히 하고 있다.

　성리학에서는 본연과 기질이라는 개념을 도입하여 선악의 존재 문제를 해결하려 하였다. 그러나 다산은 인성에 선이 있고 악이 있는 것이 아니라, 이 '성'이란, 위에서 말한 바와 같이 기호에 다름 아니라는 것이다. 이러한 기호에 형구의 기호가 있고 영지의 기호가 있어, 선을 지킬 수도 불선에 빠질 수도 있다는 것이다.

　다산은 성리학의 선천적 불평등설에 대해서도 반대하였다. 성리학에서는 성은 본래 선한 것인데 기에는 청탁(淸濁)이 있어서, 청한 것을 받은 자는 현인이 되고, 탁한 것을 받은 이는 어리석은 사람이 된다. 본연 지성은 모든 인간과 만물이 같으나, 기질에 의해서 달라진다고 하여 선천적인 차이를 인정했다.

이에 대해 다산은 현명함과 어리석음은 '성'의 차이가 아니라 지혜의 우열일 뿐이라 하였다. 즉 현명과 어리석음은 선천적인 성의 차이가 아니고, 후천적인 습관과 노력의 결과라 하였다. 이와 같이 다산은 인간에게는 하나의 '성'만 있음을 강조하였다.

다음으로 성즉리(性卽理)설에 대한 다산의 주장을 살펴보자. 성리학에서는 성즉리 즉 하늘이 준 성이 곧 이(理)라고 하여, 천리에 의해 모든 만물이 같은 '이'를 받아 동일한 '성'을 이룬다고 하였다. 그러나 다산은 하늘이 성을 부여할 때 처음부터 인간과 사물에게 각각 다른 성을 부여했다고 하였다. 만약 성이 곧 '이'라고 한다면, 중용에 '하늘이 명한 것을 성이라 한다.'고 했는데, 이 말을 성즉리에 맞추면 '이'가 명한 것을 '이'라 한다는 말이 되어 논리적으로 어긋난다고 하였다. 단순한 동어반복에 빠지는 모순이라는 것이다.

또 성리학의 성즉리설에 따르면, 인간이나 사물이 동일한 성을 부여받게 된다. 그러면 다른 사물들도 사람과 마찬가지로 도의의 성을 가지게 되어, 결국 인간과 사물은 차별이 없게 된다. 그래서 다산은 본연의 성이 각각 같지 않다고 생각한다. 사람인즉 선을 좋아하고 악을 부끄럽게 여겨, 몸을 닦고 도를 지향하고자 하는 것이 그 본연이고, 개는 도둑을 보면 짖는 것이 그 본연이며, 소는 멍에를 차고 무거운 짐을 나르며 풀을 먹는 것이 그 본연이라 하였다. 오늘날로 말하면 매우 진보적인 사상이다.

다음으로 인물성동이론(人物性同異論)에 대한 다산의 사상을 살펴보기로 하자. 인물성동이론이란 인성(人性)과 물성(物性)이 같으냐 다르냐에 대한 논쟁이다.

조선 후기 성리학이 발전하면서 인성(人性)과 물성(物性)에 대한 동질 여부에 대하여 논쟁이 발생하였는데, 이 논쟁은 권상하(權尙夏)의 문하에서 시작되었다. 인간과 동물 혹은 식물의 본성이 같다고 주장하는 인물성동론(人物性同論)과 근본적으로 서로의 본성은 다른 것이라고 주장하는 인물성이론(人物性異論)으로 나뉘었다.

전자를 주장하는 사람들의 대표 주자는 이간(李柬)이며, 후자의 대표 주자는 한원진(韓元震)이다. 인물성동론을 주장하는 성리학자들은 대부분 서울 지방에 살고 있었기 때문에 낙학(洛學) 또는 낙론(洛論)이라 하였고, 인물성이론을 주장하는 학자들은 충청도 지방에 살고 있어 호학(湖學) 또는 호론(湖論)이라고 칭하였다. 따라서 이들 사이에 벌어진 인물성동이론(人物性同異論)의 논쟁을 호락논쟁(湖洛論爭)이라고 한다.

이러한 논쟁은 조선 후기 성리학의 한 특징을 형성하는 것이며, 비록 현실 사회의 실용적인 논쟁이 아니라는 비판을 받기는 했지만, 인성과 물성의 근본적인 문제를 다룸으로써 인간의 주체성과 도덕의식을 함양하는데 기여하였다는 점에서 역사적 의의가 있다.

다산은 인물성이론의 입장에 있다. 기존의 인물성동이론은 모두 '이'와 '기'의 결합 여하에 따라 구별되어진다고 보았다. 다산은 이와는 달리, 성(性)은 이기(理氣)의 문제가 아니라, 하늘로부터 부여 받은 명(命) 자체가 인간과 사물은 다르기 때문에 인성과 물성은 아예 다르다고 했다. 인성과 물성이 근본적으로 같다는 성동론에 대해 비판적인 입장을 취하였다.

앞에서도 말했지만, 다산의 생각은 사람은 선을 좋아하고 악을 부끄럽게 여기는 '성'을 가지고 있고, 개는 도둑을 보면 짖고 똥을 먹는 '성'을 가지고 있으며, 소는 짐을 나르고 풀을 먹고 되새김질을 하는 '성'을 가지고 태어난다는 것이다. 다시 말하면, 다산은 인간과 사물은 하늘로부터 받은 '성'이 애초부터 다르다고 본 것이다.

다산은 경세유표를 쓴 연유를, "지금의 현실은 터럭만큼도 병통이 아닌 것이 없는바, 지금이라도 고치지 않으면 반드시 나라가 망할 것이다."라고 하여 근본적인 개혁을 통해서만 국가와 사회가 유지될 수 있음을 강조하였다. 즉 "국가 통치 질서의 근본이념을 새로 세워 오랜 조선을 새롭게 하려고 저술하였다."는 것이다. 그는 당시 민생의 고통 원인이 말단 서리들의 중간착취와 소모에 의한 결과라 하였고, 땅덩이는 중국의 한 주(州)만도 못한데 관직의 수는 주대(周代)의 갑절이나 많아, 관리들은 쓸데없는 자리에 앉아 국고를 축내고 있다고 지적하였다.

또 목민심서에서는 백성을 다스리는 지방 목민관의 치민(治民)에 대한 요령과 거울이 될 만한 마음가짐과 태도를 역설하였다.

흠흠신서는 그 서문에서 "오직 하늘만이 사람을 내고 또 죽이니 인명은 하늘에 매여 있다."는 글로 시작해 "삼가고 또 삼가는 것이 형을 다스리는 근본이다."는 충고로 끝을 맺었다. 또 "사람이 천권을 대신하면서 두려워할 줄 모르고, 자세히 헤아리지 아니한 채 덮어두고, 모른 체하며 살려야 할 사람은 죽이고, 죽여야 할 사람은 살리고서도 태연하고도 편안할 뿐 아니라, 비참함과 고통으로 울부짖는 백성의 소리를 듣고도 구제할 줄 모르니 화근이 깊어진다."고 하였다.

이처럼 그의 일표이서에서는 한결같이 다스리는 자의 그릇됨과 백성들의 신음 소리를 그 밑에 깔고, 잘못된 정치의 일대 개혁을 부르짖고 있다.

이와 마찬가지로 그의 철학사상도 당시의 성리학과는 다른 시야를 바탕으로 한 새로운 해석을 가하고 있다. 그는 근본적으로, 하늘이 내려준 것보다 인간 자신의 노력과 인간 자체의 실존을 강조하였다. 이러한 개량주의적인 그의 시각은 실학과 서학의 영향이 큰 것으로 보인다. 변하지 않으면 썩고, 썩으면 종국에는 죽게 된다는 것은 만고의 진리다. 우리가 다산의 철학사상을 다시 곱씹어 봐야 하는 연유는, 혼란의 시대를 헤쳐가려면 어떠한 자세로 살아가야 할까를 고민하고, 그에 대한 철학적 자세를 정립하려 했던 그의 울림이 지금 우리 앞에 절실히 와 닿아 있기 때문이다.

4 최한기의 기학

최한기(崔漢綺, 1803~1877)는 19세기를 대표하는 학자로, 기존의 동서양의 학문적 업적을 집대성한 수많은 연구 저서를 내고, 한국의 근대사상이 성립하는 데 큰 기여를 한 실학자이다. 그런데 최한기라는 이름조차도 모르는 이가 많을 정도로, 그는 지금 세상에 잘 알려져 있지 않다.

우리 역사에서 많은 저술을 남긴 사람이라 하면 으레 원효를 꼽는다. 그는 100여 부의 책을 저술하였다. 실로 대단한 저술이다. 그런데 최한기는 이보다 훨씬 많은 1000권의 책을 지었다. 그 가운데서도 최한기는 '기학(氣學)'이라는 학문 체계를 통해서 동서양의 학적 만남을 꾀했고, 이를 통해 조선이 처해 있는 난국을 헤쳐나갈 새로운 돌파구를 찾고자 노력했다.

최한기는 1803년 최치현과 청주 한씨 사이에서 태어났으며 본관은 삭령이다. 개성 출신이지만 대부분 서울에서 살았다. 자는 지로(芝老)이며 호는 혜강(惠岡), 패동(浿東), 명남루(明南樓) 등을 사용했다.

최한기 집안은 조선 전기 대학자인 최항의 후손으로 되어 있는데 직접적인 혈손은 아니다. 직계로 보면, 8대조인 최의정이 음직으로 감찰직을 지냈다고는 하나, 증조부 최지숭이 무과에 급제하기 전까지 문무과는 물론이고 생원 진사시에도 합격자를 배출하지 못한 한미한 가문이었다.

최한기 집안이 상층 양반이 된 것은 아들 대에 와서였다. 최한기는 1825년에 생원에 급제하였지만, 벼슬길과는 거리가 멀었고, 그의 아들 최병대가 1862년에 문과에 급제하여 왕의 시종신이 되었다.

부친인 최치현은 최한기가 10세 때인 1812년 27세의 젊은 나이로 요절했다. 부친의 사망 당시 최한기는 큰집 종숙부인 최광현의 양자로 입양되어 있었다.

내세울 만한 것이 없었던 본가에 비해, 양가(養家)는 무과 집안으로 부유하였다. 양부 최광현은 1800년에 무과에 급제하여 지방 군수를 지내기도 했다. 많은 책을 소장하고 거문고도 켤 줄 아는 교양 있는 인물이었던 최광현은, 최한기의 외조부인 한경리를 비롯하여 한경의, 김천복, 김헌기 등 개성 지역 학자들과 교유하면서 만년을 보냈다.

예나 지금이나 학문을 하기 위해서는 경제적인 안정이 필수다. 벼슬생활을 하지 않은 최한기가 먹고사는 문제에 크게 신경을 쓰지 않으면서, 온갖 책을 사보며 연구에 전념할 수 있었던 것은, 양자로 간 집안이 경제적으로 넉넉했기 때문이었다. 그의 학문을 대표하는 『기학(氣學)』과 『인정(人政)』이 경제적 기반이 탄탄했던 시기에 쓰인 것은 결코 우연이 아닐 것이다.

그러나 많은 책을 사고 학문에만 열정을 쏟다 보니, 끝내는 경제적으로 타격이 없을 수 없었다. 1860년 이후 최한기 집안은 경제적으로 기울기 시작하여, 1870년 중반에 와서는 귀중한 책과 물건을 전당 잡힐 정도로 경제적인 어려움을 겪었다.

최한기는 잘나가는 양반 자제들과 어울리지 않고 자신과 생각이 비슷한 인물들과 어울렸다. 대동여지도를 만든 김정호는 최한기가 벗이라 부른 유일한 인물이다. 그는 자기와 뜻을 같이하는 이규경, 김정호 등과 학문 토론을 하였는데, 이들은 모두 19세기 조선 사회의 선각자들이었다. 조선의 현실을 개혁하고 앞날을 전망한 새로운 지식인들이었으나, 당대에는 그들을 받아들일 풍토가 마련되어 있지 않았다. 그래서 최한기는 조선의 밝은 미래를 열기 위해 기학이라는 학문을 제창했다.

최한기의 학문 세계는 유교적 전통에서는 극히 드물게, 강한 경험주의를 바탕으로 하고 있다. 심지어 맹자가 인간의 본유적인 것이라고 규정한 인의예지조차 경험으로 얻게 되는 습성에 불과하다고 주장했다. 그에 의하면, 인간의 모든 앎이란 선천적이 아니라 후천적 경험을 통하여 배워 얻어지는 것이라는 것이다.

그러면 그의 대표적 저서인 『기학』에 대하여 알아보기로 하자.

기학은 말 그대로 기에 대한 학문이다. 그런데 이 '기(氣)'는 성리학에서 말하는 이기(理氣)를 가리킬 때 쓰는 그런 '기'에서 따 왔으나, 기존의 성리학에서 말하는 '기'의 개념과는 다르다. '기'는 만물을 이루는 기 본체로서 언제나 운동하면서 변화하는 것이라고 그는 정의하였고, 이런 '기'에 기반을 둔 것이 진정한 학문이라고 하였다. 만물을 이루고 항상 운행하고 변화하는 '기'에 기반을 둔다는 것은 경험하고 관찰한다는 의미를 함께 지닌다. 그러므로 '기'의 운행 변화의 원리를 알고, 그에 맞추어 삶을 살아야 한다는 것을 목적으로 하는 학문이 기학이라 할 수 있다.

인간의 몸은 항상 변하고 있다. 몸을 이루는 세포들은 늙어서 죽고, 또 새로 생겨나고 하는 것을 끊임없이 반복한다. 또 나를 둘러싸고 있는 환경도 역시 마찬가지다. 따뜻하다가 추워지기도 하고, 건조하다가 습해지기도 한다. 그뿐만 아니라 사회나 국가의 문물과 형세도 늘 변한다. 더 나아가 우주의 '기'도 항상 변화한다. 인간의 삶은 이와 같은 주위 변화에 맞게 변해야 한다. 그래야 건강도 지키고 주위의 변화에 적응하여 보다 나은 삶을 살아갈 수가 있다. 이처럼 최한기는 일찍이 변화에 눈을 돌리고 그것을 강조한 사람이다.

이것은 마치 토인비가 그의 명저 『역사의 연구』에서 말한 '도전과 응전'의 논리와도 유사하다. 그는 도전받고 거기에 응전한 문명은 살아남고, 도전받지 않고 따뜻한 봄날만 지속된 문명은 다 사라졌다고 하였다.

범람하는 강 유역의 문명은 문명의 꽃을 피웠고, 전혀 범람하지 않고 강 주변의 비옥한 토지를 가졌던 곳의 문명은 쇠락해서 역사 속에서 사라졌다는 것이다.

오늘 우리 앞에 벌어지고 있는 4차 산업혁명에 대하여 이우영 한국폴리텍대 이사장은, "누가 무엇을 어떻게 바꾸어 왔는가. 오늘 우리에게 다가오는 변화는 무엇이고 우리는 어떻게 혁신해야 하는가. 고민 끝에 역사에서 두 열쇠를 찾았다. '지식'과 '통섭(統攝)'이다. 통섭은 서로 다른 것을 한데 묶어 새로운 것을 찾는다는 의미로, 인문 사회 자연과학의 융복합을 통해 새로운 것을 창조함을 뜻한다."고 하였다.

요약컨대, 이들이 말한 핵심은 '변화'에 잘 적응해야 한다는 것이다. 혜강 최한기 역시 그 변화란 대전제 위에서 기학의 입론을 구한다.

혜강이 『기학』을 쓰기 시작한 1857년 전후의 시대는 조선 사회가 커다란 위기에 봉착하고 있던 때다. 누적된 구질서의 모순과 세도정치의 폐해가 극에 달하여 민생이 도탄에 빠지고, 이에 분노한 민중들이 도처에서 민란을 일으켰다. 때맞춰 서구열강들은 기술문명의 이기를 앞세워, 서세동점(西勢東漸)의 열기를 한창 올리고 있었다. 그러나 조선의 조정은 쇄국정책을 내세워 서학의 유입은 물론, 서구의 자연과학 지식과 기술 그리고 그것을 활용한 각종 발명품들을, 이른바 오랑캐의 산물이라 하여 그것을 긍정적으로 수용하지 않았다.

혜강은 일찍부터 청나라에 파견된 서양 선교사들이 가져와서 한역한 자연과학 관련 서적들을 접하고, 커다란 충격과 감탄의 염을 품게 되었다. 한 말로 말하여, 혜강은 변하지 않는 조선 사회를 크게 걱정한 인물이다.

그는 서양의 자연과학 서적을 접하기 이전에 유교 경전에 대한 깊은 소양을 쌓고 있어서, 일단 그 유교 정신에 바탕하여 이들 서구의 새로운 지식을 수용하고 싶었다. 여기서 구상하고 생각을 담아 정리한 것이 『기학』이다.

그러면 이제 『기학』의 내용이 어떤 것인지 개략적으로 살펴보자.

앞서 말한 바와 같이, 기(氣)는 만물을 이루고 있는 요소로서 언제나 운행하면서 변화하는 존재라고 정의할 수 있다. 이런 '기'에 기반을 둔다는 것은 다른 말로 표현하면, 경험할 수 있고 관찰할 수 있다는 의미를 함축하고 있다. 결국 기의 운행 변화의 원리를 알고 그에 맞춰 삶을 살아가는 것을 목적으로 하는 학문이 기학이다. 이를테면, 건강을 지키려면 내 몸과 환경의 변화를 잘 관찰해야 그것이 가능하다는 것이다.

인간의 상상으로 만들어 놓은 신과 같은 것 즉 경험할 수 없는 학문은 인간의 삶에 도움이 되지 않으므로 진정한 학문이 아니라고 하였다. 이러한 학문을 일러 그는 중고지학(中古之學)이라고 불렀다. 그러니 '기'의 변화에 바탕을 둔 기학이야말로 인간에게 전정 유익한 학문이라 할 수 있다는 것이다. 성리학 같은 공리공론의 학이 중고지학의 대표적인 것이라 할 수 있다.

그는 중고지학을 췌마학(揣摩學)과 낭유학(稂莠學)으로 구분하여 설명하였다. 췌마란 사물에 대한 경험을 바탕으로 하지 않고 제멋대로 상상하여 만들어 내는 것을 뜻한다. 경험할 수 없기 때문에 그것이 참인지 거짓인지 구분할 수 없는 학문이다. 그 대표적인 것이 성리학이다.성리학은 세상이 이와 기로 이루어져 있는바, '기'는 앞서 말했듯이 만물을 이루고 있는 것이고, '이'는 어떤 사물이 사물이도록 하는 원리다. 그런데 '이'는 인간이 태어날 때부터 이미 마음속에 갖고 있다는 것으로 불변적인 선(善)이라고 하였다.

여기서 보듯이 '이'는 경험할 수도 없고 또 변하지 않는 것이다. 그래서 최한기는 성리학을 췌마학 곧 거짓된 학문이라고 하였다. 그러므로 혜강은 성리학을, 현실의 변화와 발전을 막는 쓸모없는 학문으로 본 것이다.

그는 또 백성들에게 해를 끼치는 학문으로 낭유학이란 걸 내세웠는데, 낭유란 강아지풀 즉 곡식이 자라는 데 방해가 되는 잡초란 뜻이다. 이는 인간의 재앙이나 복, 혹은 상서(祥瑞)로움 등을 말하여 참된 삶에 보탬이 되지 않는 학문을 가리킨다. 그 대표적인 것으로 불교, 이슬람교, 기독교 등을 지적했다.

그는 여기서 우리가 생명 활동을 하게 해 주는 모든 것에 대해 감사하는 종교 행위는 옳다고 할 수 있지만, 신을 믿음으로써 자신이 지은 죄에서 벗어나거나, 지옥을 피해 천당에 오르려고 하는 것은 잘못된 것이라 하였다. 이것 역시 그가 주장한 사물에 대한 경험에 바탕하지 않는 학문이라는 것이다. 즉 기학은 형체가 있는 것에서 출발하고 현실의 문제를 해결하는 학이기 때문이다.

그는 이와 같이 경험 속에서 통일된 원리를 찾고, 우리 인간은 경험을 더욱 넓혀야 한다고 하였다. 그렇게 하는 것을 가리켜 추측(推測)이라 이름하였다. 어떤 사물에 대한 경험을 쌓아 그 사물의 원리를 미루어서 우주 만물의 원리를 헤아리라는 것이다. 다시 말하면 '기'로 이루어진 사물에 대한 경험과 추측에 의해서 이루어진 학문이 참된 학문이라는 것이다. 이것은 경험론의 선구자인 프랜시스 베이컨이 주장한 귀납법과도 유사하다.

'기'는 우리 몸과 만물을 이루는 재료다. 허공에도 공기가 있는 것처럼 온 세상은 '기'로 되어 있다. 우주를 채우고 있는 '기'가 뭉쳐져서 지금 우리가 사는 세상과 만물을 만든 것이다. 인간도 이 세상에 없다가 '기'가 뭉쳐져서 생겨났고, 마침내는 '기'가 흩어져서 없어지는 것이다. 이 '기'는 항상 운동하며 변화하는 원리를 가지고 있다. 우주를 이루는 근원은 하나의 '기'뿐이다. 성리학에서는 '기'의 운동은 '이'가 시켜서 이루어진 것이라고 했는데, 혜강은 '이'라는 것은 '기'가 움직이는 원리가 무엇인지를 말하는 것이라고 하였다. 그런 면에서 혜강은 기일원론(氣一元論)자다.

이 '기'에 대해서 그는 형질의 기와 운화의 기로 나누어 설명했다. 형질은 형태와 물질이다. 그러므로 형질의 기는 사물을 이루는 물질과 형태로서의 '기'다. 이 '기'는 끊임없이 운동하고 변화함에 의해서 구체적 현실이 이루어진다. 이러한 변화를 그는 운화(運化)라 불렀다.

운화는 활동운화(活動運化)를 줄인 말인데, 생생한 기운이 항상 움직이고 두루 운행하여 크게 변화한다는 뜻이다. 생생한 기운이란 '기'가 마치 살아 있는 생명체와 같다는 것이다. 그리고 '항상 움직인다'는 것은 앞의 생생한 기운과 연결되어, 생명체가 항상 운동하고 있는 것처럼 '기' 역시 그렇다는 것이다. 인간을 포함한 이 세상의 모든 사물은 차츰 변화한다. 즉 성장하고 늙어 가다가 죽어서 다시 우주의 '기'로 돌아간다. 운화는 한마디로 말하면 이러한 운동과 변화를 가리킨다. '기'는 끊임없이 운동하고 변화를 일으킨다는 뜻이다.

형질의 기가 형성되고 나면 운화의 기도 그 형질의 기에 따라 변화한다. 사자와 소는 '기'의 운화에 의하여 생성되었다. 그러나 그 운화는 형질에 따라 다른 모습이 되었다. 소는 풀을 뜯고 사자는 고기를 먹는다. 이 세상 만물은 '기'의 운동 변화로 인해서 각각의 모양과 몸뚱이를 갖는다.

혜강은 이와 같은 '기'의 운화를 기준으로 하여 먼저 우주와 인간을 나누었다. 즉 우주를 이루고 있는 '기'와 인간을 이루고 있는 '기'로 나눈 것이다. 우주를 이루는 '기'의 운화를 대기운화(大氣運化)라 하고, 사람을 이루는 '기'의 운화를 인기운화(人氣運化)라 하였다. 인간을 이루는 '기'와 그 외 우주 만물을 이루는 '기' 사이에는 커다란 차이가 있다고 생각했기 때문에 이 둘을 대등하게 나눈 것이다.

이 둘을 나눈 기준은 의지가 있고 없고의 차이다. 곧 인간에게는 의지가 있고, 기타 만물에게는 의지가 없다는 것이다. 그런데 인간도 먹고 싶어 하고 동물도 먹고 싶어 한다는 점은 같은데, 어찌하여 의지를 기준으로 하여 구분한다는 말인가? 그러나 인간은 입으로는 먹고 싶으나 의지로 먹지 않고 억제할 수가 있는데, 동물은 단순히 본능에 의해서만 먹으므로 그 기준이 다르다는 것이다.

그리고 최한기는 인기운화를 통민운화(通民運化)와 일신운화(一身運化)로 나누어 구분하였다. 통민운화는 인간 사회의 운동과 변화를 말하고, 일신운화는 안 개개인의 운동과 변화를 말하는 것이다. 그래서 이들 운화를 기호로 나타내면 대기운화〉통민운화〉일신운화가 된다.

여기서 혜강이 말하고자 하는 것은 작은 것은 큰 것을 따라야 한다는 것이다, 즉 한 개인이 사회의 일원이라면 그 사회의 법도를 따라야 하고, 한 사회가 전체 우주의 일원이라면 그 우주의 법도를 따라야 한다는 것이다. 다시 말하면 인간 사회가 우주의 운동 변화에 발맞추어야 하고, 개인 역시 인간 사회와 우주의 운동 변화에 따라야 한다는 것이다.

이를 따르지 않는 것은 소가 고기를 먹으려 하고 사자가 풀을 뜯으려 하는 것처럼, 법칙에 어긋나 종국에는 죽고 말게 된다는 것이다. 우주가 변하면 사회도 변하고 사회 속의 개인도 변해야 한다는 것이다.

이러한 혜강의 생각은, 동양과 다르게 발전해 온 서양의 과학적 성과 물에서 자극을 받아서 생긴 것이며, 변화를 거부하는 당시의 조선 사회를 걱정하는 비판에서 나온 것이라 할 수 있다.

그러면 이제 『기학』의 핵심이라고 할 수 있는 통민운화에 대해 살펴보기로 한다.

'기'의 운동변화를 설명하는 말이 운화이고, 그 운화에는 대기운화, 인기운화, 통민운화, 일신운화가 있다고 했다. 그리고 일신운화는 통민운화를 본받으며, 통민운화는 대기운화를 본받는다고 했다. 대기운화는 우주 즉 천지 만물을 가리킨다. 대기운화는 우리 인간이 우주를 관찰하여 얻는 지식의 변화로 시작된다. 우주에 대한 지식의 변화는 우주 만물에 대한 인간이 갖는 지식의 변화다.

우리의 전통적 우주관은 중국의 영향을 받은 천원지방(天圓地方)이었다. 즉 하늘은 둥글고 땅은 네모로 되어 있다는 생각이었다. 그리고 그 가운데에 중국이 있고 그 외 나라는 변방에 위치한다는 사상이다. 중국이라는 이름도 거기서 나온 것이다. 그래서 변방의 나라인 조선은 중국을 따르고 그 문화를 본받는 것은 당연하다고 생각하였다.

그런데 서양 선교사를 통하여 지구는 그렇게 네모진 것이 아니고 둥글다는 사실을 알게 되었다. 이러한 지구론의 변화에 따라 중국이 중심이라는 사상은 무너지게 되었다. 왜냐하면, 공처럼 둥근 물체에는 어느 한 곳을 중심이라고 할 수 있는 곳이 있을 수 없기 때문이다. 그래서 서양의 지구론을 수용한 홍대용 등 실학자들은 중국 중심주의에서 벗어날 수가 있었다.

이러한 대기운화에 대한 지식의 변함에 따라 우리 사회의 운영 원리도 변화된 것이다. 통민운화란 이처럼 우주의 변화에 발맞춰서 인간 사회를 운영하는 것을 말한다. 즉 인간 사회의 운영 원리는 우주의 변화에 발맞추고자 하는 인간의 의지가 반영된다. 이처럼 우주의 변화에 맞추어 인간 사회를 변화시키는 것을 최한기는 변통(變通)이라고 불렀다. 변통이라는 말은 주역에서 따온 말인데, 변화와 소통을 합쳐서 말한 것이다.

혜강은 통민운화에서 인간의 의도적인 변통이 중요하다고 생각하였고, 이 변통으로 변화하는 세상에 알맞은 새로운 사회를 만들어 가야 한다고 생각하였다. 그런데 당시의 조선 사회를 이끄는 지배층은 이러한 변화를 따르지 않았다. 그래서 혜강은 통민운화, 변통 등을 내세워 세계의 변화에 발맞춰 우리 사회를 운영하자고 한 것이다.

그가 살던 당시의 성리학 풍토는 성리학의 본령에서도 벗어나 있었다. 주희는 원래 사물을 탐구하는 격물치지(格物致知)를 중시하였다. 격물치지란 구체적 사물에 나아가서 그것을 잘 탐구하여 올바른 지식을 얻으라는 것이다. 그러나 당시의 사회는 사물을 탐구하는 자세는 사라지고, 이미 확정되어 있는 원리만 지킬 뿐이었다. 즉 그가 주장하는 바의, 사물이 운동 변화하는 이치를 깨달아 그 원리를 파악하고자 하는 노력을 하지 않았던 것이다.

『기학』은 학문의 가장 중요한 존재 이유 중의 하나를 실용실사(實用實事)의 추구와 민생의 안정에 두고 있기 때문에, 그것의 기반이 되는 운화(運化)의 규명이 일차적인 관심사가 되지 않을 수 없다. 그래서 기학에는 정학(政學)과 경학(經學), 역수학(曆數學)과 기계학(器械學), 기예공장(技藝工匠)의 학, 격물학, 전례학(典禮學)과 형률학(刑律學), 역수(曆數) 물류(物類) 기용학(器用學) 등이 포함된다.

정학은 정치학이고 경학은 경전에 대한 학문이다. 이는 오늘날의 인문과학과 사회과학이다. 역수학은 천문학과 수학이다. 역수학과 기계학은 운화의 기를 인식하고 증험하는 학문인바, 기계가 아니면 이 '기'에

착수할 수가 없고 역수가 아니면 이 '기'를 나누어 살펴볼 수가 없다고 보았다.

기예공장의 학은 한 가지 일에 나아가 '기'의 교묘함을 얻고 능한 바를 익혀서 '기'의 정밀함을 터득하는 것이고, 격물학은 온갖 종류의 산물이 왜 제각기 다른지 또 그것이 어떻게 응집될 수 있는지를 연구하는 학문이다. 이 학문의 최종 목표는 운화 유형의 이치에 통달하는 데 있다. 이는 오늘의 응용과학이라 할 수 있다.

전례학과 형률학은 모두 교화로써 만인을 이끌고 거느리는, 인도에 속하는 학문이다. 통민운화를 실현하기 위한 일종의 사회과학이라 할 수 있다.

역수학은 천문이나 계절의 변화에 대해서 정확하게 기록하고, 그것을 통해서 천문과 계절의 운동과 변화를 읽어 내는 것이므로 기학의 본령에 속한다. 물류학은 곡식, 채소, 풀, 나무, 들짐승, 날짐승, 물고기 등을 종류에 따라 분류하는 학문이다. 이 역시 사물에 대한 수많은 경험과 관찰에 의한 일반 원리의 발견을 가능케 하는 학문이므로 기학에 속한다.

기용학은 도구를 제작하여 사용하는 것을 다루는 학문이다. 우리가 사용하는 기구들은 모두 '기'를 활용하거나 측정하기 위한 것이라고 할 수 있다. 이러한 활용이나 측정은 구체적인 경험이며 관찰이다. 그러므로 기용학은 기학에 속하는 학문이다.

이처럼 기학은 경험과 관찰을 통하여 운화 즉 운동과 변화를 읽어 내어 구체적인 현실에 맞게 적용하려는 학문이다. 기학은 그러한 원리를 적용하여 인간이 풍요롭고 도덕적인 삶을 영위할 수 있게 하는 것을 목표로 하는 학문이다. 인간이 만물의 변화에 맞추어 스스로를 변화시키는 것이 바로 통민운화다.

그러한 운화의 원리를 안다면 농부는 농사를 더 잘 지을 수 있을 것이며, 어부는 고기를 보다 많이 잡는 데 유익할 것이다. 또 정치가는 시대의 조류에 맞고 도덕적인 정치를 할 수 있고, 장군은 더 좋은 전략을 짤 수 있을 것이다. 또 과학자는 인류에 공헌하는 법칙과 발명을 해내어 백성들의 삶을 윤택하게 하는 데 기여할 것이다.

　　최한기는 이러한 바탕 위에서 세워진 기학의 원리를 모든 인류의 삶의 방식으로 확대하고자 희망하였다. 인간은 사는 지역에 따라 사소한 차이는 있지만, 같은 기운을 타고 생겨났으므로, 인류 모두에게 공통되는 도덕률이 있다고 보았기 때문이다. 이처럼 같은 기운을 타고났고 공통된 도덕을 가진 인류라면, 서로가 적대시하거나 다툴 이유가 없다고 생각했다. 그는 이것을 대동사상(大同思想)이라 표현했다. 이와 같이 기학은 단순한 '기'에 국한되는 학문이 아니다. 국제평화론에까지 닿는 큰 철학이다.

　　최한기의 『기학』은 서양의 실용 사상을 기학이라는 이름으로 받아들이면서도, 그 밑바탕에는 전통적인 '기'에 의거하였다. 그만큼 주체적인 입장을 견고히 가지고 있었다. '기'의 운동과 변화 즉 운화를 강조한 혜강은, 원리는 변하지 않는 것으로 보는 성리학을 지도 이념으로 삼은 당시 조선 사회를 변화시키고자 하였다. 그리고 그것을 인류 공동의 철학으로 확대하여 평화적인 세계를 만드는 이념으로 제시한 위대한 선각자다. 오늘날 우리가 부르짖는 세계화, 4차산업혁명, 소통의 가치도, 따지고 보면 160년 전에 혜강 최한기가 외친 통민운화에 닿아 있다.

　　그는 서구 자본주의의 존재를 접하고, 통상개방론을 주장하였으며 조선의 개화 정책 방향을 제시하였다. 또한 소수 문벌 가문이 독점하다시

피 한 과거 제도의 폐단 비판을 필두로 현실 문제를 비판하고 과감한 개혁을 부르짖어, 뒤이어 등장하는 개화사상가들의 선구가 되었다.

그러나 당시 조선의 학계에서는 이러한 최한기의 사상을 이해하지 못했고, 기존의 이기이원론, 이기일원론과는 달리 이(理)보다 기(氣)가 우월하다는 견해는 기성 학계의 심한 공격의 대상이 되었다. 저술도 1000여 권을 남겼으나 지금 전하는 것은 120여 권에 지나지 않는다.

벼슬길에 나가지 않고 평생을 학문과 저술에 바친 최한기라는 선각자를 우리 모두가 기억해야 하는 연유가 여기에 있다.

5 양명학의 논리

양명학(陽明學)은 중국 명나라의 철학자 왕수인(王守仁)의 호인 양명에서 이름을 따서 붙인 유가 철학(儒家哲學)의 한 학파로 주관적 실천 철학에 속한다. 양명학이라는 명칭은 메이지 유신 이후에 퍼진 것으로, 그이전에는 육왕학(陸王學) 왕학(王學) 또는 심학(心學)이라 불렸다. 육왕학은 육구연(陸九淵)의 학풍을 이어 왕수인이 대성한 유학을 뜻하고, 왕학은 왕수인의 유학을 뜻한다. 심학은 양명학의 테제인 심즉리(心卽理) 사상에서 나온 것이다. 육구연은 송대의 학자로 호는 상산(象山)인데 주자와 대척적인 입장에 서 있었다. 주자는 격물치지(格物致知, 사물을 깊이 연구해 지식을 넓힘)의 성즉리(性卽理)설을 제창하였고, 육구연은 치지(致知, 마음의 도리를 알아서 깨달음)를 주로 한 심즉리(心卽理)설을 제창하였다. 주자가 격물치지론(格物致知論)에서 주장한 "모든 사물에 이(理)가 있으므로, 사사물물(事事物物)의 이(理)를 밝힘으로써 만물의 일리를 얻는다"라는 논리와는 다르다. 상산의 이(理)는 사물에 내재하는 것이 아니고, 그와 같은 존재의 이(理)는 그것을 그것이라고 조정하는 사람의 마음속에 있다고 하였다. 양명은 이와 같은 육상산의 설을 받아들여, 심즉리 · 치양지(致良知)·지행합일(知行合一 지식과 실천의 일치)이라는 양명학의 3대 강령을 내세웠다. 그러면 이들 내용에 대하여 하나씩 살펴보기로 하자.

왕수인의 집안은 대대로 무인 가문이어서 자신도 무과 시험을 봐서 장군이 되었다. 그런데 그는 공부가 하고 싶었다. 그러던 중 환관들이 조정을 어지럽히고 권세를 잡아 흔드는 것을 보고 왕에게 진언을 했다가 변방의 장수로 쫓겨나게 되었다. 이를 기화로 그는 공부를 하기 시작하였다.

　왕수인은 원래 성리학을 공부하였다. 성리학에서 말하는 격물치지론을 충실히 따랐다. 성리학은 사람뿐만 아니라 동물, 식물, 무생물까지도 하늘의 이치[理]를 받았다고 하였다. 그래서 각 사물의 이치를 궁구함으로써 구극적인 앎에 이른다고 하는 것이 격물치지다.

　어느 날 왕수인은 관사 앞에 몇 그루 대나무가 있었는데, 이를 보고 그는 대나무도 사물이니 대나무의 이치를 연구해야겠다고 생각하고, 일주일 동안 잠도 자지 않고 밥도 그르면서 대나무를 바라보며 그 이치를 궁구했다. 그러나 병만 얻고 대나무의 이치는 밝혀지지 않았다. 성리학이 맞다고 생각하면서 살았는데 아무리 해도 격물이 되지 않는 것이었다. 그래서 그는 죽으려고 관속에 들어가 누웠다. 그러다가 며칠 뒤에 깨달은 바가 있어 관속에서 나오면서, 그는 모든 이치는 마음에 있음을 선언한다. 심즉리 곧 마음이 이(理)라는 것이다. 성리학의 성즉리에 상대되는 말이다. 성리학에서는 하늘이 인간에게 내린 이(理)를 성(性)이라 하고, 이 성이 곧 이라고 하는 성즉리를 내세우고 있는 것이다.

　성리학에서 이치는 개개사물마다 있다고 하는데 양명학은 모든 이치가 사람의 마음 안에 있다고 한다. 성리학에서는 하늘의 이치 곧 성(性)이 인간뿐만 아니라 동물, 식물, 무생물 등에 똑같이 주어진다고 하였다. 그러나 양명학에서는 오직 인간에게만 그것이 주어졌는데 그것이 곧 마음이라는 것이다. 바꾸어 말하면 모든 이치는 내 마음 안에만 있다고 한 것이다. 그래서 왕수인은 '심내리 심외무리(心內理 心外無理)'를 주장한다. 마음 안에 이치가 있고 마음밖에는 이치가 없다는 것이다. 집 밖 들판에 노란 달맞이꽃이 만발해 있다고 하자. 그러나 방에 앉아 있는 나에게는 그 꽃이 존재하지 않는다. 밖에 나가서 꽃을 보는 순간 달맞이꽃이 피었음을 비로소 알 수가 있다. 그 순간 달맞이꽃이 존재하는 것이다.

왕양명이 남진을 유람할 때 한 친구가 바위틈에 있는 꽃을 가리키며, '마음 밖에 사물이 없다고 했는데, 이 꽃은 깊은 산속에서 스스로 피고 지므로 내 마음과 무슨 상관이 있겠는가?'라고 하였다. 그러자 그는 '자네가 이 꽃을 보지 않았을 때 이 꽃과 자네의 마음은 모두 적막했네. 하지만 자네가 이 꽃을 보자마자 이 꽃의 모습이 일시에 분명하게 드러났네. 그러니 이 꽃이 자네의 마음 밖에 있지 않음을 알 수 있지 않은가?'

이처럼 양명학은 지독한 주관주의 철학이다. 모든 진리가 내 마음 안에 있다고 믿는다. 순수의식을 강조하는 서양의 현상학과 일맥 상통한다. 이는 성리학의 입장과 다르다. 성리학의 이(理)는 인간뿐만 아니라 우주 만물이 가진 본성을 의미한다. 그러나 왕양명은 대나무 따위에는 본성이 없다고 했다. 그러므로 성리학의 제일 테제인 성즉리는 폐기된다.

성리학은 맹자가 말한 사덕(인의예지)과 사단(측은지심 수오지심 사양지심 시비지심)에 주목했다. 인간에게는 선험적으로 사덕이라는 본성이 갖추어져 있으며, 이 사덕이 현실적으로 나타난 것이 사단이다.

반면에 왕양명은 맹자가 말한 양지(良知)와 양능(良能)에 주목한다. 이 말은 『맹자』 진심장구 상(盡心章句上)에서 "사람이 배우지 않아도 능히 할 수 있는 것이 양능이고 생각하지 않고서도 알 수 있는 것이 양지이다. 두세 살 난 아이도 자기 부모를 사랑할 줄 모르는 자가 없으며, 커서는 그 형을 공경할 줄 모르는 자가 없다."고 말한 것에서 유래한 것이다. 여기에서 말하는 양지, 양능의 양(良)은 인간이 태어나면서 본래부터 가지고 있는 선험적인 것으로서 인위적인 것이 아니다. 그러니 타고난 지식이 양지이고, 타고난 능력이 양능이다. 두세 살 된 어린애도 가르치지 않아도 부모를 사랑할 줄 알고 아우가 형을 공경할 줄 아는 것이 양지, 양능인 것이다. 양지는 완전한 앎이다. 성리학에서는 사물의 이치를 하나하나 깨달은 다음에 완전한 앎에 이른다고 하였으나 양명학은 완전한 앎을 가지고 태어난다는 것이다. 양지가 세상의 도리이고 그 착한 본성이 발현되는 것이 양능인데 그것이 곧 인(仁)의 출발이자 끝이라는 것이다. 곧 마음을 다스리는 것을 최우선한다는 것이 양명 심학의 핵심이다.

왕양명은 양지를 전면적으로 발휘하여 마음을 다스리고 도덕을 바로해야 한다고 주장하였다. 이것을 치양지(致良知)라고 하는데, 양지에 따르는 한 그 행동은 선이 되는 것으로서 양지에 근거하는 행동은 외적인 규범에 속박되지 않는다. 마음에서 선악이 발생하므로 선을 바로잡기 위해서는 양지를 키워야 한다는 것이다. 왕양명은 양지를 기르기 위해서는 욕심을 근본에서부터 뿌리를 뽑아야 하는 발본색원론(拔本塞源論)과 일상에서 양지를 닦아야 한다는 뜻인 사상마련(事上磨鍊)의 길을 제시하였다. 즉 실제로 일(행동)을 하면서 정신을 단련해야 한다는 뜻이다.

요컨대 격물치지에 대한 해석이 성리학과 양명학이 서로 다르다. 성리학에서는 격(格)을 '도달하다'로, 물(物)을 사물(인간관계 포함)의 이치로, 치지(致知)를 완전한 지식을 얻음으로 풀이 한다. 사물의 이치를 철저히 궁구하여 그것을 바탕으로 온전한 지식에 이른다는 뜻이다. 그러나 양명학은 격을 '바로 잡다'로, 물은 '마음'으로, 그리고 치지는 '양지를 발휘한다'로 해석한다. 마음을 바로잡는다는 것은 욕심을 버리고 바른 마음을 갖는다는 것이며, 이를 위하여 타고난 양지를 키운다는 것이다.

지식과 실천에 관해서도 지식이 선행하고 실천이 뒤따른다는 이른바 선지후행적(先知後行的)인 성리학적인 주지주의를 배격하고, 지행합일(知行合一)을 주장하였다. 지행합일설은 심즉리설 이후 2년 만에 제창되는 학설로서 이 역시 마음이 곧 이(理)라는 기반 위에서 성립되는 이론이다.

　성리학에서는 사물을 궁구해서 먼저 이치를 안 연후에 행하라고 하였다. 그러나 왕양명은 지행합일은 지식과 행위는 원래 하나이므로, 알고 행하지 않는다면 그것은 완전히 안 것이 아니라고 하였다. 그는 이처럼 지행합일에 대해 지와 행은 마음을 주체로 하기 때문에 지는 심지(心知)가 되고 행도 심행(心行)이 된다고 보았다. 지식과 실천은 심을 주체로 하여 성립되기 때문에 지의 주체나 행의 주체가 모두 심에 의하여 통일되는데, 그러한 주체를 그는 양지(良知)라고 보았던 것이다.

　이와 같은 왕양명의 지식론을 살펴볼 때, '지행합일'이라는 명제도 지식을 획득하는 과정을 행위와 분리할 수 없다는 방식으로 이해된다. 행위와 지식의 경계를 구분하고 도덕적 실천이 도덕적 지식을 전제로 한다는 의미가 아니다. 왕양명이 말하는 지행합일이란 나의 어떤 경험적 체험이 곧 지식의 형성 과정과 일체를 이룬다는 뜻이다.

　중국사상은 성리학과 양명학의 긴장 속에서 다양한 이론들을 창출했다. 일본 또한 양명학을 적극적으로 수용했다. 그러나 조선에서는 양명학이 발을 디딜 틈조차 없었다. 정제두 등 소수의 학자들이 양명학을 학습한 바 있지만 피상적인 수준에만 머물렀을 뿐이다.

6 토정비결과 목성(木姓) 가진 사람

　토정비결(土亭祕訣)은 조선 중기의 학자인 이지함(李之菡)이 지은 것이라고 전해 온다. 그의 호 토정은 생의 대부분을 마포 강변의 흙담으로 된 움막집에서 살았기 때문에 붙여진 것이다. 낡은 옷에다 무쇠솥을 갓처럼 쓰고 다닌 기인으로 전해 온다.

　이지함은 사대부가의 자손이다. 아버지는 현령 이치(李穉)이고, 어머니는 광산 김씨인데 판관을 지낸 김맹권의 딸이다. 김맹권은 수양대군이 집권하여 단종을 죽이자 낙향하여 은거한 인물이다.

　14세에 아버지를 여의고 맏형인 이지번에게서 글을 배웠고, 16세에 어머니를 여의었다. 이후 형 지번을 따라 서울로 거처를 옮겼으며 형의 보살핌을 받았다. 후에 서경덕의 문하에서 공부하였는데, 그의 영향을 받아 점술, 의학, 천문, 지리에 달통하게 되었다.

　1573년 주민의 추천으로 천거되어 포천 현감이 되어, 임진강의 범람을 막아 많은 인명을 구제하였다. 이듬해에 사직하고 귀향했으나, 1578년 다시 아산 현감으로 등용되었다. 이때 걸인청(乞人廳)을 만들어 관내 걸인과 노약자 및 굶주린 자의 구호에 힘썼다.

　특히 포천 현감을 사직하는 상소문 등에는 그의 민생에 대한 견해가 잘 나타나 있는데, 농업과 상업의 상호 보충, 자원개발과 해외 통상을 강조하였다.

　토정이 의학과 점술에 능하다는 말을 듣고, 많은 사람들이 찾아와 일 년의 신수를 봐 달라 하므로, 이에 응하여 펴낸 책이 토정비결이라는 이야기가 전해 온다. 그러나 이런 이야기는 믿기 어렵다. 왜냐하면, 앞에서 살펴보았듯이 토정은 허황된 사람이 아니라, 현실주의자요 실천주의자이기 때문이다. 사대부가의 출신이지만 그들이 꺼리는 장사를 직접 하기도 하고, 상공업을 강조한 실학자였다. 이런 사람이 허탄에 찬 점술서를 지을 까닭이 없다. 뒷날 후학들이 만든 그의 문집인 토정집(土亭集)에도 토정비결에 대한 이야기는 전혀 없다.

그러므로 토정비결은 이지함이 의학과 복서에 밝다는 소문에 가탁하여, 누군가가 토정의 이름을 빌려 지은 것이라 봄이 타당하다.

그런데 토정비결에는 "북쪽에서 목성을 가진 귀인이 와서 도와주리라" 같은 희망적인 구절이 많은데, 이는 어려움에 처한 사람들에게 희망을 주고자 한 배려로 보인다. 그럼 여기서 토성이니 목성이니 하는 성씨는 어떤 것인가를 알아보자.

목(木)자가 붙은 성은 전부 목성(木姓)일 것 같지만 그렇지도 않고, 김(金)씨는 금성(金姓)일 것 같지만, 이 또한 그렇지 않다. 목자가 붙은 이(李) 씨는 화성(火姓)이고, 권(權) 씨는 토성(土姓)이다. 또 김(金) 씨는 목성(木姓)이다.

토정비결에 따른 성씨를 오행으로 분류하면 다음과 같다.

① 목성(木姓)
　　간簡 강康 고高 고固 공孔 김金 동董 박朴 연延 염廉
　　우虞 유兪 유劉 육陸 정鼎 조趙 조曹 주朱 주周 차車
　　추秋 최崔 홍洪 화火

② 화성(火姓)
　　강姜 구具 길吉 나羅 단段 당唐 등鄧 변邊 석石 선宣

설薛 신辛 신愼 옥玉 윤尹 이李 전全 정丁 정鄭 주奏
지池 진陳 채蔡 탁卓 함咸

③ 토성(土姓)

감甘 공貢 구丘 구仇 권權 도都 도陶 동童 명明 목睦
민閔 봉奉 손孫 송宋 심沈 엄嚴 우牛 임林 임任 재再
전田 피皮 현玄

④ 금성(金姓)

경慶 곽郭 남南 노盧 두杜 류柳 문文 반班 방方 배裵
백白 서徐 성成 소邵 신申 안安 양梁 양楊 왕王 원元
음陰 장張 장蔣 진晋 편片 하河 한韓 황黃

⑤ 수성(水性)

경庚 고皐 기寄 남궁南宮 노魯 동방東方 마馬 매梅 맹孟
모毛 모牟 변卞 복卜 상尙 선우鮮于 소蘇 어魚 여呂 여余
오吳 용龍 우禹 천千 허許 황보皇甫

7 원효는 해골 물을 마시지 않았다

원효가 의상과 함께 불법을 배우기 위해 당나라로 가던 길에, 옛 무덤 속에서 잠을 자다가 목이 말라 마신 물이 밝은 날에 보니 해골에 고인 물이었다. 모르고 먹었을 때는 그 맛이 달더니, 해골에 담긴 물이라 생각하니 역겨웠다. 이를 통하여 그는 모든 것이 마음에 달렸다는, 이른바 일체유심조의 법을 깨쳤다고 한다.

이 원효의 '해골 물' 이야기는 석문임간록(石門林間錄)이라는 책에 실려 전하는데 그 내용은 이러하다.

당나라의 중 원효는 해동인이다. 일찍이 배를 타고 당에 이르러, 도를 묻고자 혼자서 황폐한 언덕길을 가다가, 밤이 되어 무덤 사이에서 자게 되었다. 갈증이 심하여 굴속의 샘물을 손으로 움켜 떠먹으니 달고 시원하였는데, 날이 새어 보니 그것은 해골이었다. 그래서 역해서 모두 다 토해 버리려다가 문득 크게 깨닫고는 탄식해 말하기를, '마음이 생기면 곧 갖가지 사상(事象)이 일어나고, 마음이 멸하면 곧 해골이 둘이 아니다. 여래께서 온 세상이 오직 마음이라 하셨으니 어찌 우리를 속이리오.' 하고는, 다시 스승을 구하지 않고 신라로 돌아가서, 화엄경을 주석하여 가르침을 널리 펼쳤다.

그런데 이 이야기를 자세히 들여다보면 내용이 엉성한 데가 많다. 원효가 당나라로 유학하러 가다가 깨달음을 얻고 중도에서 돌아온 것이 아니라, '당나라의 중 원효'라고 했으니, 원효는 당나라에 유학했다는 셈이 되어, 우리가 알고 있는 사실과 다르다.

또 문맥의 논리성에도 문제가 발견된다. '마음이 멸하면 곧 해골이 둘이 아니다.'라고 하였는데, 해골과 대조될 수 있는 대상이 없이 그저 둘이 아니라고 하였으니 무엇과 둘이 아니라는 뜻인지 모호하다.

손으로 물을 움켜 마셨던 샘물이 해골에 담긴 물이라는 기록도 이치에 잘 닿지 않는다. 아무래도 그렇지, 해골에 고인 물을 손으로 움켜 마시면서까지 샘물로 오인할 수가 있겠는가?

이러한 몇 가지 정황으로 보아 임간록의 기록은 정확한 역사적 기록이 아니라, 지은이의 창의를 곁들인 내용이라고 생각된다.

그런데 이 임간록보다 110여 년 전에 나온 송고승전 의상전에는 이와는 좀 다른 내용이 실려 있다.

의상이 약관 때에, 당나라에 교종이 매우 성함을 듣고 원효 법사와 뜻을 같이하여 당을 향해 길을 나섰다. 신라의 항구인 당주계(唐州界)로 가서, 큰 배를 타고 바다를 건너서 갈 계획이었다. 그때 중도에서 궂은비를 만나고 날이 어두워, 길가에 있는 땅굴 속으로 들어가서 비바람을 피하여 잠을 잤는데, 이튿날 아침에 그곳을 살펴보니 땅굴이 아니라 무덤 속이었으며, 곁에 해골이 있었다.

하늘은 아직 개이지 않고 비가 계속 내리며 땅도 질퍽해서 걸음을 옮기기가 어려웠으므로, 그들은 그곳에서 하룻밤을 더 지내게 되었다. 그날 밤중에 갑자기 귀신이 나타나 기괴하였다. 이에 원효는 탄식하기를, '전날 여기에서 잤을 적에는 땅굴이라 생각하고 자니 편안했는데, 오늘밤은 귀신의 집인 무덤에서 잠을 잔다고 생각하니, 동티(공연히 건드려서 스스로 걱정이나 해를 입음)가 심한 것이다. 곧 마음이 일어나므로 갖가지 사상(事象)이 일어나고, 마음이 멸하므로 땅

굴과 무덤이 둘이 아님을 알았다.'

　이러한 이치를 깨달은 그는 당나라 유학을 포기하고 의상 혼자서
만 당으로 갔다.

여기서는 후대에 나온 임간록에 보이는, 해골 물 이야기는 전혀 나오
지 않는다. 땅굴이라고 여기고 잤을 때는 편안했는데, 무덤이라는 것을
알고 자니 귀신이 나타났다는 것이다. 그리고 무덤이라는 사실을 확인시
키는 근거로 '곁에 해골이 있었다'는 말을 적고 있을 뿐이다.

그런데, 송고승전의 '해골'이 뒷날 임간록에는 '해골 물'로 바뀌고 이
에 따라 이야기 내용도 달라지게 되었다. 이렇게 내용이 바뀌게 된 연유
는, 아마도 임간록의 저자 덕홍(德洪)이 모본(母本)의 송고승전보다 좀더
흥미로운 내용으로 개작하고자 한 때문이라 생각된다.

저자의 그러한 의도는 매우 적중하여, 사실과는 달리 후세의 사람들
에게 모두 그렇게 알도록 만들어 버리게끔 힘을 발휘하였다.

누가 보아도 땅굴과 무덤의 대비보다는, 샘물과 해골 물의 대비가 더
큰 매력을 발휘한다. 원래의 내용을 바꾸고 보태어, 일체유심조(一切唯
心造)라는 불법의 이치를 더 한층 강화하고 승화시키는 효과를 거두고
있다. 그러므로 이러한 말 바꾸기나 끼워 넣기는 비록 사실과는 다르다
고 하더라도, 그 목적이 순수할 뿐만 아니라 효율을 극대화하고 있으니
그를 나무랄 사람은 없을 것이다.

그러나 우리는 사실과 허구는 분명히 가릴 필요가 있다. 원초 기록인
송고승전에는 해골 물을 마신 것이 아니라, 굴인 줄 알고 잤는데 자고 나
니 옆에 해골이 있었다는 것뿐이다. 해골 물을 마셨다고 하는 내용은 후
세에 덧붙인 것이다. 원효는 결코 해골 물을 마시지 않았다.

8 원효의 파계는 어떤 의미를 갖고 있나

원효와 의상은 같은 시대(7세기)를 살았던 신라의 승려들로서 우리 불교사를 빛낸 우뚝 선 두 봉우리다. 원효는 속성이 설씨로, 일심(一心)과 화쟁(和諍) 사상을 중심으로 불교의 대중화에 힘썼으며, 수많은 저술을 남겨 불교 사상의 발전에 크게 기여하였다. 의상(義湘)은 한신(韓信)의 아들로 우리나라 화엄종(華嚴宗)의 개조(開祖)이자 화엄십찰의 건립자이다.

원효와 의상은 다 같이 화엄종의 학승으로서 당시의 일인자들이지만, 두 사람은 상당히 대조적인 삶의 위상을 지니고 있어서, 당시 사회에서도 이는 일반인들 사이에 비교 · 대조적인 인물로 관념되고 있었던 듯하다. 대덕 고승의 구법, 수도, 이적을 담고 있는 『삼국유사』 권 4에도 '원효는 얽매이지 않다'와 '의상이 가르침을 전하다'란 항목을 앞뒤로 나란히 싣고 있어서, 그러한 사실을 단적으로 대변하고 있다.

그러면 두 사람의 상이한 궤적을 따라가 보자.

원효와 의상은 함께 당나라에 가서 불법을 배우려는 유학길에 올랐으나(650년), 요동에서 고구려의 순찰대에 간첩이란 혐의를 받고 붙들려 실패한 후 2차 유학을 중도에서 포기하였는데, 의상은 문무왕 원년(661년)에 바닷길을 통하여 다시 당나라에 가서 지엄삼장(智儼三藏)의 문하에서 화엄경을 배운 후 귀국하였다. 그리하여 의상은 화엄경의 원융무애(圓融無碍)의 교리를 체득한 국사가 되었다.

반면 원효는 의상과 함께 유학의 길을 떠나던 중, 어느 동굴에서 밤을 지내게 되었는데, 밤에 목이 말라 어둠속을 더듬다 손에 닿은 바가지에 담긴 물을 마시고 갈증을 채워 흡족하게 잠이 들었다. 다음날 일어나 보니, 동굴은 사람이 죽은 무덤이었고 바가지는 해골이었으며, 물은 뇌가 썩은 물이었던 것이었다. 그걸 보고 구역질이 올라온 원효는, 어제까지만 해도 달디단 물이었다는 느낌을 기억하면서, 모든 것이 마음에서 오는 것이라는 진의를 알게 되고, 진리를 당나라에서 구할 필요가 없다고 생각하여 유학을 그만둔다.

그 후 요석 공주와 파계하고, 일체무애인(一切無碍人)의 비속비승(非僧非俗) 즉 승려도 아니고 속인도 아닌 행동을 하면서 대중 속에 뛰어들었다.

저서면에 있어서도 원효는 경에 관한 것 34종, 논(論)에 관한 것 32종을 비롯하여 모두 91종의 방대한 저술을 남긴 반면, 의상은 십문간법관(十門看法觀), 입당구법순례기(入唐求法巡禮記), 소아미타경의기(小阿彌陀經義記), 화엄일승법계도(華嚴一乘法界圖) 등 모두 4권만을 남기고 있어 양자는 사뭇 대조적인 면을 보이고 있다.

그러나 무엇보다도 이들 사이의 두드러진 행적상의 차이점은 여인에 대한 태도라 하겠다. 이들의 여인과 관련된 설화는 삼국유사의 원효불기(元曉不羈) 조와 찬녕이 쓴 송고승전(宋高僧傳), 그 외 몇 편의 구전설화에 보이는데, 이들 설화를 살펴보자.

먼저 의상의 행적을 보자.

의상이 현장의 신유식(新唯識)을 배우기 위해 두 차례에 걸친 시도 끝에 당으로 건너가 등주에 있는 한 신도 집에서 머물게 되었다. 그 신도네 집의 딸 선묘(善妙)는 37세의 준수하고도 유현한 덕을 지닌 의상을 보고 마음으로 지극히 사모하여 따랐으나, 세속적인 사랑이 이루어질 수 없음을 알고 도심(道心)을 일으켜, 세세생생 의상을 스승으로 삼아 귀명할 것을 맹세하였고, 그가 당에 머문 10년 동안 단월(檀越 시주자)로서 공양을 계속하였다.

그러던 중 의상은 법을 전하는 일을 시작할 때가 왔음을 알고 귀국길에 오르고자, 상선의 편이 있기를 기다리다가 어느 날 드디어 출범하게 되었다. 선묘는 의상에게 드릴 법복과 일용품 등을 마련하여 함 속에 가득 채워 해안가로 가지고 나갔으나, 의상이 탄 배는 이미 항구를 멀리 떠나 있었다. 선묘는 지성으로 기도를 올린 뒤, 간절한 마음을 담아 거센 파도 위로 물품이 든 함을 던져 의상이 탄 배에 이르게 하였고, 곧 이어 자신도 바다에 몸을 던져 용으로 변신하여, 험난한 뱃길을 지켜 의상이 안전하게 본국의 해안에 도착하게 하였다.

의상이 귀국한 뒤에도 선묘는 일심으로 그의 전법을 도왔다. 의상이 부석사 터에 이르렀을 때에 신령스런 기운을 느끼고, 그곳이야말로 참된 법륜을 돌릴만한 곳이라는 생각이 들었으나, 이미 소승 잡배들이 먼저 자리를 차지하고 있었다. 이러한 의상의 마음을 읽은 선묘가 이들을 쫓아내고 의상을 수호하기 위해, 대반석으로 변하여 공중으로 붕 뜨자 그들은 모두 어찌할 바를 모르고 혼비백산하여 사방으로 흩어져 날아났다. 그리하여 의상은 이곳을 전법처로 삼아, 평생 이곳을 떠나지 않고 운집하는 대중들에게 화엄경을 강설하여 우리나라 화엄종의 초조가 되었다.

다음으로 원효의 발자취를 따라가 보자.

어느 날 원효가 미친 듯이 거리에서 노래를 불렀다. '누가 자루 없는 도끼를 주랴? 하늘 받칠 기둥감을 내 찍으련다.' 태종무열왕이 이 노래를 듣고 '대사께서 귀부인을 만나 어진 자식을 낳고 싶어 하신다. 나라에 어진 이가 있게 된다면 그보다 더 큰 유익이 없다.'고 말하고 궁리(宮吏)

를 보내어 원효를 데려오게 하였다. 궁리가 원효를 찾으니 때마침 문천교를 지나고 있었다.

원효가 일부러 물 가운데 떨어져 옷을 적시니 요석궁으로 인도하여 옷을 벗어 말리게 하였다. 요석궁에는 과부가 된 공주가 거처하고 있었다. 원효가 요석궁에 머무르게 된 뒤, 공주는 잉태하여 설총을 낳았다. 설총은 나면서부터 총명하여 경서와 역사책을 널리 통달하였다. 그는 신라 십현(十賢)의 한 사람으로 꼽혔다.

위의 두 설화를 다시 새겨 보자.

의상은 그를 간절히 사랑하는 선묘의 청을 끝까지 거절한다. 선묘는 바다에 몸을 던져 용이 되어 의상의 귀국을 도왔을 뿐만 아니라, 부석사의 창건에도 이바지한다.

원효의 자세는 의상과는 너무나 대조적이다. 자기가 먼저 나서서 "누가 자루 없는 도끼를 주랴?"며 공주에게 접근하여 끝내는 파계하고 만다.

이어서 삼국유사에 나오는 의상과 원효의 대비되는 또 다른 설화를 보자. 의상과 원효가 관음보살의 진신을 친견하기 위하여 성스러운 동굴로 들어가는 이야기다.

먼저 의상의 행적을 보자.

옛날 의상법사가 처음 당나라에서 돌아와 관음보살의 진신(眞身)이 이 해변 굴 안에 산다는 말을 듣고 낙산(洛山)이라 이름 붙였으니, 서역에 보타락가산(寶陀洛伽山)이 있기 때문이다. 이것을 소백화(小白華)라고도 했는데, 백의보살(白衣菩薩, 당송 이후 민간에서 신앙되던 33종류의 관세음보살 중 하나. 항상 흰 옷을 입고, 흰 연꽃 위에 앉아 있기 때문에 붙은 이름)의 진신이 머물러 있는 곳이기 때문에 이렇게 이름 붙인 것이다.

이곳에서 의상이 재계한 지 이레 만에 좌구(座具)를 새벽 바닷물 위에 띄웠더니, 용천팔부(龍天八部)의 시종들이 굴속으로 그를 이끌고 갔다. 그래서 공중을 향해 참례(參禮)하니 수정으로 만든 염주 한 꾸러미를 내주었다. 의상이 받아 가지고 물러나오는데, 동해의 용도 여의보주(如意寶珠) 한 알을 바쳤다. 의상이 받들고 나와 다시 이레 동안 재계하고서야 겨우 관음의 모습을 보았다. 관음보살이 말하였다.

'좌상(座上)의 산꼭대기에 대나무 한 쌍이 솟아날 터이니, 그곳에 불전을 짓는 것이 좋겠다.'

의상이 이 말을 듣고 굴에서 나오니 과연 대나무가 땅에서 솟아났다. 그곳에 금당(金堂)을 짓고 관음상을 모시니, 둥근 얼굴과 고운 바탕이 마치 저절로 생긴 것처럼 보였다. 대나무가 없어지고 나서야 비로소 관음의 진신이 살고 있는 곳인 줄 알았다. 이 때문에 이름을 낙산사(洛山寺)라 하고, 의상법사는 자기가 받은 구슬 두 개를 성전에 봉안한 뒤 떠났다.

이어서 원효의 경우를 보자.

그 후 원효가 뒤이어 와서 예를 올리려고 하였다. 처음 올 때 남쪽 교외(郊外)에 이르렀는데, 논에서 흰 옷을 입은 여인이 벼를 베고 있었다. 원효가 희롱 삼아 벼를 달라고 부탁하자, 여인은 벼가 아직 여물지 않았다고 심드렁하게 대답하였다. 계속 갔더니 다리 밑에서 웬 여인이 개짐(생리대)을 빨고 있었다. 법사가 물을 부탁했는데 여인은 개짐을 빨던 더러운 물을 떠서 주었다. 원효는 물을 엎질러 버리고 냇물을 떠 마셨다.

이때 들 가운데 있는 소나무 위에서 파랑새 한 마리가 그를 부르더니 말하였다.

'제호[醍醐 우유죽, 여기서는 불성(佛性)을 비유] 스님은 멈추시오.'

그리고는 갑자기 사라져 보이지 않는데, 소나무 밑을 살피니 신발 한 짝이 떨어져 있었다. 법사가 절에 닿아 관음보살상의 자리 밑을 살피니 전에 보던 신발 한 짝이 거기 벗겨져 있었다. 그제야 좀전에 만난 여인이 관음의 진신인 것을 알았다. 이리하여 사람들이 그 소나무를 관음송(觀音松)이라 부르게 되었다.

원효가 성굴(聖窟)로 들어가서 관음의 진용(眞容)을 뵈려 했지만, 풍랑이 크게 일어 들어가지 못하고 할 수 없이 그냥 떠났다.

이들 설화에서도 의상과 원효는 대조적이다. 의상은 낙산 바닷가의 굴속에 들어가 관음보살을 친견하고, 게다가 동해용이 주는 여의보주와 수정 염주 한 꾸러미를 받아 오지만, 원효는 성굴에 들어가 관음보살의 진용을 보려 했지만 풍랑이 세어 결국 실패하고 만다. 원효는 가는 도중에 벼 베는 여인을 희롱하기도 하고, 생리대를 빠는 여인이 떠 주는 물을 더럽다고 버린다. 이러한 사실은 무엇을 말하려는 것일까? 그것은 한 말로 말해서 의상에 비해 원효는 아직 도가 익지 않았다는 것이다.

위에서 본 설화를 통하여 우리는 파계한 원효에 대해 세인들이 얼마나 비난을 했는지를 간파할 수 있다. 이는 또 역으로 일반 사람들이 원효에 대해 얼마나 기대를 가졌고, 그 기대가 무너진 데 대해 얼마나 안타까워했는지를 짐작할 수도 있다.

그런데 원효는 파계 이후에 더욱 불도에 정진한 것 같다. 그에 대하여 삼국유사는 이렇게 적고 있다.

"원효는 파계하여 설총을 낳은 뒤로는 세속의 복장으로 갈아입고, 자신을 소성거사(小姓居士)라 이름하였다. 광대가 춤추며 노는 큰 표주박을 우연히 얻어서 도구로 삼고 이름하여 '무애(無㝵)'라고 하였는데, 이는 아무 데도 걸림이 없다는 뜻으로 『화엄경』의 게구(偈句)에서 따온 이름이다."

원효는 그와 같이 거사복으로 갈아입고 민중 속으로 뛰어들어 불교를 전파하는 데 힘을 기울였다. 당시의 귀족 중심의 불교를 민중 불교로의 일대 전환을 시도한 것이다. 어려운 교리를 떠나 '나무아미타불 관세음보살을 외우면 극락 간다'는 쉬운 말로 민중들에게 다가간 것이다. 이렇게 하여 그는 점차 민중들의 신뢰를 받게 되었다. 이를 바탕으로 한 대표적인 설화가 소요산 자재암 연기 설화다. 그에 담긴 이야기를 들어보자.

원효 스님이 요석공주와 세속의 인연을 맺은 뒤 설총을 낳았다. 환속을 했으니 다시 부처님 앞에 앉으려면 더 지독한 수행을 해야 했다. 소요산으로 들어와 초막을 짓고 용맹정진하고 있었다. 어느 폭풍우 치는 깊은 밤 선정에 들었다. 그때 문을 두드리는 소리와 함께 다급한 여자의 음성이 들려왔다.

"스님, 문 좀 열어주세요."

문을 여니 어둠 속에서 여인이 비를 맞고 서 있었다.

"스님, 죄송합니다. 하룻밤만 재워주십시오."

원효는 여인의 애원을 외면할 수 없었다. 방안에 들어온 여인의 자태는 매혹적이었다. 비에 젖어 속살까지 들여다보였다. 여인이 속삭였다.

"스님, 추워서 견딜 수가 없습니다. 제 몸을 녹여주십시오."

원효는 여인을 눕히고 언 몸을 주물러 녹여 주었다. 여인의 몸이 이내 따뜻해졌다. 기운을 차린 여인이 이번에는 요염한 미소를 지으며 다가왔다. 순간 그 유혹을 뿌리칠 수 없어서 밖으로 뛰쳐나왔다. 간밤 폭우로 불어난 옥류천에 뛰어들었다. 폭포 소리는 우렁찼고 계곡물은 차가웠다. 원효는 세찬 물속에서 간밤의 일들을 씻어냈다. 벌써 아침 해가 떠오르고 있었다. 그러자 여인이 어느새 옷을 벗고 물에 들어왔다. 햇살이 여인의 몸에서 부서졌다. 눈이 부셨다. 끝내 참지 못하고 한마디 했다.

"나를 유혹해서 어쩌자는 거냐?"

"스님, 저는 유혹한 적 없습니다. 스님이 저를 색안(色眼)으로 볼 뿐이지요."

순간 원효는 온몸에 벼락을 맞은 듯했다. 여인의 목소리가 계속 귓전을 때렸다. 원효가 문득 정신을 가다듬었다. 그러자 비로소 폭포 소리가 들리기 시작했다. 눈앞의 사물도 제대로 보였다. '맞다, 바로 그것이다.' 원효는 물을 박차고 일어나 발가벗은 몸으로 여인 앞에 섰다. 그리고 거침없이 설했다. '마음이 생겨 가지가지 법이 생겨나는 것이니, 마음을 멸하면 또 가지가지 법이 없어진다. 나 원효는 자재무애의 경지에 이르렀으니 참된 수행의 힘이 있노라.'

원효의 말에 여인은 미소를 머금었다. 같은 웃음이지만 예전 웃음과는 판이하게 달랐다. 색기는 간데없고 오로지 맑을 뿐이었다. 아니 같은 웃음이지만 원효의 눈에 다르게 보인 것이었다. 여인은 어느새 금빛 후광이 서린 보살로 변해서 폭포를 거슬러 올라가 이내 사라졌다.

원효는 그 여인이 관세음보살임을 알았다. 원효는 관세음보살을 친견하고 자재무애(自在無碍) 경지를 증득했기에 그곳에 암자를 세우고 자재암(自在庵)이라고 했다. 그리고 관세음보살이 사라진 봉우리를 관음봉이라 불렀다.

이 설화에 등장하는 원효는 파계와는 너무나 거리가 멀다. 비에 젖어 속살까지 드러나 보이는 여인 앞에서 무애의 경지로 다가가 관음보살을 친견하는 그야말로 도가 통한 수행자로 나와 있다.

이러한 용맹정진의 과정을 거치어 마침내 그는 일반인은 물론 당시의 명성 높은 승려들에게까지 추앙을 받는 인물로 다시 태어나게 되었다. 당시의 사정을 『송고승전』은 이렇게 기록하고 있다.

원효가 금강삼매경을 받은 것이 그의 고향 상주(湘州)에서다. 그는 경을 가져온 관리에게 말했다. '이 경은 본각(本覺 무명으로 인한 세계 왜곡 이전의 인간이 지닌 본래적 완전성)과 시각(始覺 존재에 대한 왜곡의 길에서 나와 존재의 온전한 관점의 세계로 돌아가는 깨달음의 과정)으로써 근본을 삼습니다. 나를 위해 소가 끄는 수레를 준비하고, 책상을 두 뿔 사이에 두고 필연(筆硯 붓과 벼루)도 준비하시오.' 그리고는 소가 끄는 수레에서 시종 소(疏)를 지어 5권을 이루었다. 왕이 날짜를 택하여 황룡사에서 강연토록 했다. 그때 박덕한 무리가 새로 지은 '소(疏)'를 훔쳐갔다.

이 사실을 왕에게 아뢰어 3일을 연기하고, 다시 3권을 이룩하니, 이를 약소(略疏)라고 한다. 강연 날이 되어 왕과 신하, 도속(道俗 도인과 속인) 등 많은 사람이 구름처럼 법당을 가득 에워 싼 속에서 원효의 강론이 시작되었다. 그의 강론에는 위풍이 있었고, 논쟁이 모두 해결될 수 있었으니, 그를 찬양하는 박수 소리가 법당을 가득 메웠다.

원효는 다시 말했다. "지난날 100개의 서까래를 구할 때에는 내 비록 참여하지는 못했지만, 오늘 아침 대들보를 가로지름에 당해서는 오직 나만이 가능하구나." 이때 모든 명망 높은 승려들이 고개를 숙이고 부끄러워하며 가슴 깊이 참회했다.

『금강삼매경』을 알기 쉽게 풀이한 『금강삼매경소』를 지을 때의 이야기다. 아무도 이해할 수 없는 『금강삼매경』 풀이를 3일 만에 지어냈다는 경이로운 내용이다. 그전에는 파계승이라 하여 얕보고 욕하던 대중들이 그 누구도 해낼 수 없는 『금강삼매경』을 원효만이 풀이해 내자, 원효를 서까래 아닌 대들보로 여기면서 모두가 감복했다는 이야기다. 이 『금강삼매경소』는 불교 선진국인 중국에 들어가 그곳 승려들을 놀라게 하였고, 그들은 이를 가리켜 예사로운 '소(疏)'라는 명칭을 붙일 수가 없으니 대장경의 반열에 오르는 '논(論)'이라 해야 마땅하다 하여, 『금강삼매경소』를 『금강삼매경론』이라 이름 붙였다.

이전에 황룡사에서 인왕백고좌회(仁王百高座會 신라 고려 시대에 국가적 행사로 개최되었던 호국 법회의식. 100명의 학덕이 고명한 법사를 초청하여 『인왕반야경』을 외움)가 열렸을 때는 다른 승려들이 반대하여 초청을 받고도 참석하지 못하였는데, 마침내 원효는 이렇게 우뚝 선 봉우리에 올라앉게 되었다.

위에서 본 바와 같이, 원효는 파계라는 행적 때문에 평생 뭇사람들의 입에 오르내리는 비난을 면치 못했다. 원효가 요석공주와 만나 설총을 낳았다는 것은 실로 충격적인 일이었다. 특히 골품제와 17관등급제라는 엄격한 신라의 계급 사회에서, 진골 여성과 육두품 출신의 남성이 맺어졌다는 것은 실로 파격적인 것이다. 세속 초월을 지향하는 구도자로서 혼인은 치명적 장애물이다.

그러면 요석공주와의 인연이 원효의 삶에서 지니는 의미망을 찾아가 보자, 이를 추적하는 중요한 하나의 길목은 원효의 깨달음과 요석공주와의 인연이 시기적으로 어떻게 맞닿아 있는가를 살펴보는 것이다. 원효가 의상과 함께 당나라 유학길에 나섰다가 중도에 무덤에서 깨달음을 얻은 것은 그의 나이 45세 때인 661년으로 알려져 있다. 그런데 원효가 인연을 맺은 요석공주는 태종무열왕의 과공주(寡公主)다. 태종무열왕의 재위 기간은 654년부터 660년이다. 이 시기는 원효의 나이 38세에서 44세 때이다. 그러니 원효의 파계와 깨달음이 거의 같은 시기에 일어난 것이다. 결국 원효가 공주를 만나 파계하여 거사가 된 것과 깨달음은 매우 근접한 때이다. 그러나 그 선후를 꼭 집어 확정하기는 어렵다.

그러면 원효를 깊이 연구한 박태원의 이야기를 들어보자. 요석공주와의 파계 사건은 의상과 함께 유학길에 나서면서 중도의 토굴에서 깨달음을 얻은 이후의 일일 가능성이 높다고 한다. 원효가 토굴 무덤에서 얻은 깨달음은 궁극적이고 완전한 깨달음이 아닐 가능성이 짙다는 것이다. 불교의 수행 과정에서는 해탈에 이르기까지 많은 수준의 깨달음이 있다. 선종에서도 깨달음을 설하는 동시에, 그 이후에 깨달음을 부단히 간수하여 온전하게 가꾸어가는 보임(保任)을 강조한다. 일반적으로 궁극적 깨달음의 기반이 되는 선행하는 깨달음이 다양한 수준으로 생겨나는 것이다.

원효는 완전하지는 못하지만, 거기서 얻은 깨달음에서 체험에 의거한 확신과 자신감을 얻어,좀 더 완전하고 깊이 있는 깨달음으로 향해 질주하는 전환점으로 삼았던 것 같다. 그 깨달음에 대한 확신과 자신감으로, 아무것에도 걸림이 없는 일탈의 행위의 하나로 요석공주와 인연을 맺었을 것이다. 가던 길에서 잠시 비틀거리는 일탈행위를 저지른 것이다. 이 일탈은 단순한 퇴행이 아니라, 더 튼튼한 향상의 기반으로 작용하는 하나의 성장통이라 할 수 있다.

실제로 원효는 요석과의 인연을 계기로, 깨달음의 수준과 힘을 더욱 향상시켜가는 획기적 계기로 삼았다. 요석공주와의 인연을 계기로 하여 원효는 더욱 강한 열정으로 구도의 길에 매진하여, 마침내는 아무것에도 걸림이 없는 무애(無碍)의 경지, 대자유의 경지를 획득한 것이다. 다시 말하면, 요석공주와의 파계가 원효로 하여금 속인으로 떨어지게 하는 사건으로 매듭지어진 게 아니라, 더욱 불법에 정진하는 계기가 되었던 것이다. 이것이 바로 요석과의 파계가 더 큰 원효와 얽어지는 참 의미다.

원효는 여기서 힘을 얻어, 그 사상의 밑동이 되는 일심(一心) 사상, 화쟁(和諍) 사상, 무애(無碍) 사상을 펼쳐 나갔던 것이다.

불교의 세 가지 큰 진리 곧 삼법인(三法印)은 제행무상, 제법무아, 열반적정이다. 제행무상은 인연으로 인하여 생겨난 모든 현상은 변하므로 영원한 것은 없다는 것이다. 그러므로 거기에는 영구히 변하지 않는 불변의 고정된 실체는 없다. 이것이 제법무아다. 이 세상의 모든 것은 변하는 것인데도 중생은 그것이 영원한 것이라 착각한다. 또 나에게는 '나'라고 하는 불변의 그 무엇이 존재한다고 착각한다. '나'라고 하는 고정된 실체는 없는 것인데도 말이다. 이러한 착각으로 인하여 우리는 그 무엇에 집착하고 분별한다. 좋고 나쁨, 사랑과 미움, 생겨남과 멸함과 같이 이분법적으로 분별하고 그중 하나를 취하려 한다. 그러나 그것은 무명에서 비롯된 망념이요 환각이다. 이러한 집착과 분별의 무명에서 벗어나면 누구나 깨달은 자 곧 부처가 될 수 있다는 것이다. 깨달을 수 있는 마음의 근원 그것을 가리켜 원효는 오직 '하나가 된 마음' 곧 일심(一心)이라 하였다. 이 일심의 경지에서는 허구였던 실체의 벽이 무너져 모든 존재가 서로를 향해 열려 '한 몸'과도 같은 전일적 통섭의 면모로 드러난다. 이것이 원효의 일심사상이다.

원효는 이 일심 사상을 바탕으로 하여 화쟁(和諍)의 보편원리를 수립하였다. 화쟁 사상이란 어떤 문제에 두 가지 이상의 다른 견해가 있을 때, 서로 다른 견해를 융섭의 이념에 의하여 화해시키고 회통시켜 큰 법의 바다로 융합시키고자 하는 사상이다.

당시 신라에는 다양한 불교 이론이 있었으며, 각 이론가들이 다른 이론들을 배척하며 자신의 이론만이 옳다는 주장을 펴는 등 논쟁이 극심했다. 그러한 정황 속에서 원효는 비판하고 긍정하는 두 가지 논리를 융합하여, 보다 높은 차원에서 새로운 가치를 찾고자 하였다. 모순과 대립을 한 체계 속에 하나로 묶어 담은 이 기본구조를 가리켜 그는 '화쟁'이라 한 것이다. 통일 · 화합 · 총화 · 평화는 바로 이와 같은 정리와 종합에서 온다는 것이 그의 신념이었다.

원효는 당시의 여러 이설을 열 개의 글로 모아 정리한 『십문화쟁론(十門和諍論)』을 저술하였다. 화쟁은 이 『십문화쟁론』 외에 그의 모든 저서 속에서 일관되게 나타나고 있는 기본적인 논리다. 마치 바람 때문에 고요한 바다에 파도가 일어나지만, 그 파도와 바닷물이 따로 둘이 아닌 것처럼, 중생의 일심에도 깨달음의 경지인 진여와 그렇지 못한 무명이 둘로 분열되고는 있으나, 그 진여와 무명이 따로 둘이 아니라 하여, 『대승기신론소(大乘起信論疏)』에서도 화쟁의 원리를 제시하였다. 그러니 화쟁 역시 일심으로 돌아가고자 하는 하나의 방편이라 할 수 있다.

이러한 화쟁 사상은 그 후 우리나라 불교의 특징적인 사상으로 자리 잡았으며, 고려 시대 대표적인 사상가 의천과 지눌에게도 큰 영향을 미쳤다.

무애 사상은 어떤 것에도 걸리거나 얽매이지 않는 대자유의 경지다. 어쩌면 요석공주와의 인연도 이러한 그의 무애 사상에서 나온 것인지도 모른다. "일체에 걸림이 없는 사람은 단번에 생사를 벗어난다."라고 한 그의 말을 보더라도 그의 무애 사상이 어떤 것인가를 짐작할 수 있다. 일찍이 화엄 사상을 쉽게 풀이한 무애가(無碍歌)를 지어 뭇 사람의 관심을 끄는 가운데, 때와 장소를 가리지 않고 큰 표주박을 두드리고 노래하면서, 이 거리 저 마을에 나타남으로써 불교를 생활화하는 데 힘을 기울인 것도, 바로 그의 무애사상에서 나온 것이다. 원효는 부처와 중생을 둘로 보지 않았으며, 무릇 중생의 마음은 원융하여 걸림이 없는 것이니, 태연하기가 허공과 같고 바다와 같으므로, 모든 것이 평등하여 차별상이 없다고 하였다. 그러므로 원효는 철저한 자유가 중생심에 내재되어 있다고 보았고, 스스로도 자유인이 될 수 있었으며, 그 어느 종파에도 치우치지 않고 보다 높은 차원에서 일심을 주장하는 깨달음의 경지에 들어갔던 것이다.

원효는 요석과의 파계 이후 거기에 주저앉지 않고, 오히려 이를 계기로 하여 더욱 불법에 정진하여 귀족 중심의 신라 불교를 민중 불교로 뻗치는 데 힘을 쏟았고, 나아가 일심(一心) 사상, 화쟁(和諍) 사상, 무애(無碍) 사상을 펼쳐 나갔다. 이것이 원효의 파계가 갖는 커다란 의미다.

9 대승불교의 새로운 이해

5세기에 쿠마라굽타 1세에 의해 세워진 나란다사에 나란다 대학이 설립되었다. 나란다사는 인도 불교의 중심지가 되었다. 상주하는 학승과 객승 그리고 그들을 뒷바라지하는 인원을 합치면 1만 명 정도였다고 한다. 우리가 잘 아는 당나라 현장 스님이 631년에 이곳을 찾아 5년 간 수학한 절이기도 하다.

그런데 이 나란다사는 8세기 초 굽타왕조의 몰락과 힌두교의 발흥으로 쇠퇴하다가, 13세기 초 아프가니스탄 고르왕조의 장군이었던 무하마드에 의하여 완전히 파괴되고 말았다. 승려들은 무참히 살해되었고 나란다사는 6개월 동안이나 불탔다고 한다.

인도에서 불교가 사라진 것은 이 같은 이슬람의 침입에 의한 것이라고 이야기하는 사람들이 많다. 정말 그럴까? 그러나 그 주된 이유는 그러한 외적에 있는 것이 아니라 불교 내부에 있다고 할 수 있다. 왜냐하면 함께 박해받았던 힌두교는 아직도 건재하여 인도의 주된 종교가 되어 있기 때문이다.

불교 몰락의 자체 원인으로 보통 세 가지 요인을 든다.

첫째, 불교는 일반 서민과 동떨어진 왕족과 귀족들의 보호를 받으며 안일에 빠졌다는 것이다. 승려들은 권력자의 비호를 받으면서 일반 세인들과는 유리되어 포교를 게을리함으로써 그 지지력이 무너지게 되었다는 것이다.

둘째, 불교의 지나친 수용적 태도 때문이다. 수용성은 불교의 커다란 장점이요 특징이다. 이로 인하여 불교가 들어가는 곳은 기존 종교와 마찰이 없다. 지금도 불교는 여타 종교와 마찰하는 경우가 거의 없다.

우리나라의 경우만 하더라도 그렇다. 사찰 안에 모셔진 산신각은 산신과 호랑이 곧 토속적인 샤머니즘을 수용한 것이고, 독성은 천태산에서 홀로 선정을 닦아 독성(獨聖)이라 불린 나반존자(那畔尊子)를 모신 것이고, 칠성각은 북두칠성 곧 기존의 도교를 수용한 것이다. 이처럼 불교는 기존의 신앙을 통섭하는 특성을 발휘한다.

이와 같이 불교는 인도에서 기존 힌두교의 잡다한 신을 수용한 나머지 불교의 본질을 벗어나 점차 힌두화된 하나의 요인이 되었다. 불교가 사라졌다기보다는 힌두 불교로 변한 것이라 할 수 있다는 것이다.

셋째, 불교의 지나친 학문화 때문이다. 불교가 학문화함으로써 승려들은 불교 자체의 연구와 논쟁에 휩싸이게 되어 일반대중과는 거리가 멀어지게 되었다.

석가가 세상을 떠나고 100여 년이 지나자 교단 내에서는 교리와 계율의 해석 문제를 놓고 논쟁이 일었고, 이에 따라 과거의 계율을 엄격히 지켜야 한다는 보수적인 성향과 시대 변화에 따라 융통성 있게 받아들여야 한다는 진보적 성향의 두 입장이 공존하게 되었다.

전자를 상좌부(上座部), 후자를 대중부(大衆部)라 하는데 이들은 크게 대립하여 분열하였다. 이후 다시 200~300년에 걸쳐 이들 두 파로부터 다시 분파가 생겨나 기원전 200년경에는 총 20여 개에 이르렀는바, 이 시기를 부파불교 시대라 한다. 이때 각 교단은 저마다 석가의 교리와 계율을 연구·정리하여 방대한 논서를 작성하면서 논쟁을 그치지 않았다. '논(論)'이라는 말의 원어가 아비다르마(abhidharma)이고 이를 한역한 것이 아비달마(阿毘達磨)이므로, 부파불교를 달리 아비달마불교라고도 한다.

당시 교단의 관심은 온통 석가의 가르침에 충실하기 위한 교리의 해석이었으며, 자연히 출가자와 승원을 중심으로 하는 학문불교의 성격을 띠어갔다. 따라서 출가를 전제로 하여 계율을 엄격하게 지키면서 수행하고, 또 타인의 구제보다는 자기 수행의 완성을 우선 목표로 삼았다.

이로 인해 교단으로부터 멀어진 대중들은 교단에 반발하며 불탑을 중심으로 석가에게로 복귀하려는 움직임이 일어났고, 이로써 대승불교가 탄생하였다. 그러나 대승 또한 점차 밀교화되어 가다가 본래의 종지를 잃은 채 힌두화되고 말았다.

그러면 이렇게 된 근본적인 연유는 무엇일까?

그것은 한말로 불교가 무신론의 종교이기 때문이라 생각한다. 불교는 여타 종교처럼 어떤 신을 따르는 종교가 아니다. 세상을 만든 창조주도 없다. 어떤 절대자가 이 세상을 주관하며 결정해주는 것이 아니라, 모든 것은 인연 즉 원인과 결과에 따라 이루어진다고 믿는다. 모든 것은 변하는 것이며, 그 안에 어떤 불변의 고정된 실체도 없다는 것이 불교의 교설이다. 수행과 정진으로 자기 안에 있는 불성을 깨우치면 누구든지 부처가 될 수 있다고 하여 자력을 중시하였다.

반면에 힌두교는 수억의 신이 존재하는 다신교의 종교이며 신께 기도함으로써 복을 얻는다는 신 중심의 종교다. 이에 반해서 불교는 자신의 삶은 신의 영향을 받는 것이 아니라, 자신이 짓고 자신이 받는 원인과 결과의 인과응보 사상에 기반하는 종교다.

힌두교는 창조신, 유지신, 파괴신을 비롯하여 3억3천의 수많은 신을 모신다. 그런 신에게 제사 지내는 브라만 계급은 왕족이나 귀족보다도 높은 최상의 지위로 대접받았으며, 카스트제도는 신이 정한 불변의 원리로 받아들였다.

이때에 석가가 나타나, 계급은 신이 내린 불변의 진리가 아니며 만민은 평등하다는 것을 선언하였는데, 그러한 가르침은 매우 혁신적인 것이어서 민중들에게 많은 환영을 받았다.

게다가 아쇼카왕의 불교 옹호 정책에 의해 인도 전역으로 불교가 힌두교를 누르고 퍼지기도 하였다. 그러나 아무리 신흥사상이라 하더라도 수천 년간 그들의 생활과 밀착되어 있던 힌두사상과는 관계가 쉽게 단절될 수는 없었다. 그들에게 뿌리 깊게 자리 잡고 있는 카스트제도를 떨쳐버릴 수가 없었을 뿐만 아니라, 신에게 의지하기보다는 자신의 마음을 수행하고 진리를 찾아내 자기 안의 무한한 가능성을 찾는 수행 위주의 불교 가르침은 지속적인 힘을 발휘할 수가 없었다.

당장 신에게 무언가 필요한 것을 빌고 원하는 것을 추구하고, 나를 보호해주는 기복 성향을 일반인들이 더 추구하기 때문에, 자력 신앙인 불교는 서서히 일부 출가 수행자에게만 수용되고, 일반인에게선 멀어지게 되었던 것이다.

그런데 여기서, 이에 곁들여 잠시 생각해 볼 사항이 있다. 지금의 대승불교 곧 한국불교를 보면 석가를 신앙 대상으로 하고 있음은 물론 아미타불 그리고 관세음보살을 비롯한 많은 보살들을 의지처로 한 기복신앙의 양상을 보이고 있다. 이는 분명 근본불교에서 벗어난 현상이다. 석가는 입멸시에도 '법등명(法燈明) 자등명(自燈明)' 즉 석가 아닌 자기 자신을 등불로 삼고 진리를 등불로 삼으라 하였다. 석가를 신앙 대상으로 삼으라든지 석가를 따르라는 말은 결코 하지 않았다. 이를 비추어 볼 때 대승불교는 그만큼 근본불교에서 멀어져 있다. 다른 말로 하면 불교 본래의 무신론에서 멀어져 있다.

이는 소승과 대승의 차이이기도 하다. 우리는 보통 소승은 자신의 구원을 최고의 이상으로 보고, 대승은 모든 인류의 구원을 최고의 이상으로 본다는 차이점이 있는 것으로 이야기한다. 그러나 그것은 전체적인 일면을 말한 것일 뿐, 사실 양자 사이에는 커다란 내질적 차이가 있다. 소승불교와 대승불교는 승단의 규율이나 행동 규범 등에서 큰 차이가 없지만, 그들의 이론에는 근본적인 큰 차이가 있는 것이다.

즉 소승불교에서는 부처마저도 인간으로 보고, 고타마 싯달타로 태어난 것은 성불하는 마지막 단계라고 보았으나, 대승불교에서의 부처는 신의 화신으로 보는 점이 서로 다르다. 이런 관점에서 볼 때 대승불교는 본래의 자력 신앙에서 타력 신앙의 자세로 민중들에게 다가가려 한 개혁 운동이라 할 수 있다. 이러한 사상을 바탕으로 하여 이루어진 경전이 이른바 대승경전들인데, 금강경을 비롯하여, 미륵경, 법화경, 화엄경, 지장경, 아미타경 등이 그것이다.

아무튼 대승불교는 초기 불교와는 상당한 거리가 있다. 이런 견해를 바탕으로 하여 대두된 것이 이른바 대승비불설(大乘非佛說) 곧 대승불교의 경전은 석가모니가 설한 것이 아니라는 주장이다.

일본 에도시대의 사상가인 도미나가 나카모토(富永仲基)가 자신의 저서 '출정후어(出定後語)'에서 주장한 설이다. 이 주장은 근대 불교학의 선구로서 처음에는 많은 비판을 받았으나 그 후 점차 인정을 받기에 이르렀다. 이에 따르면 경전은 역사적으로 성립된 것이지 부처가 모두 설한 것이 아니다. 특히 여러 경전이 서로 모순되는 점이 많고 이설도 많은 것은 결국 부처 한 사람의 설이 아니라는 것이며, 부처가 직접 설한 것은 아함경 중에서도 일부분이라고 한다.

10 대승비불설(大乘非佛說)

석가 입멸 후 500년경(BC 100년) 인도에서 일어난 새로운 불교 운동은 그때까지 여러 파로 갈라져 자파의 주장만이 최상의 것이라고 고집하여 온 불교의 자세를 맹렬히 비판하고, 재래 불교를 소승(小乘 Hinayana)이라 폄하하는 한편, 대승이라고 칭하면서 이타적(利他的)인 세계관을 바탕으로 활발하고 폭넓은 활동을 전개하였다.

이 '대승'의 어원은 큰 수레 즉 많은 사람을 구제하여 태우는 큰 수레(mahayana)라는 뜻으로, 일체중생의 제도를 그 목표로 하였다. 이 운동은 종래에 출가자만의 종교였던 불교를 널리 민중에게까지 개방하려는 재가자(在家者)를 포함한 진보적 사상을 가진 사람들 사이에서 일어났던 것으로, 불교 유적인 스투파(탑 stupa)를 관리하고 있던 사람들이 중심이 된 것으로 추정되고 있다. 이 새로운 불교 운동은 그때까지 석가에게만 한정하던 보살(菩薩)이라는 개념을 넓혀 일체중생의 성불 가능성을 인정함으로써 일체중생을 모두 보살로 보고, 자기만의 구제보다는 이타를 지향하는 보살의 역할을 그 이상으로 삼고 광범위한 종교활동을 펴나갔다.

이 불교 운동의 전거로는 대승불교의 경전이 속속 이루어진 데 있었다. 먼저 '반야경(般若經)'이 나왔다. '공(空)'의 사상을 강조하는 '반야경'은 종래의 고정관념을 타파함과 동시에, 일체의 집착으로부터의 해탈을 실천의 중심으로 삼았다. 이어 일체를 포함하여 '일승(一乘)'을 교설(教說)하고 구원(久遠)의 본불(本佛)을 세우는 '법화경(法華經)', 광대한 불타(비로자나불)의 세계를 교설하는 '화엄경(華嚴經)', 재가거사(在家居士)인 유마(維摩)가 오히려 출가자를 교설하는 '유마경(維摩經)', 서방

정토(西方淨土) 아미타불(阿彌陀佛)의 세계를 찬탄하며 일체중생의 구제를 약속하는 '정토삼부경(淨土三部經)' 등이 이루어져 종래의 불교를 일신하는 이 새로운 불교 운동을 뒷받침하였다. 이 경전들은 오랜 세월에 걸쳐 대승이 불교의 중심세력이 되어가는 과정 속에서 이루어졌거니와, 2~3세기에는 용수(龍樹)가 출현하여 이 대승불교의 사상적 기반인 공(空) 사상을 확립하였다.

그런데 이 같은 대승불교 경전은 성립 시기가 늦기에 석가모니의 가르침으로 볼 수 없어서 대승불교의 가르침은 석가모니의 가르침이 아니라는 주장이 제기되었다. 불교를 수용했던 중국의 불교인들은 경전이면 모두가 부처가 설한 것이라고 믿었다. 대승불교의 경전들도 하나같이 첫머리에 "나는 이와 같이 들었다"로 시작하여 그것이 부처가 설했던 것인 양 표현하고 있기 때문이다. 그러나 부처의 교설이라 믿은 경전들 사이에 성격상의 차이나 내용상의 모순 같은 것을 발견함으로써 당혹감을 느끼지 않을 수 없었다.

이러한 입장을 명확히 천명했던 대표적인 인물이 일본 에도시대의 사상가인 도미나가 나카모토다. 그는 18세기 중반에 31세라는 젊은 나이로 생을 마감했던 인물로서 '출정후어'라는 명저 속에서 그러한 주장을 펼쳤다. 그는 부처님의 입멸 후 500년쯤에 덧붙여진 새로운 교설이 대승불교라는 것이다. 이로부터 대승은 부처님의 교설이 아니라는 이른바 대승비불설에 논란이 가열되었다. 중국의 학승들 중에도 일부는 그러한 주장에 동조하였다. 축법도(竺法度)와 같은 역경승은 소승만이 부처님의 진짜 교설이라 하여 대승경전은 읽지 못하게 하였다.

석가모니에게서 승려들의 법맥이 시작하고 석가모니의 가르침으로 깨달음의 길에 이를 수 있으므로, 석가모니의 가르침을 설하는 경전이 실제로는 석가모니의 가르침이 아니라면 문제가 심각하다. 그리하여 대승비불설이 나오자 불교계에 큰 파란이 일어났다.

대승비불설의 기초는 대승불교의 경전은 아함경을 제외하면 공통성이 없다는 것이다. 대승불교에서 가르침의 근간으로 삼는 금강경·반야심경·화엄경·법화경 등은 상좌불교에는 해당하는 경전이 없다. 전통적으로 대승불교에서는 아함경은 석가모니 전기의 가르침, 법화경 등은 후기의 가르침으로 받아들였으며, 전자는 근기가 낮은 자들을 위한 수준 낮은 것, 후자는 근기 높은 자들을 위한 우월한 것으로 설명하였다.

그런데 어떤 진리를 열어 보이기 위해서는 다양하고 새로운 언어가 필요하다. 대승경전인 '유마경'에는 '부처는 한 가지 소리로써 설법하지만 중생은 이를 여러 가지 소리로 듣는다'는 가르침이 있는데, 이는 원래 부처님이 직접 설한 것으로 알려진 '아함(阿含)'에 나오는 말이다. 대승은 이것을 근거로 삼아 자신들의 입장이 부처님의 교설이라고 주장하였던 것이다. 부처님의 깨달은 진리를 열어 보이는 것은 모두가 그의 가르침이라는 것이다.

또 불교에서는 부처란 역사적인 인물인 석가만을 지칭하지 않는다. 부처는 언제 어디서라도 나올 수 있다. 따라서 대승 경전의 작자도 석가처럼 깨달은 부처라고 할 수 있는 것이다. 그러니 대승 경전은 각각의 부처가 제각각 가르침을 설한 것이다. 대승 경전들이 근본 교설에 바탕을 두고 있음이 분명하다면, 그것이 부처님의 교설이 아니라고 할 하등의 이유가 없다.

11 공(空)이란 무엇인가

불교의 근본 교의 중에 삼법인(三法印)이라는 것이 있다. '법인'은 진리라는 뜻이니, 삼법인이란 세 가지 불변하는 진리라는 뜻이다. 삼법인은 제행무상(諸行無常), 제법무아(諸法無我), 열반적정(涅槃寂靜)을 일컫는다.

제행무상은 우주 만물은 시시각각으로 변화하여 한순간도 머물러 있지 아니하다는 것이다. 무상이라 하면 보통 '덧없다, 허무하다'라는 뜻으로 쓴다. 그러나 원래 이 말은 그런 뜻이 아니다. 제행무상에서 온 이 말의 본래의 뜻은, 이 세상의 모든 존재는 항상 변한다는 의미다. 변하지 않는 존재는 어디에도 없다는 진리를 선언한 말이다.

하나의 풀잎도 자라서는 사라지고, 아름다운 나무의 꽃송이도 열매를 맺고는 떨어져 없어진다. 우주는 빅뱅을 일으켜 생성되어 일정 기간 머물다가 다시 폭발을 일으키고 없어지는 성주괴공(成住壞空)의 과정을 거치고, 산 것은 생로병사의 길을 밟으며, 마음도 시시때때로 달라지는 생주이멸(生住異滅)의 과정을 걷고 있는 것이다.

이 진리를 체득한다면 누구나 마음의 평정을 얻을 수 있을 것이다. 변하지 않는 것은 아무것도 없는데도, 우리는 그것이 영원히 존재하는 것처럼 착각하고 집착하여, 혼란의 소용돌이에 빠지기 때문이다. 무상(無常)이란 끊임없이 변화하고 생멸(生滅)하며 시간적 지속성이 없음을 말한다.

제법무아는 모든 것은 인연(因緣)으로 끊임없이 변화하고 생멸하므로 절대불변의 성질을 지닌 고정된 본체는 없다는 뜻이다. 우주 만유의 모든 법은 인연에 의해 생긴 것이라 실로 자아라고 할 수 있는 실체가 없는 것인데도 사람들은 아(我)에 집착하여 잘못된 견해를 갖는다.

이 원리는 현대 물리학 즉 양자물리학에서도 증명되고 있다. 우주의 궁극적 실재는 더 이상 분할할 수 없는 물질로 생각했지만, 오늘날은 일종의 기(氣)라고도 할 수 있는 에너지라는 것이 밝혀졌다. 에너지가 물질이고 물질이 에너지다. 그리고 이 에너지의 장(場)은 끊임없이 소립자(素粒子)들로 변환된다. 곧 세계는 끊임없는 생성과 변화 자체일 뿐, 고정불변하는 궁극적 실체는 없다는 것이다.

하이젠베르크의 불확정성의 원리나 아인슈타인의 $E=MC^2$ 이라는 공식도 다 이러한 사실을 설명하는 것이다. 이렇듯이 세상의 그 어떤 것도 고정된 실체가 없는데, 우리는 그 진리를 체득하지 못했기 때문에, 실체가 있는 것으로 착각하여 집착하고 놓지 못한다. 몸에 집착하고 물질과 명예에 집착한다

열반적정은 생사윤회의 고통에서 벗어난 이상세계를 말한다. 무상과 무아의 진리를 깨달은 자는 생사윤회의 일체 고통에서 벗어나 이상의 경지에 이른다. 그 경지는 모든 괴로움이 없어져서 지극히 고요하고 편안한 상태이기 때문에 열반적정이라 한다.

이와 같이 모든 것은 인연으로 끊임없이 변화하고 생멸할 뿐 절대불변의 성질을 지닌 고정된 실체는 없다는 것이 공(空)이다. 이 공 사상을 체계화시킨 사람이 나가르주나[龍樹 용수]다. 그는 야스퍼스로부터 인류 최고의 이론가라는 극찬을 받았을 정도로 영민했던 사람인데 공을 이렇게 설명했다.

만약 모든 존재를 자성을 가진 실체로 본다면 그대는 그 존재가 인연이 없이 존재한다고 보는 것이다. 어떠한 존재도 인연으로 생겨나지

않은 것이 없다. 그러므로 어떠한 존재도 공(空)하지 않은 것이 없다.

불교는 모든 존재의 생멸법을 인연설로 설명한다. 인연이 있기 때문에 생겨나고, 인연이 다했기 때문에 멸한다는 것이다. 모든 존재는 실체가 없는 공이기 때문에 인연에 의한다는 것이다.

공을 설명한 반야심경에서는 오온(五蘊)이 다 공하다고 하였다. 오온은 다섯 가지 인간의 육신과 정신을 표현하는 요소 색수상행식(色受想行識)을 가리킨다.

색(色)은 형상과 색깔로서 형상 있는 모든 물질[肉體 육체]을 말한다. 수(受)는 괴롭다, 즐겁다, 괴롭지도 즐겁지도 않다 등으로 느끼는 마음의 작용을 말한다. 상(想)은 외계의 사물을 마음속에 받아들이고 그것을 상상하여 보는 마음의 작용, 곧 연상을 말한다. 행(行)은 인연 따라 생겨나서 시간적으로 변천하는 마음의 작용, 곧 반응을 말한다. 식(識)은 의식하고 분별하는 마음의 작용을 말한다. 여기에서 색은 인간의 육체요, 수·상·행·식은 인간의 마음을 세분한 것이다.

그러니 인간의 몸과 마음은 다 공하다는 것이다. 그러므로 이 몸과 마음에 무슨 실체가 있는 것처럼 여기고, 집착하고 고뇌하는 것은 공의 이치를 모르기 때문이다.

혜가라는 사람이 어느 날 달마대사를 찾아왔다. 달마가 혜가에게 어떻게 왔느냐고 물었다.

그러자 혜가가 말하기를,

"제 마음이 불안합니다." 하였다. 그 말을 들은 달마대사가 대답했다.

"불안한 마음을 내놓아라. 내가 너의 마음을 편하게 해 주겠다."

"스승님, 아무리 불안한 마음을 찾으려고 해도 찾을 수가 없습니다."

"네 불안한 마음이 이미 없어졌느니라. 너는 보는가."

혜가는 불안한 마음을 찾아 내놓을 수가 없었다. 불안한 마음을 어찌 찾아 내놓을 수가 있겠는가. 마음이란 자기가 스스로 만든 허깨비인 것을. 불안이란 원래 공한 것인데 스스로 만들어서 거기에 얽매여 속고 있는 것이다. 그래서 혜가는 그 순간에 크게 깨달았다.

혜가와 같이 불안에 휩싸여 있는 정신질환을 오늘날은 강박증이라 부른다. 이러한 강박증도 참다운 공의 이치를 안다면 쉽게 치유될 수 있을 것이다. 그뿐만 아니라, 일상생활을 영위하는 우리 중생들도 이런저런 수많은 고뇌를 날마다 겪고 신음하며 살아간다. 그 고뇌는 실체가 없는 공한 것인데 내가 스스로 얽어 만든 허깨비다. 그 허깨비에 속아 비틀거리는 것이 중생의 삶이다.

진정 공을 알고 실천한다면 우리는 마음이라는 허깨비에 시달리지 않고 열반의 세계에 이를 수 있을 것이다.

12 상즉상입(相卽相入)의 의미

상즉상입(相卽相入)이란 말은 상즉과 상입의 합성어로 불교 화엄사상의 주요 개념이다.

간단히 말하면, 상즉은 겉으로 보기에는 서로 다른 별개의 사물 같지만 그 본체는 하나라는 것이고, 상입이란 말은 사물이 서로 걸림이 없이 융합한다는 뜻이다.

상즉의 '즉(卽)' 자는 '바로 그 자리에 나아가다' 란 뜻이니, 상즉은 서로가 바로 상대방의 자리에 나아간다는 뜻이다. 한 말로 하면 양자가 서로 같다는 말이다. 즉 두 가지 사물이 서로 겉으로는 달라 보이지만 그 본체에서는 서로 하나의 관계에 있는 것이란 뜻이다. 파도는 물이며, 물은 파도라고 하는 것과 같은 관계를 이른다. 번뇌가 곧 보리라는 말이나 중생이 곧 부처라는 말도 모두 상즉을 나타낸 말이다.

사진 속 바다와 하늘은 수평선으로 구분되어 서로 다른 것처럼 보이지만, 바다와 하늘은 매 순간 끊임없이 서로 왕래하며 소통해 간다. 바다의 물은 증발하여 하늘이 되고, 하늘의 수분은 비가 되어 다시 바다가 된다. 서로 구분된 것처럼 보이는 바다와 하늘은 사실은 서로가 서로를 이미 안에 포함하고 있는 것이다.

우리가 생명을 유지하기 위해 반드시 필요한 호흡은 들숨과 날숨으로 이루어져 있다. 들숨과 날숨은 일견 서로 반대되는 것 작용 같지만, 내가 내쉬는 공기를 콧구멍을 경계로 해서 다시 들이마신다. 들숨에 이미 날숨이 들어 있고 날숨에 이미 들숨이 포함되어 있는 것이다.

다시 말하면 상입은 모든 사물은 수많은 요소들이 인연에 의하여 상호 의존하여 성립되어 있다는 것이고, 상즉은 그렇기 때문에 이것과 저

것을 서로 분별하지 않는다는 지혜를 가리킨다.

상입은 모든 사물은 별도의 독자적인 존재를 갖지 않고 그들 실체와 작용에 있어서 상호 의존한다는 말이다. 이것은 공(空)에서 논하는 연기(緣起)의 원리에 상응하는 것이다.

동시호입(同時互入)과 동시호섭(同時互攝)이란 말이 있다. 동시에 서로 들어오고 동시에 서로 들어간다는 뜻이다. 같은 것을 다른 측면에서 보는 것으로 입(入)이란 들어가는 것을, 섭(攝)이란 들어오는 것을 의미한다. 예를 들면 밖에서 방 안으로 들어가는 것은 입(入)이지만, 방안에서 보면 들어오는 것이 되어 섭(攝)이다. 서로 방해함이 없이 서로 들어가고 서로 포섭한다. 예를 들어 사무실의 여러 개의 형광등의 빛이 서로 방해함이 없이 통과하면서도 받아들이는 것과 같다.

상입의 원리는 결론적으로 말하면 일체 제법은 상호 간에 연결되어 있고, 또한 상호 간에 영향을 주고 있다는 것이다. 상호의존성을 지니고 있다는 것이다. 서로서로 들어가고 있으면서 또한 서로 간에 방해하지 않고 동시에 존재하는 것이 상입의 원리가 된다.

한 티끌 속에 시방세계가 들어 있고, 일체 모든 티끌 속에도 마찬가지로 시방세계가 들어 있다.

윌리엄 블레이크(William Blake)의 시 '순수를 꿈꾸며(Auguries of Innocence)'에 이런 구절이 있다.

한 알의 모래알에서 우주를 보고
To see a World in a grain of sand

한 송이 들꽃 속에서 천국을 본다
And a Heaven in a wild flower

손바닥 안에 무한을 거머쥐고
Hold Infinity in the palm of your hand

순간 속에서 영원을 붙잡는다
And Eternity in an hour

의상대사의 법성게(法性偈)에도 이와 비슷한 내용이 있다.

하나의 티끌에 온 우주가 들어 있고   一微塵中含十方
찰나의 한 생각이 끝이 없는 영겁이라   一念卽是無量劫

송나라 뇌암정수(雷庵正受)가 편찬한, 선종의 일화집인 『가태보등록(嘉泰普燈錄)』에도 "좁쌀 한 알에 세계가 들어 있고, 반 되들이 냄비 안에 산천이 끓는다."는 말이 있다.

블레이크는 하나의 모래가 곧 세계요, 한순간이 곧 영원이라 하였고, 의상은 하나의 티끌이 곧 우주요, 찰나가 곧 영겁이라 하였다. 개별자는 보편자이면서 개별자라는 뜻이다. 개체이되 개체가 아닌 전체로 융합되는 것이다.
그래서 의상은 법의 성품은 원융하여 두 모양이 없다 하였고, 하나 속에 모두가 있고 많음 속에 하나가 있으며, 하나가 곧 모두이고 많은 것이 곧 하나라고 하였다.

베이징의 나비가 날갯짓을 한 것이 뉴욕에서 폭풍이 된다는 이른바 나비 효과라는 말이 있다. 결과적으로 나비의 날개에서 일어난 바람이 곧 태풍이라는 말이 된다. 곧 나비의 날갯짓으로 일어난 바람과 태풍의 바람이 둘이 아닌 하나다. 물이 곧 파도요 파도가 곧 물이다. 그 근원은 하나인데 분별하여 둘로 다르게 보아서 다를 뿐이다. 분별하지 않고 보는 지혜가 상즉이다.

종이는 펄프로 만드는데, 펄프는 나무에서 나오고, 나무는 흙과 물과 공기와 태양 등 수많은 요소의 인(因)과 연(緣)으로 되어 있다. 또 종이는 여러 종류의 기계와 많은 사람들의 손을 거쳐서 만들어진다. 이렇게 계속 확대해 나가면, 종이 속에는 이러한 수많은 요소들, 즉 우주의 모든 요소가 그 속에 들어가 있다. 곧 상입하고 있는 것이다.

얼핏 보면 A와 B가 별개의 사물 같지만 실상은 이 양자가 독자적으로 존재하는 것이 아니라, 서로 의존하는 인연으로 이어져 있는 것이다. 너와 내가 둘이 아니라 사실은 하나이며, 삶과 죽음이 둘이 아닌 하나인 것이다.

이와 같이 세상 만물은 상즉상입하고 있다. 그러므로 내가 곧 너고, 들꽃이 곧 우주다. 상즉상입이란 우주의 삼라만상이 겉으로는 서로 대립되어 있는 것 같지만, 실제로는 상호 융합하여 작용해, 서로가 한량없이 밀접한 인연 관계를 맺고 존재한다는 의미다.

상즉과 상입의 관계는 체(體)의 입장에서 보면 상즉이고, 용(用)의 입장에서 보면 상입이다.

13 부루나의 순교

　기독교의 순교자는 많다. 예수의 수제자 베드로(Peter)를 비롯하여, 안드레, 세베대의 아들 야고보, 빌립, 도마, 마태 등 수없이 많다. 보통 사람들도 이러한 사실을 잘 알고 있다.

　그런데 불교의 순교자는 모르는 경우가 많다. 불교는 정법을 위해 몸을 아끼지 않는다는 '위법망구(爲法忘軀)'를 찬탄해 왔다. 2600여 년 전 인도 변방에서 시작된 불교가 한국에까지 전승될 수 있었던 것은 수많은 이들의 순교가 있었기에 가능했다.

　불교사에 첫 등장하는 순교자는 부루나(Punna) 존자다. 설법 제일로 명성이 높았던 부루나는 인도 서해안에 위치한 항구도시 수파라카 지역의 해상무역상 아들이었다. 아버지와 노비 사이에서 태어난 그는 부친이 세상을 떠나자 아무런 재산도 물려받지 못한 채 형제들에 의해 쫓겨났다. 하지만 상인의 재능을 물려받은 그는 해상무역에 뛰어들었고 타고난 언변과 수완을 발휘해 막대한 재산을 모았다. 이 무렵 그는 재가불자라는 이들로부터 부처님의 위대함을 전해 듣고는 그분을 찾아뵙기로 했다.

　슈라바스티의 기원정사에 도착한 부루나는 부처님의 설법을 직접 듣자 환희심이 솟았고 세상에 이런 가르침이 있나 싶었다. 곧바로 출가자의 길을 선택한 그는 부지런히 정진했고, 오래지 않아 제자들 중에서도 두드러졌다. 해상무역을 통해 익혔던 언변술이 빛을 발해 그의 설법을 듣고 크게 감동해 불교에 귀의하는 이들이 잇달았다.

　10대 제자의 반열에 오른 부루나는 고향 수파라카로 돌아가 그곳에서 바른 법을 몰라 고통받는 이들에게 불법을 전하겠다고 서원을 세웠다. 부루나는 부처님을 찾아뵙고 자신의 뜻을 말씀드렸다. 부처님은 그곳 사람들의 심성이 사납고 흉포해 전법이 어려울 수 있음을 우려했다. 이를 불전에서는 다음과 같이 기록하고 있다.

"부처님 이제 저는 멀리 서쪽의 수로나 국으로 가서 부처님의 정법을 전도하려 하오니 허락해 주소서"

"부루나여 백성들은 성격이 아주 사납고 모질고 거칠다 만일 그들이 너를 꾸짖고 조소하고 매도하여 모욕하면 어찌 하겠느냐?"

"부처님 만일 그러한 일이 있다면 저는 그때에 수로나 사람들은 어질고 착해서 나를 주먹으로 치고 돌을 던지지는 않으리라 생각하겠습니다."

"부루나여, 만일 그들이 주먹으로 치고 돌을 던진다면 어떻게 하겠느냐?"

"부처님 저는 그때에 수로나 사람들은 어질고 착해서 나를 칼로 해치지는 않으리라 생각하겠습니다."

"부루나여 만일 그들이 칼로 해친다면 어찌하겠느냐?

"부처님 저는 그 때에 행자는 부처님의 행법을 구하기 위하여 기꺼이 이 육신을 버리기를 원하는데 수로나 사람들은 어질고 착해서 나로 하여금 육신의 속박에서 벗어나 큰 공덕을 짓게 하는구나" 이렇게 생각하고 미련 없이 일신을 버리겠습니다.

"착하고 착하도다 부루나여 너는 잘 수행하여 인욕과 자제를 얻었도다.

너는 이제 수로나로 가라. 가서 여래의 정법을 널리 전하라. 사납고 모진 백성들을 제도하고 부처의 나라로 인도하라.

부루나는 곧 수로나로 가서 남녀 오백명씩을 제도하고 흉포한 자들의 박해로 순교하였다.

이를 두고 법화경 예찬에는 이렇게 씌어 있다.

　수기받은 부루나는 감격하면서
　전법하다 순교함은 최상의 행복
　겸손하게 설법함이 부루나 장점
　숙세 인연 부처님과 사제였다네

　정법호지 신명 바쳐 이룩하고자
　악한 세상 악한 중생 찾아가시네
　돌멩이와 칼로 쳐서 죽이려 해도
　부처 지혜 전함에는 망설임 없네

　부루나의 뒤를 이은 순교자는 목건련(Moggallana)이었다. 부처님 제자 중 신통 제일이라는 목건련은 부유한 바라문 출신이었다. 불교는 목건련과 부루나 존자 등의 순교에 힘입어 인도 전역에 확산됐다. 이후에도 인도 불교사에는 수많은 순교자들이 있었다. 특히 7세기 말부터 침략을 본격화한 이슬람의 광기 어린 훼불과 무차별 살육에 맞서 불교가 인도에서 사라지는 13세기까지 수많은 스님과 불자들이 불법을 지키기 위해 생명을 바쳐야 했다.

　중국 역사서에는 법난의 시대를 맞아 기꺼이 목숨을 바친 고승들의 기록이 많다. 위진남북조시대의 백원(帛遠)·법조(法祚) 형제가 그렇다. 이때 장보(張輔)라는 인물이 진주 자사로 오면서 스님을 환속시켜 자신의 부하로 삼기를 원했다. 백성의 존경을 받는 인물을 수하에 둠으로써 정치적인 이익을 얻으려는 의도였다.

그러나 스님은 자신의 길이 아님을 잘 알았다. 스님이 한사코 거절하자 장보는 악감정을 품게 됐다. 백원 스님은 자신을 죽이려는 장보에 대해 원한이 아닌 다음 세상에 선지식이 되기를 발원한 것이다. 다음날 스님은 모진 채찍질에 목숨을 잃었다. 동생 법조 스님도 똑같은 운명에 처해진 것이다. 이들 형제 스님의 죽음은 불교가 목숨을 걸어도 좋을 만큼 위대한 진리라는 점과 어떤 권력과 명예에도 좌지우지되지 않는 출가자의 높은 기개를 순교로써 보여 주었다.

불교가 중국에 정착할 수 있었던 것은 불경 번역에 힘입어서였다. 섭마등, 축법란, 지루가참, 안세고, 구마라집, 진제 등 수많은 스님들이 전법을 위해 이역만리의 길을 걸어왔다. 이들 스님은 중국의 언어와 문화를 익히며, 불경을 한문으로 옮겼다. 권력자들의 환대를 받기도 했지만 때로는 온갖 강압을 견뎌야 했으며, 담무참처럼 순교도 불사해야 했다.

우리나라의 이차돈도 물론 불교 순교자다.

14 인도에서 불교가 사라진 이유

석가모니가 펼쳤던 부처님의 땅 인도에는 불교가 사라졌다. 의미심장한 일이다. 기원전 5세기 때 탄생하여 인간의 팔만 번뇌를 없애기 위한 오묘한 진리를 펴냈던 그의 가르침은 어떻게 없어졌을까? 현대 인도는 유적만 있고 불교는 없다. 예수의 기독교가 이스라엘 땅에서 환영받지 못하는 것과 비슷하다.

12억 명의 공식 인구 가운데 불교 신자는 불과 0.8%(2001년 기준)뿐이라 한다. 그것도 현대에 들어와 암베드카(1891~1956)가 일으킨 새로운 불교 부흥에 힘입은 바가 크다.

인도에서 불교가 사라진 대표적 이유는 일반적으로 이슬람 침입으로 인한 파괴 때문이라 한다. 그러나 이슬람의 공격을 받은 것은 불교만이 아니다. 힌두교와 자이나교도 이슬람에 의해 파괴됐지만, 현재 힌두교는 인도 전체의 83%의 인구가 믿는 종교이고, 자이나교 역시 지금도 인도에 존재하고 있다.

불교는 석가 입멸 200년 후, 인도를 통일한 아쇼카왕 때 국교가 되어 활개를 펼쳤다. 이러한

불교가 인도에서 멸망한 원인을 더듬어 보기로 하자.

첫째로 꼽을 수 있는 인도불교 쇠퇴의 주된 이유는 인도 불교의 학문화다.

5세기 전반 쿠마라굽타 1세에 의해 나란다 대학이 창건됐다. 7세기 당나라 때 현장 스님이 인도에 도착했을 당시 나란다는 이미 예불당, 승원, 탑 등이 하나의 외벽으로 둘러싸인, 일반사회와 유리된 대사원이 되어 있었다. 나란다에서의 토론과 공부를 통해 불교는 이렇게 깊은 학문

화의 길을 걷고 있었던 것이다. 이를 아비달마 불교라 한다.

이후 8세기에서 10세기를 거치며 불교는 점차 거대한 승원 안에서, 왕족들이나 귀족들의 비호를 주로 받으며, 일반과 유리돼 갔다. 승원에서 학문연구에 몰두하고, 자기들끼리의 지적 유희에 빠져있는 사이, 대중들은 불교에 등을 돌리고 힌두교로 빠져들고 있었다.

경전의 산스크리트화도 불교의 쇠퇴와 몰락의 한 원인이다. 석가모니는 가르침을 산스크리트보다는 지방의 언어로 전달하도록 했다. 민중이 알아들을 수 없는 말로 법을 설하는 것은 옳지 않기 때문이었다. 하지만 굽타시대 때부터 불교 경전은 상류층이 쓰는 산스크리트어로 기록되기 시작했는데, 이는 붓다의 뜻과는 다른, 대중과 유리되는 큰 요인으로 작용했다.

이렇게 민중과 유리된 불교는 뒷날 이슬람이 쳐들어오자, 사원에 있던 승려들은 뿔뿔이 흩어지고 단번에 인도 불교는 쇠퇴의 길로 접어들고 말았다. 대중적 지지가 없는, 학문적 불교가 보여 준 무력한 말로였다.

둘째로 불교의 힌두화를 들 수 있다. 불교가 지배집단의 후원을 받으며 안주하는 사이, 불교에 밀려났던 브라만교가 민속 신앙과 결합하여 힌두교라는 이름으로 되살아났다. 브라만교의 재기는 불교의 여러 이념들을 받아들여 새롭게 변신한 데서 나타났는데, 대표적으로 들여온 것이 불교의 불살생 계율이다.

그들은 많은 양의 소를 죽여 희생제를 지내던 의식을 버리고, 불살생의 불교 교리를 받아들여, 암소를 숭배하여 절대 소를 죽이지 않는 형태의 신앙이 출현했고, 한 발 더 나가서 석가모니가 힌두교의 신 비쉬누의 화신이라고 주장하여, 불교 자체를 힌두교 내에 편입시키는 일종의 종교공정까지 일어났다. 이런 것이 오늘날 인도에서 소를 숭배하는 연유가 되었다.

그러나 무력해진 불교는 오히려 힌두교의 교리를 받아들이는 데 급급했다. 불교는 힌두교의 종교적인 형식을 '대중화'라는 이름으로 점점 받아들이게 된 것이다. 이를 잘 보여주는 가장 큰 사건이 대승불교다. 대승불교는 철학적으로는 굉장히 뛰어난 점이 있지만, 종교적으로는 힌두교와 비슷한 면이 많다. 예를 들면, 제법무아(諸法無我 이 세상의 모든 존재는 고정된 실체가 없다)라는 바탕 위에서, 자신의 번뇌를 벗어나고자 했던 교리에서 벗어나, 무슨 보살이니 무슨 신이니 하는 것을 만들어 낸 것은, 이름만 다를 뿐 힌두교의 신들과 차이가 없는 것이다. 또 불상을 보면 관세음보살상에 팔이 여러 개 있는데, 힌두교 신상에도 팔이 여러 개 붙어 있는 것을 볼 수 있다.

대승불교 다음에 일어난 것이 바즈라야나(vajrayana) 불교, 즉 밀교(密教)인데 이것도 종교적으로 힌두교와 거의 같다. 사원 모양도 비슷해졌다. 이렇게 되고 보니, 신자들의 입장에서는 절에 가서 비나 힌두교 사원에 가서 비나 별 차이가 없게 되었다. 이렇게 힌두화된 불교는 인도에서 완전히 쇠퇴하게 되었다.

또 불교는 독자적인 의례가 없어서, 힌두교 의례를 차용해 사용했다. 힌두교식 의례에 참여한 불교도들이 시간이 지날수록 힌두화돼 갔던 것은 피할 수 없는 자연스런 결과였다. 의례가 힌두화되자, 불교는 점차 정체성을 잃고 힌두교에서 각종 신들마저 차용해 왔다. 그러다 결국 불교는 정체성을 잃고 힌두교에 용해되어 갔다.

반면 자이나교는 달랐다. 자이나교도 힌두교의 신들을 받아들였지만 그들은 대단한 응집력을 보여 주었다. 자이나교도들은 힌두 세계 속에서도 의례나 생활 양식상의 독자성을 주장하고, 사회적으로도 실체가 확실한 단일 집단으로 응집력을 유지하였다. 그 결과 자이나교는 지금도 인도에서 나름의 교세를 유지하며 큰 집단을 형성하고 있다. 힌두교에 용해된 불교가 자신을 찾지 못하고 있는 것과 큰 차이가 있다.

힌두교의 박해도 불교 쇠퇴의 한 원인이 되었다. BC 2~1세기 슝가왕조의 뿌쉬야미뜨라 왕은 바라문 출신인데 병력을 동원해 경전을 태우고, 불탑과 가람을 닥치는 대로 파괴했으며 승려를 대량 학살했다. 카쉬미르 왕국의 국경에서는 500곳의 가람을 파괴한 것으로 전한다.

그는 불교 승려의 목에 현상금까지 내걸 정도로 불교를 혐오했다. 이후에도 국가권력에 의한 불교 탄압은 지속됐다. 중국 당나라 현장 스님이 구법 여행하던 때와 가까운 시기에도 동인도 까르나수바르나의 싸상까 왕도 불교를 탄압했다. 힌두교를 신봉하는 왕들은 학식 있는 바라문에게 불교를 비방하는 글을 쓰도록 했고, 불교 비판 캠페인을 벌였다. 힌두교의 융성은 불교의 몰락을 의미하는 것이었다.

셋째로, 인도 불교의 쇠퇴를 가져온 결정적 사건은 13세기 이슬람 침입과 이들의 무자비한 파괴다. 이슬람교도는 힌두교 사원과 성지는 물론 불교 사원과 승려를 무차별하게 파괴하고 살해했다. 8천여 명의 승려가 집단 거주한 동인도의 위끄라마쉴라 사원은 1203년 이슬람교도의 칼날 앞에 무참히 스러졌다. 오단타뿌라 사원에서는 2천여 명의 승려가 목숨을 잃었고, 살아남은 승려는 네팔과 티베트 등지로 도망쳤다.

그러나 이러한 요인들보다도 더욱 큰 불교 쇠망의 요인은, 불교 자체의 교리 체제 때문이 아닌가 한다. 일반 대중은 누구나 쉽게 절대자 앞에 나아가 자신의 어려운 처지를 아뢰고, 그것에 대한 응답을 기대하기 바란다. 그러나 불교는 모든 존재는 고정된 실체가 없다는 점을 깨치면 모든 번뇌가 사라진다는 무신론의 입장에 선 종교다. 힌두교에서 말하는 우주의 실체인 브라흐만[梵 범]이나 개인의 실체인 아트만[我]도 없는, 공(空)이라는 불교의 논리는 참으로 어렵다. 이러한 깊은 사유와 수행을 거치는 교리보다, 민중은 자기가 믿는 신 앞에 나가서 바라는 바를 비는 것이 훨씬 수월하다. 수십 년 수행을 해도 깨닫기는 어렵다고들 한다. 불교의 무아설(無我說)은 민중들에게는 그만큼 어렵기 마련이다. '나'라는 실체가 없다는 것이 어렵기 때문이다. 사성제(四聖諦), 팔정도(八正道), 십이연기(十二緣起), 중도(中道) 같은 것을 사유하는 것도 어렵다.

스스로 깨달아야 하는 수행보다, 신 앞에 나아가 복을 비는 것이 대중으로선 훨씬 쉽다. 자등명(自燈明), 법등명(法燈明)하는 것보다, 신에게 기원하는 것이 훨씬 편리하다. 그런 면에서 불교는 대중적인 세속적 사고와는 일치하지 않는다. 바라문의 창조주 관념을 부정·비판했고, 신에 대한 제사 의식을 배격한 불교는 차츰 대중적 종교 감정에서 멀어지게 되었다.

힌두교에 대항하기 위해, 마지못해 신들을 만들고 거기에 대한 기도를 수용한 후기 불교는, 오히려 독자성은 물론 생명력과 정체성을 상실하였다. 힌두교 옷을 입은 불교는 일시적으로는 대중의 관심을 끌었지만, 힌두교와 차별되지 않는 불교를 믿을 이유를 상실하면서 소멸의 길을 걸었다.

불교는 어떤 특수한 종교 관념을 강요하거나 강제하지 않는다. 이것은 불교가 지닌 강점이자 또한 약점이기도 하다. 불교가 다른 종교집단에 비해 결속력과 응집력이 약하다는 약점이 될 수 있기 때문이다. 그래서 불교는 힌두교와 이슬람교의 배타적 공격에 적극 대응하지 못하고 허물어지고 말았다.

인도의 초대 수상 네루는 자신의 저서 『인도의 발견』에서, '불교가 전성하던 시기에도 힌두교는 여전히 널리 유포되고 있었다. 불교는 자연사했다.'라고 했다.

자살도 아니고, 타살도 아닌 자연사가 인도 불교 쇠퇴의 운명이었다. 인도에서 태어나고 흥했던 인도 불교는 결국 정체성을 상실한 채, 힌두 사회에 용해돼 자연사하고 말았다. 자신의 땅에서 버림받았던 것이다.

집단이든 종교든 간에 자신의 정체성을 잃으면 멸망하고 만다는 것이 만고의 진리다. 한국 불교도 이 점을 간과하지 말고 자연사한 인도 불교를 반면교사로 삼아야 할 것이다.

15 철인(哲人)의 정치

플라톤은 사람이 살아가면서 지녀야 할 최상의 모습이 있다고 생각했는데, 그것을 아레테(arete)라고 불렀다. 그러면 어떤 상태가 사람이나 사물이 가장 훌륭한 상태라고 할 수 있을까?

플라톤은 이 세상을 현상계와 이데아(idea)라는 두 세계로 구분했다. 현상계는 말 그대로 우리가 밥 먹으며 잠자고 하는 현실 세계다. 우리가 눈으로 볼 수 있고 감각으로 파악할 수 있는 세계다. 그런데 이데아계는 고정되어 불변하는 세계다. 진리를 품고 있는 불변의 세계다. 감각으로 알 수 없는 그런 세계가 있다고 생각한 것이다. 감각으로는 파악할 수 없고 오직 이성으로만 파악되는 그런 세계다. 이데아는 육안이 아니라 마음의 눈으로 통찰되는 사물의 순수하고 완전한 형태를 가리킨다.

현실에 있는 삼각형이나 아름다운 꽃들은 모두 불완전하지만, 이데아의 세계에는 완전한 삼각형의 이데아와 아름다움의 이데아가 존재한다는 것이다. 우리가 정삼각형을 그린다고 생각해 보자. 과연 완전한 정삼각형을 그릴 수 있을까? 결론부터 말하여 그것은 불가능하다. 비슷하게 그릴 수는 있겠지만 완벽한 정삼각형을 그리는 것은 불가능하다. 세 변의 길이가 똑같아야 하는데 그리는 순간 오차라는 것이 발생한다. 아무리 정확하게 그리려 해도 현실 세계에서는 불가능하다. 우리가 그린 정삼각형은 실제로 정삼각형이 아니다. 이것이 현상계다. 현상계에 있는 정삼각형은 이데아계의 정삼각형을 모방한 것이다.

그럼 완전한 삼각형은 어디 있나? 우리의 머릿속에 있다. 우리의 머릿속에는 정삼각형이라는 관념이 들어 있기 때문이다. 이 관념의 세계가 바로 이데아다. 모든 완전한 사물은 이데아계에만 있는 것이다. 현상계는 이데아계를 모방한 것이다.

그런데 보통 사람들은 이러한 진리를 알려고 하지 않고 살아간다. 현상계에 눈이 멀어 허겁지겁 살아간다. 플라톤은 동굴의 비유를 통해서 이를 깨우치려고 한다. 그럼 그 이야기를 들어보자.

사람들이 동굴 속에 갇혀 있다. 사람들은 사지가 묶여서 뒤를 돌아볼 수조차 없다. 사람들의 뒤에는 횃불이 있고, 또 그 앞에는 높은 담이 있다. 그리고 담 뒤에는 어떤 사람들이 사물이나 동물들의 모형을 가지고 왔다 갔다 한다. 그래서 묶여 있는 사람들은 횃불에 비친 사물의 그림자만 볼 수 있다. 이 사람들은 태어날 때부터 이 동굴 속에 묶여 있었기 때문에 자신들이 보는 그림자의 세계를 진짜 세계라고 생각을 한다.

그러던 어느 날 한 사람이 사슬에서 풀려났다. 그리고 동굴 밖으로 나갔다. 동굴 밖을 나간 이 사람은 눈이 부셔서 처음에는 아무것도 볼 수 없었다. 그런데 시간이 지나면서 사물들과 동물들을 직접 보게 된다. 달과 별도 보고 나중에는 태양까지 볼 수 있었다. 그리고 여태까지 자신이 동굴 속에 본 것들은 진짜 사물들이 아니라, 사물들의 그림자였단 것을 깨닫게 되었다.

그 사람은 다시 동굴로 들어갔다. 그리고 자기 옆에 묶여 있던 사람에게 이렇게 말했다.

"야. 네가 지금 보고 있는 거 단지 그림자야. 진짜는 저렇지 않아. 밖에 나가면 내가 보여 줄게."

그러자 이를 듣던 사람이

"야 이 새끼야, 저게 안 보이냐? 저렇게 생생한데 어떻게 그림자일
수 있냐?"라고 말했다. 그리고 풀어주었는데도 동굴 밖으로 나갈 생
각을 안 했다. 동굴 밖은 위험하다는 것이었다.

여기서 말하는 동굴 안은 가짜 세계이고, 동굴 밖은 진짜 세계이다.
동굴 안은 현실의 세계이고 동굴 밖은 이데아의 세계다. 동굴 안은 인간
의 감각으로 느끼는 가시계(可視界), 동굴 밖은 인간의 이성으로 감지하
는 가지계(可知界)다.

플라톤의 주장이 무엇이냐 하면, 감각으로 느끼는 세계는 가짜 세계
이고 이성으로 인지하는 이데아의 세계가 진짜 세계라는 것이다. 우리의
눈에 보이는 세계가 전부인 줄 알지만 사실은 그보다 더 중요한 이데아
가 있다는 것이다.

그리고 내가 아무리 넉넉하더라도 나라가 어지러우면 고통스런 삶을
살게 된다고 생각했다. 플라톤의 이러한 생각을 담은 책이 '국가'라는 것
이다. 국가라는 공동체는 여러 계급으로 나누어지는데, 생산자 계급, 전
사 계급, 통치자 계급이 그것이다. 여기서 가장 중요한 사람이 통치자다.
참된 통치자는 자기의 이익이 아니라, 국가의 이익을 위해서 일해야 한
다. 실제로 이런 능력을 가진 통치자를 찾는 것은 무척 힘든다. 통치자
의 이데아를 깨닫고 실현하는 사람만이 진정한 지도자가 될 수 있다. 바
로 이런 사람이 철학자란 것이다. 그래서 그는 철인이 나라를 다스려야
한다고 주장한 것이다. 이른바 철인정치(哲人政治)를 주장한 것이다. 철
학자야말로 이데아를 이해하고 훌륭한 국가를 만들어 갈 수 있다는 것이
다. 플라톤은 상대주의적인 진리를 주장했던 소피스트들과는 달리 절대

주의적인 진리를 주장한 것이다.

현상은 우리의 감각으로 알 수 있고, 이데아는 이성을 통해서만 알 수 있다. 그래서 플라톤은 수학을 강조하였다. 계산하는 것은 감성이 아니라 생각하는 이성이기 때문이다. 즉 이성은 이데아를 이해하는 능력이기 때문이다. 그래서 플라톤은, 눈에 보이지 않는 본질의 세계와 그것을 탐구하는 이성의 힘을 강조하는 서양철학의 주류를 형성하는 밑바탕이 되었다. 철학자 화이트헤드가 서양철학은 플라톤에 대한 각주(脚註)라고 한 연유가 거기에 있다.

오늘을 사는 우리들은 너무 눈앞의 현상에만 몰입되어 살아가는 것은 아닐까? 동굴에 갇힌 사람들처럼 눈앞에 보이는 그림자가 진짜인 줄 알고 속으면서 사는 건 아닐까? 가끔은 차가운 이성으로 본질을 생각하면서 뒤도 돌아볼 줄 아는 자세가 필요하지 않을까? 이 사회를 이끌고 있는 정치인들도 작은 현상의 세계에만 이끌려 이전투구하는 것은 아닐까? 플라톤은 철인이 지도자가 되어야 한다고 하였다. 그때의 철인은 현재의 뛰어난 경륜가요 현명한 사람이다. 자기의 이익을 버리고 넘어서는 현대의 철인이 생각나는 시대에 우리는 살고 있다. 그리고 우리의 아레테를 그려 본다.

16 형상과 질료

다음 그림은 라파엘로가 교황의 청을 받고 그린 그림으로 인간의 철학을 상징하는 '아테네 학당'이라는 그림이다. 왼쪽 계단 밑에는 피타고라스가 열심히 수학 문제를 풀고 있고, 그 반대편에는 유클리드가 땅바닥을 가리키며 사람들에게 무언가를 말하고 있다. 계단의 한가운데는 희대의 견유학파(犬儒學派)인 디오게네스가 개처럼 누워 있다. 소크라테스는 그림의 왼편에서 사람들과 논쟁을 즐기고 있다.

하지만 이 그림에서 가장 눈에 띄는 존재를 고르라면 누가 뭐래도 정중앙에서 열띠게 대화하고 있는 두 철학자일 것이다. 백발마저 벗겨진 늙은 노인은 손가락 끝으로 하늘을 가리키고, 그 옆에 제자처럼 보이는 남성은 손바닥으로 땅을 가리키고 있다. 이 두 사람은 누구일까? 늙은 사람은 플라톤이고, 제자는 아리스토텔레스이다.

그러면 이 두 사람이 가리키는 하늘과 땅의 의미는 무엇일까? 플라톤과 아리스토텔레스는 각각 어떤 사상을 지녔는지 알아보자.

플라톤은 절대적이고 보편적인 진리는 존재하며 이 세상의 모든 것들은 그 진리를 모사한 것이라고 한다. 이 진리의 세계를 이데아(Idea)라 부른다. 현실 세계는 진짜 세계인 이데아를 모방한 것이라 하였다. 플라톤은 절대적 진리인 이데아를 추구해야 한다고 말했다.

하지만 아리스토텔레스는 스승인 플라톤에 반대했다. 아리스토텔레스는 플라톤이 주장하는 절대적이고 불변하며 보편적인 진리, 즉 이데아는 현실에 존재하지 않으며, 현실에 존재하지도 않은 이데아를 탐구하는 것은 의미가 없다고 생각했다.

예를 들어, 플라톤과 아리스토텔레스가 나무로 만든 책상, 철로 만든

책상 등을 앞에 두고 있다고 생각해 보자. 플라톤은 "이것들은 책상이라는 절대적 진리가 될 수는 없다."라고 주장한다. 이것은 책상의 진짜가 아니고, 이데아에 있는 책상의 모방품이라고 말한다. 그 옆에 아리스토텔레스는 한숨을 쉬며 말한다. "나무로 만들어졌든 쇠로 만들어졌든, 이것들이 책상이라는 것은 변하지 않습니다."라고. 현실 세계에 있는 책상을 그대로 인정한 것이다.

그렇다. 플라톤이 절대적이고 불변하며 보편적인 진리를 탐구하는 동안, 아리스토텔레스는 개개의 특성은 다를지라도 그 본질은 변하지 않는다고 주장한 것이다. 다시 말해 플라톤에게 진리는 절대적인 것인데 반해, 아리스토텔레스는 진리는 상대적이라고 생각한 것이다.

이러한 방식으로 아리스토텔레스는 세계가 질료(質料)와 형상(形相)으로 이루어져 있다고 생각했다. 질료와 형상은 아리스토텔레스 철학의 중심 개념이다. 형상은 각 사물이 지닌 본질이다. 나무를 나무이게 하는 것, 개를 개이게 하는 것이 바로 형상이다. 나무 책상은 나무로 되어 있고, 유리잔은 유리로 되어 있다. 이렇게 실체를 구성하는 물질을 질료라고 한다. 나무는 책상의 질료이고, 유리는 유리잔의 질료가 된다. 책상은 책상이라는 본질을 지니고 있다. 여기서 책상이란 본질은 형상이다. 유리잔은 유리잔이라는 본질을 갖고 있다. 유리잔이란 본질 그것은 형상이다.

아리스토텔레스는 이데아라는 궁극적 세계를 성정하고 현실을 그것의 모방으로 여기는 스승 플라톤의 이상주의에 반기를 든 것이다. 현실의 모습을 긍정하기 위해 질료와 형상이라는 설명방식을 도입했다. 현실은 질료와 형상의 결합으로 구성되었다고 생각했다. 아리스토텔레스는 현실주의자였다.

이것이 바로 위 그림에서 보이는 두 사람의 손 방향이 다른 차이다. 플라톤이 진리 세계인 이데아가 현실 세계 밖에 있다고 하여 하늘을 가리키고, 아리스토텔레스는 그런 이데아의 세계는 별도로 없다고 하여 땅을 가리키는 것이다. 현실 세계에 형상과 질료가 함께 있을 뿐이란 것이다.

아리스토텔레스는 질료란 형상의 일부이며 형상은 질료의 집합체라 생각했다. 두 개의 개념은 서로 떼려야 뗄 수 없는 것이었다. 플라톤은 모든 것을 초월한 '책상'이라는 단 하나의 이데아를 추구했지만, 아리스토텔레스가 생각하기에는 나무나 철판과 같은 질료 없이는 책상이라는 형상은 존재할 수가 없었다.

아리스토텔레스는 이 세상을 질료와 형상으로 구분하면서, 질료가 형상이 될 수도 있고 반대로 형상이 질료가 될 수 있음을 주장했다. 나무를 질료로 한 책상이란 형상도, 가구라는 형상의 질료로 존재할 수 있다. 가구는 또 집이라는 더 거대한 형상의 질료가 된다.

따라서 아리스토텔레스는 끝없이 질료를 추구한다면 궁극적인 질료에 닿게 될 것이라 생각했다. 그는 이를 제일질료라고 불렀다. 어떤 형상도 갖지 않은 최초의 질료다. 또한 계속해서 형상을 추구한다면 궁극적인 형상이 나타나게 될 것이라 생각했다. 어떠한 질료도 가지지 않은 형상만 존재하는 것을 순수형상이라 한다. 즉 플라톤이 보이지 않고 존재하지 않는 절대적인 하나의 진리를 추구했다면, 아리스토텔레스는 현실에 존재하는 상대적인 질료와 형상을 추구했다.

이 가운데 아리스토텔레스가 관심을 두는 것은 순수형상이다. 질료 없이 순수하게 형상으로만 존재하는 최후의 현실태는 무엇일까? 그러한 순수형상은 결국 '신'이다. 신이라는 형상에는 질료가 없다. 온 세상은 결국 신이라는 형상을 추구하면서 질료와 형상으로 결합된다.

17 형이상학이란 무엇인가

과학은 어떤 특수한 영역의 존재자(存在者)를 구성하는 원리를 관찰이란 방법으로 탐구한다.

예컨대 경제학은 경제사상을 성립시키는 경제법칙을 연구하고, 물리학은 물리 사상을 성립시키는 물리법칙을 연구한다. 특수성은 과학적 인식의 본질에 의거한다. 과학은 어떤 특수한 시야, 즉 영역을 고정시킴으로써 그 대상과 방법을 얻을 수 있기 때문이다. 이에 대해 일체 존재자(세계)의 궁극적 실재근거를 연구하는 것이 바로 형이상학이다.

과학은 관찰에 의거하는 반면 철학은 사유의 힘으로 진리를 찾는다. 철학의 분야 중에서도 가장 순수한 사유에 의존하는 분야가 형이상학이다.

형이상학은 아리스토텔레스에게서 비롯된 개념이다. 아리스토텔레스는 학문의 순서를 정할 때 먼저 우리가 볼 수 있고 감지할 수 있는 존재에 관한 학문인 자연학(physika)을 먼저 공부하고, 그 뒤에 보이지 않는 존재 일반에 관한 즉 근본원리를 다루는 제1철학을 공부해야 한다고 말했다. 이 제1철학이 바로 형이상학이다.

지금으로 말하면 '자연과학'을 먼저 공부하고, 그 다음에 보이지 않는 존재자를 있게 하는 원리나 본질을 공부해야 한다는 뜻이다. 기원전 1세기 그리스의 철학자인 안드로니코스(Andronicos)는 아리스토텔레스의 저작을 정리하면서 제1철학을 자연학의 뒤에 놓으며 메타피지카(metaphysika)라는 이름을 붙였다. 이 말은 자연학(physika)의 뒤(meta)에 있다는 뜻이다. 자연학의 뒤에 있는 원리의 학문이 곧 형이상학이다.

이 점은 형이상학이라는 한자 말이 생겨난 유래에서도 확인된다. 유학의 경전인 『주역(周易)』「계사(繫辭)」에는 "형이상자(形而上者)를 도(道)라 하고 형이하자(形而下者)를 기(器)라 한다"는 구절이 있는데, 여기서 형이상학이라는 이름이 나왔다. 형이상자란 형태가 있는 그 위의 것을 가리키는데 이를 도(道)라 하고, 형이하자는 형태가 있는 그 아래 있는 것을 가리키는데 이를 기(器)라 한다는 뜻이다. 도는 보이지 않는 어떤 원리나 이치를 가리키고, 기는 볼 수 있고 만질 수 있는 물질적인 요소를 가리킨다. 이는 서양의 메타피지카를 적절히 대변하는 용어임을 알겠다. 결국 형이상학이란 물질적 존재를 이루는 근본 이치나 원리를 탐구하는 철학이다.

형이상학은 세상 일체 만물의 근원을 찾았던 초기 그리스 철학의 맥을 정통으로 잇고 있다. 눈에 보이는 세계의 밑둥이 되는 본질이나 원리를 찾는 것이다. 피지카의 세계, 감각의 세계 배후에는 경험과 관찰로는 알 수 없고 순수한 사유를 통해 이해할 수 있는 메타피지카의 세계, 진리의 세계가 있다. 이곳이 바로 인간의 영혼이나 선(善), 신과 같은 존재의 영역이다.

과학은 개별 사물을 탐구 대상으로 한다. 물리학은 사물의 이치를 말해 주는 법칙을 찾고 사회학은 사회 현상의 원인과 결과를 분석하는 학문이다. 그러나 형이상학은 개별 사물이 아니라 사물의 총체, 세계의 궁극적 근거를 다루므로 부분적 지식이 아닌 전체적 지식, 특수성이 아닌 보편성을 추구한다. 과학은 경험 세계에 국한되지만 형이상학은 경험 세계를 초월한다.

초기 형이상학자인 플라톤의 이데아나 아리스토텔레스가 주장한 형상이 바로 그러한 것들이다. 이데아나 형상은 눈으로는 보이지 않는 영역의 것이다. 플라톤은 이데아의 세계를 거의 신의 영역으로 간주했으며, 아리스토텔레스는 만물을 움직이되 그 자체는 움직이지 않는 부동의 형상이라는 것을 제시했다. 변화하는 자연물 배후에 그 존재근거로서 영원불멸의 실재(實在)를 구하려는 것은 그리스 철학에서 본질적인 것이다. 이러한 의미에서 그리스 철학은 형이상학적이었다고 할 수 있는데, 이것은 전 세계의 창조자로서 영원한 신을 인정하는 그리스도교에서도 적합한 것이며, 따라서 그리스의 형이상학은 중세 그리스도교 신학 체계에도 대표적으로 수용(受容)되어 거기서 한층 심화 발전하였다.

아우구스티누스와 토마스 아퀴나스 등 중세의 철학자들은 모두 플라톤과 아리스토텔레스의 형이상학을 이용해 그리스도교 신학을 정립하고 신을 논증하고자 했다.

그러나 근대에 들어 신학의 권위가 실추되는 상황에서도 형이상학은 전혀 힘을 잃지 않았다. 데카르트에서부터 헤겔에 이르기까지 대륙에서 전개된 합리론은 이성을 바탕으로 한 형이상학을 완성해가는 과정이었다.

그러나 근대과학의 성립은 이 고대·중세를 일관하는 통일적인 세계상(世界像)을 파괴하고, 특수과학의 방법에 따라 얻어지는 것만이 유일한 실재인식(實在認識)으로서 인정받게 되었다. 이것은 형이상학의 붕괴이며, 칸트는 이론적인 학문으로서의 형이상학을 부정하였다.

중세의 철학적 전통이 약했던 영국에서는 종교개혁 이후 현실적인 사유 양식이 자리를 잡았고 이것이 특유의 경험론으로 발전했다. 경험론의 극한을 추구한 흄(David Hume)은 감각을 통하지 않은 인식이란 없다면서 순수한 사유는 불가능하다고 못 박았다.

이러한 경험론의 전통에 힘입어 근대 자연과학이 비약적으로 발달하자 형이상학은 거센 도전을 받았다. 형이상학은 근거도 없고 실용성도 없는 순수한 사유 체계일 뿐이며, 철학을 위한 철학에 불과하다는 것이다. 이런 비판에도 불구하고 같은 시기에 헤겔은 이성의 절대화 곧 절대 정신을 통해 형이상학을 완성했다고 믿었다.

하지만 진지한 철학자들은 자연과학의 성과를 등에 업은 실증주의의 비판에 맞서 형이상학의 본래 권위를 회복시키고자 했다. 후설의 현상학이 그 첫 성과였고, 그의 뒤를 이은 하이데거는 인식론으로 일관하던 근대 형이상학적 전통에 존재론을 포함시켜 약점을 보완했다.

18 이성과 정념(情念)

우리는 감정 때문에 고통을 받는다. 고통을 주는 이 감정이 정념이다. 괴로움, 두려움, 미움, 질투, 욕망, 쾌락 등이 다 정념이다. 이 정념을 어떻게 다스릴까를 탐구한 철학이 스토아 철학이다. 소크라테스의 제자 제논(Zenon)이 내세운 사상이다. 제논은 이성으로써 이 정념을 다스릴 수 있다고 생각했다.

세상에는 어떤 원리가 있고 그것을 파악하는 힘이 이성이라는 것이다. 제논은 우주는 로고스 즉 이성이라는 원리에 의해 움직인다고 생각했다. 인간은 세상을 파악할 수 있는 이성이 있고 이것은 곧 신의 섭리다. 그러니 인간은 우주의 질서에 순응하며 살아가야 한다. 이러한 이성의 질서에 의하여 정념에서 벗어난 상태를 아파테이아(apatheia)라고한다. 곧 정념에서 벗어난 상태가 아파테이아다. 정념에 좌우되지 말고 이성의 명령에 따라 산다면 아파테이아에 이를 수 있다고 하였다. 안락함이나 물질적 풍요를 추구하는 것은 그것이 주는 욕망과 고통에 빠지므로 금욕적인 삶이 필요하다고 하였다. 우주의 질서인 이성을 따르는 삶이 제논이 추구한 행복한 삶이다.

이 스토아학파의 철학자로는 적빈(赤貧)과 노동으로 이름 높은 클레안테스, 스토아학파의 학설을 체계적으로 정리한 크리시포스, 스토아 학설을 로마 사람들에게 쉽게 설명한 파나이티오스 등이 있고, 로마 황제 네로의 스승이었던 키케로, 노예 출신의 에픽테토스, 로마 오현제 중 한 사람인 황제 아우렐리우스 등이 유명하다.

에픽테토스는 서기 50년경에 프리기아의 히에라폴리스에서 태어났으며, 젊은 시절에 그는 네로 황제의 비서였던 에바브로디도의 노예였다.

그가 어떻게 노예가 되었는지는 알 수 없지만, 노예 시절에 그가 절름발이가 된 유명한 일화가 전해진다. 하루는 주인이 장난삼아 에픽테토스의 다리를 꺾으려고 했는데 에픽테토스는 미동도 하지 않은 채 웃으면서 주인에게 "그러면 제 다리가 부러질 것입니다."라고 말했다. 그래도 주인은 그의 다리를 더욱 꺾어서 결국 자신의 다리가 완전히 꺾여 부러지게 되었다. 그러자 에픽테토스는 주인에게 "주인님이 제 다리를 부러뜨릴 것이라고 말하지 않았습니까?"라는 말을 덧붙였다. 고통을 받아들이는데 태연했던 그의 일면을 여실히 볼 수 있다.

그 후 그는 주인 에바브로디도의 후원을 받아 로마에서 당시 스토아 철학자로 유명했던 무소니우스 루푸스 밑에서 철학 공부를 할 수 있었고, 시기는 알 수 없지만 어느 순간 노예에서 해방되어 철학자의 삶을 살았던 것으로 보인다.

에픽테토스는 "인간은 벌어진 일 때문이 아니라, 그것에 대한 자신의 생각 때문에 고통받는다."고 하였다. 참으로 수긍이 가는 말이다. 우리에게 고통을 주는 것은 외부에서 온 어떤 일 그것 때문이 아니라, 그 일에 대해서 생각이 만들어내는 온갖 허상 때문에 고통받는 것이다. 나에게 일어난 일을 있는 그대로 바라보는 것이 아니라, 거기에 대해서 미움과 질투, 좋고 나쁨, 탐냄과 욕망 등 가지가지 생각을 거기에 덧붙이는 것이다. 새끼 토막을 새끼 토막으로 보면 되는 것을 거기에 붉은색, 푸른색을 칠하여 뱀으로 만드는 것이다. 이와 같이 자기가 만들어 내는 허깨비 때문에 고통받는 것이다. 이 에픽테토스의 말은 불교의 "두 번째 화살을 맞지 말라"는 가르침과 일맥 통한다. 우리에게 날아온 첫 번째 화살을 맞고 당하면 되는데, 거기다가 내가 만든 두 번째 화살 즉 누가 이 화살을 쏘았을까, 화살에 독이 묻어 있으면 어찌하나, 염증을 크게 일으키면 어쩌나 등의 내가 붙인 허상에 시달린다는 것이다. 그래서 에픽테토스는 우리가 할 수 있는 것과 할 수 없는 것을 구분하라고 하였다.

우리는 그 두 가지를 구분하지 못한다. 첫 번째 화살과 두 번째 화살을 명확히 구분하지 못한다. 좋다고 보고 나쁘다고 보는 분별심 때문에 고통을 받는다. 그러면 분별 받지 않는 본래 마음으로 돌아가면 된다.

서산대사는 남원 고을을 지나다가 낮닭 우는 소리를 듣고 깨달았다고 한다. 서산대사는 낮닭이 우는 소리를 듣고 크게 깨달음을 얻은 후에 이런 게송을 읊었다.

발백비심백 髮白非心白 머리카락은 희어져도 마음은 세지 않는다고
고인증누설 古人曾漏泄 옛 사람이 일찍이 말했다네.
금청일성계 今聽一聲鷄 닭 울음 한 소리 이제 듣고
장부능사필 丈夫能事畢 장부의 할 일 다 마쳤도다.

머리카락은 우리의 겉모습이다. 겉모습은 나이에 따라 변해가는 것이다. 그러나 마음의 근본은 젊고 늙고가 따로 없다. 낮닭 우는 소리에 어찌 좋고 나쁨이 그 속에 있겠는가? 그 속에 분별심이 있을 리 없다. 이 흔들리지 않는 마음 곧 분별하지 않는 본래 마음을 그 소리에서 본 것이다. 좋고 나쁘다는 분별심만 없으면 마음은 고요해지는 것이다. 그 마음을 깨달았으니 장부의 일을 다 마친 것이다.

아우렐리우스 황제는 편안한 침대가 아닌 바닥에서 잠을 자며 청빈한 삶을 실천한 스토아학파 철학자다. 그는 불치병, 자식의 죽음 등 견디기

힘든 시련과 역경 속에서도 이성을 잃지 말아야 한다고 역설했다. 또한 일어나는 일이 불쾌하고 마음에 들지 않더라도 항상 기쁘게 맞아들여야 한다. 왜냐하면 그것은 우주의 건강에 이로우며 우주 자체를 행복과 선행으로 인도하기 때문이라고 하였다.

그의 명상록에 나오는, 삶의 지침이 되는 몇 구절을 인용한다.

머지않아 당신의 육체는 앙상한 뼈만 남아 끝내는 한 줌의 재가 될 것이다. 그리고 남는 것이라곤 이름뿐, 아니 그 이름조차도 금세 사라질 것이다. 인간들이 인생에서 소중히 여기는 것들은 모두 공허하고 헛된 것이다. 인간들은 서로를 물어뜯는 강아지나, 싸웠다가 금방 웃고 또 금방 울음을 터뜨리는 어린애와 다를 바 없다.

종말이 소멸이거나 혹은 다른 상태로의 이동이라 해도 상관없다. 당신은 그저 평온한 마음으로 기다리면 된다. 자신의 허약한 육체와 호흡의 한계를 넘어선 무엇이든 당신의 것이 아니며, 또한 당신의 능력에 속하는 것도 아님을 기억하라.

인간이여, 당신은 이 큰 세상의 한 시민으로 살아왔다. 그렇다면 그 기간이 5년 동안이든 100년 동안이든 당신에게 무슨 차이가 있겠는가? 우주의 원칙에 맞는 일은 만인에게 평등한 것이기 때문이다. 그렇다면 당신을 이 세상에서 몰아내는 자가 폭군이나 부정한 재판관이 아니라 당신을 이곳에 데려온 자연이라면 두려워할 것이 무엇인가. 그것은 마치 감독이 배우를 채용했다가 무대에서 떠나게 하는 것과 비슷하다.

5막 중 3막까지만 연출해도 하나의 완성된 연극이다. 왜냐하면 언제 연극을 끝낼 것인가를 결정하는 자는 일찍이 이 연극을 구성했다가 지금은 중단시키는 자이기 때문이다. 그러므로 당신은 연극의 구성이나 원료에 대해 책임이 없다. 따라서 흡족한 마음으로 떠나가라. 당신을 해고시킨 자도 흡족해할 것이다.

19 나는 생각한다 고로 존재한다

중세는 신 중심의 시대다. 모든 문제의 답은 신에게서 나왔다. 신이 인간을 창조했고 신이 모든 것을 다스렸다. 근대에 들어오면서 점차 교회의 권위는 무너지고 새로운 과학 지식이 대두되었다. 과학은 이성에 무한한 힘을 부여했다. 이성은 인간이 신으로부터 부여받은 세상을 파악하게 하는 주요한 요소로 작용하게 되었다. 이러한 과도기에 신 중심의 중세적 사유 체계를 무너뜨린 철학자가 데카르트다. 그래서 데카르트를 근대철학의 아버지라고 한다. 그는 신을 부정하지는 않았다. 그러나 데카르트는 신이 있는지 없는지의 여부가 아니라,

신이 만들어 놓은 이 세상을 어떻게 제대로 파악할 수 있는지가 중요한 과제였다.

이 과제를 해결하기 위하여 우선 그는 흔들리지 않는 확고한 지식을 얻고자 하였는데, 이를 위한 방법으로 의심하고 또 의심하는 방법을 생각해 냈다. 의심하고 또 의심해서 더는 의심할 수 없는 것을 찾아내겠다는 것이었다. 이것을 '방법적 회의'라고 부른다. 이 회의는 의심할 수 없는 철학적 원리를 찾으려는 노력으로 행해진 것이다.

그가 먼저 의심한 것은 우리의 감각이다. 우리는 감각을 통해 세상의 온갖 사물들을 이해한다. 그러나 이 감각은 불완전하다. 오늘 좋았던 것이 내일은 싫어질 수도 있는 것이 감각이기 때문이다. 다음은 이성에 대하여 검토해 보았다. 이성은 논리적 추론으로 지식을 주는 기반이다. 수학적 지식이나 과학적 지식이 여기에 속한다. 이것들은 명확하고 변함없는 것으로 보인다. 1+1=2라는 명제가 바로 그러한 예이다. 그러나 이것 또한 완전하지 못하다. 왜냐하면 우리보다 한층 더 뛰어난 악령이 그렇

게 인식하도록 우리를 속일 수 있기 때문이다.

그런데 악령이 나를 속이려면 '나'라는 존재가 있어야 한다. 그래서 그는 이렇게 결론을 내린다. '내가 생각하고 있다는 것은 내가 존재한다'는 것이다. 이것이 바로 데카르트가 선언한 '나는 생각한다. 고로 존재한다'는 것이다. 라틴어로 'Cogito ergo sum(코기토 에르고 숨)'이라는 말이다. 회의로 얻어낸 부정할 수 없는 하나의 원리다. 이때 존재하는 것은 '생각하는 나'이며 '내 몸'이 아니다. 나의 존재는 '생각하기' 때문에 존재하는 것이다.

데카르트는 인간은 태어날 때 어떤 지식을 가지고 태어난다고 생각했다. 이를 본유관념이라고 한다. 모든 지식은 이 명확한 본유관념에 기반해야 한다고 생각했다. 그런데 이 본유관념에 대해서도 악령이 속일 수도 있기 때문에 데카르트는 신을 가져온다. 전지전능한 신이 인간에게 이성을 주었기 때문에 이성으로써 파악하는 지식은 거짓이 아니기 때문이다. 선한 신이 있기 때문에 속을 염려가 없다는 것이다.

데카르트는 정신과 물질이라는 두 실체를 인정하는 이원론을 제시했다. 정신은 앞서 말한 '나는 생각한다. 고로 존재한다'에서 증명되었고, 육체는 우리가 감각할 수 있기 때문에 존재한다고 하였다. 그런데 이 정신과 육체가 따로 놀기 때문에 이를 조정하기 위하여 우리 뇌에 송과선(松果腺)이란 게 있다고 하였다. 그러나 그런 역할을 하는 송과선이 있는지는 아직까지 명확히 알려져 있지 않다.

이러한 정신 곧 이성은 인간만이 가지고 있다. 동물은 이와 같은 정신이 없는 물질적 존재에 불과하다. 여기서 바로 자연 지배 이데올로기가 탄생했다. 모든 것들은 인간의 정신이 마음대로 탐구할 수 있는 존재라는 생각을 갖게 된 것이다. 정신이 없는 육체는 물질일 뿐이므로 마음대로 해부 실험을 해도 괜찮다는 생각을 합리화시켜 준 셈이다. 그 결과 유럽은 과학을 발전시킬 수 있었다. 반면에 시체조차도 인격을 갖고 있다고 생각한 동아시아인들은 과학을 발전시킬 여지가 없었다. 데카르트의 이원론은 자연을 오직 인간들의 이익을 위해 마음대로 개발하고 다스릴 수 있다는 문제를 야기하는 데 기여했다는 점도 부인할 수가 없다.

요컨대 데카르트는 방법적 회의를 제시했고 나아가 이성만이 세상을 판단하고 종합하여 진리에 이를 수 있다는 것을 제시한 합리론을 견지한 철학자다. 합리론이란 인간의 이성이 세상을 인식하고 진리를 파악하는 근원이 된다는 논리의 철학이다. 이 이성에 무한한 권능을 부여한 것이 데카르트 철학의 중요한 기여다.

20 인간은 만물의 척도

학창 시절에 소피스트를 배울 때, 그들은 '지식을 파는 궤변론자'라고 배웠던 기억이 난다. 그러나 소피스트를 그렇게 한 마디로 규정 지을 수는 없다. 그렇게 규정지은 사람은 소크라테스를 존경했던 크세노폰이다. 소피스트의 대표격인 프로타고라스에 대한 기록은 모두 불태워져 없어져 버렸기 때문에 지금은 그의 업적을 상세히 알 수가 없다. 그래서 우리는 후대 사람들이 남긴 기록으로만 프로타고라스를 알 수 있을 뿐이다. 그런데 소크라테스와 프로타고라스는 대결 관계에 있었기 때문에 소크라테스 제자들의 기록을 통해서는 소피스트들에 대해서 온전히 알 수는 없다. 플라톤은 소크라테스를 위대한 사상가로 평가하는 반면 프로타고라스는 천박한 지식 장사꾼으로 묘사하고 있기 때문에, 소크라테스는 4대 성인으로 불리고 프로타고라스는 궤변론자라는 타이틀이 붙기도 한다. 플라톤과 아리스토텔레스는 그들을 좋게 보지 않았다.

소피스트라는 말에는 '현자(賢者)' 또는 '지식을 가르치는 사람'이라는 뜻이 담겨 있다. 당시는 철학의 황금시대였기 때문에 광장(아고라)에서 자신의 논리로 설파하고 사람들을 설득하는 활동이 자연스러웠다. 고대 그리스 아테네는 말을 잘해야 출세하는 사회였다. 말을 잘해야 정치적으로 출세할 수 있었고, 그 당시에는 소송도 많았는데 전문 변호사도 없었기 때문이다. 그래서 논리적으로 상대방을 설득할 수 있는 방법을 가르치는 사람들이 생겼다. 그들은 논리학이나 수사학(修辭學), 웅변술을 가르치고 그 대가를 받았다. 지금도 강의를 하고 급료를 받는 사람들이 있는 것과 같다. 그들은 단순히 이익을 위해 지식을 파는 사람들이 아니었다. 그들은 그리스의 민주정치가 발전할 수 있는 배경을 조성하는 데 중요한 역할을 담당했다.

특히 그들은 여태까지의 자연철학에서 인간에 관심을 갖는 철학을 제시했다. '세상은 무엇으로 이루어져 있는가'라는 문제에서 '어떻게 살아야 하는가'라는 문제를 제기한 것이다. 철학의 주된 관심을 인간의 삶으로 옮겨 놓은 것이다.

이 소피스트 중에서 가장 대표적인 사람이 프로타고라스다. 그는 '인간은 만물의 척도다'라는 유명한 말을 남겼다. 이 말은 세상에 대한 가치는 인간이 부여한다는 인간중심주의를 뜻한다. 말 그대로 '개개인이 만물을 탐구하고 파악하는 잣대[尺度 척도]'라는 뜻이다. 이는 곧 모든 판단의 기준은 개개의 사람에게 속한다는 뜻이다. 그리고 그 판단 기준은 사람마다 다 다르므로 모든 의견이 참이라고 하였다. 그러므로 프로타고라스의 생각은 상대주의라고 평가받는다. 상대주의는 사람마다 판단하는 가치가 다 다르다고 인정하는 태도이다.

A씨는 "눈이 펑펑 내리던 날이었다"며 "손님도 없고 마감 시간도 돼서 정리 중인데 군복을 입은 앳된 군인이 혼자 들어왔다"고 운을 뗐다. 이등병인데 휴가 갔다가 복귀하던 중 밥시간을 놓친 모양이었다. A씨는 군인에게 앉으라고 한 뒤 알과 곤이, 두부와 콩나물을 듬뿍 넣고 끓인 찌개를 내줬다. 군인은 배가 고팠는지 밥 두 그릇을 뚝딱하고 음식값을 계산하려 했다. 이에 A씨는 "메뉴에 없어서 돈을 받을 수 없다"며 음식값을 받지 않았다. 그러면서 "눈 오는데 조심해서 귀대하라"며 군인을 배웅했다. 군인은 연신 "감사하다"고 인사한 뒤 식당 밖을 나섰다.

어느 신문 기사를 요약한 것이다. 기사를 읽고 마음이 따스해 왔다. 그런데 세상의 모든 식당 주인들이 다 이러한 생각으로 사람을 대할까? 그렇지는 않을 것이다. 이 기사에 나오는 병사에게 식사를 제공하지 않은 사람도 있을 것이고, 또 제공했다면 대금을 받는 사람도 있을 것이다.

사람들은 세상의 만물을 볼 때 모두 똑같이 보지 않는다. 또 동일한 것을 보더라도 시간에 따라 대상은 달라 보일 수도 있다. 강물을 바라볼 때, 노을이 진 저녁에 볼 때와 아침에 볼 때 그 색깔은 달리 보일 것이다. 탄광촌 아이는 물을 검은색으로 그릴 것이고, 황하에서 자란 아이는 강물을 누렇게 그릴 것이다. 창으로 들어온 달빛도 기쁠 때 보는 것과 슬플 때 보는 것은 다를 것이다. 열대지방의 사람이 온대에 온다면 춥다고 할 것이고, 한대지방의 사람이 온대에 온다면 덥다고 할 것이다. 색깔이나 기온만 하여도 이렇게 인식이 다른데 사회현상을 바라보는 시선은 이것보다 훨씬 다양할 것이다.

이런 현상을 프로타고라스는 '인간은 만물의 척도'라는 말로 표현하였다. 이와 같이 인간은 어떤 것을 인식할 때 모두 똑같이 절대적으로 이해하지 않고 상대적으로 이해한다는 것이다. 그러니 인간 각각이 사물의 척도라는 것이다.

프라타고라스의 재판으로 유명한 이야기가 있다. 수업이 끝나면 재판에 이긴 수임료로 수업료를 지불하기로 한 제자와의 이야기다. 이것은 아마도 후세 사람들이 그의 사상을 생각하며 꾸민 이야기가 아닌가 하는 생각도 든다.

프로타고라스는 변론술에 뛰어나 강좌를 열었는데, 수업료가 그의 명성만큼이나 거액이었다. 어느 날 에우아틀루스라는 청년이 찾아왔다. 청년은 "선생님의 수업을 듣고 싶지만, 지금 저의 형편이 좋지 않아서 수업료를 낼 수 없으니, 외상으로 배울 수 없겠느냐?"고 물었다. 이에 프로타고라스는 "그것은 전적으로 당신에게 달려 있다. 내게서 배운 후에 첫 재판에서 이기면, 그 대가로 받은 돈으로 수업료를 지불하라."고 하였다.

프로타고라스는 거듭된 그의 간청을 받아들여 첫 승소 시까지 수업료를 유예하는 계약을 맺고 수업을 듣게 하였다. 그러나 에우아틀루스는 수료 후 어떤 재판도 하지 않은 채 빈둥거리며 놀기만 하였다. 그러자 프로타고라스는 더 이상 참지 못하고 에우아틀루스에게 수업료를 달라는 소를 배심 법정에 제기하게 되었다.
프로타고라스는 "어차피 넌 내게 수업료를 지불할 수밖에 없다. 내가 너를 재판에 걸어 내가 이기면 판결에 의하여 내게 수업료를 지불하여야 하고, 내가 지면 너가 이기는 것이니 계약에 따라 수업료를 내야 한다."는 논리를 폈다. 이에 대하여 그의 제자는 "저는 어떻게든 스승님에게 수업료를 내지는 않을 것입니다. 제가 스승님에게 이기면 판결에 의하여 수업료를 내지 않을 것이고, 제가 지면(이기지 못하면) 계약에 의하여 수업료를 내지 않을 것입니다."라는 논리로 맞섰다.

이 말을 들은 프로타고라스는 자신의 뒷목을 잡고 황당해하면서도 자신의 가르침이 얼마나 강력한지 만족해하였다. 이는 그의 논법이 서로 다른 해석에 따라 전혀 다른 결과를 낳을 수도 있는 논리적 오류를 갖고 있음을 지적한 이야기이다.

그는 사람의 감각에 의하여 인식된 것을 바탕으로 한 지식만을 인정하고, 그 배경이 되는 신 또는 보편타당성 또는 불변의 진리 등은 인정하지 않았다.

21 코페르니쿠스적 전환

이성의 절대성을 신뢰하고 그것으로 세상을 알 수 있다고 보는 것이 합리론이다. 모든 지식은 경험에서 출발한다고 보는 것이 경험론이다. 이 합리론과 경험론의 한계를 극복하고 종합한 철학자가 칸트다. 그는 인간이 세상을 인식할 때 이성의 능력을 비판해서 검토했기 때문에 그의 철학을 비판철학이라 한다. 이러한 이성에 대한 비판적 탐구를 담아낸 3대 비판서 곧 '순수이성비판', '실천이성비판', '판단력비판'이란 이름이 그것을 말해 주고 있다.

합리론과 경험론을 종합한 바를 그는 이렇게 표현했다.

직관 없는 개념은 공허하고, 개념 없는 직관은 맹목이다.

직관이란 감각을 통해 대상을 직접적으로 파악하는 것이고, 개념은 구체적인 것들을 일반화하여 만들어 낸 지식이나 관념을 말한다. 그러니 직관 없는 개념이란 합리론을 말하고, 개념 없는 직관이란 경험론을 말한다. 다시 말하면 지식을 얻고자 하면 경험이 필요하고, 이성을 통해 경험을 정리해야 지식을 얻을 수 있다는 뜻이다.

그런데 칸트의 철학을 이해하자면 우선 선험적 종합판단이란 말을 인식할 필요가 있다. 선험적(先驗的)이란 말은 '경험에 앞서, 가지고 있음'을 뜻한다. 경험적이란 말의 반대되는 개념이다. 이를테면 5+4=9라는 판단은 선험적 판단이고, '착한 아이들은 공부도 잘한다'는 판단은 경험적 판단이다. 우리가 경험하지 않더라도 수학 명제들은 모두가 참이고,

경험적 판단은 실제 경험을 통해 도출되는 판단이다.

또 분석판단이란 말도 알아야 한다. 분석판단이란 주어가 이미 술어의 내용을 포함하고 있는 경우의 판단이다. '삼각형에는 세 개의 각이 있다'는 주장은 분석판단이다. 삼각형이란 단어 속에 '세 개의 각을 가진 도형'이라는 의미가 그 속에 있다. 반면에 종합판단이란 주어가 술어의 내용을 포함하고 있지 않은 경우이다. 예를 들면 '철수는 시를 쓰는 사람이다'라 할 때, 이 경우에는 주어인 '철수'를 아무리 분석해도 '시를 쓰는 사람이다'라는 사실을 알 수가 없다.

그런데 분석판단은 이미 주어에 술어의 의미가 포함되어 있기 때문에 무언가 새로운 사실을 알려주지는 않는다. 왜냐하면 삼각형이라는 주어 자체에 이미 '세 개의 각'이 있으니까 다른 새로운 사실을 알려주지 못하기 때문이다. 그러나 종합판단은 새로운 사실을 알려준다. '시를 쓰는 사람'이라는 말을 아무리 분석해도 거기에는 '철수'라는 뜻이 나오지 않기 때문이다. 그런데 '철수는 시를 쓰는 사람이다'는 판단은 실제로 참이다. 이 판단은 새로운 사실을 알려주기 때문에 종합판단이 된다. 종합판단은 선험적이지 않고 경험적이다. 경험을 통해 얻어지는 이러한 판단은 새로운 지식을 더해 주는 판단이다.

선험적 판단과 분석판단은 수학적 판단이기 때문에 직접 경험하지 않고도 이성을 통해 알 수 있는 참이다. 이성을 중시한 합리주의자들은 참된 지식이 바로 이성을 통해서 가능하다고 말한다.

그러나 경험주의자들은 반론을 제기한다. 이성을 중시하는 합리주의적 입장을 취할 경우 우리가 예쁜 꽃을 보거나 매미 소리를 듣는다는 사실을 어떻게 확인할 수 있느냐는 것이다. 이성이 아닌 경험을 통해야만 알 수 있다고 주장한다. 그들은 경험적 판단과 종합적 판단을 중시했다.

선험적 판단과 분석판단을 중시하는 합리론의 강점은 정확성이다. 반면 약점은 새로운 사실을 제공해 주지 못한다는 것이다. 경험적 판단과 종합판단을 중시하는 경험론의 강점은 새로운 사실을 제공해 준다는 점이다. 그러나 약점은 부정확성이다. '철수는 시를 쓰는 사람이다'라는 판단은 온전히 정확하다고 말할 수는 없기 때문이다. 철수는 산문을 쓸 수도 있기 때문이다.

경험론과 합리론이 서로의 약점을 비판하고 자기들의 강점을 주장하던 상황에서 칸트는 절충안을 내놓는다. 그것이 바로 '선험적 종합판단'이다. 선험적 종합판단은 합리론이 주장하는 이성의 정확성을 선험적이라는 측면에서 보장하며, 동시에 경험론자들이 주장하는 새로운 사실의 제공이라는 측면을 종합판단이라는 측면에서 보장하는 것이다.

칸트는 경험 이전에 선험적으로 인간이 가지고 있는 생각의 틀이 있는데 이를 범주라고 불렀다. 그가 내세운 범주는 모두 12가지다. 이러한 선험적인 형식으로 인간이 경험을 통해 들어오는 현상들을 판단하는 과정이 인식 과정이다.

여태까지 인식 또는 지식이 인식 주체의 바깥에서 온다고 믿었다. 그 인식이나 지식이 외부 사물에 대한 앎이므로 그런 태도는 당연하다고 믿었다. 그러나 칸트는 전통적인 그러한 인식론을 정반대로 뒤집어 정신이 대상을 구성한다고 보았다. 이를 그는 종래의 천동설에서 지동설을 주장한 코페르니쿠스의 주장과 같다고 하여 '코페르니쿠스적 전환'이라 불렀다. 다시 말하면 대상이 인식을 만드는 것이 아니라, 인식이 대상을 만든다고 한 것이다. 인식의 중심이 세상과 사물이 아니라 인간과 그 인식 형식이 된 것이다.

그 결과 인식 형식을 넘어서는 사물 그 자체는 경험할 수 없다고 하였다. 우리가 살고 있는 이 세계는 우리가 선험적으로 갖는 인식 형식에 의해 포착된 것이며 그 너머를 알 수 없다고 한 것이다. 즉 사물 자체(물자체)는 알 수 없다고 하였다.

칸트의 철학은 한마디로 인간의 이성에 대한 비판적 탐구라고 할 수 있다. 그 중에서 순수이성비판의 순수이성은 경험으로부터 독립한 선천적으로 인식하는 능력을 말한다. 그것은 앞에서 말한 대로 인간은 선험적인 판단 형식인 범주를 통해 감각적인 경험을 종합하여 새로운 지식을 얻을 수 있다는 것이다.

실천이성이란 무엇을 할 것인가라는 물음에 답하는 이성을 말한다. 이성은 무엇이 올바른지 알고, 선과 악을 구분할 수 있으며 또 선택하고 실천할 수 있는 것이다. 실천이성은 인간이 도덕적 의무를 따르도록 명령한다고 하였다. 선은 무조건 행해야 하는 것이라는 뜻이다. 이것을 정언명령(定言命令)이라고 한다. 조건적인 가언명령(假言命令)이 아니라 반드시 실천해야 하는 명령이라는 것이다.

판단력비판의 판단력은 아름다운 느낌을 일으키는 숭고한 감정을 경험하는 이성을 가리킨다. 순수이성, 실천이성, 판단력은 진·선·미의 관계로 파악된다. 판단력은 순수이성과 실천이성을 연결하고 통일하는 중요한 역할을 맡게 된다.

22 헤겔의 절대정신

　관념론은 주장한다. 우리 외부에 사물이 있는 것이 아니라 감각을 통하여 얻어지는 관념이 있을 뿐이라고. 왜냐하면 우리가 참된 모습이라고 생각하는 외부 사물들은 사람마다의 경험에 따라 각각 다른데 그것이 실재하는 것이라고는 할 수 없다는 것이다. 불교에서 인용하는 교설에, 길에 떨어져 있는 새끼 토막을 뱀이라고 잘못 인식하는 경우가 있다는 이야기가 나온다. 실제로 우리는 새끼 토막을 보고 거기에다 붉은색, 푸른색을 칠하여 뱀으로 만들어 보는 경우가 더러 있다. 대상을 오해하는 경우가 그러하다.

　그래서 관념론자인 버클리는 이렇게 말한다. 길에 떨어져 있는 대상이 새끼 토막인지 뱀인지 하며 다툴 필요가 없다. 길에는 실제로 아무것도 없다. '길다란 물체'라고 하는 관념만이 있을 뿐이다.

　이러한 입장은 우리의 일반 상식에 너무 어긋난다. 그래서 이러한 주관적 관념론은 칸트에 의하여 변형된다. 칸트는 현상과 본체로 나누어 보았다. 현상은 우리의 선험적인 인식능력을 통해 인식할 수 있으며 본체(물자체)는 있긴 있으나 우리는 그것을 명확히 파악할 수 없다고 하였다.

　전통적으로 인식 대상을 바라보는 관점은 두 가지다. 하나는 외부 사물 자체를 대상으로 보는 관점이다. 그런데 이 관점은 인간이 과연 사물의 본질을 인식할 수 있느냐는 문제와 연관되어 끝없는 논란을 불러일으켰다. 고대에 플라톤과 아리스토텔레스의 대립이 그랬고 중세에 실재론과 유명론의 논쟁이 그랬다. 실재론은 사물의 본질이 있다는 주장이고, 유명론은 그런 것은 이름뿐이지 실제로는 없다는 주장이다.

　그래서 또 다른 관점이 채택되었는데, 그에 따르면 인식 대상은 외부 사물 자체가 아니라 그것이 정신 내부에 만들어내는 표상이라는 것이다. 칸트는 후자에 속한다.

그런데 그럴 경우 정신 내부의 표상이 외부 사물을 올바로 반영하는 지, 또 외부 사물에 관한 인식은 어떻게 가능한지가 문제시되지 않을 수 없었다. 이 골치 아픈 문제에 대해 칸트는 사물 본체의 인식은 불가능하다고 아예 문을 닫았다. 하지만 이것은 문제의 해결이 아니라 포기였으므로 다른 철학자들은 칸트의 주장을 인정할 수 없었다. 칸트 뒤에 등장한 피히테와 셸링 등은 칸트의 물자체를 집요하게 따지고 들었다.

그러나 칸트의 한계는 전혀 엉뚱한 방식으로 극복되었다. 헤겔은 칸트가 분석하고 비판한 이성이 개별 이성이기 때문에 물자체를 상정할 수밖에 없고 객관성을 획득할 수도 없다고 주장했다. 헤겔은 칸트의 절충적 시도가 맞지 않다고 본 것이다. 현상과 본체를 둘로 나눈 것 자체가 잘못된 것이라고 보았다. 헤겔은 시대정신이라는 일종의 집단적 정신을 내세워 칸트를 반박하였다. 개별적 이성이 아니라, 이 세계 안에 꽉 찬 보편적이고 전체적인 이성이 있다는 것이다. 이것은 완벽함 그 자체를 자기 본질 안에 갖고 있는 신과 같은 총체적 이성이라는 것이다. 헤겔이 내놓은 이 총체적 이성을 절대정신이라고 한다.

절대정신은 어느 개인의 이성이 아니라 모든 이성의 집합보다 더 큰 총체적 개념의 이성이다. 절대정신을 도입하면 칸트처럼 현상과 물자체의 영역을 설정할 필요도 없을 뿐 아니라 그동안 철학자들을 괴롭혀온 주관과 객관의 문제도 근원적으로 해결할 수 있다. 개별 이성은 인식의 오류를 범할 수 있어도 절대정신은 무오류다. 게다가 절대정신은 단순히 세계를 인식하고 경험하는 데서 더 나아가 세계를 만들어내고 통제한다.

절대정신도 '정신'인 이상 관념인 것은 사실이지만 '절대'이기 때문에 관념만이 아니라 실재의 세계도 포함한다. 헤겔은 자신의 철학을 '절대적 관념론'이라고 불렀다.

실재를 포함하는 관념, 현실을 포함하는 이성의 강력한 힘을 헤겔은 "현실적인 것은 이성적인 것이며, 이성적인 것은 현실적인 것"이라는 유명한 문구로 표현했다. 이제 절대정신은 철학적인 의미만이 아니라 현실적이고 역사적인 의미도 가지게 되었다. 절대정신은 역사의 출발점이자 궁극적인 목적이다.

역사란 절대정신이 자기실현을 이루는 과정이다. 헤겔은 역사의 과정을 동양 사회, 그리스 로마 사회, 독일 사회의 셋으로 나누고, 절대정신의 이념이 가장 잘 구현된 사회가 독일이라고 말했다. 독일 정신은 절대 진리의 실현을 목적으로 하는 새로운 세계의 정신이라고 하였다.

계속해서 헤겔은 독일의 역사도 세 시기로 나누는데, 첫째는 독일 국가가 처음 탄생한 9세기의 샤를마뉴 시대까지이고, 둘째는 16세기 종교개혁까지이며, 셋째는 그 이후다. 놀랍게도 헤겔은 그 세 시기를 각각 '성부의 나라', '성자의 나라', '성령의 나라'라고 부른다. 이렇게 독일을 노골적으로 찬양하는 헤겔의 입장이 후대의 히틀러에게까지 이어졌다고 봐도 무리가 아니다.

헤겔은 역사는 절대정신에 의하여 발전한다고 하였다. 이 절대정신이 자기 모습을 드러내는 것이 역사의 발전이라는 것이다. 과연 역사는 발전만 하는 것일까? 뒤늦게 통일한 독일이 20세기에 두 차례의 세계대전과 홀로코스트를 일으킨다는 것을 미리 알았다면 헤겔도 독일이 절대정신에 가장 근접한 국가라는 말은 하지 못했을 것이며 역사는 발전할 뿐이라고 하지는 않았을 것이다.

역사는 반복되는 것이며, 때로는 발전하고 때로는 퇴보할 뿐이다.

23 니체는 왜 신을 죽였는가

철학자 니체는 '망치를 든 철학자'라고 한다. 그는 '신은 죽었다'라고 선언하였는데, 이 신은 기독교의 신뿐만 아니라, 기존의 종교, 학문적 진리, 도덕과 가치 등을 가리키는 개념이다. 이때까지 우리가 믿었던 종교와 진리라고 알았던 사실들, 그리고 도덕까지 전부 다 죽었다고 선언한 것이다. 기존의 모든 것을 망치로 때려 부순 것이다. 그는 왜 이런 선언을 했을까?

니체는 신이 인간을 만든 것이 아니라, 인간이 신을 만들었다고 하였다. 인간이 인간 자신을 약하다고 생각하여 신을 상정했다는 것이다. 그래서 신은 인간의 자기비하이고, 불완전하다고 생각하는 인간 자신에 대한 혐오이며 또한 부정이라는 것이다. 그래서 신의 죽음은 인간 자신의 삶에 대한 가치를 부정하고 비하하는 데 대한 종결선언이다. '신은 죽었다'는 것은 인간을 속박하고 통제하던 존재 즉 모든 종교와 사상과 도덕을 때려 부숴버리고 인간의 독립을 선언한 것이다.

니체는 도덕 같은 것은 원래 존재하지 않았다고 하였다. 도덕이란 어떤 특정한 사실에 대해 그것이 좋은 것이라고 생각한 것에 지나지 않는 것이며, 그것은 어떤 특정한 인간들이 다른 인간들에게 영향력을 행사하기 위하여 만들어진 이념이란 것이다. 그리스 시대에는 선과 악이라는 개념이 없었다. 다만 좋고 나쁨이라는 관념만 있었다. 그 좋음과 나쁨이란 것은 주인과 노예의 속성을 대변했는데, 좋은 것은 주인의 속성이 되고 나쁜 것은 노예의 속성이 되었다. 좋음과 나쁨이라는 도덕관념은 주인이 자신의 지위를 유지하기 위하여 노예를 부리는 자신의 행동은 좋은 것이고, 노예들은 주인의 명령에 순종하고 근면하지 않으면 나쁜 것이라는 이념에서 발생한 것이다. 이것이 곧 주인의 도덕과 노예의 도덕이다.

이러한 결과로 인하여 노예들은 자신을 괴롭히는 주인을 악하다고 생각하게 되고 묵묵히 순종하는 자신들은 선하다는 생각을 하게 되었다. 선과 악이라는 도덕관념은 이리하여 만들어졌다는 것이다. 고대 유대민족은 오랫동안 노예 생활을 했는데 나중에 기독교가 생기면서 자신들의 특성인 순종과 근면 같은 것을 선으로 규정하고 적극적이고 진취적인 것은 악으로 규정했다. 그러니 노예의 도덕은 주인에 대한 원한으로 생겨난 것이다. 강자의 공격에 대한 약자의 격정인 복수감이다. 그리스도교의 '사랑'도 사실은 증오감 복수감의 숨겨진 정신적 태도에 지나지 않으며, '원수를 사랑하라'는 것도 실천력이 부족하거나 결여된 것을 상상의 복수로 갚는 인종(忍從)과 관용의 모럴에 지나지 않는다. 니체는 이러한 원한과 복수감을 르상티망(ressentiment)이라 하였다.

이솝우화에 나오는 여우와 포도 이야기를 보자. 높이 매달려 있는 포도를 따 먹으려고 여우는 힘을 다해 뛰었지만 포도가 너무 높이 달려 있어서 닿지 않았다. 그래서 여우는 말한다.

"저 포도는 아주 실거야. 먹지 않아 다행이다."

똑같은 여우들이 모여 "포도를 욕심내지 않는 것은 선한 일이야."하며 도덕이나 교의를 내세우기 시작한다. 딸 수 없는 포도에 르상티망을 느끼고 포도를 원하지 않는 무욕의 삶을 자랑스럽게 생각한다. 열심히 뛰어올라 포도를 따려는 여우를 보고는 욕망에 찬 여우라고 경멸한다. 무욕이 훌륭하다라는 가치관에 빠진다. 니체는 말한다. 이런 것이 바로 노예 도덕이다. 기존의 종교와 도덕 등은 모두 약자의 르상티망이다.

니체는 『차라투스트라는 이렇게 말했다』에서, 나를 옭아매는 이러한 기존 가치들을 중력에 비유하여 설명하였다. 이 중력은 우리의 몸을 무겹게 하기 때문에, 우리는 이 중력에서 벗어나 더 높은 곳으로 나아가기 위한 '힘'을 필요로 한다. 즉, 이 힘이란, 기존 가치를 벗어나고자 하는 힘을 말하며, 또한 이 힘은 우리가 기존 가치를 재평가하여 새로운 가치로 만들어 낼 때 생겨난다. 이러한 것을 하고자 하는 의지가 '힘에의 의지'이며, 이를 통해 몸은 가벼워지고 춤출 수 있는 자유를 만끽할 수 있게 되는 것이다. 즉 남이 만들어 놓은 가치들에 지배당하지 말고, 자신이 평가한 자신의 가치를 따르자고 주장하였으며, 이를 그 자체로 창조라고 하였다. 창조하는 것, 이것이야말로 고통으로부터의 위대한 구원이며 삶을 가볍게 만드는 것이다.

포도를 따 먹으려고 힘차게 뛰어오르고 또 뛰어오르고 하는 것이 힘에의 의지다. 힘에의 의지는 바로 강해지고 싶다는 마음의 의지다. 이렇게 강해지고 싶다고 하는 힘에의 의지야말로 인생의 본질이라 생각했다.

니체는 이런 방식으로, 그리스도교적 도덕에 굴종하여 가식적인 겸손과 사랑으로 외치는 노예 도덕에 망치를 들자고 주장하였다. 그는 기존 도덕에 의해 노예로 사는 이런 가치체계를 모조리 뒤집어엎고는, 자신의 삶에서 스스로가 주인이 되기를 절실히 원했던 것이다. 이렇게 자신의 삶에 스스로가 주인이 되고자 하는 의지를 '힘에의 의지'라고 부른다. 과거에는 이를 '권력 의지'라고 일렀다.

니체는 자기 가치를 창조하는 삶을 위해 낙타, 사자, 아이라는 세 가지 비유를 통해 이야기한다.

사자가 무거운 짐을 지고 사막을 걸어간다. 사자는 괴롭기 그지없다. 낙타는 짐을 내려놓으려 한다. 그러나 용이 나타나 짐을 내려놓지 못하게 한다. 이때 사자가 나타나 날카로운 발톱으로 용을 죽인다. 용은 기존의 도덕이나 가치를 가리킨다. 이 용을 죽이지 않으면 결코 새로운 세계로 뛰어들 수가 없다. 그래서 사자가 되어야 한다. 이 사자는 곧 아이가 되려 한다. 아이는 순진무구하다. 아이는 기존의 도덕률에 얽매이지 않는다. 하고 싶은 것이 있으면 그냥 한다. 아이는 기존의 도덕이란 것에 얽매이지 않고 자기 욕구대로 살아간다.

니체는 기존의 것을 버리고 오지 않는 시간을 갈망하는 상태를 넘어서서 스스로의 감각으로, 스스로 사유해서, 스스로 삶을 변화시키는 사람을 '초인'이라고 했다. 초인은 허무주의를 넘어선 사람이라서 사랑, 증오, 미움, 동정 등이 없다. 인간의 삶을 부정하는 그 어떤 것을 극복했으므로 현재를 긍정하는 힘, 삶을 긍정하는 힘으로 순간을 영원처럼 사는 능력이 있다. 초인은 새로운 것을 생성하는 창조성이 있으며 존재하는 모든 것에서 해방된 삶을 살아간다.

강요된 선택이 없으면 그에 따른 부정적인 느낌도 없다. 긍정이란 스스로의 선택이며 즐거움이다. 도덕적 이상과 절대적 가치를 강조할수록 허무주의가 팽배해지고 이러한 허무주의를 경멸해 새로운 세상을 구축하는 창조적인 사람이 초인이다. 힘에의 의지가 이끄는 대로 강해지는 것을 추구하는 사람이 초인이다.

인간은 오랫동안 기존의 권력에 억압당해서 부정적 권력에 감염되었다. 언제나 억누르고 무력화하려는 의지에 복속되어 있었으므로, 그 힘은 외부 세계에 반대하는 반동적인 힘으로 존재했었다. 부정적인 권력을, 창조적이고 생산적이며 자신과 세상을 긍정할 수 있는 긍정적인 의지로 바꿀 때 초인이 되는 것이다.

니체가 『자라투스트라는 이렇게 말했다』라는 책에서 정열적으로 주장하는 '초인(위버멘슈, Übermensch)'은 바로 이 만연한 허무주의를 이겨 내는 인간이다. 초인은 무엇보다 자기 자신을 극복하는 존재다. 따라서 초인은 자신에 대한 회피에서 나오는 온갖 허구적 가치가 아니라 자신의 운명을 긍정하고 사랑하며 스스로 가치를 창조해 내는 존재다.

초인은 모든 사회나 정치적 가치를 다시 평가할 줄 알아야 하고, 내적으로도 완벽하며 진정한 자유인이다. 무엇보다 자신의 운명을 아는 진정한 주인이며 강하고 힘 있는 사람이다. 니체가 신을 죽이고 그 자리에 초인을 놓았다고 해서, 초인이 단지 신의 자리를 대신하거나 신이 할 일을 하는 사람은 아니며 신은 더더욱 아니다. 초인은 신처럼 인간을 구원하거나 구제할 수 없다. 초인은 신이 아니기 때문에 그 앞에 다가올 혹은 놓인 운명을 어찌할 수 없다. 하지만 초인은 자신 앞에 놓인 운명을 사랑할 줄 안다. 초인은 이렇게 다른 사람과 마찬가지로 무한한 시간 앞에 놓인 모든 현실을 피하지 않고 긍정적으로 살아가는 존재일 뿐이다.

니체는 인간의 생(生)은 원의 형상을 띠며 영원히 반복되는 것으로 보았다. 즉 영원회귀 하는 것이다. 세상은 끊임없이 창조와 파괴가 반복되는 곳이다. 니체는 이것을 '디오니소스적'이라고 표현한다.

디오니소스는 그리스 신화에 등장하는 술의 신이다. 디오니소스는 어린 시절 거인들에 의해 온몸이 찢겨 죽는다. 그리고 되살아난다. 디오니소스는 죽음을 통해 다시 살아난 신이다. 이것은 무엇을 의미하는 것일까? 우리의 삶은 매 순간 재탄생한다는 것이다. 한시도 머물러 있지 않고 새로운 나를 만들어 간다. 소멸과 죽음은 누구의 책임도 아니며 우주적 원리일 뿐이다. 지금의 자신을 극복하고 새로운 자신으로 끊임없이 나아가는 힘에의 의지가 디오니소스적인 것이다.

18세기 유럽은 절대성과 신에 대한 믿음이 점차 퇴조하여 절대적이라고 믿어졌던 가치들이 흔들리기 시작했다. 예를 들면 신, 신분 제도, 구원, 진리 같은 것들 말이다. 신이 없다면 언젠가 삶은 죽음으로 끝나버리는데 그러면 세상에 어떤 의미가 있을까. 사후세계에서 영원한 생명을 누리기 위해 현생에서의 덕을 쌓는 것의 의미가 없어진 것이다. 이런 상황 속에서 사람들은 절대적인 무의미함 속에서 빠졌다. 어차피 죽으면 끝이니 아무것도 하지 말자는 수동적 허무주의와 기존 가치의 무의미함에 빠진 것이다. 그런데 니체는 항상 동일한 게 되풀이되는 것이 삶이라고 했다. 그렇기 때문에 오히려 현실의 삶과 고뇌 및 기쁨을 그대로 받아들이고 순간에 충실한 삶을 보내야 한다고 주장했다. 운명을 사랑하라고 말한다.

이것이 니체의 영원회귀 이론이다.

24 실존과 삶

　실존주의는 20세기 전반(前半)에 합리주의와 실증주의 사상에 대한 반동으로서 독일과 프랑스를 중심으로 일어난 철학 사상이다.

　실존(existence)은 원래 이념적인 본질(Essence)과 대비하여 상용되는 철학 용어로서, '밖에(ex)' '서 있는(Sistere)' 현실적인 존재를 의미한다. 실존은 이념적 본질 밖에 빠져나와 있는 현실적 존재를 의미하며, 자기의 존재를 자각적으로 물으면서 존재하는 자기 자신 곧 주체적인 '나'를 의미한다. 실존이란 말은 어떤 것의 본질이 그것의 일반적 본성을 의미하는 데 대하여, 그것이 개별자(個別者)로서 존재하는 것을 뜻한다.

　그러면 실존과 본질에 대하여 살펴보자.

　본질이란 어떤 것이 존재하는 이유나 목적을 말한다. 책상의 본질은 무엇인가? 책을 펴고 보거나 글씨를 쓰기 위한 도구다. 의자의 본질은 사람이 앉기 위한 것이다. 신발은 발을 보호하기 위해, 우산은 비를 막기 위한 것이 그 본질이다.

　그러면 인간의 본질은 무엇일까? 효도를 하기 위해서 태어난 것일까 아니면 나라를 구하기　위하여 태어난 것일까? 그러나 인간에게는 아예 그런 본질이 없다. 인간은 무엇을 위하여 태어난 것은 아니라는 것이다.

　인간의 존재에 관해서는 어떤 보편적 본질을 규정하는 것은 곤란하다. 인간의 생존 방법에는 미리 공통적 기준이 정해져 있는 것이 아니라, 그때마다 자신의 생존 방법을 창출해가는 것이 인간다운 삶이다. 인간은 각자가 자유와 책임의 주체이며, 개개의 실존에서 자신의 본령을 발휘해야 할 존재이다.

　인간이 태어날 때 무슨 본질을 가지거나, 어떤 의도를 가지고 태어난 것은 아니다. 자신이 의도하고 태어나고 싶어서 태어난 사람도 없다. 그냥 세상에 던져진 존재다. 하이데거는 이를 가리켜 '세계-내-존재'인 '현존재'라고 불렀다. 사람은 자신의 의지와 무관하게 세상에 내던져진 존재이다. 이를 인간의 피투성(被投性)이라 한다. 인간은 자신의 의지와 무관하게 내던져진 존재이며, 아무런 본질을 갖고 태어난 것이 아니라는 것이다. 이것이 실존이다. 그냥 존재하는 실존이다. 실존에게는 본질이 없다. 그래서 실존은 본질에 우선한다고 하는 것이다.

그런데 피투성은 과거의 운명이다. 그러나 지금부터의 현재는 나의 선택과 결단에 따라 달라진다. 나는 미지의 미래를 설계하고, 미래를 내 의지대로 향하여 던지는 것은 나의 자유이다. 미래의 삶을 향하여 내 스스로가 선택하고 내던지는 것이다. 이것을 인간의 기투성(企投性)이라 한다. 내가 기획하고 선택한다는 뜻이다. 피투성이 필연성이었다면, 기투성은 가능성이다. 인간에게 어떤 규범이나 역할, 의무 같은 본질은 아무것도 존재하지 않는다. 인간은 자유를 선고받았다. 내 그림은 내가 그리는 것이며, 내가 그리고 칠해야만 작품이 완성되는 것이다. 자신의 선택이 가장 가치 있는 일을 만든다. 인간은 피투로 태어났지만 기투로 살아가는 존재다. 그런데 여기에는 반드시 책임이 따른다는 것을 강조한다. 자기가 선택한 일에는 자기가 책임을 져야한다는 것이다. 이것이 실존주의다.

이처럼 실존주의는 보편주의 틀에 저항하며 등장한 사조다. 삶의 방식은 각기 다르다. 어떤 규격에 집어넣어 꿰맞추려는 삶은 불행하다. 나의 주체성을 버리고 다른 사람들과 같은 보편성에 기초하여 사는 것은 노예의 삶이다. 그것은 나를 사는 것이 아니라 나를 상실한 수동적이고 맹목적인 삶이다. 사르트르는 '타인은 지옥이다'라는 말을 하였다. 타인이 판단하는 평가에 의존하여 사는 것은 지옥이라는 뜻이다. 평준화된 삶, 동질화된 삶, 서로를 비교하면서 남과 동일한 관점으로 사는 삶, 수평화 획일화된 삶은 다 지옥이다. 우리는 남이 욕망하는 것을 내가 욕망하면서, 남에게 인정받으면서 살기를 원한다. 남과 항상 비교하면서 살아간다. 남을 의식하면서 살아간다. 그러나 자기를 잃고 사는 이러한 삶은 진정한 나의 삶이 아니라, 지옥의 삶이요 노예의 삶이다. 누구의 간섭도 받지 않고 내가 원하는 대로의 삶이 온전한 삶이다.

하이데거는 산행의 길에는 길이 없다고 하였다. 보편적 길이 아니라 자기가 가는 길이 진정한 길이라는 것이다. 밀(J. S. Mill)도 진정한 자아실현의 길이 진정한 길이라고 하였다. 사회제도에 길들여진 삶이 아니라 스스로 삶의 주인이 되는 삶이 진정한 삶이라는 것이다.

실존주의는 개인의 자유, 책임, 주관성을 중요하게 여기는 철학적, 문학적 흐름이다. 실존주의에 따르면 인간 개인은 단순히 생각하는 주체가 아니라, 행동하고, 느끼며, 살아가는 주체자이다.

사르트르는 존재를 즉자(卽自)와 대자(對自)로 나누었다. 즉자란 그 자체가 독립적으로 존재하는 상태를 말하고, 대자란 자기의식을 가진 인간의 존재를 말하는 철학 용어다. 즉자는 주어진 길을 따르는 자, 전통적 가치에 순응하는 자, 자기 역할에 순응하는 자다. 대자는 스스로 선택하는 자, 전통적 가치를 회의하는 자, 대자가 저항이라면 즉자는 순응이다. 실존이 본질에 앞서기 때문에 인간은 즉자적 삶이 아니라 자기를 조명해 보는 대자적 삶을 살아야 한다는 것이다.

이러한 실존주의는 헤겔의 관념론과 콩트의 실증주의를 반박하며 제기되었다.

헤겔은 모든 사건에는 본질적인 면이 숨겨져 있다고 생각했다. 헤겔에게 그 본질적인 면이란 보편적 이성인 시대정신이다. 그는 이 정신을 절대정신이라 이름하였는데, 인간의 역사는 이 절대정신이 그 본질을 점차 분명하게 드러내는 과정이다. 예를 들어, 고대 국가에서는 군주 한 사람만 자유롭고 모두가 노예 상태에 놓여 있었다. 그러나 서양 중세에는 군주뿐만 아니라 봉건 제후들도 자유로워졌다. 그리고 이제 프랑스 혁명으로 시작된 새로운 시대에는 더 많은 사람들이 자유로워졌다. 즉 헤겔은 절대정신이 영웅을 선택해 자신을 실현시킨다고 본 것이다.

그러나 인간은 헤겔이 이해하는 것처럼 그렇게 체계적인 존재가 아니다. 내라는 존재가 먼저 있고, 인간이라는 공통성질을 논할 수 있는 것이지, 인간이라는 본질이 먼저 있고 내가 그 본질 속에 꿰맞춰지는 게 아니라는 것이다. 실증주의도 마찬가지다. 그리고 실증주의는 모든 것을 과학적 실증적으로 입증할 수 있다고 주장한다. 그러나 인간을 어떻게 그렇게 두부모 자르듯 명확하게 과학으로 구분해 낼 수가 있단 말인가.

이러한 실존주의는 19세기 중엽 덴마크 출신의 철학자 키르케고르와 프로이센 출신의 철학자 니체에 의하여 주창된바, 이 사상은 후에는 야스퍼스, 마르셀 등으로 대표되는 유신론적 실존주의와 사르트르, 메를로퐁티, 보부아르 등의 무신론적 실존주의의 두 가지 형태로 나타나게 되었다.

25 구조주의의 이해

구조주의는 인문학과 사회과학 전반에 걸쳐 다양하게 영향을 미친 사조로서, 인간 개인의 삶이 언어적·문화적·사회적 구조의 영향을 받고 있음을 강조하는 철학 사상이다.

구조주의가 나오기 전까지는 인간은 이성을 바탕으로 사유하며 완전한 자유의지를 가진 주체적 존재로 간주하였다. 그런데 프로이트는 인간의 의식 아래에 무의식이라는 세계가 있어 의식을 지배하고 있다는 것을 밝혀냈다. 이러한 주장은 인간의 표면적인 현실에는 그 현실을 만들어 내는 근원적인 것이 존재하고 있고, 그 진실은 표면에 드러난 것이 아닌 그 아래에 숨겨져 있다는 생각을 하게 되었다. 그 숨겨져 있는 것은 언어의 규칙일 수도 있고, 문화나 제도의 법칙일 수도 있다. 이 숨겨져 있는 언어의 규칙이나 문화나 제도의 법칙을 구조라고 한다.   인간이 이성이라는 것을 바탕으로 하여 언어나 문화, 그리고 제도 등을 주체가 되어 다스리고 통제하는 것이 아니라, 그 반대로 그 구조가 인간을 지배한다고 하는 사상이 구조주의다. 인간은 스스로 생각하는 주체나 고정된 정체성을 가진 존재가 아니라, 구조의 영향력 아래에서 지배를 받고 그 힘을 받아들이는 객체에 불과하다는 것이다. 여태까지 제일로 삼던 이성은 구조 앞에 무너진 것이다.

이 구조주의는 20세기 중반에 등장하였는데 원래 소쉬르(Ferdinand de Soussure)의 언어이론에서 비롯되었다. 그러면 먼저 소쉬르의 언어이론을 한번 살펴보자.

그는 '구조주의 언어학'을 주장한 사람으로서, 언어를 서로 관련된 기호의 체계로 보았으며, 이 기호는 기표(記標, signifiant)와 기의(記意,

signfié)로 이루어진다고 보았다. 기표는 음성적 기호이고 기의는 그것이 나타내는 의미를 가리킨다. 우리는 '人'을 [saːram]이라 소리 낸다. 이때 [saːram]이라는 소리는 기표이고 '人'이란 뜻은 기의이다. 그런데 이 기표와 기의의 관계는 우리가 생각하는 것처럼 필연적인 관계가 있는 것이 아니라고 하였다. '人'을 우리는 [saːram]이라 하지만 중국인은 [rén]이라 하고, 일본인은 [hito]라 하고, 영어로는 [mæn]이라 하기 때문이다. 그리고 언어기호가 필연적이라면 언어의 변화는 없을 것이다. 그래서 기표와 기의의 이 비필연적 관계를 자의적(恣意的)이라고 표현한다.

그런데 우리는 이러한 언어기호를 구사할 때, 개인에 따라 차이가 나며, 동일인인 경우에라도 때에 따라 달라진다. 그러나 우리는 때에 따라 시시로 달라지는 이 말을 그대로 따라 배우지는 않는다. '감기'라는 말의 '감'의 'ㄱ'과 '기'의 'ㄱ'은 음성학적으로 보면 다른 소리다. '감'의 기역은 무성음 [k]이고 '기'의 기역은 유성음 [g]다. 그러나 이렇게 다른 'ㄱ'을 우리는 각각 다른 소리로 머릿속에 저장하지는 않고 똑같은 'ㄱ'으로 기억한다. 어떤 언어 장애자가 "어마 저 짬자리 자봐 주"라고 말해도 우리는 "엄마 저 잠자리 잡아 줘"라고 머릿속에 저장된 뜻으로 그 말을 알아듣는다. 또 아이들이 말을 배울 때 자기 엄마를 부르면서, '마마, 마미, 맘마, 마' 등 여러 가지 방식으로 부르는 개별적 언어들을 우리는 '엄마'로 알아듣는다. 전자는 밖으로 실현된 말이고, 후자는 우리 머릿속에 저장된 말이다. 이처럼 개별적으로 현실에서 실현된 말을 빠롤(parole)이라 하고, 우리 머릿속에 저장되어 있는 공통적인 말의 묶음을 랑그(langue)라 한다. 언어를 일괄적으로 묶을 수 있는 틀이 랑그다. 이처럼 머릿속에 저장되어 있는 랑그의 틀을 구조라고 한다. 소쉬르는 언어의 체계, 의미, 규칙인 이 랑그를 언어학의 대상이라 하였고, 이러한 언어학을 구조 언어학이라고 이름하였다. 구조주의라고 하는 말도 여기서 시원한다.

우리는 우리가 쓰는 언어의 그 구조 속에 던져진 존재다. 한국 사람은 한국어의 구조에 따라 말을 하고, 그 구조 속에서 의식을 다듬는다. 한국의 '아버지'와 미국의 'father'는 같지 않다. 미국의 'father'는 '하느님'의 뜻을 갖고 있지만, 한국의 '아버지'는 자기를 낳아준 사람이라는 뜻뿐이다. 영어의 'poor'는 '가난하다'는 뜻과 함께 '불쌍하다'는 뜻도 가지고 있지만, 국어의 '가난하다'는 '수입이 적어 살림살이가 어렵다'는 뜻뿐이다. 우리는 '누나'와 '여동생'을 명확히 구분하지만, 영어권에서는 'sister'라는 한 가지 단어로 표현한다. 또 우리는 '나비'와 '나방'을 구분하지만, 프랑스 사람들은 '빠삐용(papillon)'이라는 한 단어로 표현하며, '개'와 '너구리'를 따로 구분하지 않고 'chien'이라는 한 단어로 표기한다. 우리와 그들은 언어의 구조가 다르다. 그렇기 때문에 우리와 그들은 의식구조가 다르다.

우리는 한국어의 구조 즉 체계와 규칙에 따라 말을 해야 하고, 앞에서 말한 바와 같은 국어의 구조 즉 랑그 속에서 의식하며 살아간다. 우리의 언어가 우리의 생각을 한정 짓게 한다. 그러므로 우리는 생각의 주체가 아니라는 것이다. 우리는 언어가 주는 구조(랑그) 속에서 생각할 뿐이다. 인간이 언어의 주인이 아니라 언어가 인간의 주인이 되는 것이다. 데 까르트가 '나는 생각한다. 고로 존재한다'고 하여 인간의 이성이 모든 것을 판단하고 주제한다고 선언했지만, 구조주의는 언어가 제공하는 대로 인간은 생각한다고 할 수 있는 것이다. 인간이 자기 것이라고 여겼던 언어는 실상 자기가 만들지 않은 구조에 따라 단어를 나열하고 인간은 그 지배를 받고 있는 것이다. 말을 할 때 언어의 구조 속에 들어간다는 말이 이런 뜻이다.

이는 실존주의와도 정면으로 배치되는 주장이다. 세계내에 던져진 실존은 주어진 상황에 결단하며 살아나가고, 그것의 결과에 책임을 진다는 것이 실존주의다. 그러나 구조주의는 위에서 살펴본 것처럼, 인간은 주어진 언어의 구조에 던져지고 그 구조에 의하여 규정되고 만들어진다. 인간 자신이 주체가 아니고 언어 구조가 주체가 되는 것이다.

소쉬르의 언어학적 측면에서 성립된 구조주의는 많은 학자들이 이에 동참했다. 그중에 레비스트로스는 인류학적 측면에서 구조주의를 전개했다. 그는 문명의 영향을 받지 않은 미개인이라 불리는 아마존의 브로드족이나 남비크라와족 등의 삶을 연구했다. 그때 서양인들은, 미개인들은 미신 투성이에 유치하고 원시적이라고 생각했다. 그런데 실제로 그들과 함께 생활하며 그들의 습속을 연구해 보니, 그들은 놀라울 정도로 합리적이고 깊은, 서양과는 다른 독자적인 사회 시스템 즉 문화적 구조가 있다는 것을 알아냈다.

일례를 들면, 그들은 부모의 성별이 다른 형제의 자식(교차 사촌)과는 결혼할 수 있지만, 부모와 성별이 같은 형제의 자식(평행 사촌)과는 결혼할 수 없다는 습속을 가지고 있었다. 평행사촌(平行四寸)이란 부모와 성별이 같은 형제자매의 자녀인 친사촌과 이종사촌을 말한다. 반면, 교차사촌(交叉四寸)이란 부모와 성별이 다른 형제자매의 자녀인 외종사촌과 고종사촌을 말한다.

이는 서구의 관점에서 보면 미개한 인습처럼 여겨진다. 그러나 거기에는 한 부족만 번영하거나 쇠퇴하지 않도록 하는 규범 즉 구조가 있었다. 레비스트로스는 미개사회에 존재하는 그러한 사고체계를 과학이라 설명하면서, 서양의 근대적 사고만이 이성적이라는 생각을 비판하였다.

그는 소쉬르의 구조 언어학을 적용하여 언어의 구조처럼 부족 구성원들의 삶도 그것을 구성하는 체계 즉 구조에 의하여 결정되고 있음을 발견하였다.

26 포스트구조주의란 무엇인가

포스트구조주의는 앞에서 말한 구조주의를 벗어나려는 철학사상이다. 포스트(post)는 '~로부터 이탈'이란 의미이다. 그래서 포스트구조주의를 '탈구조주의(脫構造主義)'라고 한다.

구조주의는 언어학자 소쉬르에 의해 주장된 사상이다. 그 이전까지는 인간은 이성을 바탕으로 사유하는 주체적 존재로 간주되었다. 인간만이 지닌 언어라는 수단으로 세상 만물을 다스리는 만물의 영장으로 군림했다. 그런데 소쉬르는 인간이 언어를 사용하는 주체가 아니라, 오히려 언어구조의 지배를 받는 존재에 불가하다고 하였다. 인간이 자기 것이라고 여겼던 자신의 말이 실상은 자신이 만들지 않은 어법이라는 언어구조에 맞춰 단어들을 나열하는 것에 지나지 않았다. 인간이 언어구조에 의해 주인의 자리에서 밀려나게 된 것이다. 즉 인간의 언어가 인간이 발명해 낸 역사의 산물이 아니라, 이미 애초부터 있던 '구조'의 산물이라 본 것이다. 소쉬르의 이러한 구조이론에 바탕하여 원시민족의 습속을 다룬 레비스트로스도 친족 사이의 관계망이 사회관습이라는 구조에 의한 산물이라고 보았다.

인간이 구조를 만들어 낸 것이 아니라, 구조가 먼저 있고 인간이 그 구조 안에 들어와 살게 되었다는 것이다.

이와 같이 구조주의는 여태까지의 철학 세계에 심각한 도전을 제기하였다. 그러나 포스트구조주의자들이 볼 때는 그것을 불완전한 것이라고 보았다. 구조주의자들이 주장하는 '구조'라는 것은 기존의 형이상학적인 독단에 불과하다는 것이다. 구조라는 것이 인간의 역사보다 먼저 있었다는 주장에도 반대하였다. 이와 같은 주장을 내건 포스트구조주의자들은 푸코, 들뢰즈, 데리다 등이다. 그러면 먼저 푸코의 논설을 보자.

고대 왕조 때의 형벌에는 사람을 끓는 물이나 기름에 튀겨 죽이거나 벌 겋게 달군 쇠기둥 위를 걷게 하여 태워 죽이는 참혹한 것들이 있었다. 조선 시대 때만 하더라도 사람을 찢어 죽이는 능지처참의 형벌이 있었다.

지금은 죄형법정주의라는 합리적 기준에 의해 죄를 판단하고 벌을 주고 있다. 죄형법정주의는 권력이 자기 멋대로 죄를 판단하고 과도하게 벌을 내리는 것을 막기 위한 것으로 마련되었다. 이에 대해 푸코는, 이와 같이 형벌이 합리적인 것으로 변한 것은 결코 인간적인 배려에 의하여 이루어진 것이 아니라, 지배의 방식이 달라진 결과라고 하였다. 신체형에서 감옥형으로 변화된 것도 인도주의적인 측면에서 생겨난 것이 아니고, 권력의 전략이 바뀌어진 때문이라고 하였다. 잔인한 신체형을 보면 죄수는 군주를 저주하고 사회의 부조리를 고발함은 물론 자신의 무죄를 주장하여 대중에게 서상을 불러일으킨다는 것이다. 이 때문에 군주는 대중의 부정적인 반응을 경감시키기 위해 잔인한 형벌을 부드러운 처벌로 바꿀 필요가 있었다는 것이다.

우리가 믿었던 이성과 역사의 진보도 권력의 작동 방식이 달라진 결과일 뿐이라는 것이다. 그는 역사를 계보학적 입장에서 폄하한다. 역사란 인간 주체가 능동적으로 개입함으로써 위대한 변화를 일으킨 과정을 서술한 것이 아니라, 그것은 가진 자들과 승리한 자들이 자기네들끼리 계보를 이어오면서 서술한 이긴 자의 계보학에 불과하다는 것이다. 이런 관점 역시 역사적 진실이나 진리를 원천적으로 부정한다.

구조주의자들은 구조가 이미 인간이 태어나기 이전부터 완결되어 있다고 주장하지만 이는 옳지 않다라고 주장한다. 구조라는 불변의 틀이 있는 것이 아니라, 언어의 의미처럼 늘 변화된다는 것이다.

또 푸코는 정신병자를 가두는 것도 권력자들의 횡포라고 주장한다.

중세에는 광기를 오늘날과 다르게 보았다. 당시에는 광인을 신성함, 신의 현실적 출현으로 생각했다. 광인을 종교적인 구원의 상징처럼 여겼다. 르네상스 시대로 접어들면서부터 사람들은 광인을 보고 보통 사람들과 함께 살기 힘든 존재로 생각하기 시작했다. 그리고 광인들에게 어떤 조치를 취해야 한다고 생각한 것은 17세기 중반 이후에 생겨났다. 17세기 중엽 프랑스에 '로피탈 제네랄'이라는 기관이 설립되었는데, 이 기관은 사회적 혼란을 가져올 수 있는 사람들을 통제하기 위하여 만들어졌다. 죄수, 부랑자, 상이군인 등이 수용되었는데, 여기에 광인도 함께 수용되었다. 이때부터 광인은 감금의 대상이 되었다. 중세의 신성함을 잃어버린 광인은 동물성의 상징이 되었다. 정신병원에 수용돼 치료를 받아야 하는 환자로 인식된 것은 근대에 와서 생긴 것이다.

이러한 현상은 절대적 진리가 없고 이성을 확신할 수 없기 때문에 권력이 광인을 통제하기 위하여 벌어진 것이라고 푸코는 말한다. 푸코는 여기서도 불변의 구조 같은 것은 없다고 본 것이다.

동시대를 살아가는 사람들의 공유하는 세계관 혹은 사유 구조를 '에피스테메(Episteme)'라 하는데, 이 에피스테메도 영원불변한 것이 아니라, 언제든지 무너지고 새로운 것으로 바뀐다는 것이다.

다음으로 들뢰즈의 얘기를 들어 보자.

현대철학을 대표하는 주장은 세상을 획일적으로 이해하려는 생각이나 절대적 진리를 우선시하는 사유 방식을 해체하고, 다양한 관계 속에서 새롭게 생성되는 가치들을 긍정하려는 시도이다. 또 세상에 고정된 것, 진리라 불리는 것, 기준이나 중심이 되는 것에 회의를 품는다. 어떤 것을 고정된 것으로 보지 않고 변화하는 것으로 파악하려는 푸코의 시도를 앞에서 보았다. 이처럼 하나의 기준을 두는 사고에서 벗어나는 시도가 포스트구조주의다. 구조주의가 하나의 구조를 우선시하고 그 구조를 통해 인간과 사회를 설명하려는 것을 넘어서고자 했던 것이 포스트구조주의다.

플라톤은 진짜 원본의 세계를 이데아라 하고 현실 세계를 이데아의 복사본이라고 하였다. 복사된 현실 세계에서의 가치는 이데아를 얼마나 닮았는가에 의해 달라진다. 이데아를 많이 닮을수록 가치가 높고, 적게 닮을수록 가치가 낮다. 플라톤은 복사물들이 이데아를 많이 닮은 것과 이데아의 요소가 부족한 것으로 구분하였는데, 부족하거나 그것을 가지지 못한 복사물들을 '시뮬라크르(Simulacre)'라 하였다. 시뮬라크르는 복제의 복제를 가리킨다. 복제본을 원본보다 가치가 떨어지는 것이라 한다면 복제를 또다시 복제한 것은 그 가치가 더욱 떨어지는 것이다. 예술은 복제품인 현실을 모방한 것이기 때문에 전형적인 시뮬라크르가 된다. 그래서 플라톤은 예술을 포함한 시뮬라크르를 경멸했다.

들뢰즈는 이러한 플라톤주의를 거부하였다. 원본의 우위성을 파기한 것이다. 세계는 자체 그대로 시뮬라크르이며 어떤 기준이나 우위도 없다는 것이다. 사물 자체가 시뮬라크르이기 때문에 세상은 본래 수많은 차이를 가진 존재자로 구성되는데, 플라톤주의는 존재자들에게 어떤 기준을 정해 줄을 세우고 그 기준에 맞지 않는 것은 소외시키는 것은 옳지 않다는 것이다. 들뢰즈도 이처럼 어떤 기준을 세우는 것에 반대하였다.

데리다도 마찬가지다. 데리다도 역사의 변화를 중시하면서 구조주의를 반박했다. 구조라는 것이 인간이 태어나기 전부터 있었다는 것은 옳지 않다는 것이다. 언어라는 것은 항상 그 의미가 변하는 것으로서 구조라는 고정된 틀 안에서 파악할 수 없다고 하였다. 그래서 그가 제언한 단어가 '차연(差延 Differance)'이다. '차이와 연기'란 뜻을 함께 가지는 말이다.

하나의 단어가 가지는 의미는 다른 단어와의 '차이'로써 규정된다. 이를테면 '사장'이란 단어의 의미는 전무, 상무, 사원 등의 단어가 가지는 의미와의 차이에서 규정된다. 그런데 그 차이는 일정하게 고정되는 것이 아니라, 무한한 순환 속에 있을 수밖에 없다. 그 사장은 전대의 사장이나 직종이 다른 사장, 외국의 사장과는 다르다. 앞으로 나올 무수한 사장들과도 다르다. 이같이 단어들 사이의 차이는 고정된 채로 있는 것이 아니라, 시공간이 변함에 따라 변하는 것이다. 그래서 지금 사용되고 있는 단어의 의미는 자꾸 뒤로 '연기'되고 있음을 알 수 있다. 단어들의 의미가 다른 단어들과의 의미의 차이로 규정되는 것은 구조주의와 같지만, 변화(차연)된다는 점에서 다르다.

이와 같이 모든 단어들의 의미가 고정된 것이 아니라 차연된다면, 인간의 모든 지식체계가 고정된 것이 아니라 차연되는 것이라 하지 않을 수 없다. 그래서 참된 진리를 주장하는 일체의 주장은 모두 억측에 불과하다.

위에서 살펴본 바와 같이 고정된 구조가 있다고 하는 구조주의의 그 불변의 구조는 없다고 주장하는 것이 포스트구조주의다.

27 현상학과 의식

현상학(現象學)은 에드문트 후설(Edmund Husserl)에 의해서 창시된
철학이다.

현상학이라 하면 '현상'이라는 용어 때문에 오해를 불러오기 쉽다. 현
상이라 하면 객관적으로 존재하는 대상이 드러나 있는 모양을 가리키기
때문이다. 가을에는 낙엽이 지는 현상이 있다라든가, 물은 영하로 내려
가면 어는 현상이 있다라고 말한다. 그러나 철학자 후설이 말하는 현상
은 그런 객관주의적인 현상이 아니라, 우리의 의식이라고 하는 주체 안
에 놓인 대상을 말한다. 대상이 주체와 떨어져서 밖에 따로 존재하는 것
이 아니라, 대상을 보고 느낀 순수의식 안에 존재하는 현상을 말한다. 책
상 위에 책이 있다고 하자. 그것은 책이 있는 것이 아니라, 우리가 그 책
을 보고 있기 때문에 있는 것이다. 그것을 보고 있는 우리의 의식 속에
현상이 있기 때문에 책이 있는 것이다. 책이 책상 위에 있는 것이 아니라
주체의 의식 안에 책이 있는 것이다. 책이 우리의 순수의식 안에서 현상
으로 존재하는 것이다. 지독한 주관주의라 할 수 있다.

19세기 후반 서유럽에서 나타난 철학적 경향은 실증주의가 지배하
였다. 과학적인 실험을 통해서 모든 것을 탐구하려는 사조가 실증주의
다. 인간의 심리조차도 객관적이고 과학적으로 탐구하려는 실험심리학
이 대두되었다. 후설의 문제의식은 바로 이러한 데서 시작되었다. 인간
의 탐구활동은 인간의 의식을 통해서 이루어지는데, 이때까지는 이 의식
에 대해 충분히 탐구되지 못했기 때문이다. 대상이 의식에 어떻게 주어
지며, 인간은 대상을 어떻게 의미 있는 것으로 파악하게 되는가 하는 것
이 현상학의 주제다.

여기에 꽃 한 송이가 있다고 하자. 어떤 사람은 그것을 보고 꽃잎이 몇 개인지를 헤아리고, 어떤 사람은 색깔의 아름다움에 대하여 생각할 것이다. 앞의 사람은 꽃을 생물학적으로 이해하고, 뒤의 사람은 그것을 미술학적으로 이해하고 있다. 어느 쪽으로 보는가에 따라 현상의 의미는 달라진다. 대상을 보고 그것에 의미를 부여하는 의식 활동이 모든 학문의 토대가 된다.

그런데 우리는 어떤 대상을 볼 때 주관적 관점을 버리고 객관적으로 보라는 말을 자주 한다. 그러나 후설은 이를 반대한다. 무엇이 객관적인지 알 수 없는 상황에서 객관적으로 본다는 것은 불가능하다고 본 것이다. 현상은 사람에 따라 상황에 따라 달라질 수 있기 때문에 성급하게 판단하지 말자는 것이다. 대상에 대한 선입견이나 선판단을 버리라고 한다. 이것을 '판단 중지' 또는 '사태 그대로'라고 한다. 그리스어로 이것을 에포케(epoche)라 한다. 사태를 그 자체로 보려면 기존의 습관적 태도로 세상을 판단하는 것을 멈추어야 한다. 즉 판단을 중지해야 하는 것이다. 후설은 이것을 '괄호를 친다'라는 말로도 표현했다. 괄호는 내용이 비어 있다, 가능성이 열려 있다는 뜻이다. 판단중지를 통해서 사물의 우연적 속성을 배제하고 본질을 찾아낼 수 있다는 것이다. 사물의 본질은 사물(대상) 속에 내재하는 것이 아니라 사유를 통해서 우리의 의식 속에 구성된다. 사물의 본질을 발견하기 위해서 그것을 구성하는 원천인 의식의 내부로 되돌아가는 것, 이러한 인식 상황으로 환원하는 것이다. 이러한 과정을 현상학적 환원이라 한다. 현상학적 환원이란 본질 인식의 근원으로 되돌아간다는 의미인데 판단중지, 괄호침 등과 동의어로 사용된다. 이처럼 현상학은 현상을 탐구할 때 어떤 전제도 갖지 않고 현상을 그대로 보라고 한다.

의식이 어떤 대상을 만나는 것을 의식의 지향성(志向性)이라고 한다. 의식은 반드시 그와 관련된 대상이 필요하다. 의식은 어떤 대상에 대한 의식이기 때문이다. 의식이 대상을 만날 때 맺는 관계를 지향성이라 한다.

우리의 의식은 어떤 대상을 만나 어떤 의미를 형성하게 된다. 꽃을 보면 아름답다는 의미가 생긴다. 이때 우리의 의식을 노에시스(noesis)라 하고 대상인 꽃을 힐레(hyle), 의식이 꽃을 보고 이루어진 의미를 노에마(noema)라 한다.

우리는 꽃에 대하여 판단을 중지하고 그 자체로 받아들이면 여러 가지 다양한 의미가 발견될 것이다. 어떤 사람은 연인에게 받은 따뜻한 사랑을, 또 어떤 이는 꽃을 보고 아름다운 그림을 떠올리게 될 것이다. 현상학은 자신의 의식으로 세계를 새롭게 구성하면서 경험하는 주관성이다. 이를 그는 초월적 주관이라 하였다. 어린 시절과 현재의 세계는 다르며, 개인에 따라 세계의 차이가 있다.

자신이 세계를 어떻게 구성하느냐에 따라 존재가 달라진다. 세계를 새롭게 의식하면 자신의 존재 또한 다르게 나타난다. 세계를 구성하는 의식으로 새롭게 세계를 만들어 가는 실존에 해당하는 의식이 초월적 주관이다. 이처럼 현상학이 실존주의에 영향을 미쳤다.

현상학은 자칫 독단주의에 빠질 여지가 있다. 후설은 이 독단을 염려해 상호주관성을 내세운다. 모든 개인은 각자의 주관성을 가지는데, 여러 사람이 각자 지니고 있는 주관성을 모으면 주관성 사이에는 서로 공통적으로 인정되는 부분이 있다. 이를 상호주관성이라고 한다. 예를 들어 레오나르도 다 빈치의 작품 모나리자를 보았을 때, 사람들마다 느끼는 감상은 각자 다르겠지만, 많은 사람들이 공통적으로 모나리자의 미소가 아름답다고 느낀다면, 이러한 감상은 상호주관성이 있는 것으로 판단할 수 있다.

28 언어는 존재의 집

후설은 실증주의에 반대하여 현상학을 통해 현상에 부여되는 의식 작용을 탐구하였다. 그는 사랑하는 제자 하이데거에게 자신의 이 철학사상을 물려주려 하였다. 그래서 교수직까지 물려주었다. 그러나 하이데거는 스승의 그러한 인식론이 아니라 인간 존재를 살피는 존재론을 파고 들었다.

우리는 흔히 '인간은 어떤 존재인가'라든가 '인간이란 존재는 무엇인가'라는 질문을 한다. 이런 '존재'에 대한 질문을 존재 질문이라고 한다. 하이데거는 '있음'이라는 사태, 존재라는 현상을 가장 깊이 있게 파헤친 철학자다. 그는 '존재'와 '존재자'를 구분하였다. 존재자는 나, 토끼, 나무, 돌과 같이 현실에 존재하는 대상물을 가리킨다. 존재란 것은 존재자의 근거가 되는 것으로 존재자를 존재자로 있게 해주는 그 어떤 것이다. 그동안의 형이상학은 '있음(손재)'과 '있는 것(존재사)'를 구별하시 않았다. 기존의 형이상학은 인간이라는 존재자의 존재 그 자체를 파악하기보다는 존재자를 존재하도록 하는 근원 즉 이데아라든가 신 또는 절대정신이라는 것만 말하기에 급급했다.

그런데 존재자인 인간은 인간의 존재에 대해 물을 수 있다. 이 점이 다른 존재자와 다르다. 인간은 왜 존재하는가를 인간 자신이 스스로 묻는 것이다. 기독교는 인간이 만물을 지배하라며 신이 창조했다고 하고, 유교는 하늘의 뜻에 따라 도를 실현하기 위해 생겨났다고 하였다. 그러나 하이데거는 인간은 아무런 자발적 의도도 없이 그저 이 세상에 내던져진 존재라고 하였다. 이러한 인간의 존재를 현존재(現存在)라고 불렀다. 이것을 이어받아 사르트르는 인간의 실존은 본질에 우선한다고 하였다. 인간은 태어난 목적보다 먼저 존재한다는 것이다. 즉 인간은 고정된 본질을 갖고 태어난 존재가 아니라는 것이다.

이렇게 내던져진 현존재이지만 인간은 자신의 존재 의미를 묻는 태도를 지닌 실존이다. 내던져져 있다는 사실을 깨달아 이런 상황을 어떻게 받아들이고 타개해 나갈지를 고민하는 것이 현존재다. 스스로의 존재에 대해 끊임없이 의문을 제기하는 존재가 바로 인간 곧 현존재다. 신이 인간을 만들었는지, 이데아가 정말로 있는 것인지, 절대정신이 실현한 것이 이 세상인지는 우리 인간은 알 수도 없고 알 필요도 없다. 다만 중요한 것은 인간은 내던져진 현존재가 처한 상황을 어떻게 고민하고 극복하느냐 하는 것이다.

하이데거는 인간을 말하기 위해 로마의 신 쿠라(Cura)를 가져온다. 어느 날 강을 건너던 쿠라는 진흙으로 인간을 만든다. 그런데 이 쿠라(Cura)는 영어의 care이다. 곧 염려, 걱정, 원망, 고뇌, 돌봄이란 뜻이다. 결국 인간은 평생 염려하고 걱정하고 원망하고 고뇌하며 돌봄의 대상이라는 것이다. 과거에 사로잡히고 미래를 염려하고 현재를 불안해 하는 것이 인간 실존의 모습이다.

이러한 궁극적 불안은 어디에서 오는 것일까? 시간이 흘러가면 도달하는 곳이 죽음이라는 사실 때문에 인간은 불안해 하는 것이다. 인간의 삶은 하루하루 죽음 앞으로 달려가는 것이다. 하이데거는 이 불안을 근본기분이라고 불렀다. 불안이라는 근본기분이 찾아오면 인간은 이때까지 쌓아왔던 것들이 허무하다는 것을 느낀다. 그런데 이때 인간은 세속적인 가치의 집착에서 벗어나 존재 자체를 새롭게 바라볼 기회를 갖게 된다. 이를 통해 인간은 세속적 가치의 집착에서 벗어나 '경이(驚異)'라는 기분을 느끼게 된다. 우리가 언젠가는 죽어야 할 존재라는 것을 인지하는 순간 인간은 경이라는 빛을 발하게 된다. 죽음이 우리 삶의 가치를 일깨워 주는 것이다. 모든 존재자는 무로 돌아간다. 존재는 이유가 없다. 존재는 궁극적으로 무와 관련되어 있다. 불안은 이렇게 존재자에게 있음과 없음, 존재와 무가 만날 수 있는 통로다.

그는 이러한 죽음에 대한 불안을 인정하고 수용하라고 말한다. 받아들이면 공포도 불안도 사라진다는 것이다. 불안을 받아들이면 우리는 그동안 얼마나 사소한 것들에 얽매여 있었던가를 깨닫게 된다. 불안을 받아들이는 것은 경이의 존재로 들어서는 과정이라는 것이다. 죽음을 떠올리는 노력을 통해 삶의 숭고함에 다가설 수가 있다고 한 것이다.

이러한 과정에서 핵심적인 역할을 하는 것이 언어다. 언어가 없다면 인간은 실존이 될 수도 없다. 인간은 언어를 통하여 세상을 이해하고 관계를 맺어나간다. 언어가 없다면 인간은 유용한 지식을 생산해 내고 새로운 것을 창조해 내지 못할 것이다. 현존재로서의 인간이 언어를 통해 자기 자신이 어떤 존재인지 깨닫고 불안을 극복하기 위해 노력한다. 언어가 없다면 존재는 있을 곳이 없다. 그래서 그는 '언어는 존재의 집'이라 한 것이다.

그래서 그는 언어예술인 시를 최고의 예술로 중시했다.

한 송이 국화꽃을 피우기 위해
봄부터 소쩍새는
그렇게 울었나 보다

한 송이 국화꽃을 피우기 위해
천둥은 먹구름 속에서
또 그렇게 울었나 보다

그립고 아쉬움에 가슴 조이던
머언 먼 젊음의 뒤안길에서
인제는 돌아와 거울 앞에 선
내 누님같이 생긴 꽃이여

노오란 네 꽃잎이 피려고
간밤엔 무서리가 저리 내리고
내게는 잠도 오지 않았나 보다

서정주의 '국화 옆에서'란 시다. 우리는 국화꽃은 가을이 되면 그냥 피는 줄 알았다. 그러나 시인은 그것이 아니고 봄부터 울어댔던 소쩍새 울음과 여름의 천둥소리가 쌓여서 피고, 그 개화는 긴밤의 무서리를 불러오고, 화자 자신의 불면을 가져오게 하는 생명 탄생의 진통을 가져왔다고 하였다.

시는 이렇게 전혀 다른 시선으로 세상을 보는 것이다. 그런 깨달음은 우리에게 경이를 준다. 그런 의미에서 시를 쓴다는 것은 새로운 시선으로 세계를 보는 것이고 존재의 의미를 경이로 보는 것이다.

이와 같이 인간 존재에 대해 깊이 탐구했던 하이데거는 자본주의도 좋게 보지 않고 공산주의도 싫어했다. 그렇던 그가 자본주의나 공산주의보다 훨씬 문제가 많은 히틀러의 나치즘에 빠져 열렬한 추종자가 되었다. 아마도 이쪽 길을 가다가 저쪽 길의 구렁텅이에 빠지는 것이 인간이란 현존재가 아닌가 하는 생각이 든다.

참고 문헌

구태환, 『최한기의 기학—서울대 선정 인문고전 50선 제40』, 김영사, 2012.

근니제, '고문금문 논쟁에 대하여', 2011.

김성묵, 『김성묵의 무도 동양 철학 특강』, ㈜문학동네, 2015.

김의박, 『옛말 산책』, 비봉출판사, 2014.

남경태, 『개념어 사전』, 들녘, 2008.

배우리, 『우리 땅이름의 뿌리를 찾아서 1, 2』, 토담, 1994.

안상현, 『미치게 친절한 철학』, ㈜행성비, 2019.

야무차 지음 · 한태준 옮김, 『사상 최강의 철학 입문』, 2018.

이수광, 『우리도 몰랐던 한국사 비밀 32가지』, 북오션, 2014.

장진호, 『신라에 뜬 달 향가』, 학연문화사, 2017.

정민, 『한시 이야기』, ㈜보림출판사, 2003.

정승석, 『100문 100답 불교강좌편』, 1996.

채석용, 『철학 개념어 사전』, 원앤원북스, 2011.

한국정신문화연구원, 『한국민족문화대백과사전』, 웅진출판주식회사, 1993.

doopedia 『두산백과』, 2010.